VOM Books
El ministerio editorial de

La Voz de los Mártires

Sirviendo a los cristianos perseguidos desde 1967
vom.org

devoción

extrema

VOMBOOKS
La Voz de los Mártires

A menos que tenga otra indicación, las citas bíblicas usadas en este libro son de la Santa Biblia, Nueva Versión Internacional® NVI® (Castellano) © 1999, 2005, 2017 por Bíblica, Inc.® Usado con permiso de Bíblica, Inc.® Reservados todos los derechos en todo el mundo.

Citas tomadas de "El Mensaje", © por Eugene H. Peterson, 1993, 1994, 1995. Utilizadas con el debido permiso del Grupo Publicitario NavPress.

Edición original producida con la ayuda de The Livingstone Corporation. El equipo del proyecto incluye a Marry Ann Lackland, Dave Veerman, Paige Drygas, Ashley Taylor, Greg Longbons, Katie Gieser, Caron Ochs, Jill Swanson, Rosalie Krusemark. Diseño realizado por Mark Wainwright.

"Porque Él vive". Letra por William J. y Gloria Gaither. Música por William J. Gaither. © 1971 William J. Gaither, Inc. Utilizado con el debido permiso.

Brisas de la montaña por Amy Carmichael. © 1999, The Dohnavur Fellowship. Publicado por la Cruzada de Literatura Cristiana (Christian Literature Crusade), Fort Washington, PA. Utilizado con el debido permiso.

Diseño de portada por Grupo Génesis

ISBN 978-0-88264-233-8
eBook ISBN 978-0-88264-264-2

Impreso en China

Para aquellos que eligieron morir antes que negar a Cristo, quienes eligieron la fe sobre el temor, y quienes eligieron ser testigos en lugar de huir.

Para todos aquellos de los cuales este mundo no era digno.

HEBREOS 11:38

Introducción

Los creyentes mencionados en este libro no son víctimas, son vencedores. Sus historias se extienden a lo largo de la historia, desde los propios discípulos de Jesús hasta los mártires modernos. Los perseguidores son de todo tipo, desde romanos hasta rumanos, mafiosos hasta musulmanes, y desde confucianos hasta comunistas. Pero cada uno de estos creyentes es un ejemplo para nosotros, un ejemplo de devoción extrema a Cristo. Los creyentes cuyas historias conocerá dentro de estas páginas encontraron un deseo aún más profundo que la voluntad humana básica de autopreservación: el deseo de servir a Cristo y ser sus testigos.

* * * * *

Cuando nos propusimos compilar este libro, estábamos entrando en una nueva era en Estados Unidos. Los eventos del 11 de septiembre de 2001 cambiaron el rostro del mundo libre y nos lanzaron a todos a un tiempo de interrogantes —un periodo en el que muchos buscaron respuestas en la iglesia— un momento en que la iglesia miró a Dios y Su soberanía en busca de fortaleza.

Nuestro objetivo es que este libro se utilice para ampliar nuestro pensamiento e influir en nuestras acciones cuando nosotros mismos enfrentamos tremendas dificultades. Por ejemplo, ¿cómo respondemos a aquellos que nos hacen mal? ¿Cómo respondió Cristo? ¿Cómo respondieron los cristianos en el pasado? ¿Cuál debería ser nuestra actitud hacia las personas de otras religiones si se oponen con violencia a nosotros? ¿Es correcto arriesgarlo todo para compartir el amor de Dios con aquellos que podrían matarnos por hacerlo?

Este libro no responderá a todas estas preguntas, pero está garantizado que desafiará su fe. Mientras lee estas historias de cristianos que han sufrido atrocidades indescriptibles por causa de Cristo, mire más allá de la tragedia y las dificultades para descubrir las joyas que están justo debajo de la superficie.

Observe con atención la fe contenida en los testimonios de estos valientes hermanos y hermanas. Reconozca que el mismo Espíritu que mora, o moró en ellos, también mora en usted, y crea que usted también posee esa misma medida de fe disponible para ser utilizada en cualquier circunstancia extrema.

A medida que lea estos relatos, también obtendrá la veraz apreciación de un aspecto radical de la fe al adquirir una comprensión de la teología del sufrimiento.

Para iniciar a comprender esta teología debemos darnos cuenta de que estas historias no son relatos desesperados de tormento. Ni estos creyentes son "súper" cristianos. Ciertamente son sobresalientes en su valor, tenaces más allá de la razón humana, y dedicados a Cristo de una manera que a veces es difícil de entender. Pero en realidad son cristianos ordinarios (como nosotros) que se enfrentan a situaciones extraordinarias.

Entonces, ¿qué ingrediente aparentemente misterioso los impulsa a tal "devoción extrema"?

En pocas palabras, su fe en Jesús como Señor, lo cual resultó en su sufrimiento.

La fe por sí sola es suficiente. El sufrimiento por manos humanas puede ser insoportable. Pero cuando se combina con la fe para el Reino de Cristo, el sufrimiento fortalece el corazón del cristiano que es sincero y que está dispuesto a perderse a sí mismo para ganar más de Cristo.

Todos los mártires de este libro comparten una pasión común por Dios. Es esta pasión lo que prevaleció sobre sus temores a las graves consecuencias de ser descubiertos compartiendo el amor de Dios con otros.

Tal vez parte de su pasión provino de conocer el alto precio de lo que poseían. Cuando la fe nos cuesta algo, se vuelve infinitamente más valiosa. Es este mismo aspecto de la naturaleza humana el que sirve para fortalecer a los cristianos que viven bajo gobiernos represivos que no permiten la libertad religiosa.

San Agustín dijo: "La causa hace a un verdadero mártir, no el sufrimiento".

En griego, la palabra "mártir" en realidad significa "testigo". Los mártires en este libro pudieron testificar personalmente de la verdad y del poder de Jesucristo y creyeron que debían llevar ese testimonio a otros, sin importar el precio.

En su obra *Asesinato en la Catedral*, T. S. Eliot describe a un mártir como alguien "que se ha convertido en un *instrumento* de Dios, que ha perdido su voluntad en la voluntad de Dios, no que la haya perdido sino encontrado, porque ha encontrado libertad en la *sumisión* a Dios. El mártir ya no desea nada para sí mismo, ni siquiera la gloria del martirio".

Ser testigo nos pone en la línea de fuego. El pastor E. V. Hill una vez contó la historia de una mujer que se acercó a él y le dijo: "Pastor Hill, ore por mí. El diablo ha estado tras de mí". El pastor Hill le dijo: "El diablo no ha estado detrás de ti. Tú no has hecho lo suficiente para que el diablo esté detrás de ti". La meta para todos los cristianos debe ser "hacer lo suficiente" por el Reino de Cristo como para llamar la atención del diablo.

Cuando algún tipo de sufrimiento llegue a usted por su testimonio cristiano, nuestra esperanza es que usted, al igual que las personas de este libro, experimente la gloria y la belleza de la *Devoción Extrema*.

Equipo de redacción de *Devoción Extrema*
La Voz de los Mártires

pregunta extrema

Cuando Ercan Sengul entregó su vida a Cristo en la nación musulmana de Turquía, algunos lo vieron como darle la espalda a su herencia y a su nación. Cuando dijo que haría cualquier cosa por Dios, lo dijo en serio en ese entonces, ¿y ahora?

Día 1

Ercan estaba sentado en una celda oscura, húmeda y fría en la cárcel, rodeado de sus compañeros de celda. La policía local lo arrestó diciendo que había "insultado al islamismo" al distribuir libros para una editorial cristiana.

Ercan clamó a Dios, rogando ser rescatado. Sabía que no había hecho nada malo y que no merecía estar allí. "Tú dijiste que harías cualquier cosa por mí, ¿lo dijiste en serio?", le susurró Dios al corazón de Ercan.

Quebrantado ante Dios, Ercan lloró y adoró. Le dijo a Dios en su corazón: "Lo dije en serio, de verdad". Ercan comenzó a predicar tres horas diarias en la cárcel. ¡Supo que Dios le permitió estar encarcelado para darle un nuevo campo misionero! Él estuvo en prisión por treinta días hasta que los testigos confesaron que la policía los había presionado a firmar declaraciones y el juez no encontró evidencia de que hubiese cometido algún crimen.

Oren también por mí para que, cuando hable, Dios me dé las palabras para dar a conocer con valor el misterio del evangelio, por el cual soy embajador en cadenas. Oren para que lo proclame valerosamente, como debo hacerlo.

Efesios 6:19 20

El arresto ha promovido el testimonio de Ercan. Desde que salió de la cárcel, muchos con los que compartió su celda han visitado su iglesia preguntando acerca del Dios que le dio paz mientras estaba encarcelado. Ercan aún distribuye con gozo libros cristianos, sabiendo que corre el riesgo de ser arrestado nuevamente.

La mayoría de los cristianos confesaríamos que sufrir no es exactamente lo que tenemos en mente cuando decimos que queremos que Dios nos use. Desde luego, queremos demostrar nuestra fe, pero no hasta el punto de sufrir persecución. Nos molesta que no nos tomen en cuenta en ascensos en el trabajo o que nos excluyan de actividades sociales. Nos sentimos menospreciados, estafados, engañados. Sin embargo, debemos estar dispuestos a buscar a Dios en oración en medio de nuestra desesperación. En el momento que lo hacemos, descubrimos que la oración cambia nuestra perspectiva. Comenzamos a ver oportunidades para crecer. Recibimos esperanza. Encontramos la promesa en medio del dolor. Con el tiempo, comenzamos a descubrir nuestra situación actual, por injusta e inmerecida que sea, puede ser al fin y al cabo, parte del plan de Dios. Cuando oramos por la perspectiva de Dios acerca de la persecución, encontramos el valor para ser obedientes a toda costa.

unidad extrema

MAURITANIA: TIMOTEO

—¡Dile, Timoteo, por favor!— gritó Maura, rogándole a su esposo—. ¡Dile al gobernador dónde están escondidas las Escrituras y sé libre! ¡No soporto ver más de esto! Timoteo y Maura, residentes de la provincia romana de Mauritania, llevaban casados solo unas pocas semanas antes de su arresto.

Día 2

Maura había observado horrorizada cómo los soldados le sacaban los ojos a su esposo con hierros calientes, tratando de quebrantar su voluntad. Ahora, colgado por los pies con un peso alrededor de su cuello y por orden del gobernador romano Arriano, Timoteo esperaba a que le quitaran su mordaza. El temor que en un inicio sintió cuando lo arrestaron, se sustituyó por una sensación de calma divina.

En lugar de rechazar su fe y dar a conocer el lugar en el que estaban escondidas las copias de las Escrituras de su iglesia, como esperaban los soldados, Timoteo regañó a su joven esposa. —¡No permitas que tu amor por mí esté por encima de tu amor por Cristo! —animó a Maura, afirmando con ello su disposición y determinación de morir por su Salvador. Al ver la valentía de su esposo, se fortaleció la propia determinación de Maura.

Arriano, enfurecido por la negativa de Timoteo, trató de quebrantar la nueva valentía de Maura. Él la sentenció a las torturas más rigurosas del mundo romano. Sin embargo, ella no se quebrantó. Maura rehusó negar a Cristo.

Después de haber soportado un horrible sufrimiento, Timoteo y Maura fueron crucificados, uno al lado del otro.

> Quiero que lo sepan para que cobren ánimo, permanezcan unidos por amor.
>
> **Colosenses 2:2**

Jesús no confió su ministerio a creyentes independientes; Él estableció una familia espiritual. Utilizó palabras como "hermano" y "hermana" a fin de transmitir la idea de que no esperaba que sus discípulos estuvieran solos en esto. Pablo continuó la misión de Cristo instruyendo a los nuevos creyentes a reunirse en iglesias para tener compañerismo y participar en una adoración colectiva. Los cristianos se necesitan unos a otros, sobre todo en momentos de pruebas. Cuando un creyente titubea, los compañeros creyentes se unen en apoyo y aliento. Por eso, el Nuevo Testamento considera la obligación de vivir con nuestro ejemplo como una necesidad en la fe cristiana. El ejemplo de fe y valentía de una persona es capaz de inspirar y unir a otros a seguir por el mismo camino. De la misma manera, cuando un creyente sucumbe bajo la presión de la persecución, es más fácil para otros también darse por vencidos. La historia exalta el compañerismo de la comunidad cristiana, en especial durante la persecución.

disponibilidad extrema

CHINA: PASTOR LI DEXIAN

Justo cuando el pastor Li Dexian comenzó su sermón, las puertas de la casa-iglesia se abrieron de golpe. Agentes armados del Departamento de Seguridad Pública de China entraron a la habitación, amenazando a todos los presentes y agarrando a Li para arrestarlo.

Día 3

—Esperen, por favor, permítanme tomar mi maletín—. Como siempre, el tono del pastor con los agentes era cortés, pero firme.

Los agentes de la policía se sorprendieron por la petición. —¿Qué hay ahí? —preguntaron, mientras tomaban el maletín negro con cremallera y lo abrían de un tirón—. El maletín contiene una frazada y un cambio de ropa —les dijo Li, pues esperaba ser arrestado ese día.

Al pastor Li lo habían arrestado muchas veces. Ya en dos ocasiones la policía lo había golpeado hasta el punto de vomitar sangre, y en una ocasión le golpearon el rostro con su propia Biblia. A Li le habían advertido que la policía estaba observando la aldea donde él celebraba sus reuniones de los martes. Li sabía que si se presentaba para predicar, lo arrestarían. Hoy en día, a los ciudadanos chinos los pueden enviar a campamentos de trabajos forzados por un período de hasta tres años sin haber tenido un juicio formal.

Los riesgos eran enormes, pero el maletín de Li estaba listo. Más que tener su maletín empacado y a la mano, él tenía su mente y su corazón preparados. Estaba dispuesto a pagar cualquier precio por predicar el Evangelio. Estaba convencido de que Dios cuidaría de él, aun en la cárcel.

Queridos hermanos, no se extrañen del fuego de la prueba que están soportando, como si fuera algo insólito.

1 Pedro 4:12

La disponibilidad es una señal de compromiso. El compromiso que no está preparado para el sacrificio es un simple compromiso disfrazado. Por ejemplo, considere el pacto del matrimonio. Le cuesta a cada uno su egoísmo y le da un muy fuerte golpe a su sentido de independencia. Sin embargo, el resultado es un matrimonio más fuerte. Las relaciones que no están dispuestas a sacrificarse a causa de un compromiso suelen no durar mucho. El compromiso implica una pérdida constante, debilita nuestro deseo y prueba nuestra habilidad de estar consagrados. De la misma manera, la entrega del creyente a Cristo debe pagar un precio para mantener su valor. Debemos prepararnos para la prueba de nuestra dedicación afirmando cada día que el cristianismo vale la pena. Vale la pena emplear nuestro tiempo en oración diaria. Vale la pena reunirse para adorar en la iglesia. Vale la pena soportar dificultades y pruebas; maltrato e incluso arresto por el privilegio de mantener nuestra dedicación sin renunciar.

luz extrema

"He perdido a todos mis amigos en la escuela. Ahora que comencé a practicar lo que predico, ellos se burlan de mí". Las notas en el diario de Rachel muestran su desilusión debido a que las mismas personas a las que quería mostrar el amor de Cristo ahora se habían alejado de ella. Sin embargo, no se daría por vencida.

Día 4

Hagan brillar su luz delante de todos, para que ellos puedan ver las buenas obras de ustedes y alaben al Padre que está en el cielo.

Mateo 5:16

"No me voy a disculpar por hablar en el nombre de Jesús. Lo soportaré. Si mis amigos se convierten en mis enemigos porque estoy con mi mejor amigo, Jesús, por mí está bien. Siempre supe que ser cristiana significaba tener enemigos, pero nunca pensé que mis 'amigos' iban a ser esos enemigos".

Rachel estaba estudiando en la Secundaria "Columbine" el día en que dos estudiantes abrieron fuego en la escuela. Uno de los jóvenes armados le preguntó si todavía creía en Dios. Ella lo miró a los ojos y dijo que sí, que todavía creía. Él le preguntó el por qué, pero no le permitió que contestara antes de matarla.

Rachel Scott pasó su prueba, y porque lo hizo, su luz se extendió más allá de su escuela hacia todo el mundo. Mucho antes que viniera la prueba, Rachel expresó estar dispuesta a entregarlo todo por Cristo. Las palabras de su diario, escritas exactamente un año antes de su muerte, hablan de su compromiso: "No voy a ocultar la luz que Dios puso en mí. Si tengo que sacrificarlo todo, lo haré".

La fe es la expresión invisible de nuestra relación personal con Cristo. La Biblia describe la fe de las personas como una luz, una expansión de esperanza que afecta a todo el mundo a su alrededor. Jesús eligió esta ilustración a causa de la incapacidad de la luz de ser contenida. Por ejemplo, el niño promedio descubre que leer con una linterna debajo de una frazada, ¡no es muy efectivo para ocultar que hay actividad en su cuarto por la noche! La luz sencillamente brilla por su propia naturaleza, a pesar de nuestros esfuerzos por contenerla. De la misma manera, la tensión aumenta en la vida de los creyentes cuando ellos deben elegir entre expresar plenamente su fe o tratar de opacarla de alguna forma. Con la confiabilidad de la salida diaria del sol, aquellos que han declarado firmemente su decisión por Cristo, encuentran que hacer brillar su luz se vuelve parte de su naturaleza.

oración extrema

CHINA: HERMANA WONG

Cuando el agente del Departamento de Seguridad Pública entró en la celda de aquella cárcel china, la hermana Wong se apartó. Este hombre despiadado había arrestado y perseguido a muchos cristianos, y solo unos días antes la había golpeado mientras la interrogaba.

"Por favor, hermana Wong, mi hermana está muy enferma. Ha perdido toda sensibilidad en sus piernas. ¿Podría venir a orar por ella?" ¿Era este el mismo hombre que le confiscó cientos de Biblias y libros cristianos? ¿Ahora estaba pidiendo oración? En verdad, Dios debe haberle puesto atención.

Unos días antes, mientras el agente de la policía interrogaba a la hermana Wong y la ultrajaba, él recibió una llamada telefónica diciéndole que un coche había atropellado a su madre. Cuando le dijo a su madre lo que había estado haciendo, ella le dijo que su acoso a los cristianos había provocado su accidente. El agente consideró la advertencia como una simple superstición.

Al día siguiente continuó interrogando a la hermana Wong, pero recibió otro mensaje: que su hermano había sido herido en un accidente. El hermano también atribuyó los problemas de la familia a los ataques del agente hacia los cristianos.

Sin embargo, cuando su hermana se enfermó, el agente le pidió a la hermana Wong que orara. La hermana Wong vio la oportunidad por la que tanto estuvo orando: la oportunidad de testificar a sus perseguidores. Dios sanó a la hermana enferma, y a través de las acciones de la hermana Wong, Dios cambió el corazón del agente, quien devolvió todas las Biblias que confiscó y ahora apoya a la iglesia.

"Anda, ve a la casa de Judas, en la calle llamada Derecha, y pregunta por un tal Saulo de Tarso. Está orando".

Hechos 9:11

La mayoría de las personas se sienten atraídas de manera extraña hacia la oración, sobre todo en momentos de sufrimiento y de dolor. Las barreras contra cualquier asunto con vestigios religiosos se desmantelan pieza por pieza cuando alguien pide o recibe oración. Es muy rara la persona que se rehúsa a un momento de oración cuando no se le exige compromiso. "Estoy orando por usted" pueden ser las palabras más poderosas que un creyente le diga a un no creyente. ¿Por qué? La oración es el agente de Dios para el cambio. Obtiene resultados. Algunas veces cambia las circunstancias, otras veces modifica decisiones. Más a menudo cambia a los que reciben el toque de la oración. La Biblia dice que la primera acción documentada después de la conversión del antiguo perseguidor de cristianos, Saulo de Tarso, fue la oración. ¿Quién sabe el papel que la oración tomará en la conversión de los "Saulos" que alrededor del mundo están en este momento enfocados en la destrucción del cristianismo?

"culpabilidad" extrema

MADAGASCAR: RANAVALONA

Ranavalona I, la reina de Madagascar, odiaba a los cristianos en su reino. Sus quejas contra ellos eran muchas: despreciaban a sus ídolos, siempre estaban orando, siempre iban a la iglesia y sus mujeres eran castas. Así que envió funcionarios para detener a todos los sospechosos de ser cristianos con el propósito de llevarlos a juicio.

Día 6

Estén siempre preparados para responder a todo el que les pida razón de la esperanza que hay en ustedes.

1 Pedro 3:15

Cuando les leyeron los cargos, mil seiscientos creyentes se declararon con toda confianza: "Culpable". No negarían los cargos porque hacer eso sería negar a Cristo. La reina les ofreció una segunda oportunidad de negar a Cristo e inclinarse ante sus ídolos, pero cada uno de ellos se rehusó. Los echaron en calabozos oscuros, húmedos y fríos, y muchos fueron ejecutados. La reina estaba aun más enojada debido a que por cada cristiano que ordenaba matar, se levantaban veinte más.

Después, la reina ordenó la ejecución de quince cristianos. Los iban a arrojar por un precipicio de cuarenta y seis metros de altura. Subieron los ídolos de la reina a lo alto del precipicio, y a cada cristiano lo bajaron un poco por el borde, atado con sogas.

—¿Adorarán a su Cristo o a los ídolos de la reina? —le preguntaron los soldados a cada cristiano que colgaba al borde del precipicio.

Cada cristiano sencillamente respondió: "A Cristo". Cortaron las sogas y ellos se desplomaron hacia las rocas. Algunos cantaban mientras caían. A una joven la perdonaron y le declararon loca. Ella más tarde fundó una gran iglesia.

En la mayoría de los países, a los acusados se les considera inocentes hasta que se compruebe que son culpables. El principio básico es que debe haber una cantidad suficiente de evidencia para declarar culpable de un crimen a una persona. Expresar su fe en Cristo es a menudo una ofensa contra el gobierno en muchos países donde se invierten los papeles del sistema de justicia. Los creyentes son culpables hasta que se compruebe lo contrario. Una persona tendría que rechazar a Cristo para ser inocente, ante un tribunal humano, terrenal. Sin embargo, en el tribunal del cielo, el veredicto de culpable es en realidad una victoria. "Culpabilidad extrema" significa proporcionar tanta evidencia de su fe en Cristo, ¡que sería imposible salir absuelto del cargo! La paradoja común vale la pena repetirla: Si usted hoy estuviera en un juicio por ser cristiano, ¿habría suficiente evidencia para condenarlo?

Día 7

"*Hemos aprendido que el sufrimiento no es lo peor en el mundo; la desobediencia a Dios es lo peor*".

Un Pastor Cristiano vietnamita encarcelado por su fe

cicatrices extremas

Ya había escuchado los rumores. Es más, Tomás lo había escuchado directamente de otros discípulos que vieron vivo al Maestro. Al menos eso fue lo que dijeron. "Cuando yo vea sus manos y meta mis dedos en los huecos de los clavos, cuando yo ponga mi mano en el hueco que hizo esa lanza romana en su costado, entonces creeré que Él ha resucitado", dijo Tomás.

Día 3

Lo que Tomás quería no era un milagro, ni alguna gran señal o prodigio. Él solo quería ver las cicatrices en el cuerpo de Jesús, los símbolos de Su sufrimiento. Aunque Jesús conquistó la muerte y vivía en un cuerpo glorificado, aún tenía cicatrices, recordatorios del precio que pagó.

Ocho días después, Jesús se apareció de nuevo. Qué tonto se debe haber sentido Tomás cuando se encontró cara a cara con el Maestro. Qué absurda debe haber parecido su ostentosa declaración cuando los otros discípulos se la recordaron. Sin embargo, Jesús no regañó fuertemente a Tomás. Mirándolo a los ojos, Jesús le ofreció sus manos, alentándolo a que tocara las cicatrices y a que creyera.

Las cicatrices de Cristo permanecieron después de su resurrección como un recordatorio de Su cuerpo que aún sufre. A pesar de que Él conquistó la muerte, su cuerpo en la tierra todavía sufre. Él puede identificarse con aquellos que, en todas partes del mundo, llevan cicatrices a causa de su fe en Cristo.

Tú, en cambio, has seguido paso a paso mis enseñanzas, mi manera de vivir, mi propósito, mi fe, mi paciencia, mi amor, mi constancia, mis persecuciones y mis sufrimientos lo que sufrí las persecuciones que soporté.

2 Timoteo 3:10

Las cicatrices son nuestras guías: recuerdos vívidos de lecciones dolorosas. A menudo son feas y con frecuencia no se señalan, evitando que otros las vean. De la misma manera, la cicatriz que deja la persecución en la iglesia no es a menudo el tema de conversación en muchas reuniones cristianas. Lo consideramos irritante, un misterio. Sin embargo, su propósito es enseñarnos. La persecución desempeña un papel importante en el maravilloso plan de Dios para que el mundo entero escuche y responda al Evangelio. Jesús llevó Sus cicatrices de manera pública. A decir verdad, el Señor alentó a Tomás a que las tocara para enseñarle. Sus cicatrices son nuestras guías, recordándonos del precio que se pagó por nuestra salvación. Debemos continuar aprendiendo sobre el precio que ha pagado la iglesia perseguida y no pasarlo por alto.

elección extrema

"¿Optará por vivir o morir? ¿Qué me dice?"

El que hacía la pregunta era Enrique VIII, el rey de Inglaterra, que tenía poder ilimitado sobre sus tierras. El "criminal" que estaba de pie delante de él, acusado de herejía, era John Lambert, un profesor de griego y latín.

Lambert desafió con audacia a su pastor por haber presentado un sermón que no estaba de acuerdo con las Escrituras. A Lambert lo llevaron ante el arzobispo de Canterbury y después ante el rey Enrique. Citando de las Escrituras y explicando el griego original, Lambert presentó su caso ante una asamblea de obispos, abogados, jueces y colegas. Las dos partes discutieron con celo de un lado a otro hasta que Enrique, aburrido de ello, le planteó a Lambert una elección final:

—Después de todas las razones e instrucciones de estos hombres entendidos, ¿está ahora satisfecho? ¿Optará por vivir o morir? ¿Qué me dice?

Lambert respiró profundo y respondió con confianza: —Yo encomiendo mi alma a las manos de Dios, pero doy mi cuerpo a su clemencia.

—Usted debe morir —respondió con desprecio Enrique—, porque yo no seré un patrocinador de herejías.

Condenado por herejía, Lambert murió en la hoguera. Lambert se mantuvo erguido en su muerte lenta y tormentosa. Levantó sus manos en adoración, declarando: "¡Solamente Cristo! ¡Solamente Cristo!".

Día 9

Elijan ustedes mismos a quiénes van a servir. Por mi parte, mi familia y yo serviremos al SEÑOR.

Josué 24:15

En la era moderna de las posibilidades, nuestro derecho de elegir ha crecido casi de modo insaciable. Doscientos canales de televisión son un derecho "básico", son sinónimo de libertad. Queremos opciones, variedad, surtido. Incluso, nos entregan decisiones mundanas cada día en la puerta de nuestra casa: qué vestir, qué comer, qué conducir o qué hacer. Sin embargo, nuestras elecciones ya no son prácticas; son tantas que parecen ilimitadas. En contraste, cuando las mayores preguntas de la vida llegan a nosotros, solo tenemos una respuesta que dar: "Solamente Cristo". ¿Hay algún otro camino al cielo? Ninguno, solamente Cristo, Él es el Camino. ¿Hay alguna otra prioridad en la vida que merezca nuestra devoción total? Ninguna, solamente Cristo, Él es supremo. ¿Puede alguna otra persona satisfacer el anhelo del corazón humano? Nadie, solamente Cristo es capaz de satisfacerlo. Usted verá que la verdad no tiene alternativa. Cuando las preguntas más grandes de la vida vienen, y vendrán; ¿estará preparado para testificar que, de todas las posibilidades, "ninguna, solamente Cristo" será satisfactoria?

traición extrema

RUMANIA: EL HERMANO VASILE

En la Rumania comunista, cerraron las iglesias y arrestaron a los pastores como parte de una campaña de siete años para "eliminar toda superstición de las naciones".

Día 10

Perdónanos nuestras deudas, como también nosotros hemos perdonado a nuestros deudores.

Mateo 6:12

Así que cuando el hermano Vasile y su esposa comenzaron a celebrar más reuniones de la iglesia en su pequeña casa, sabían que no escaparían por siempre de la atención del gobierno. Cada noche, Vasile oraba: "Dios, si tú sabes de algún prisionero que necesita mi ayuda, envíame de nuevo a la cárcel". Su esposa se estremecía mientras murmuraba un "amén" de mala gana.

Entonces, se enteraron de que se había llevado a cabo una redada en la casa de uno de los miembros de la iglesia y que se confiscaron copias de los sermones de Vasile. También se enteraron de que el pastor asistente, su amigo y colaborador, se había convertido en un informante y había denunciado a Vasile.

Era la una de la mañana cuando la policía invadió el pequeño apartamento y arrestó a Vasile. Mientras lo esposaban, Vasile dijo: "Yo no saldré de aquí en paz, a no ser que me permitan unos minutos para abrazar a mi esposa". La policía accedió a regañadientes. Se saldrían con la suya en corto tiempo.

La pareja se abrazó, oraron y cantaron con tanta emoción que incluso el capitán se conmovió. Al final, escoltaron a Vasile hasta una camioneta de la policía mientras su esposa corría llorando detrás de ellos. Vasile se volteó y gritó sus últimas palabras antes de desaparecer por muchos años: "Dale todo mi amor a nuestro hijo, y al pastor que me denunció".

La traición extrema requiere un perdón extremo. Si nuestros enemigos vienen en nuestra contra con tal ferocidad, ¿no deberíamos ser generosos de igual manera con nuestro acto de perdón? Cuando nuestro enemigo se rebaja tanto como para denunciarnos, ¿no debemos ascender más alto para encontrar la voluntad de perdonarlo? Jesús nos enseñó que perdonar la maldad es por nuestro propio bien. La traición profunda puede causar que cerremos nuestro corazón a nuestra propia experiencia del perdón. Si usted encuentra que es mezquino para perdonar, experimentará una escasa sensación de liberación de sus propios pecados. Es bastante malo que nos traicionen, pero amargarse es una derrota que usted no se puede permitir. ¿A quién necesita ofrecer un perdón exorbitante hoy?

regalo extremo

RUSIA: EL CAPITÁN MARCO

—¿Qué es eso? —gruñó Marco, el capitán Soviético, al niño—. ¿Qué quieres?

El niño, de tan solo doce años de edad, tragó su miedo mientras se encontraba frente al agente comunista y dijo: "Capitán, usted es el hombre que puso a mis padres en la cárcel. Hoy es el cumpleaños de mi madre y yo siempre le compro una flor para su cumpleaños. Como mi madre me enseñó a amar a mis enemigos y a recompensar el mal con el bien, a cambio, he traído esta flor para la madre de sus hijos. Por favor, llévesela a su casa para su esposa esta noche, y háblele de mi amor y del amor de Cristo".

El capitán Marco, que había observado con indiferencia mientras golpeaban y torturaban sin misericordia a los cristianos, estaba asombrado por el acto de amor de este niño. Las lágrimas le salieron mientras caminaba lentamente rodeando su escritorio y tomó al niño en un abrazo paternal. El corazón de Marco cambió por el regalo del amor de Cristo. Ya no podía arrestar y torturar a cristianos, y pronto a él mismo lo arrestaron.

Unos pocos meses después de la visita del niño a su oficina, Marco estaba hundido en una celda inmunda, rodeado de algunos de los mismos cristianos que él arrestó y torturó antes. Entre lágrimas, le contó a sus compañeros de celda acerca del niño y el sencillo regalo de una flor. Consideraba un honor compartir la celda con los que antes persiguió y atacó.

Día 11

Ustedes, por el contrario, amen a sus enemigos, háganles bien.

Lucas 6:35

La generosidad es parte de la naturaleza del cristiano. Jesús enseñó que otros reconocerían a los verdaderos creyentes por sus demostraciones de amor, y no solamente hacia aquellos que nos aman. A menudo, la generosidad hacia personas que no conocemos, y aun hacia enemigos, es la mejor aplicación de las enseñanzas de Jesús. Quienes son testigos de nuestros actos, si no es que son los mismos receptores, se quedan perplejos al verlos. Imagínese a un obrero cristiano herido que ora por el patrón que lo despidió injustamente. Imagínese el impacto que provoca que padres en duelo le den el regalo del perdón a un conductor ebrio. El mundo no comprende la generosidad. Sin embargo, de todos modos es afectado por ella. Encontramos que nunca somos más como Dios mismo que en las situaciones en las que damos a otros generosamente. Dios dio a su único Hijo para demostrar su amor por el mundo y comprar nuestra salvación. ¿Qué podría dar hoy usted que pudiera abrir el corazón de alguien al reino de Dios?

misionera extrema

PAKISTÁN: SALEEMA Y RAHEELA

—Si prometes cargar tu cruz, será una vida llena de espinas, montañas y dificultades —dijo la adolescente pakistaní con una voz firme. Saleema, una cristiana que vive en Pakistán, un país dominado por musulmanes, hablaba de su fe a una compañera de escuela, Raheela, que más tarde aceptó a Cristo.

La indignada familia de Raheela acusó a Saleema de "convertir a un musulmán", un cargo que puede llevar a la pena de muerte en Pakistán. Saleema y su pastor fueron arrestados, y la policía interrogó y golpeó a los padres de ella. Saleema fue víctima de ultraje mientras estaba bajo custodia policíaca, pero no negaría su fe. Es más, cantaba con suavidad cánticos cristianos en la cárcel, esperando atraer a otros a Cristo.

Raheela se fugó de su casa, pero su familia la persiguió. Cuando le ofrecieron una última oportunidad de retractarse de su nueva fe y regresar a Mahoma, se negó. Por su "crimen" su propia familia ejecutó a Raheela.

Saleema pasó a través de un extenso proceso judicial. La familia de Raheela la culpaba por la muerte de su hija. Al final, retiraron los cargos. Sin embargo, la vida de Saleema nunca será la misma. Se vio obligada a mudarse a otra parte de Pakistán por temor a que los musulmanes radicales la mataran. A pesar de todo, las espinas, las montañas y las dificultades no han atenuado su fe. A decir verdad, se está preparando para servir como misionera. Dice: "No importa cuán grande es la montaña, ¡Jesús me ayudará a vencerla!".

Día 12

Pido a Dios que el compañerismo que brota de tu fe sea eficaz para la causa de Cristo mediante el reconocimiento de todo lo bueno que compartimos.

Filemón 6

Los misioneros a menudo son mal catalogados como un tipo de fuerzas especiales, una tropa singular en el ejército de fe de Dios que actúa a nuestro favor. La verdad es que cada creyente ha sido llamado a ser misionero. Algunas de las obras más valiosas de Dios quizá ocurran alrededor de la mesa del comedor, tomando café en la casa del vecino de al lado. El corazón de nuestra misión permanece igual dondequiera que nos lleve nuestra misión. Tenemos el compromiso de expresar el Evangelio de Cristo. Para algunos, testificar de su fe a sus mejores amigos sería una hazaña de proporciones heroicas. Para otros, compartir su fe en contextos culturales extremos formará su campo misionero. La ubicación de nuestra misión no es lo importante. Lo que importa es nuestra motivación. ¿A qué extremo está dispuesto a ir con el fin de declarar las Buenas Nuevas de Cristo?

costos extremos

INDIA: PASTOR KANTHESWAR DIGAL

"Soy un fuerte creyente en Cristo", dijo el Pastor Digal mientras observaba a los dieciocho hombres que lo rodeaban. "Podrán matarme, pero nunca me convertiré al hinduismo".

Día 13

> Por lo tanto, salgamos a su encuentro fuera del campamento, llevando la deshonra que él llevó, pues aquí no tenemos una ciudad permanente, sino que buscamos la ciudad venidera.
>
> **Hebreos 13:13,14**

Era el 20 de septiembre de 2008 y el Pastor Digal viajaba en autobús de regreso a su pueblo natal en Odisha, India. Un mes antes, cientos de hindúes extremistas, armados con palos, hachas y cuchillos, arrasaron múltiples pueblos Cristianos en Odisha y en otros cinco estados, quemando casas, destruyendo iglesias y golpeando cristianos. Más de cien cristianos murieron durante aquel mes de ataques, y cerca de setenta mil cristianos de Odisha, incluyendo a Digal y a su familia, fueron desalojados de sus viviendas.

Creyendo que la violencia se había calmado, el Pastor Digal regresaba a casa para verificar el estado de su casa y su ganado. Se encontraba cerca de su pueblo cuando dieciocho hindúes radicales detuvieron al polvoriento y repleto camión en el que viajaba el Pastor Digal y lo sacaron a tirones.

Le exigían convertirse al hinduismo. Al negarse, lo ataron de pies y manos para golpearlo sin importarles el repugnante crujir de los huesos de sus piernas al romperlas. Le quitaron casi toda la ropa, dejándolo solo en camisa. Quemaron su rostro y lo torturaron en maneras indescriptibles. Luego abandonaron su cuerpo inerte en un arroyo en donde flotó por días.

"Mi padre dedicó su vida a mi pueblo, a la gente que aún no conoce de Cristo", dijo Rajendra, el hijo del Pastor Digal. "Pienso en mi pueblo, y en la muerte de mi padre. Y por sacrificar su propia vida, ahora ellos podrán conocer a Jesucristo y aceptarlo como su único Señor y Salvador".

Como cristianos, debemos estar dispuestos a pagar el precio, aún si nunca se nos exige hacerlo. Esta es la lección que la vida de Abraham nos da. Él estaba dispuesto a sacrificar a Isaac, por quien vendrían todas las promesas a Abraham. Estar dispuestos a sacrificarnos por nuestro compromiso por Cristo nos hace más fuertes. El sacrificio aclara nuestras metas y consolida nuestro carácter. Los compromisos que nos cuestan cambian a nuestra familia, a nuestros vecinos y a nuestro mundo para Cristo. Con ellos conocemos lo fuerte que podemos ser realmente. Aunque no deseamos perder lo que amamos, esforcémonos con mantenernos inmutables en nuestra devoción, a pesar de cualquier circunstancia.

"Señor, hazme un instrumento de tu paz

Donde hay odio, permíteme sembrar amor;

Donde hay agravio, perdón;

Donde hay duda, fe;

Donde hay desesperación, esperanza;

Donde hay oscuridad, luz;

Donde hay tristeza, gozo.

Ah Maestro Divino, permíteme que yo pueda

No tanto buscar ser consolado, como consolar;

Ser comprendido, como comprender;

Ser amado, como amar.

Porque es en dar que recibimos.

Es al perdonar que somos perdonados.

Es en morir que nacemos a la vida eterna".

SAN FRANCISCO DE ASÍS

sonrisa extrema

SIBERIA: PAULO

Se estaba haciendo tarde, y el agente soviético había golpeado y torturado a Paulo por muchas horas. —No vamos a torturarte más —dijo él, sonriendo cruelmente cuando el cristiano levantó la vista—. En lugar de eso, te vamos a enviar a Siberia, donde la nieve nunca se derrite. Es un lugar de gran sufrimiento. Tú y tu familia encajarán bien.

En lugar de estar deprimido, Paulo sonrió.

Día 15

—Toda la tierra pertenece a mi Padre, capitán. A dondequiera que me envíe, yo estaré en la tierra de mi Padre.

—Le quitaremos todo lo que posee —dijo el capitán mirándolo con aspereza.

—Necesitará una escalera muy alta capitán, porque mis tesoros están guardados en el cielo —respondió Paulo todavía con una sonrisa preciosa.

—Le pondremos una bala entre sus ojos – gritó el capitán, ahora enojado.

—Si me quita la vida en este mundo, comenzará mi verdadera vida de gozo y belleza —respondió Paulo—. No le tengo miedo a la muerte.

El capitán agarró a Paulo por su camisa de prisionero hecha harapos y le gritó al rostro:

—¡No lo mataremos! ¡Lo mantendremos encerrado solo en una celda y no permitiremos que nadie vaya a verlo!

—Usted no puede hacer eso, capitán —dijo Paulo, aún sonriendo—. Yo tengo un Amigo que puede pasar a través de puertas cerradas y barrotes de hierro. Nadie me puede separar del amor de Cristo.

¿Quién nos apartará del amor de Cristo? ¿La tribulación, o la angustia, la persecución, el hambre, la indigencia, el peligro, o la violencia?

Romanos 8:35

A pesar de un futuro incierto, estamos seguros de una cosa: Cristo lo enfrentará con nosotros. Ya sea que estemos pasando a través de una prueba privada o una aflicción pública, nunca vamos a estar solos. En contraste, todo compañero humano nos fallará en algún momento. Habrá lugares en el peregrinaje de la vida donde no pueden caminar con nosotros; el agua estará muy profunda y su entendimiento podría ser turbio en el mejor de los casos. Solo Jesús tiene la habilidad de pasar a través de los "barrotes de hierro" de nuestros corazones que sufren y compartir esos tiempos difíciles. Aunque, en su sabiduría, Él puede optar por no librarnos de nuestras circunstancias, Su indudable presencia nos ayudará en medio de ellas. Sonría, sabiendo que tiene un Amigo del cual nunca lo lograrán separar.

sacrificio extremo

Se amontonaron dentro de la habitación mientras escuchaban los gritos de sus compañeros cristianos siendo masacrados afuera. El pastor Hendrick Pattiwael y su esposa ayudaban a dirigir el campamento juvenil en Indonesia, y se sentían responsables por las personas jóvenes bajo su cuidado.

El campamento había sido un gozoso tiempo de crecimiento espiritual y de adoración. Entonces los atacaron.

Día 16

Cuando la multitud musulmana radical rodeó el edificio donde se escondieron, el pastor Pattiwael salió. Distrayendo a la multitud sedienta de sangre, quitó su atención de su esposa y de los jóvenes, pero atacaron al pastor mientras los otros escapaban.

"Jesús, ayúdame". Esas fueron sus últimas palabras.

Su esposa lo vio de nuevo cuando estaba tendido en un ataúd. Horribles heridas cruzaban su torso y sus brazos. Conmocionada y airada, la señora Pattiwael clamó a Dios: "¿Cómo pudiste permitir que sucediera esto? ¿Por qué no protegiste a mi esposo?".

Sin embargo, el Espíritu Santo le recordó las palabras de su esposo unos días antes del ataque. "Si tú amas a Jesús, pero me amas más a mí o a tu familia, no eres digna del reino de Cristo". Él le dijo que estaba dispuesto a morir por el reino de Cristo.

Recordando esas palabras, ella rehusó amargarse. En la actualidad ella sigue trabajando con su iglesia en Indonesia. El consejo que les daría a los cristianos en las naciones libres solo es este: "Busquen a Dios de todo corazón, a fin de que se mantengan firmes en medio de problemas mayores".

Por lo tanto, hermanos, tomando en cuenta la misericordia de Dios, les ruego que cada uno de ustedes, en adoración espiritual, ofrezca su cuerpo como sacrificio vivo, santo y agradable a Dios.

Romanos 12:1

No tenemos que buscar problemas. Ellos ya tienen nuestra dirección. Jesús les recordó a menudo a sus discípulos que las pruebas son parte de la vida cotidiana. Buscar a Dios con más fervor no significa buscar más problemas para nuestras vidas. No, el beneficio de buscar una relación más profunda con Dios es para prepararnos mejor para lo inevitable. No podemos elegir los problemas que surgen en nuestro camino. Sin embargo, podemos elegir tener una relación con Dios que nos prepare para enfrentarlos. Algunas pruebas quizá signifiquen perder nuestras vidas por causa de Cristo. Aun así, este no es el verdadero sacrificio. El sacrificio extremo debe venir mucho antes. Debemos sacrificar nuestros propios intereses, en todos los niveles, para desarrollar con anticipación una intimidad con Dios. Cuando hemos sacrificado todo para mantener una relación profunda y sincera con Cristo, ya habremos hecho la parte más difícil.

dolor extremo

SUDÁN: NIÑOS SUDANESES

Día 17

—¡Díganlo con nosotros! —gritaron los soldados, pateando y golpeando los rostros y los estómagos de los niños—. **Alá es Dios y Mahoma es su profeta, ¡Díganlo!**

Los cuatro niños sudaneses lloraban y gritaban por sus madres, pero rehusaban repetir las palabras que implicarían salvar sus vidas y renunciar a su cristianismo. Su sangre roja comenzó a fluir sobre su piel negra, pero no renunciarían a su fe en Cristo.

Los adolescentes mayores miraban horrorizados. Ya habían visto a sus familias del sur de Sudán asesinadas por guerrilleros islámicos armados con espadas. Ahora observaban cómo mataban a golpes a sus cuatro jóvenes amigos y familiares, el más pequeño de solo cinco años de edad.

Los soldados ya habían forzado a cada niño mayor a acostarse sobre carbones encendidos ordenándoles a que repitieran el credo musulmán y que se unieran a la fe islámica. Ninguno de los niños diría esas palabras a pesar del insoportable dolor.

Hubo catorce niños y trece niñas secuestrados en la redada de ese día. Nunca se han encontrado a las niñas y es probable que hayan sido vendidas como esclavas o concubinas en el norte de Sudán. Torturaron a todos los niños, pero ninguno cedió.

La noche siguiente los niños mayores escaparon, todavía mostrando las cicatrices de las noches anteriores. Ninguno renunció a su fe.

Pero si alguien sufre por ser cristiano, que no se avergüence, sino que alabe a Dios por llevar el nombre de Cristo.

1 Pedro 4:16

A menudo el dolor juega un papel importante en el plan de Dios. Lamentablemente, no hay otra experiencia que asemeje su poder de dominar y enfocar nuestra atención. El dolor físico de una larga enfermedad o de una herida repentina toma toda la atención del cuerpo humano. El cerebro envía señales a través del sistema nervioso para concentrar los recursos del cuerpo en la fuente del problema. De la misma manera, el dolor emocional es difícil de pasar por alto. La angustia de perder a un ser querido por circunstancias crueles como el cáncer u otra enfermedad, la persecución o la injusticia, puede ser casi abrumadora. Tenemos dos opciones para lidiar con cualquier situación que nos lleve al dolor. Podemos darnos por vencidos, o podemos crecer. Los que experimentan dolor pueden ser ministros singulares de la gracia de Dios. Como un atleta en entrenamiento, cuyos músculos tienen que agotarse a través de la tensión y el ejercicio a fin de hacerse más fuertes. El dolor es nuestro camino a un nuevo crecimiento.

oposición extrema

"Yo admiro a los comunistas". Las palabras parecían extrañas viniendo de un pastor que pasó catorce años en cárceles comunistas, pero Richard Wurmbrand era honesto al decirlas. "Muchos comunistas estaban dispuestos a morir para defender su 'Utopía'. Estaban más comprometidos a su causa que algunos que conozco en las iglesias".

Día 18

En cada enemigo, el pastor Wurmbrand veía a un amigo y a un cristiano potencial. Amando a sus adversarios, no solo vio a muchos llegar a conocer a Cristo, sino que también aumentó sus oportunidades de testificar.

"Cuando me llamaron 'judío sucio' y le dijeron a todo el mundo que no leyera mis libros, las personas de inmediato salían a ver qué tenía que decir este 'judío sucio' en su libro", dijo mientras se reía entre dientes. "Yo aprecio a cualquiera que tenga una ofensa en mí contra. Otros no siempre están interesados en lo que usted tiene que decir. Necesita retarlos a aceptar la verdad antes de expresarles sus creencias. Para hacer eso se debe comprender el punto de vista de ellos, sus orígenes, su procedencia y hablarles con inteligencia, pero también debemos recordar hablarles siempre con amor".

Las palabras del pastor Wurmbrand no eran algún tipo de "ideal elevado" que él no representara. Él y su esposa Sabina, recibieron con los brazos abiertos en su hogar a un agente nazi que trabajó en el mismo campo de concentración donde exterminaron a toda la familia de Sabina. Cuando el agente vio su perdón y su amor por él, lo ganaron para el reino.

*Nota: Estas declaraciones se hicieron durante una de las últimas entrevistas con el pastor Wurmbrand antes de su muerte en febrero de 2001.

Ustedes han oído que se dijo: "Ama a tu prójimo y odia a tu enemigo". Pero yo les digo: Amen a sus enemigos y oren por quienes los persiguen.

Mateo 5:43,44

Jesús nos enseñó que otros reconocerían nuestra fe por nuestro amor, en especial cuando se refiere a tratar con nuestros adversarios. La manera en que tratamos a nuestros enemigos es igual de importante que la manera en cómo tratamos a los de nuestra propia familia cristiana. Es más, nuestra respuesta a las críticas a menudo es una declaración mayor a favor del cristianismo que cualquier otro ejemplo. Cuando los creyentes ponen en práctica este poderoso principio de le fe cristiana, se distinguen ellos mismos del resto del mundo. La respuesta natural a la oposición es refutarla o devolverles la acción. En lugar de eso, los creyentes se esfuerzan para comprender a sus enemigos, no socavarlos. La oposición, cuando se pone desde esta perspectiva, es acogida como una oportunidad de poner nuestra fe en práctica e imitar los mandamientos de Cristo.

viaje extremo

EL TITANIC: DOCTOR ROBERT BATEMAN

Día 19

El corazón humano genera muchos proyectos, pero al final prevalecen los designios del SEÑOR.

Proverbios 19:21

Cuidadosamente, el doctor Robert Bateman ayudó a su cuñada a entrar en el bote salvavidas. "No estés nerviosa Annie. Esto probará tu fe. Yo me debo quedar y ayudar a los demás. Si nunca nos vemos de nuevo en esta tierra, nos veremos de nuevo en el cielo". Bateman le dio su pañuelo a la mujer mientras bajaban el bote a las oscuras y heladas aguas. "Ponte eso alrededor de tu cuello, Annie. Pescarás un resfriado".

Entonces el doctor Bateman reunió unos cincuenta hombres en la popa del barco y les dijo que se prepararan para morir. Más temprano, en ese día, él había celebrado el único servicio religioso en el gran barco, un culto que terminó con su himno favorito "Cerca de ti, Señor".

Robert Bateman había fundado la Misión de Ciudad Central en Jacksonville, Florida; un faro espiritual en una ciudad que casi siempre estaba llena de marineros ebrios. Le llamaban "El hombre que irradia más calidez humana que ningún otro en Jacksonville". Bateman había ido a Inglaterra para estudiar Trabajo Social Cristiano y venía de regreso a Estados Unidos para poner en práctica lo aprendido.

Sin embargo, más tarde, en la noche del 14 de abril de 1912, el barco de Bateman chocó contra un iceberg. Bateman guió a los hombres que estaban con él en la popa a orar el Padre nuestro. Mientras la banda tocaba "Cerca de ti, Señor", el gran barco Titanic se hundió bajo las olas.

¡Se dice que una manera segura de hacer reír a Dios es contarle nuestros planes! Cuando aceptamos a Cristo, emprendemos la mayor aventura de nuestra vida. Para que el peregrinaje valga la pena, debemos someternos a su autoridad. Él es el capitán de nuestra salvación. Él elabora el peregrinaje de nuestra vida como estima apropiado, navegando a través de nuestros caprichos y deseos hacia metas mayores. A veces, aun en los peores momentos, su mapa parece anticuado y nos preguntamos si Él ha perdido el rumbo. Rocas dentadas sobresalen de las turbias profundidades. La noche sin luna nos envuelve en su oscuridad. Qué tentados nos sentimos en esos momentos a tomar el control de los planes de nuestra vida. El viaje es una aventura de fe, si se le puede llamar así. Los planes de Dios para nuestras vidas nos guían en direcciones que nosotros quizá no elegiríamos jamás por nuestra propia cuenta. Pero Él sabe lo que es mejor.

paso de fe extremo

EGIPTO: UN LÍDER DE JÓVENES CRISTIANO

—Éste es el plan —dijo el joven líder cristiano al grupo de jóvenes—. A las ocho y media deben comenzar a distribuir en la universidad las invitaciones para la reunión. Deben entregarlas con rapidez antes de que llegue la policía secreta y les pregunte lo que están haciendo. Si no se las pueden dar a alguien, déjenlas en algún lugar. Dios las pondrá en las manos apropiadas.

Día 20

—¿Quieres que pasemos las invitaciones antes de tener el permiso para la reunión? —Imágenes de ser arrestados por la policía egipcia pasaron por las mentes de los preocupados jóvenes que estaban reunidos alrededor de su líder—.

—¡Exactamente! Miren, tenemos que poner en acción un poco de fe. Daremos el primer paso y el resto está en manos de Dios.

En Egipto, las reuniones cristianas se vigilan con sumo cuidado y no se pueden celebrar sin la aprobación del gobierno. Poco después haber comenzado a distribuir las invitaciones, el líder de jóvenes llamó a la policía para solicitar permiso para celebrar una reunión cristiana.

Ahora bien, la fe es la garantía de lo que se espera, la certeza de lo que no se ve.

Hebreos 11:1

—Tiene que llenar los formularios apropiados y le notificaremos dentro de un mes aproximadamente.

—Lo siento mucho señor, pero ya comenzamos a distribuir las invitaciones para la reunión —respondió el cristiano preocupado.

—¿Por qué entregó invitaciones antes de recibir la aprobación? Usted sabe que necesitamos aprobar dichas reuniones. Bueno, creo que como ya ha entregado las invitaciones, aprobaré la reunión esta vez.

Poner nuestra fe en acción consiste en dar el primer paso en un trayecto incierto. Como nos dirán otros que hicieron ese trayecto: "Lo difícil no es ir, sino 'ir sin saber' es lo que resulta un poco desconcertante". No hay mapas en un trayecto de fe. Navegamos bajo la tenue luz de la provisión de Dios. Es una aventura fuera del camino que nos conduce a lugares que no podemos ver desde la carretera principal de la vida. Requirió una gran fe para que estos creyentes distribuyeran invitaciones para una reunión la cual no estaban seguros que les permitirían realizar. Dios honró su paso de fe bendiciéndolos con trescientos nuevos creyentes esa noche. ¿Está usted listo para dar un paso de fe?

Día 21

"Durante la última guerra nos enseñaron que, para obtener nuestro objetivo, teníamos que estar dispuestos a ser prescindibles [...]. Sabemos que solo hay una respuesta cuando nuestro país exige que tomemos parte en el precio de la libertad; pero cuando el Señor Jesús nos pide pagar el precio por la evangelización del mundo, a menudo respondemos sin palabras. No podemos ir. Decimos que cuesta demasiado [...]. Los misioneros constantemente se enfrentan a ser prescindibles".

NATE SAINT, MISIONERO MARTIRIZADO EN LA SELVA ECUATORIANA EN 1956

decreto extremo

LAOS: CRISTIANOS

El siniestro sello rojo al final de la página llevaba la insignia de la oficina del Distrito Comunista en esa parte de Laos. Para los cristianos locales, el mensaje era aun más siniestro:

Día 22

"Si cualquier persona, cualquier tribu, cualquier familia es engañada para creer en otras religiones, como el cristianismo u otras, deben regresar a la religión en la cual creyeron [anteriormente]". "Está prohibido propagar esa religión. Por el contrario, esos creyentes tendrán que mudarse y vivir en las áreas nuevas. Si hay alguna aldea o familia que crea en otra religión [...] los miembros del comité del partido deben recolectar sus datos, hacer una lista de esos grupos de personas [...] y enviarla a la Oficina del Frente para la Construcción. Quisiéramos saber específicamente cuántos creen en Jesús y son cristianos en el distrito". El documento con fecha del 18 de julio de 1996 lo firmó el "Comité Permanente del Frente para la Construcción".

Recientemente, se ha obligado a los cristianos de Laos (a menudo apuntándoles con un arma), a firmar un documento donde renuncian a su conversión al cristianismo. Para el gobierno ateo, parece que cualquier religión es más aceptable que adorar a Jesucristo. A pesar de los esfuerzos del gobierno, la iglesia en Laos está creciendo a medida que los cristianos testifican audazmente de su fe.

Respondiendo Pedro y los apóstoles, dijeron: Es necesario obedecer a Dios antes que a los hombres.

Hechos 5:29

Cuando la autoridad humana contradice los mandamientos de Dios, se traza una línea y tenemos que tomar una decisión: O nos resignamos a la autoridad humana o nos alineamos a los mandamientos de Dios y nos arriesgamos a las consecuencias. Mientras que la paz es nuestro objetivo fundamental, no podemos cambiar nuestras prioridades de acuerdo a las exigencias humanas. Por ejemplo, el gobierno de los Estados Unidos ha declarado oficialmente que orar es una actividad ilegal dentro de las escuelas. Sin embargo, en realidad no pueden eliminar la oración de los estudiantes y del cuerpo docente que desean tener comunión con su Dios. Otros pueden decretar una restricción religiosa similar o peor. No obstante, Dios está por encima de su autoridad, ya que solo Él es Rey sobre el corazón humano. Nosotros podemos elegir con confianza obedecer a Dios antes que a la autoridad humana como un acto de nuestra voluntad.

contrabandista extremo

Watchman Nee, el líder de la iglesia china, solo tenía seis horas. Necesitaba guiar a Cristo al guardia frente a su celda a fin de que pudiera ser entregada su carta de exhortación a los cristianos fuera de la prisión.

Día 23

Con este fin trabajo y lucho fortalecido por el poder de Cristo que obra en mí.

Colosenses 1:29

El gobierno del presidente Mao estaba enfurecido por la propagación del cristianismo en China. Para detener la expansión de esta "secta extranjera", obligaba a salir del país a todos los misioneros extranjeros, o los mataba. Además, envió a miles de líderes de la iglesia China a prisión o a campamentos de "reeducación a través del trabajo forzado". Sin embargo, la iglesia seguía creciendo.

Cuando la policía descubrió que las bellas y poderosas cartas de aliento de Nee estaban saliendo de prisión y llegando a manos de los cristianos, duplicaron el número de guardias y nunca le permitían a un guardia estar vigilando fuera de la celda de Nee más de una vez. Acortaron los turnos a solo seis horas, esperando que Nee no tuviera tiempo de convertir al guardia.

Nee le habló al guardia acerca del amor del Padre y Su disposición de ofrecer a Su propio hijo para que el guardia viviera para siempre en el cielo. —El comunismo no lo puede llevar al cielo —dijo él—. Solo la sangre de Jesucristo puede hacer esto.

Cinco horas después de comenzar el sermón, con lágrimas que le corrían de sus ojos, el guardia aceptó a Cristo. A pesar de todo, se ganó un alma más para el reino y otra de las cartas de Watchman Nee se entregaría con toda seguridad.

Si los mártires cristianos nos enseñan algo, es que debemos utilizar energía creativa a fin de promover el Evangelio. Su ingenio, valentía, y aun su astucia, debe despertar nuestro propio espíritu para anunciar las Buenas Nuevas. Mientras que no todo el mundo tiene la oportunidad de pasar Escrituras de contrabando a áreas restringidas, todavía podemos ser siervos dispuestos para el reino. Esto pudiera significar ponernos deliberadamente en nuevas situaciones y a veces incómodas. No podemos compartir de Cristo si evitamos interactuar con gente fuera de nuestra iglesia o si escondemos nuestra fe de su presencia. Pudiera significar invitar a los vecinos a almorzar carne asada en el patio de nuestra casa. Pudiera significar inscribirse a tomar lecciones de golf u otra clase en la comunidad con el propósito de conocer a personas que no van a la iglesia. Un nuevo método de testificar siempre trae consecuencias. Sin embargo, siempre debemos estar dispuestos a correr el riesgo en lugar de conformarnos con la mediocridad. ¿Cómo describe usted su vida evangelística hoy? ¿Mundana y mediocre? ¿O creativamente enérgica para Cristo?

posesiones extremas

PERÚ: EL PASTOR ZAPATA

"En Perú, los cristianos no esperan obtener algo por servir a Jesús —dijo el pastor Zapata—. Ellos esperan dar algo". En las afueras del tranquilo pueblo en las montañas, el pastor Zapata mostró a sus invitados una hilera de cruces blancas hechas a mano, cada una representando a un cristiano muerto por los insurgentes comunistas.

Día 24

La vida de una persona no depende de la abundancia de sus bienes.

Lucas 12:15

Yaciendo frente al pastor Zapata dentro de la pequeña casa en el pueblo, estaba el cuerpo de otro pastor que la noche anterior había sido asesinado por los guerrilleros. Su cuerpo, cubierto por una sencilla frazada, estaba rodeado de velas y por los angustiados miembros de su familia.

Afuera en la lluvia, la congregación del pastor asesinado cantaba coros de alabanza. Sus zapatos estaban cubiertos de lodo. Los guerrilleros habían destruido su iglesia y quemado muchas casas de los miembros de la congregación. Sin embargo, ellos cantaban alabanzas.

Los cristianos no estaban fuera de peligro, pues los guerrilleros podían regresar en cualquier momento. A menudo seleccionaban a los pastores como blancos, ya que eran quienes alentaban a todo el pueblo a oponerse a la incursión marxista.

El pastor les recordó a los asistentes que la Biblia nos llama a buscar a Dios, no las bendiciones materiales que vienen de la mano de Dios. "¿Para qué compra uno una camisa? —le preguntó a la gente—. ¡Para usarla! ¿Para qué los redimió y los compró Jesús con su propia sangre? ¡Para utilizarlos en su reino!".

Esos empobrecidos creyentes estaban dispuestos a que Dios los usara.

Cuando nos persiguen por nuestra fe, es fácil enfocarnos demasiado en nuestras pérdidas. Quizá nos angustiemos por antiguos amigos que nos han rechazado por nuestras creencias. Tal vez no tengamos las oportunidades de negocio que teníamos antes. Nos lamentamos de nuestra suerte cuando nos dejan fuera de ciertos círculos sociales. Sin embargo, hay un sinnúmero de personas que han perdido muchísimo más que posesiones materiales o relaciones superficiales. Estos sólidos creyentes se enfocan en lo que queda para dar en el servicio de Cristo, no en lo que ya se perdió. Muchos de ellos han perdido sus iglesias, sus hogares, sus trabajos y sus familias a causa de la persecución religiosa. Aun así, están dispuestos a dar más en sacrificio a la causa de Cristo. Reconocen que su pérdida terrenal es la oportunidad de que otra persona gane la salvación.

"temor" extremo

El código no escrito de la policía estaba claro: Si descubren a los khmu o a otros miembros de una tribu convirtiéndose al cristianismo, ¡arréstenlos! Si descubren a alguien evangelizando a los miembros de una tribu, ¡mátenlo!

Día 25

Después de que encadenaron a "Lu" de manos y pies y lo pasearon de manera vergonzosa por toda la aldea, la policía comunista lo arrojó a un pozo. —Te dejaremos ir —dijeron—, cuando cien cristianos en tu aldea renuncien a su conversión al cristianismo. Sin embargo, no lograron encontrar creyentes dispuestos a renunciar a Cristo.

Entonces la tragedia atacó a la policía. El hijo de un oficial se fracturó ambas piernas en un accidente. Su otro hijo se enfermó gravemente. El oficial de la policía que había golpeado y acosado a los nuevos cristianos murió de repente de un infarto.

Otros policías sacaron con temor a "Lu" del pozo y le permitieron regresar a su hogar. Las autoridades gubernamentales estaban demasiado asustadas para tomar acciones en contra de los cristianos en la aldea después de ver lo que le había pasado a su líder.

El SEÑOR es mi luz y mi salvación; ¿a quién temeré?

Salmo 27:1

Viendo la demostración del poder de Dios, muchos más de los khmu se volvieron creyentes. Donde antes había cien cristianos, ahora había setecientos. Incluso, enviaron cristianos a otras aldeas para hablarles acerca de Jesús. Mientras que las autoridades de Laos estaban controladas por su temor, los cristianos en el sudeste de Asia vencieron el suyo.

El temor es una de las motivaciones humanas más básicas. Controla la bolsa de valores y alimenta las guerras. Sus energías incontrolables pueden ser utilizadas para un gran daño o pueden ser canalizadas para un gran bien. A los boxeadores profesionales se les dice a menudo que el temor es su amigo. El temor los puede hacer mejores boxeadores. Los mantiene alertas. Sensibiliza su determinación. De la misma manera, Dios puede utilizar nuestros temores y hacernos mejores luchadores para seguir Su causa. Cuando tenemos miedo, tenemos el potencial para hacer lo imposible. ¿Por qué? Aquello que es imposible por nuestras propias fuerzas se hace posible con la ayuda de Dios. El temor nos hace más dispuestos a abandonar nuestros propios recursos y a depender de Dios en lugar de ello. Así, el temor extremo puede llevarnos a la fe extrema.

joyería extrema

El grillete de bronce se llama en árabe "bacle". Peter lo sostenía como si fuera un objeto sagrado. Era testimonio del pasado de su familia y de la gran bendición de Peter.

Su abuelo hizo el bacle, pero no fue un proyecto artesanal. De hecho, sus amos islámicos lo obligaron a usarlo. Al abuelo de Peter lo capturaron en la zona sur de Sudán y lo llevaron a la zona norte de Sudán, donde lo compraron y vendieron como esclavo.

Día 26

El abuelo de Peter, aunque acosado y atormentado por sus amos musulmanes, no se unió a la fe de ellos. Se afirmó en su fe en Cristo y su cuerpo llevaba las cicatrices de su rechazo. Debido a que no era musulmán, era visto como si fuera nada más que un animal.

Poco antes de morir, el abuelo de Peter hizo que le quitaran el bacle y se lo dio al padre de Peter. "Nuestra familia no siempre será esclava, y nunca debemos olvidarlo", dijo él.

Más tarde el padre de Peter se lo dio a él, quien lo llevó consigo cuando escapó de su amo musulmán y huyó a la libertad. Hoy en día ya no es un símbolo de propiedad, sino del poder vencedor de Dios. Es un símbolo de la mano de Dios sobre una familia, obrando a través de tres generaciones para llevarlos a la libertad.

Oren sin cesar.

**1 Tesalonicenses
5:17**

"Nunca se olviden de mi pueblo, nunca cesen de orar por los cristianos perseguidos en Sudán", alentó.

El olvido es el enemigo número uno de la oración. Somos rápidos para ofrecer nuestras oraciones de apoyo. Desafortunadamente, nuestras buenas intenciones pocas veces bastan para ayudarnos a mantener nuestro compromiso de orar por los que están en necesidad. ¿Qué puede hacerle recordar orar por los perseguidos alrededor del mundo? Quizá una pequeña calcomanía sobre su reloj le recordará. Así, cada vez que vea su reloj durante el día puede ser una oportunidad para que recuerde a un grupo de personas que viven bajo persecución religiosa. Cualquier método que escoja para ser más consciente de las oportunidades perdidas para orar, ¡utilícelo! Leer historias sobre creyentes extremos no cambiará nada. Orar por creyentes extremos puede cambiarlo todo, incluso hoy.

valentía extrema

Era casi medianoche cuando las prisioneras escucharon que llegaban los guardias comunistas. De inmediato rodearon a la condenada, una joven de veinte años de edad sentenciada a muerte por su fe en Cristo. Ellas le susurraron rápidas despedidas. No hubo lágrimas de la joven rumana, ni gritos pidiendo misericordia.

Día 27

Unas horas antes, esa tarde, las prisioneras escucharon a la joven con el rostro radiante de amor. —Para mí, esta tumba es la puerta a una ciudad celestial —les dijo—. ¿Quién puede describir la belleza de esa ciudad? Allí no se conoce la tristeza. Solo hay gozo y canto. Todo el mundo está vestido de blanca pureza. Podemos ver a Dios cara a cara. Hay tanto regocijo que el lenguaje humano no lo puede expresar. ¿Por qué debería llorar? ¿Por qué debería estar triste?

Estaba comprometida para casarse, pero esa noche, les dijo que en lugar de estar con su novio terrenal, conocería a su novio celestial.

Los despiadados guardias entraron a la celda y la joven avanzó hacia ellos, lista para ir. Mientras abandonaba la celda, rodeada de guardias, comenzó a recitar el credo de los apóstoles. Minutos más tarde, con las lágrimas corriendo por su rostro, las prisioneras restantes escucharon disparos. Los verdugos pensaron que habían terminado con la vida de la joven, pero solo la habían enviado a vivir para siempre en un mejor lugar.

Porque para mí el vivir es Cristo y el morir es ganancia.

Filipenses 1:21

La Valentía es el puente que nos lleva de una existencia simbólica en la tierra, a un anhelo inexplicable por un futuro celestial. Aquellos que comprenden por completo la verdadera existencia del cielo, encuentran más fácil cambiar sus insignificantes vidas terrenales por una ciudadanía eterna en el cielo. La valentía nos ayuda a soltar todo a lo que nos aferramos en la tierra, a dejar todas las cosas que nos hacen anhelar quedarnos aquí. Hace falta valor para creer en una vida después de la muerte. Después de todo, la vida en la tierra es todo lo que físicamente vemos y tocamos hasta el momento de morir. Somos valientes cuando nos movemos en fe, creyendo que Cristo ha hecho posible que crucemos a la eternidad con Él. Una vez que tomamos esa firme decisión, somos capaces de enfrentarnos a la vida con un propósito y a la muerte con valentía.

Día 28

"No estamos orando para que se abran nuestras fronteras. Estamos orando para que el cielo sea abierto".

LA ORACIÓN DE UNA IGLESIA BAJO PERSECUCIÓN EN VIETNAM

misiones extremas

BUTÁN: EL PASTOR NORBU PROMILA

El pastor Norbu Promila estaba contento con el servicio mientras les predicaba a las personas de las tribus en las montañas de Bután. Los reunidos parecían estar especialmente atentos y receptivos a las Buenas Nuevas. Entonces, en medio del sermón, la policía se precipitó a través de cada puerta, asaltó el escenario y tomó por la fuerza a Norbu.

Día 29

Al pastor Promila lo echaron en la cárcel y lo torturaron, las autoridades le ordenaron que renunciara a su llamado a predicar el Evangelio. Recibió inmensas heridas en la cabeza, y cuando al final las autoridades lo dejaron salir, había daños permanentes en su cuerpo. Él regresó a su hogar, donde su esposa y sus hijos se sorprendieron al ver su rostro golpeado y ensangrentado. Diez días más tarde, murió como resultado de sus heridas.

La congregación del pastor Promila, en este reino hinduista, rehusó abandonar su misión. Poco después de su muerte, se reunieron e hicieron un llamado a voluntarios para que continuaran la obra de Norbu entre la población tribal.

Estoy convencido de esto: el que comenzó tan buena obra en ustedes la irá perfeccionando hasta el día de Cristo Jesús.

Filipenses 1:6

Cinco manos se levantaron, una de las cuales era la de su esposa. Ella respondió al llamado de Dios a las misiones mientras también cuidaba de sus cinco hijos. Ella ministró con fidelidad y, junto con los demás obreros, han visto a muchas personas de las tribus ganadas para Cristo. Dios proveyó para sus necesidades y las de sus hijos. La señora Promila se mantuvo firme en el conocimiento de que un día vería a su esposo de nuevo y sería recompensada por su fidelidad a Cristo.

Lo que hacemos por el Señor no es solo un trabajo, es una misión. La responsabilidad de llevar una misión a cabo, no es cosa de una sola persona. Se enfoca de manera individual en Cristo y Su Reino. Por lo tanto, alguien a cargo de la obra de Dios en un área en particular puede retirarse, pero la misión misma nunca se muere. La obra de Dios nunca se queda sin hacer. Continúa para siempre hasta que esté completa. Aquellos que están dispuestos a sufrir persecución por su fe nos enseñan acerca del significado de una misión. Reconocen que solo hay dos cosas que permanecerán por la eternidad: la obra de Dios y las almas humanas. Cuando estamos dispuestos a dedicar nuestras vidas en estas cosas, participamos en una misión con un alcance eterno.

asesino extremo – primera parte

BANGLADESH: ANDREW

Andrew, el evangelista, fijó su mirada en la pistola, preguntándose por qué el hombre no disparaba. El asesino comenzó a frustrarse, después se veía aterrado y al final huyó de la habitación.

Sonó el teléfono y Andrew se encontró hablando con el hombre que había venido a matarlo unos minutos antes.

—Los líderes musulmanes me ofrecieron una gran recompensa por matarlo —explicó el supuesto asesino—. Viajé a través de Bangladesh para ir a su oficina. La recompensa era mía. Estaba listo para disparar, pero no podía mover mi brazo. No podía apretar el gatillo.

El evangelista alabó al Señor por su protección. De cierta manera, Andrew lo encontraba cómico.

—Dígame, ¿qué puedo hacer por usted ahora? —preguntó.

—Señor, todavía no puedo mover mi brazo, ¡y es a causa de usted! ¿Puede ayudarme?

Ahí mismo, a través del teléfono, Andrew oró y al instante el hombre recobró el uso total de su brazo. Asombrado por el milagro, regresó a la oficina del evangelista y comenzó a hacer preguntas acerca de este "Jesús" al cual los líderes musulmanes parecían tener miedo.

El evangelista explicó con paciencia las Buenas Nuevas del amor de Jesús, incluso le ofreció té al hombre que había venido a matarlo. Después de cuarenta y cinco minutos, el hombre oró para recibir a Jesús en su corazón. El ministerio del ex-asesino ahora es destruir las obras del diablo. Hasta el día de hoy, es misionero en Bangladesh.

El fallido atentado de muerte del asesino fue una comedia de errores. Si fuera una película, el público hubiera vitoreado en voz alta cuando el protagonista, Andrew, entró en la escena. Como cualquier buen héroe de película, Andrew no solo derrotó los planes del enemigo. Los confundió, incluso hasta el punto de tomar té con el asesino que se había vuelto un creyente. Esto no estaba procediendo de acuerdo con el plan. Sin cesar, el diablo tiene que regresar a pensar de nuevo los planes para nuestra destrucción. Andrew no fue una víctima de las circunstancias, ni tampoco lo es usted. Si a él le hubieran disparado, su muerte también pudiera haber sido un testimonio, y también lo puede ser usted. Contrario a las conspiraciones del diablo, los planes de Dios para su vida no se pueden frustrar.

Día 30

Yo sé bien que tú lo puedes todo, que no es posible frustrar ninguno de tus planes.

Job 42:2

proclamación extrema

Sabina Wurmbrand alcanzó y pellizcó el brazo de su esposo. —Richard—dijo ella furiosamente—, levántate y lava esta deshonra del rostro de Cristo. ¡Ellos están escupiendo en su rostro!

—Si lo hago —contestó Richard Wurmbrand, mirando con intensidad a su esposa—, perderás a tu esposo.

Sus ojos se clavaron en los de él. —No quiero un cobarde por esposo.

Día 31

Estaban asistiendo a una asamblea nacional sobre religión en Rumania poco después de que los soldados comunistas invadieron su país. Los pastores cristianos, sacerdotes y ministros de todas denominaciones que se encontraban reunidos se pusieron de pie, y uno por uno, alabaron a José Stalin y al nuevo liderazgo comunista, el cual había arrojado a miles de cristianos a la cárcel.

Cuando Richard se puso de pie para hablar, muchos estaban encantados de ver que este pastor ampliamente conocido se uniera a su causa. Pero, en lugar de alabar a los comunistas, alabó a Jesucristo como el único camino a la salvación. "Nuestra lealtad principal debería ser hacia Dios, no hacia los líderes comunistas", les dijo a los reunidos. La reunión se transmitía en vivo a través de toda Rumania y miles de personas en todo el país escucharon la confrontación de Richard.

He completado la proclamación del evangelio de Cristo.

Romanos 15:19

Al darse cuenta del daño que ocasionaba Richard, los funcionarios comunistas corrieron al escenario. Richard escapó por la puerta trasera, pero a partir de ese momento fue un hombre perseguido. Más tarde, él pasaría catorce años en prisión.

Es probable que la mayoría de nosotros nunca seamos desafiados a defender nuestra postura a favor de Cristo frente a toda una nación. Sin embargo, todos tenemos el llamado a declarar nuestra convicción a favor de Él dondequiera que estemos cada día. Lo que importa no es el tamaño del público al cual testificamos, sino la sinceridad de nuestra postura. Nuestras vidas quizá no dependan de lo que decimos. Aun así, nuestros trabajos pudieran depender de la decisión que tomemos al expresar nuestras convicciones. Es posible que signifique perder una relación. Tal vez signifique la separación de nuestras familias. En cualquier caso, es mucho mejor soportar las consecuencias de nuestras convicciones que lamentar su ausencia evidente. ¿Cuándo y dónde aprovechará la oportunidad de reflejar hoy una postura firme a favor de Cristo?

madurez extrema

Después que haber sido juzgados, inculpados y sentenciados a muerte, llevaron a veintiséis cristianos a un lugar donde habían colocado toscas cruces. El arresto ocurrió casi tres meses antes en la ciudad de Kioto, Japón, donde fueron acusados de seguir a Cristo. Uno de estos convictos se llamaba Ibaraki Kun.

Día 32

Que nadie te menosprecie por ser joven. Al contrario, que los creyentes vean en ti un ejemplo a seguir en la manera de hablar, en la conducta, y en amor, fe y pureza.

1 Timoteo 4:12

Viendo lo joven que era Kun, un oficial lo apartó y lo animó a que renunciara a su fe para salvar su vida. Mirándolo a los ojos, Kun dijo con confianza: "Señor, sería muchísimo mejor si usted mismo se convirtiera en cristiano. Entonces podría ir conmigo al cielo".

El oficial lo miró fijamente, sorprendido por la fe del joven. Al final, Ibaraki preguntó: "Señor, ¿cuál es mi cruz?".

El desconcertado oficial señaló la más pequeña de las veintiséis cruces. El joven Kun corrió a la cruz, se arrodilló delante de ella y la abrazó. Cuando los soldados comenzaron a clavar sus manos y sus pies a la cruz, no gritó de dolor. Kun aceptó con valentía el camino que Dios le había preparado.

La crucifixión de los veintiséis cristianos el 23 de noviembre de 1596 fue el comienzo de un período de intensa persecución contra los cristianos en Japón. Por los siguientes setenta años, alrededor de un millón de cristianos japoneses fueron asesinados por su fe. Muchos abrazarían sus propias cruces siguiendo el ejemplo de Ibaraki Kun, un niño muy maduro de doce años de edad.

La madurez espiritual no se mide con un certificado de nacimiento. La edad cronológica tiene poco que ver con la convicción. Más bien, la madurez espiritual se desarrolla día a día. Medimos nuestra madurez de acuerdo a lo bien que aplicamos nuestra fe diariamente. Al contrario de lo que muchos creen, la madurez espiritual no es cuánto conocemos acerca de la Biblia. Muchas personas conocen muy bien la Biblia, pero permanecen al margen de la madurez espiritual. La obediencia a los mandamientos de la Biblia es señal de madurez. Una pregunta nos ayudará a saber hasta qué punto estamos creciendo espiritualmente. Nos debemos preguntar cada día: "¿Qué tanto nos parecemos hoy a Jesús más que ayer? Nuestra respuesta es una verdadera reflexión de nuestro crecimiento.

disponibilidad extrema

LAS FILIPINAS: UNA JOVENCITA

—Mi vestido —murmuró la niña. Sus palabras eran casi incomprensibles a través de sus inflamados labios— ¡Por favor, entréGueme mi vestido! ¡Quiero sostenerlo!

Los cristianos que rodeaban la cama de la niña estaban tristes. Ya nada podían hacer los médicos a causa de sus múltiples heridas internas. Semanas antes, los creyentes le habían comprado un vestido blanco para celebrar su nueva vida y su corazón puro en Cristo Jesús.

Día 33

Su padre no había estado contento con la decisión de su hija de seguir a Cristo. Una noche, ebrio y enfurecido, la atacó, golpeándola y pateándola. La dejó casi muerta y tirada en la calle fangosa.

Cuando no se presentó en la iglesia, sus amigas cristianas salieron a buscarla. Encontraron a la niña inconsciente, tirada como un bulto. Su vestido, antes blanco como la nieve, ahora estaba cubierto de sangre y lodo. La llevaron a un médico, pero sus lesiones eran muy graves.

Ahora estaba preguntando por su vestido.

—El vestido está arruinado —le dijeron sus amigas e intentaron cambiar el tema para que lo olvidara, pensando que ver el vestido arruinado quebrantaría el espíritu de la niña.

—Por favor, quiero enseñarle el vestido a Jesús —susurró, con la sencilla fe de una niña de diez años—. Él estuvo dispuesto a dar su sangre por mí. Yo solo quiero que Jesús sepa que yo estuve dispuesta a dar mi sangre por Él.

Poco después, la niña murió.

Pues Dios es quien produce en ustedes tanto el querer como el hacer para que se cumpla su buena voluntad.

Filipenses 2:13

A Dios poco le interesan nuestras habilidades. Quizá seamos talentosos, ingeniosos, ricos, profesionales, populares o puntuales. Ofrecer nuestras diversas habilidades al servicio de Dios es nada, en comparación con ofrecer nuestra disponibilidad. Nuestras habilidades se refieren a nosotros mismos; podemos vernos haciendo esto o aquello para Dios. En contraste, nuestra disponibilidad se refiere a Dios; solo podemos imaginarnos cómo Dios nos utilizará para Su servicio. Estar disponible para Dios significa estar dispuesto a obedecer sin importar el costo. Dios quiere nuestra disponibilidad para servirle sin importar nuestras habilidades específicas. ¿Cómo nos volvemos tan dispuestos? Eso también es un regalo de Dios. Él nos da el "querer", la voluntad o el deseo de estar disponible para Él.

recuerdo extremo

—¡Recojan algo de leña! —gritaron los soldados—. El joven James Jeda se imaginó que los soldados iban a cocinar su comida. Horas antes, ese mismo día, él observó horrorizado, cómo los soldados musulmanes radicales mataban a sus padres y a sus cuatro hermanos en la región sur de Sudán. Preservaron la vida de James solo para usarlo como trabajador.

Día 34

Cuando el fuego estuvo bien encendido, se sorprendió y horrorizó cuando los soldados de repente lo atraparon. Trató de liberarse pero los soldados eran muy fuertes y rápidamente ataron sus manos y pies.

—Tenemos buenas noticias para ti, jovencito —dijo un soldado—, vamos a dejarte vivir, pero primero debes unirte a nosotros convirtiéndote en musulmán.

—No puedo convertirme en musulmán —replicó James—, soy cristiano.

Enfurecidos por la fe del niño, los soldados lo levantaron y lo arrojaron al fuego. Después empacaron sus pertenencias y abandonaron el área asumiendo que James moriría.

El joven James no murió, logró rodar fuera del fuego y encontrar ayuda.

Doy gracias a mi Dios cada vez que me acuerdo de ustedes.

Filipenses 1:3

Los doctores pudieron salvar la vida de James, pero él siempre llevará consigo los recuerdos de ese día. Su cuerpo tiene injertos de piel y cicatrices, y uno de sus brazos está deformado, en parte por las quemaduras. En el cielo, esas cicatrices serán "insignias de honor", un recuerdo del día en que James Jeda rehusó darle la espalda a Cristo.

A la mayoría de las personas les encantan los "recuerdos". Difícilmente uno puede pasar por la infinidad de las tiendas de regalos en un aeropuerto o en una estación de autobuses sin sucumbir a la tentación de comprar un "recuerdo" de las experiencias del viaje. Sin embargo, ¿Qué nos puede hacer recordar la experiencia más significativa de nuestra vida, nuestro compromiso con Cristo? Algunos verán su sueldo y recordarán el ascenso que rechazaron por no estar dispuestos a comprometer su moral. Otros, al ver un salón de clases, recordarán dónde descubrieron por primera vez cómo se sentía la persecución. Aún otros, verán la lápida de un creyente y recordarán el significado del compromiso. Estos "recuerdos" son infinitamente significativos y mantienen en nuestra mente el precio de nuestra fe en Cristo Jesús.

Día 35

"Tuve la sensación física de que estaban orando por mí. Aun cuando no sabía nada y no recibía cartas, sentía la calidez como si estuviera sentada junto al fuego. Algunas veces esto sucedía en las celdas de castigo, que son muy frías. Era como escuchar a alguien orar por mí y pensar en mí. Esto me sostenía mucho. Es difícil de explicar [...]. Sentía y sabía que no me habían olvidado. Esto era suficiente para hacerme resistir los momentos más difíciles".

IRINA RATUSHINSKAIA, POETISA CRISTIANA ENCARCELADA EN LA ANTIGUA UNIÓN SOVIÉTICA HASTA 1987

injusticia extrema

RUMANIA: EL PASTOR FLORESCU

El pastor Florescu no podía soportar ver cómo los agentes comunistas golpeaban a su hijo. A él mismo ya lo habían apaleado y hacía dos semanas que no dormía por temor a que lo atacaran las ratas hambrientas que los comunistas habían arrojado intencionalmente en su celda. La policía rumana quería que Florescu delatara a otros miembros de su iglesia clandestina a fin de capturarlos también.

Día 36

No vacilar á ni se desanimará hasta implantar la justicia en la tierra.

Isaías 42:4

Viendo que las golpizas y las torturas no daban resultados, los comunistas trajeron al hijo de Florescu, Alexander, de tan solo catorce años de edad, y comenzaron a golpearlo frente a él. Mientras Florescu observaba, golpeaban a su hijo sin piedad, diciéndole que lo matarían a golpes si no les decía dónde estaban los demás creyentes.

Al final, medio loco, Florescu gritó que se detuvieran. —Alexander, ¡Tengo que decirles lo que ellos quieren! —le dijo a su hijo—. ¡No soporto que te sigan golpeando!

Con su cuerpo magullado y con sangre corriendo de su nariz y boca, Alexander miró a su padre a los ojos. —Padre, no me hagas la injusticia de tener a un traidor por padre. ¡Mantente fuerte! Si me matan, moriré con la palabra "Jesús" en mis labios.

La valentía del niño enfureció a los guardias comunistas, así que lo mataron a golpes mientras su padre observaba. No solo se mantuvo firme en su fe, sino que ayudó a su padre a hacer lo mismo.

¿No hay justicia en este mundo? Cuando leemos de las horribles atrocidades cometidas en contra de inocentes, no podemos evitar hacernos esa pregunta. Es posible que nuestra fe titubee cuando escuchamos acerca de los crueles sufrimientos en manos de malvados. Quizá hasta nos desalentemos cuando anhelamos el bálsamo de la misericordia que parece tardar. ¿No hay justicia en este mundo? En repuesta a nuestro clamor, la Biblia enseña el principio de "sí y aún no". Sí, algunos malvados encuentran una justicia rápida en el presente. Sin embargo, la poderosa mano de justicia infinita de Dios aún no ha caído sobre esta tierra. Eso está guardado para los tiempos finales. Nos cansamos de esperar, pero Él continúa inconmovible.

respuestas extremas

Día 37

Cuando los obreros de VOM conocieron a la hermana Tong en China, había sido recientemente liberada de prisión después de seis meses, condenada por haber celebrado reuniones cristianas en su hogar, siendo ella la anfitriona de una casa-iglesia no registrada. Cuando le preguntaron sobre su experiencia en prisión, esperaban oír sus sufrimientos, malestares y aflicciones. "¡Oh, sí! ¡Fue un tiempo maravilloso!", dijo la hermana Tong con una brillante sonrisa.

Los obreros de VOM miraron rápidamente al traductor, pensando que debía haber algún tipo de confusión en la traducción de su pregunta. Después de todo, le habían preguntado acerca de la celda donde estuvo presa, no sobre un lugar para vacacionar o una reunión de avivamiento.

Pero no había ningún error de traducción. La hermana Tong había comprendido la pregunta y había contestado honestamente. Ella pensaba que la prisión había sido un tiempo maravilloso... porque Dios había ministrado su corazón mientras estuvo encerrada, dándole consuelo y paz aun en medio del sufrimiento. Además, tuvo oportunidades de compartir el Evangelio con otras mujeres en su celda, y varias de ellas aceptaron a Cristo como su Salvador.

Claro que fue difícil estar lejos de su familia. Pero para esta cristiana china, la presencia de Cristo y la oportunidad de ministrar en Su Nombre, hicieron que aun la prisión se sintiera como un tiempo maravilloso.

Así nosotros, por el cariño que les tenemos, nos deleitamos en compartir con ustedes no solo el evangelio de Dios sino también nuestra vida.

1 Tesalonicenses 2:8

En lugar de ver sufrimiento cuando estuvo en prisión, la hermana Tong vio oportunidades de testificar y tuvo la oportunidad de experimentar la cercanía de la presencia de Dios. No podemos controlar todo lo que nos sucede, o las circunstancias de nuestra vida. Nos pueden suceder cosas malas. Pero, aún en circunstancias difíciles, podemos estar seguros de la presencia de Dios y podemos ministrar a quienes nos rodean. ¡Busque Su Rostro, especialmente en tiempos difíciles, a través de la oración y de la lectura de Su Palabra! ¡Y pídale que abra las puertas que le permitan compartir Su amor con alguien más!

testimonio extremo

Durante siete años, los clérigos musulmanes radicales trataron de convencer a los "infieles" a seguir el islam. Mas los cristianos encerrados en la brutal oscuridad de la prisión, no se convertían.

"Mahoma es el más grande profeta", trataban de explicarles a los cristianos. "Vivió más recientemente que Cristo y fue el último profeta de Alá".

Los cristianos escucharon con atención y respondieron: "En su propio sistema legal, la legitimidad de un asunto se determina por el número de testigos. Jesucristo tuvo testigos de su venida desde Moisés hasta Juan el Bautista. Mahoma solo testificó de sí mismo".

Confundidos, los imanes trataron un ataque diferente. "Sin duda, el islam es la religión decretada por Dios, pues nuestro imperio es mucho más grande que las tierras controladas por cristianos", dijeron con sonrisas engreídas.

"Si eso fuera cierto, la adoración a los ídolos de Egipto, Grecia y Roma hubieran sido una fe verdadera porque en un tiempo sus gobiernos tenían los imperios más grandes. Es obvio que su victoria, poder y riqueza no prueba la verdad de su fe. Nosotros sabemos que Dios algunas veces da la victoria a los cristianos y otras veces los deja en tortura y sufrimiento", contestaron los cristianos.

En el año 845, los musulmanes cerca de la ciudad de Ammoria, en el Oriente Medio, finalmente se dieron por vencidos en tratar de convertir a los cristianos para seguir a Mahoma. A los siete los decapitaron y echaron sus cuerpos al río Éufrates.

Día 38

Y serán mis testigos tanto en Jerusalén como en toda Judea y Samaria, y hasta los confines de la tierra.

Hechos 1:8

Jesús nos ordenó que fuéramos sus testigos, y lo somos al estar siempre preparados para dar una respuesta a todo aquel que nos pregunte sobre las razones de nuestra esperanza. Puede que no tenga todas las respuestas para cada una de las dudas y preguntas de cada no creyente, pero si llega a tener una oportunidad de dar su testimonio y no tiene una respuesta, dígalo. Cuando el hombre que había sido ciego fue cuestionado sobre Jesús, de quien no sabía mucho, él solo dijo: "No lo sé, pero una cosa sé, ¡yo antes era ciego, más ahora veo!". Así como el ciego, hay cosas que no conocemos, pero sí conocemos a Cristo y el cambio que Él ha hecho en nuestras vidas.

convicción extrema

En una reciente entrevista, Petrus, un cristiano de Indonesia, hizo esta sorprendente declaración: "Porque tenemos a Jesús, no es difícil ser cristiano, aunque hay muchas opresiones". Mientras que su declaración nos parece obvia a muchos de nosotros, seguir a Cristo ha requerido grandes sacrificios para Petrus.

Día 39

Una furiosa multitud de musulmanes radicales rodeó el edificio de la iglesia, rompiendo ventanas y proclamando a una voz su odio por los cristianos. El padre de Petrus, el pastor de la iglesia, estaba adentro con la madre de Petrus, su hermana, su prima y un obrero de la iglesia. Su padre trató de calmar a la multitud, pero no se marchaban. Él se retiró a orar dentro de la iglesia, pidiendo la protección y la ayuda de Dios.

La multitud, sedienta de sangre, incendió el edificio, gritando a gran voz mientras esperaban para atacar a cualquiera que saliera. La policía indonesia estaba demasiado temerosa para tomar acción. El ejército no estaba disponible. Esta era otra iglesia que quemaban, en una nación donde se han quemado más de quinientas iglesias en los últimos diez años.

Cuando Petrus llegó a ese lugar unas horas después, la iglesia y la casa del pastor eran ya cenizas. Los cuerpos de sus seres queridos estaban quemados, casi irreconocibles.

Más tarde, un oficial del gobierno se disculpó con Petrus, pero le alentó a no buscar venganza. El deseo de Petrus no es venganza, sino amor. Él quiere ver a los musulmanes de su país ganados para el reino de Cristo.

Porque nuestro evangelio les llegó no solo con palabras sino también con poder, es decir, con el Espíritu Santo y con profunda convicción.

1 Tesalonicenses 1:5

La persecución es, a menudo, el último campo de batalla en la lucha entre el instinto natural y la convicción espiritual. Al instinto le interesa la auto-preservación. La convicción está por encima de nuestros intereses. El instinto dice que nos venguemos de nuestros perpetradores. La convicción nos recuerda de las necesidades espirituales de los que nos persiguen. La mayoría de nosotros, después de ver a nuestros seres queridos asesinados por sus creencias, por instinto encontraríamos difícil tener las mismas convicciones de Petrus. Sin embargo, la alternativa que tenía Petrus en vez de seguir a Cristo le era más insoportable. ¿Cómo podía no seguir a Cristo? Su historia prueba que es posible que nuestras convicciones anulen nuestros instintos. No obstante, esto solo ocurre cuando nuestras inclinaciones naturales son revertidas por el apasionante amor de Cristo; una victoria en medio del campo de batalla de la persecución.

asesino extremo: segunda parte

BANGLADESH: ANDREW

El líder musulmán se impresionó al encontrar a Andrew, el evangelista cristiano, ¡sentado en la sala de su casa, con su familia, cenando juntos!

Le impresionó porque recientemente había ofrecido una gran recompensa para que mataran a este cristiano. Ahora Andrew estaba en su casa hablándoles a los miembros de su propia familia acerca de Jesús.

Día 40

"¿Qué está sucediendo aquí? —gritó él—. ¿Qué está haciendo este hombre infiel, este enemigo de Alá, en *mi* casa?".

Su nuera replicó: "Yo le pedí que viniera porque Él, su Jesús, ha sanado a su hijo, que es mi esposo —su historia continuó en un torrente de palabras—. Él llevaba dieciocho años enfermo, pero hoy este cristiano, Andrew, vino y oró. Puso sus manos sobre él, ¡y ahora está bien! ¡Jesús lo sanó!".

El hombre vio la emoción de su hijo mientras contaba cómo sintió que la enfermedad salía de su cuerpo. Esta era la primera vez en meses que su hijo se había levantado de la cama. Por primera vez en dieciocho años, no sentía dolor.

Pero yo, cuando sea levantado de la tierra, atraeré a todos a mí mismo.

Juan 12:32

El enojo del hombre se transformó en una sensación de alivio y felicidad. No decidió aceptar a Cristo ese día, pero se ha convertido en un aliado para los cristianos en esa zona y ha ayudado a muchos a evitar la cárcel y la persecución. El hombre que una vez mandó a matar a Andrew, ahora lo recibe con los brazos abiertos.

El cristianismo es un tipo de experiencia de "véalo por usted mismo". Cuando el padre musulmán entró en su casa, Andrew no estaba predicando un sermón de tres puntos acerca del Dios trino, no estaba regañando a la esposa ni los hijos del hombre porque antes creían en Alá. Andrew disfrutaba de una comida después de orar con la familia musulmana. Ellos tenían una cama de enfermo vacía para probar que Dios era real. De la misma manera, debemos recordar que las verdades de Dios son evidentes. Al ser los mensajeros, no estamos presionados para decir y hacer lo correcto. Hacemos lo bueno cada vez que proclamamos el Evangelio a otros. Jesús atraerá sus corazones a Él. Debemos permitir que la evidencia de la realidad de Cristo hable por sí sola.

verdad extrema

"¿No siente temor de lo que le vamos a hacer?", preguntó el coronel comunista, con un tono que era una combinación de burla y provocación.

El joven pastor Kochanga, que había predicado solo un sermón en su carrera, estaba de pie frente al coronel, sabía que el hombre tenía el poder sobre él de la vida o la muerte. Y respondió en un tono respetuoso, pero ferviente:

"Señor, la verdad nunca tiene temor. Imagine que su gobierno decidiera ahorcar a todos los matemáticos. ¿Entonces, cuánto serían dos más dos? Dos más dos seguirían siendo cuatro.

Nosotros tenemos la verdad, tan cierta como una ecuación matemática. Tenemos la verdad de que hay un Dios, y Él es nuestro Padre amoroso. Tenemos la verdad de que Jesús es el Salvador del mundo y desea salvar a todos, incluso a usted. Tenemos la verdad de que hay un Espíritu Santo que les da poder y luz a los hombres, y tenemos la verdad de que existe un bello paraíso.

Aunque tenga un látigo o cualquier instrumento de tortura, estas verdades siempre permanecerán. Incluso dos más dos seguirán siendo cuatro".

A Kochanga lo golpearon hasta quedar casi irreconocible y nunca fue visto de nuevo. Aunque a los demás prisioneros les resultaba difícil reconocer su rostro magullado y ensangrentado, en el cielo fue inmediatamente reconocido y recibido con los brazos abiertos.

Día 41

A cualquiera que me reconozca delante de los demás, yo también lo reconoceré delante de mi Padre que está en el cielo.

Mateo 10:32

"Digan la verdad". Los niños aprenden este mandato a una temprana edad, pero la sabiduría que conlleva es eterna. Si volviéramos al simple reconocimiento de lo que sabemos que es verdad, siempre tendríamos las palabras precisas para decir cuando nos llamen a testificar de Cristo. Muchas personas se sienten a menudo incapaces de testificar de Cristo, diciendo que no tienen la "preparación" adecuada. Tememos que nos hagan una pregunta teológica que no sepamos responder. Sin embargo, profesar a Cristo no requiere un curso de apologética. Solo diga la verdad sobre lo que sabe, al igual que los que han experimentado opresión por su fe. Testificar de Cristo es más fácil de lo que parece. Debemos regresar al principio que aprendimos en nuestra niñez. Tenemos la orden de reconocer a Jesucristo, de decir la verdad.

Día 42

"No es hasta que un hombre descubre que se oponen a su fe y la atacan, que en verdad comienza a pensar en las implicaciones de esa fe. No es hasta que la iglesia se enfrenta a alguna herejía peligrosa que comienza a darse cuenta de las riquezas y las maravillas de la ortodoxia. Es característico del cristianismo que tenga riquezas inagotables, y que sea capaz de producir siempre nuevas riquezas para enfrentar cualquier situación".

WILLIAM BARCLAY, *THE DAILY STUDY BIBLE* [*LA BIBLIA DE ESTUDIO DIARIO*]

más misioneros extremos

RUMANIA: EL PASTOR RICHARD WURMBRAND

Cuando el tren comenzó a salir de la estación, los cristianos que estaban en el andén desabotonaron sus sacos y sacaron cientos de panfletos evangelísticos. Puñados de panfletos fueron lanzados con rapidez y al mismo tiempo, a través de las ventanillas abiertas del tren para las tropas rusas que viajaban adentro.

Día 43

Predica la Palabra; persiste en hacerlo, sea o no sea oportuno.

2 Timoteo 4:2

Los soldados rusos, algunos de no más de dieciséis años de edad, se reían y silbaban, sobre todo a las atractivas jóvenes que arrojaban cosas a través de las ventanillas. Agarraron los panfletos, preguntándose qué lanzaban dentro del tren del ejército. Cuando el funcionario político abordó el tren, los soldados enseguida guardaron los panfletos en sus bolsillos. Muy pronto iban a leer el extraño folleto y aprender más acerca de este "Rey".

De regreso en el andén, los cristianos se reunieron, riéndose con nerviosismo. Cuando los policías apartaron a uno de ellos, él mostró lo que había dentro de su saco porque no había nada adentro. Todos los panfletos que llevó a la estación rumana ahora estaban en el tren, en dirección al corazón de Rusia comunista.

La evangelización en los vagones del tren era solo uno de los métodos que Richard Wurmbrand les enseñó a los jóvenes de su iglesia a fin de alcanzar a los rusos para Cristo. Estos "aliados" les robaban toda la riqueza de su país y asesinaban a muchos de su pueblo, pero Richard recibía a los soldados con los brazos abiertos. En cada soldado veía un campo misionero y buscaba una oportunidad de cosechar un alma.

Una misión no es tanto un lugar, sino una actitud; es el enfoque de una persona hacia la vida. Un misionero es sencillamente alguien que encarna esta determinación y único enfoque y lo expresa en su vida cotidiana. Richard Wurmbrand era un hombre con una misión, y su fervor se esparció a través de la multitud de jóvenes que reconocían su determinación. En ese sentido, todos somos misioneros, embajadores de Cristo, dondequiera que estamos sirviendo. Estar en una misión significa que usted siempre está al tanto de nuevas oportunidades con el propósito de promover el reino de Dios: junto al despachador de agua en el trabajo, en el supermercado, en el tren o en el autobús, en la escuela… cuando uno está resuelto a promover el reino de Dios, cada día se convierte en su campo misionero.

legado extremo

INDONESIA: STENLEY

Cuando Stenley desembarcó en la remota isla de Indonesia, sintió la oscuridad espiritual. Las personas practicaban una combinación de brujería e islam. Stenley acababa de graduarse de la escuela bíblica y estaba listo para la obra a la cual lo había llamado Dios, alcanzando a las personas de esa isla para Cristo.

Día 44

Stenley predicaba con denuedo, llamando a la gente a venir a Cristo y después quemar sus ídolos y las reliquias de su vida anterior. Un musulmán quemó su ídolo, pero dentro de éste había un rollo del Corán. Cuando los musulmanes radicales escucharon que habían quemado el Corán, denunciaron a Stenley ante los agentes de la zona y Stenley fue arrestado de inmediato.

Aunque a Stenley lo golpearon horriblemente y yacía en coma, su mentor de la escuela bíblica, el pastor Siwi, fue a verlo y vio que las lágrimas le corrían por sus mejillas. Poco después, Stenley murió a causa de sus heridas.

Sin embargo, la muerte no logró acabar con el ministerio de Stenley. Cuando contaron su historia en su pueblo natal, once musulmanes aceptaron a Cristo como Salvador. Cincuenta y tres aldeanos tomaron la decisión de asistir a la escuela bíblica, siete de los cuales pidieron que los enviaran como misioneros a la misma aldea donde murió Stenley.

Esperando extinguir el fuego del Evangelio, los agentes de la aldea apagaron la vida de Stenley. No obstante, aún en medio de su violencia, la mano de Dios estaba obrando. Hoy en día las llamas del Evangelio arden intensamente en esa aldea.

Ustedes son la luz del mundo. Una ciudad en lo alto de una colina no puede esconderse.

Mateo 5:14

"Dejar la luz encendida". Eso es lo que todos los que siguen a Cristo deben tratar de hacer cuando dejen este mundo. Un cristiano comprometido deja la luz encendida para un mundo que está perdido en la oscuridad. A eso se llama "dejar un legado". Parece que a menudo escuchamos de personas famosas que dejan un legado en las películas, en el deporte o en algún otro sector público. Sin embargo, mientras que las vidas de muchos cristianos santos se extinguen en el anonimato, sus fieles luces siguen ardiendo intensamente a través del mundo. La muerte no puede apagar su legado de fe, integridad, esperanza y amor. Es más, la muerte puede avivar aún más la llama, pues un legado como ese a menudo es imitado voluntariamente por los que permanecen.

familia extrema

A la mujer le faltaba un mes para graduarse de la escuela bíblica junto con su hija. Era la misma escuela bíblica a la que asistió su hijo Stenley, antes de ir a otra isla de Indonesia como misionero. A Stenley lo mataron por llevar el Evangelio, pero su testimonio alentó a muchos otros a asistir a la escuela bíblica y aceptar el llamado de Dios de hablar de su amor.

Día 45

Después de que terminaran su entrenamiento, la mujer y su hija planeaban ir a la misma aldea donde murió Stenley. Ella esperaba tener la oportunidad de mostrar el amor de Cristo, incluso a los hombres que mataron a golpes a su hijo. Alguien que visitaba la escuela bíblica, escuchando sus planes, estaba sorprendido.

—¿No le teme a la muerte? —le preguntó.

La mujer parecía confusa por la pregunta, como si fuera algo que no había pensado antes. —¿Por qué debería tener miedo a morir? —respondió ella con sencillez.

¿Dónde está, oh muerte, tu victoria? ¿Dónde está, oh muerte, tu aguijón?

1 Corintios 15:55

Su fe en la bondad de Dios era absoluta. Si Él decidía utilizarla en la aldea donde murió su hijo, que así fuera. Y si le permitía morir allí, también aceptaría ese llamado. Su muerte la llevaría a la presencia del Cristo que amaba. La muerte no era un obstáculo ni un castigo, sino solo una puerta a la presencia eterna de Dios.

Enfrentarnos a la muerte nos hace sentir como niños parados al borde de una laguna. Abrazamos fuertemente nuestros propios hombros contra nuestros cuerpos, estremeciéndonos anticipadamente por lo desconocido. ¿Dolerá? ¿Lo lograré? No queremos ser el primero en saltar al agua, no con todas estas incertidumbres. Por fortuna, no tenemos que serlo. La historia está llena de miembros de la familia que han saltado a través de la frontera entre la vida y la muerte. Eran santos que murieron con la plena certeza de su destino. Es más, Jesucristo fue a donde no ha ido antes ninguna otra persona: a la muerte y de regreso. Cristo, la cabeza de nuestra familia cristiana, le quitó lo terrorífico a la muerte y lo sustituyó con seguridad. Acepte el llamado a entrar. El agua es muy agradable.

lados extremos

Estaban cantando coros cuando los dos soldados entraron con rifles. El culto se detuvo mientras los soldados rusos miraban fijamente a los creyentes con ojos desorbitados.

"¿Qué hacen aquí? ¿Adoran a su Dios imaginario?", gritaron.

Los miembros de la iglesia se agacharon con miedo detrás de las bancas, preguntándose si había más soldados con rifles afuera.

Día 46

—Todos los que son fieles a Dios, ¡muévanse a la derecha de la iglesia! —dijo uno de los soldados, su rostro mostraba odio—. ¡A ustedes los vamos a fusilar por su fe! ¡Los que quieran irse a casa y salvar su vida, párense del lado izquierdo! Ustedes deben decidir si viven o mueren. ¡Aquellos que sean fieles a este "Dios" morirán! ¡Los que lo nieguen, pueden vivir con libertad!

Diez minutos antes, todos cantaban alabanzas por igual. Ahora era una situación de vida o muerte. Algunos se pusieron de pie a la izquierda, mirando con tristeza, o diciendo adiós con la mano, disculpándose con los que estaban a la derecha. Algunos se pusieron de pie a la derecha, con sus ojos cerrados en una oración de último momento.

El que no está de mi parte, está contra mí; y el que conmigo no recoge, esparce.

Mateo 12:30

—¡Ustedes, los de la izquierda, son libres de retirarse! —dijo uno de los soldados unos momentos más tarde. Esas personas salieron, echando una mirada final a los que pronto iban a morir.

Cuando solo quedaron los de la derecha, los soldados bajaron sus armas. —Nosotros también somos cristianos —dijeron—, pero deseábamos adorar sin hipócritas.

Los momentos que nos definen vienen a nosotros cuando menos los esperamos y no podemos prepararnos para ellos. Debemos experimentarlos "como son" y aprender de las consecuencias. Un momento que nos define es cualquier situación que involucra una pregunta de carácter. Pudiera ser tan complejo como un culto de la iglesia interrumpido por perpetradores que exigen nuestra alianza a una fe u otra. O es probable que sea tan sencillo como decidir si vemos o no una película ofensiva. Nuestra respuesta a un momento que nos define nos pondrá del lado de lo que es como Cristo o de lo que es cuestionable. Estemos preparados o no, nos encontramos frente a frente con nuestro verdadero carácter en el momento que decidimos escoger un bando.

más oración extrema

BOHEMIA: JOHN HUSS

"¡Ah, misericordioso Cristo!", escribió John Huss mientras esperaba su ejecución, "Danos un espíritu valiente para que podamos estar preparados. Y si la carne es débil, que tu gracia vaya delante de ella, pues sin ti nada podemos hacer, y sobre todo, sin ti no podemos enfrentarnos a una muerte cruel. Danos una valentía audaz y una fe recta, una esperanza firme y un amor perfecto, que podamos dar nuestra vida por ti con toda paciencia y todo gozo. Amén".

La oración del justo es poderosa y eficaz.

Santiago 5:16

Huss llamó a la Reforma a la iglesia del siglo XV, retando a sacerdotes que vendían indulgencias (el derecho a pecar sin consecuencias) y exigiendo normas bíblicas de justicia. A Huss se le prometió protección real para presentar su defensa. Sin embargo, ahora estaba sentado en un calabozo, a la espera de la muerte, y clamando a Dios.

El 6 de julio de 1415, a Huss lo desnudaron y encadenaron a un poste. Mientras encendían el fuego a su alrededor, Huss oró: "Señor Jesucristo, es por causa del Evangelio y la predicación de la Palabra que sufro con paciencia y humildad esta terrible, vergonzosa y cruel muerte".

A medida que las llamas se elevaban a su alrededor, Huss, con un suspiro final, clamó: "Cristo, Hijo del Dios viviente, ten misericordia de mí".

El testimonio de Huss fue crucial para terminar con la práctica de vender indulgencias y para persuadir a los cristianos a regresar a las enseñanzas bíblicas.

Orar, aquello que logra más, es a menudo lo que menos hacemos. La oración es nuestra primera defensa contra la guerra espiritual. Aun así, a menudo es nuestro último recurso. Los perseguidos por su fe nos enseñan la prioridad de la oración. Sus últimas declaraciones no son palabras hostiles. Sus últimas acciones en la tierra no son de resistencia. En lugar de eso, la oración es su último aliento, desconcertando a sus acusadores y convenciendo a otros con su fe decidida. La historia nos muestra que las oraciones justo antes de morir de los santos perseguidos pueden influir en otros hacia el Evangelio, quizá más que si hubieran seguido vivos. Cuando está en el crisol de la vida y las "llamas" arden a su alrededor, ¿recurrirá usted a la oración? ¿Verán otros que su primera y su última defensa es su comunicación con su Padre celestial?

ánimo extremo

Cuando los comunistas tomaron control de Vietnam, el pastor Nguyen Lap Ma se negó a renunciar a la "Iglesia de la Alianza Cristiana y Misionera" en Can Tho. Por este "crimen", a él y toda su familia los pusieron bajo arresto domiciliario en una pequeña aldea rural sin poder viajar ni recibir correspondencia durante los primeros doce años.

Día 48

Tengo muchos deseos de verlos para impartirles algún don espiritual que los fortalezca; mejor dicho, para que unos a otros nos animemos con la fe que compartimos.

Romanos 1:11,12

Al final, cuando las autoridades redujeron las restricciones de correspondencia, el pastor Lap Ma estaba entusiasmado al ver las cartas que llegaban a su casa. La Voz de los Mártires publicó la historia del pastor Lap Ma y su dirección. Estudiantes, amas de casa, pastores y hombres de negocios escribieron cartas de ánimo al pastor y su familia. La policía vietnamita se quedó asombrada cuando el pastor Lap Ma recibió más de tres mil cartas de todas partes del mundo.

"Leí todas las cartas con oraciones y lágrimas —dijo el pastor Lap Ma—. 'Devoré' cada carta y medité en las Escrituras citadas en ellas. Después le comuniqué estas palabras de aliento y las Escrituras en vietnamita a mi familia. Estamos contentos y animados por los mensajes en ellas".

"Dios nos ha fortalecido y ayudado —continuó el pastor—, así que seguimos esperando en Él y mantenemos nuestros ojos en Jesús. Lo seguimos a Él al soportar la cruz, sin hacer caso de lo vergonzoso de esa muerte. Mientras vivamos, Dios nos usa para consolar a otros cristianos que están sufriendo". Esas cartas los animan mientras ellos felizmente animan a otros creyentes.

El ánimo es un combustible necesario para la carrera cristiana. Sin ánimo, así como un corredor sin agua, no soportaríamos por mucho tiempo el esfuerzo a menudo agotador. Mientras hacemos nuestro peregrinaje, aprendemos que el ánimo es una vía en dos sentidos. Nosotros animamos a otros y también lo recibimos de otros creyentes y aun de Dios mismo. Un poco de ánimo hace mucho para fortalecer a los cansados y motivar a quienes se les está consumiendo su fe. Con frecuencia encontramos que el ánimo espiritual que recibimos de las oraciones de los que nos rodean nos rejuvenece para poder recorrer la segunda milla. En algunos casos, eso significa otros doce años en prisión por nuestra fe. En otros casos, es solo la capacidad de soportar otro día más.

Día 49

"Si usted no está dispuesto a morir por lo
que está en la Biblia, no debe dar dinero para
Biblias. Pues si lo da, nosotros pasaremos más
Biblias de contrabando. Y si pasamos más
Biblias de contrabando, habrá más mártires".

PASTOR RICHARD WURMBRAND,
FUNDADOR DE LA VOZ DE LOS MÁRTIRES

madre extrema

INGLATERRA: SUSANA WESLEY

Susana Wesley nació en 1668, en Inglaterra, cuando la iglesia del Estado y el Gobierno eliminaron cualquier forma de adoración cristiana o educación que no estuviera controlada por ellos. Fue entonces que esta decidida mujer inició programas de educación cristiana en su cocina para adultos y para sus hijos.

Día 50

Traigo a la memoria tu fe sincera, la cual animó primero a tu abuela Loida y a tu madre Eunice, y ahora te anima a ti. De eso estoy convencido.

2 Timoteo 1:5

En 1662, el Gobierno inglés aprobó una ley obligando que el llamado *Libro de oración común*, diseñado por el Estado, estuviera en todas las iglesias. Dos mil clérigos se vieron forzados a retirarse. Dos años después, se aprobó la ley donde se prohibía que hubiera más de cinco personas que no fueran miembros de la misma familia alabando juntos sin un oficial del Estado. En 1665, se aprobó el "Acta de las Cinco Millas", enfocada en expulsar a los ministros inconformes y se les prohibía acercarse a menos de cinco millas (ocho kilómetros) de donde habían fundado una congregación. Esta ley se mantuvo por más de ciento cincuenta años. Los soldados destruyeron casas de reunión y se llevaron muebles y libros cristianos. Cinco mil cristianos, conocidos como "inconformes" (miembros de iglesias protestantes que discrepaban de la Iglesia oficial establecida), murieron en prisión.

Aunque Susana se vinculó en ocasiones con la iglesia oficial, se rehusó a ser cristiana "de domingos". Sus enojados vecinos quemaron sus campos y mataron sus tres vacas. Además, llamaban a sus hijos "pequeños demonios". Pero uno de sus hijos, John Wesley, fundador de las iglesias Metodistas, fue quien lideró un gran despertar espiritual en Inglaterra. El aprendió la perseverancia de su madre.

Muchos consideran que la razón por la que Inglaterra no experimentó una revolución sangrienta, en la misma manera en que Francia fue aterrorizada, se debe al avivamiento espiritual dirigido en parte por John Wesley, quien también promovió la ayuda práctica (educación, trabajo y alimento). ¿La influencia que tuvo de su madre lo ayudó a salvar Inglaterra? Nuestra influencia en Cristo cambia la historia. Aun cuando no tengamos padres o abuelos biológicos que nos hayan transmitido la fe cristiana, Dios nos da una familia espiritual para nutrirnos y amarnos. ¿Quién es su madre o padre espiritual, es decir, esa persona que le enseñó acerca de Cristo? ¿De quién puede llegar a ser un hermano o hermana espiritual?

calor extremo

Nadejda Sloboda apenas lograba contener su entusiasmo. Acababa de aprender acerca de Cristo por un programa de radio de onda corta transmitido desde Europa. Al ser la primer cristiana en su aldea rusa, deseaba muchísimo hablarles a todas sus amigas sobre el Dios que milagrosamente cambió su corazón. Pero sabía que las autoridades locales prohibían estrictamente cualquier conversación acerca de Dios o del cristianismo.

Día 51

Sin embargo, Nadejda apenas lograba contener su fervor y pronto nació una iglesia. Cuando la policía no pudo detener el crecimiento de la iglesia aun con barricadas en la calle, arrestaron a Nadejda y la sentenciaron a cuatro años de prisión. A sus cinco hijos los llevaron por la fuerza a una escuela atea tipo internado, lo cual atormentaba a Nadejda. No obstante, ella se sentía más cerca de Dios que nunca y persistía en hablar de Cristo incluso con sus compañeras de prisión.

Como se negó a dejar de hablar de Cristo, los oficiales la pusieron en una celda incomunicada y sin calefacción por dos meses. Era la mitad del invierno y no le permitieron dormir con cobijas ni cama. La obligaron a dormir en el frío piso de concreto. Cuando regresó a la celda común, sus compañeras prisioneras le preguntaron cómo logró soportar ese trato. Ella respondió: "Me dormía en el piso de concreto frío confiando en Dios, y Él se convirtió en calor a mi alrededor. Yo descansaba en los brazos de Dios".

Si digo: "No me acordaré más de él, ni hablaré más en su nombre", entonces su palabra en mi interior se vuelve un fuego ardiente que me cala hasta los huesos. He hecho todo lo posible por contenerla, pero ya no puedo más.

Jeremías 20:9

La mayoría de los cristianos recuerdan algún momento en su peregrinaje cristiano cuando parecía que no podían tener suficiente de Dios y de su Palabra. El entusiasmo espiritual era parte de su naturaleza. El fervor era un amigo constante. Aun así, de alguna manera, nuestra fe se enfrió en el camino. Quizá fue la persecución lo que aplastó nuestro entusiasmo. Tal vez fue una tragedia personal. O a lo mejor no hubo nada en particular, solo las actividades ordinarias que enfriaron nuestros espíritus y reivindicaron nuestras prioridades. ¿Las llamas del fervor espiritual son ahora solo cenizas que arden sin llama? ¿Se ha dormido su entusiasmo? ¿Es posible encender una nueva relación con Dios y echarle combustible al fuego interno? Pídale que le ayude a animarse con esa idea hoy.

"visión" extrema

COSTA DE MARFIL: CLOE

Los golpes parecían venir de todas partes y Cloe trató de poner sus brazos alrededor de su cabeza para protegerse. Aunque no sabía cuántos atacantes había, sentía retumbar cada fuerte golpe mientras perdía el conocimiento. Sus atacantes le gritaban, burlándose de su fe y de su Jesús. Cloe oró, clamando en silencio a Dios para que le diera fortaleza.

Día 52

Pido también que les sean iluminados los ojos del corazón.

Efesios 1:18

Cada semana, Cloe camina más de treinta y dos kilómetros en su tierra natal de Costa de Marfil para predicar en una aldea llamada Sepikaha. Un pequeño grupo de cristianos le da la bienvenida a Cloe, pero la inmensa mayoría de los residentes de la aldea son musulmanes. Los que eran militantes musulmanes radicales fueron los que golpearon al predicador.

A Cloe lo llevaron a un hospital donde le atendieron sus múltiples heridas. Cuando la policía le preguntó a Cloe quiénes lo habían golpeado, él dijo que no sabía. Hacía muchos años que Cloe era ciego.

Una semana después de salir del hospital, Cloe estaba de nuevo en Sepikaha arriesgando su vida para predicarles a personas que no podía ver. Sus ojos estaban cegados, pero su corazón veía con claridad. Él vio la necesidad de Jesús en la pequeña aldea, y vio a jóvenes cristianos deseosos de crecer en su fe. Así que regresa todas las semanas a Sepikaha. Los rostros que no puede ver ahora, los verá un día en el cielo.

No hace falta tener visión de rayos-x para ver en el corazón de una mujer o un hombre que está perdido espiritualmente. Los años de sus malas decisiones a menudo son muy evidentes, se quedan grabados en sus cansados rostros. La visión espiritual significa utilizar los "ojos" de nuestros corazones para darnos cuenta de las necesidades de otros. Eso es todo. El poder de darnos cuenta es el primer paso para poder hacer una diferencia. ¿Qué ve cuando mira los rostros de las personas a su alrededor? ¿O es que tal vez no los ve? En la cultura actual, es posible estar rodeado de un grupo de personas en un elevador, en el aeropuerto o en un centro comercial y nunca mirar a otro ser humano a los ojos. ¿Ve a las personas que necesitan conocer a Cristo? ¿Están sus ojos espirituales preparados para notar a los que están en necesidad a su alrededor? Pídale a Dios que lo ayude a desarrollar la visión espiritual para notarlo y ponerse en acción.

parábola extrema

Un día en un bosque, tres árboles jóvenes acordaron orar a fin de que los usaran para algún propósito noble en lugar de pudrirse de viejos.

El primer árbol quería convertirse en un pesebre donde las reses cansadas comieran después de un largo día de trabajo. Dios recompensó al árbol por tener tanta modestia. Se convirtió en un pesebre muy especial, aquel en donde acostaron al Hijo de Dios.

Día 53

El segundo árbol oró y pidió convertirse en una barca. La oración fue contestada y pronto su fina madera tenía un pasajero muy especial, el Hijo de Dios. Escuchó a Jesús calmar una furiosa tormenta diciendo: "¡Silencio! ¡Cálmate!". El árbol consideraba que su vida valió la pena por haber presenciado tal escena.

Al tercer árbol, sin embargo, lo convirtieron en una gran cruz para servir como instrumento de sufrimiento. Al principio, el árbol estuvo muy desilusionado por su destino. No obstante, un día clavaron en sus ramas a Jesús de Nazaret. Era extraño, pero esta cruz no escuchó gemidos ni maldiciones como otras cruces. En lugar de eso, escuchó al Hijo de Dios ofrecer palabras de amor y perdón divino... palabras que abrieron el paraíso a un ladrón arrepentido.

El árbol entonces comprendió que su papel en la crucifixión de Jesús promovió la salvación de la humanidad.

Y no solo en esto, sino también [nos regocijamos] en nuestros sufrimientos, porque sabemos que el sufrimiento produce perseverancia; la perseverancia, entereza de carácter; la entereza de carácter, esperanza. Y esta esperanza no nos defrauda, porque Dios ha derramado su amor en nuestro corazón por el Espíritu Santo que nos ha dado.

Romanos 5:3–5

En las iglesias clandestinas a través de Europa oriental, la parábola de los tres árboles se contaba a menudo para animar a aquellos que sufrían por su fe. Esos creyentes necesitaban ver un propósito en sus sufrimientos. Deben haber tenido grandes esperanzas y aspiraciones cuando en un inicio dijeron que querían que Dios los utilizara para su gloria. Sin embargo, la opresión parecía que los había desconectado de los planes de Dios. ¿Cómo es que el sufrimiento injusto jugaría un papel en tales planes? Como el árbol que le dio forma a la cruz, estos creyentes se dieron cuenta que también estaban siendo moldeados para el propósito fundamental de Dios para sus vidas. Desde esta perspectiva, el sufrimiento no se ve como una interrupción de los planes de Dios para su vida, sino como una parte integral del proceso.

debilidad extrema

"Si renuncia a su fe y pisotea la cruz, será libre —dijo la pandilla de bolcheviques—. Si no lo hace, lo mataremos".

El reverendo Mijaíl había visto a ochenta mil de sus compañeros, líderes ortodoxos rusos y personas laicas, asesinadas por los comunistas. En medio de todo ese dolor y sufrimiento, concluyó que Dios, si Él existía, no habría permitido tal desgracia.

Día 54

"Yo no creo", pensó mientras se enfrentaba a la pandilla. *"¿Qué significa una cruz para mí? ¡Déjame salvar mi vida!"*.

Sin embargo, cuando abrió la boca para aceptar la orden de la banda, las palabras que salieron de su boca lo asombraron. "Yo creo en Dios. ¡No pisotearé la cruz!"

La banda puso un costal alrededor de sus hombros como si fuera una vestimenta real y usaron su sombrero de pieles como la corona de espinas de Jesús. Uno de ellos, un antiguo miembro de la iglesia de Mijaíl, se arrodilló delante de él, diciendo: "¡Salve, Rey de los judíos!". Y por turnos lo golpearon y se burlaron de su Dios.

Pero él me dijo: "Te basta con mi gracia, pues mi poder se perfecciona en la debilidad".

2 Corintios 12:9

En silencio, el reverendo oró: *"Si tú existes, por favor, salva mi vida"*. Mientras lo seguían golpeado, clamó de nuevo: "Yo creo en Dios".

Su demostración de fe impresionó tanto a la pandilla ebria que lo soltaron. Cuando llegó a su casa, cayó postrado con su rostro en el piso, llorando y repitiendo: "Yo creo".

La fe cristiana está llena de paradojas. Morir para vivir. Perder para ganar. Ser débil para ser fuerte. Es más, a no ser que estemos dispuestos a abrazar nuestros propios fracasos, no disfrutaremos de la fortaleza de Dios. Cuando experimentamos dificultades y pruebas, o aun cuando somos testigos lejanos del sufrimiento injusto de otros, podemos comenzar a dudar de la bondad de Dios. Esa es una respuesta natural humana. Sin embargo, Dios no rechaza nuestra debilidad humana. Él restaura nuestra debilidad con su fortaleza. Por lo tanto, nos regocijamos en nuestros fracasos porque nos recuerdan que la fortaleza humana no sustituye al poder divino. Podemos fracasar, pero nuestro Dios permanece fuerte. ¿Qué está aprendiendo acerca de su propia debilidad? ¿Qué le enseña eso de la fortaleza de Dios?

sabiduría extrema

ISRAEL: ESTEBAN

Los testigos lo acusaron falsamente. "Lo escuchamos maldiciendo a Moisés y a Dios. Este hombre habla sin cesar en contra de la ley de Dios. Le hemos oído decir que Jesús de Nazaret destruirá este lugar y cambiará las tradiciones que nos dejó Moisés".

El sumo sacerdote del Consejo se dirigió al acusado: "¿Qué tienes que decir al respecto?".

Día 55

Con calma, Esteban se levantó y su suave tono de voz cambió: "Sus antepasados mataron a cualquiera que se atrevía a hablar de la venida de Jesús. Y ustedes han mantenido sus tradiciones religiosas; ustedes traidores y asesinos, todos ustedes. Los ángeles les entregaron en sus manos la ley de Dios, ¡envuelta como un regalo! ¡Y ustedes la desperdiciaron!".

Gritos y maldiciones fueron la respuesta, pero Esteban continuó sin inmutarse. Miró al cielo y declaró: "¡Veo el cielo abierto y al Hijo del hombre de pie a la derecha de Dios!".

Ellos se taparon los oídos con sus manos, se abalanzaron sobre él y lo sacaron a fuertes empujones fuera de la ciudad. Uno de los fariseos llamado Saulo, sostenía tranquilamente los mantos de los otros para que la sangre de Esteban no los manchara.

Si a alguno de ustedes le falta sabiduría, pídasela a Dios, y él se la dará, pues Dios da a todos generosamente sin menospreciar a nadie.

Santiago 1:5

Mientras las piedras comenzaron a dar contra el cuerpo de Esteban, él clamó: "Señor Jesús, toma mi vida". Entonces cayó de rodillas, orando con una voz lo bastante alta como para que todos escucharan: "¡Señor, no les tomes en cuenta este pecado!". Estas fueron sus últimas palabras. Entonces murió.

Adaptado de Hechos 6:11-7:60 (parafraseado), *The Message* [El Mensaje]

Mantener la calma frente a situaciones difíciles es lo más sabio que podemos hacer. Cosas tan insignificantes como que alguien se meta con su auto delante de nosotros en el tránsito, recibir una calificación baja en la escuela o un memorando en el trabajo, es todo lo que hace falta en estos días para perder el control. Sin embargo, se necesita más que sentido común para maniobrar a través de situaciones estresantes poco comunes. Hace falta sabiduría divina. Cuando Esteban se enfrentó a falsas acusaciones y aun al peligro de muerte, él expresó verdadera sabiduría. No tomó represalias. No maldijo a sus acusadores. Solo se aferró a lo que sabía que era cierto y lo que los fariseos rehusaban creer: Jesús es el Hijo de Dios. Este mismo Jesús que abrazó a Esteban mientras moría, también lo abrazará a usted cuando necesite la sabiduría que solo viene de Dios.

Día 56

"Yo predicaré hasta que muera".

PASTOR LI DEXIAN, PASTOR DE UNA CASA-IGLESIA CHINA QUE
HA SIDO ARRESTADO MÁS DE VEINTE VECES POR PREDICAR SIN
AUTORIZACIÓN.

cartas extremas – primera parte

RUSIA: MARÍA

Día 57

Queridos mamá y papá:

Los saludo con el amor de Cristo. Me va bien y me siento muy bendecida. Una de mis compañeras de la escuela, Varia, es miembro de la Organización de Jóvenes Comunistas. Yo le he estado testificando y creo que al fin estoy comenzando a alcanzarla. Hace poco dijo: "Yo no puedo comprenderlos. Muchos de los estudiantes los insultan y los hieren, y aun así ustedes los aman".

Yo le dije que Dios nos ha enseñado a amar a todos, no solo a los que son amables con nosotros, sino en especial a los que son crueles, a fin de que vean a Dios en nosotros. Varia ha sido una de las que participan en las burlas y los insultos, pero eso solo me ha hecho orar por ella aún más.

¡Hoy me preguntó si yo en verdad podía amarla también! Nos abrazamos y ambas comenzamos a llorar. Creo que está muy cerca de recibir a Cristo. Por favor, oren por ella.

Cuando escuchamos a los que niegan a Dios en voz alta, parece que lo hacen en serio. Sin embargo, la vida nos muestra que muchos de ellos en realidad tienen un gran anhelo en sus corazones. Y podemos escuchar el gemido de su corazón; ellos buscan algo y tratan de cubrir su vacío interior con su ateísmo.

Escribiré pronto. Por favor, envíen mi amor a todos en casa.

María

Como les he dicho a menudo, y ahora lo repito hasta con lágrimas, muchos se comportan como enemigos de la cruz de Cristo.

Filipenses 3:18

Dios creó a los seres humanos con un vacío espiritual interno que solo Él es capaz de llenar por completo. Cuando nos encontramos a alguien que es hostil al cristianismo, recordamos las tremendas necesidades en la vida de esa persona. Imagínese un espacio como una caverna en la cavidad torácica de su enemigo, un cuerpo sin corazón. Este vacío interior es lo que impulsa a muchas personas a una búsqueda espiritual. O responden en fe, deseando aceptar la oferta de Cristo para llenar ese vacío, o responden con amargura, rechazando del todo a Cristo. A menudo, la presencia de un cristiano solo les recuerda [a los que rechazan a Cristo] lo que les falta en sus propias vidas. No están molestos con usted en lo personal. Están molestos por lo que usted representa.

cartas extremas: segunda parte

RUSIA: MARÍA

Queridos papá y mamá:

En mi última carta les conté acerca de la chica atea, Varia. Ahora estoy muy contenta por decirles las emocionantes noticias: ¡Varia ha recibido a Cristo! Es muy diferente y ya le está testificando a todos abiertamente.

Al principio, cuando Varia creyó, todavía sentía culpabilidad en su ser. Creo que se sentía triste por lo que había creído durante tanto tiempo y porque se aseguraba de decirles a otros que no había Dios. Sentía que necesitaba sufrir y pagar por eso.

Día 58

Fuimos juntas a la asamblea ateísta (la reunión de la Organización de Jóvenes Comunistas). Aunque le advertí que fuera reservada, fue en vano. Después de rehusar unirse al canto del himno comunista, Varia fue al frente para dirigirse a toda la asamblea. ¡Con valentía les dijo a todos que había aceptado a Cristo como su Salvador!

Por lo tanto, si alguno está en Cristo, es una nueva creación. ¡Lo viejo ha pasado, ha llegado ya lo nuevo!

2 Corintios 5:17

Ella les rogó a todos que renunciaran al camino del pecado y vinieran a Cristo, y todo el lugar quedó en silencio. Cuando terminó de hablar, cantó con su increíble voz el antiguo himno: "Yo no me avergüenzo de proclamar al Cristo que murió, para defender sus mandamientos y el poder de su cruz". Yo solo me quedé observando, sin poder hacer nada mientras se la llevaban. Hoy es el 9 de mayo y no hemos sabido nada de ella.

¡Por favor, oren!

María

Los mayores enemigos del cristianismo son un blanco primordial para orar por ellos. Como Saulo de Tarso, es posible que un antiguo enemigo se convierta en uno de los más grandes voceros de Cristo. Sin embargo, sin la oración, solo permanecerá como una posibilidad. En lugar de temerles o tenerles resentimiento, debemos orar por quienes en nuestra comunidad, en nuestro país y a través del mundo se oponen a Cristo de manera categórica. Cuando oramos por los no creyentes, aun por los ateos, podemos visualizar los cambios que ocurrirían si sus energías se redirigieran hacia Cristo en lugar de ir en contra de Él. Hasta quizá se conviertan en los próximos evangelistas que declaren con un poderoso testimonio sobre la gracia de Dios. Ninguno de nuestros enemigos está fuera del alcance de Dios y la oración los mantiene cerca.

cartas extremas: tercera parte

RUSIA: MARÍA

Queridos papá y mamá:

Ayer, 2 de agosto, logré hablar con Varia en la cárcel. Estaba delgada y pálida, pero sus ojos resplandecían con la paz de Dios y con un regocijo no terrenal.

Mi corazón se acongoja cuando pienso en ella. Solo tiene diecinueve años. Como creyente, todavía es un bebé espiritual. Sin embargo, ama al Señor con todo su corazón y enseguida optó por tomar el camino más difícil.

Día 59

Por favor, oren por ella. Le han quitado todas sus cosas excepto la ropa que tenía puesta. Hemos hecho varias colectas y le hemos enviado paquetes, pero no creo que reciba todas las cosas que le enviamos.

Cuando le pregunté a Varia si se arrepentía de lo que había hecho, me dijo: "No, y si me dejan en libertad, lo haría de nuevo. No creas que estoy sufriendo. Me alegro de que Dios me ame tanto y me dé el gozo de resistir por su nombre".

Le doy gracias a Dios que tenemos la paz para comprender esto. Si estamos en Cristo, ningún sufrimiento ni frustración nos debería detener. Yo solo le pido a Dios que mi fe fuera tan fuerte si estuviera yo en su lugar.

Ahora creemos que la enviarán a un campamento de trabajo forzado en Siberia. Creo que Dios le dará la fortaleza que necesita para resistir.

Su María

> Pero los que confían en el SEÑOR renovarán sus fuerzas; volarán como las águilas: correrán y no se fatigarán, caminarán y no se cansarán.
>
> **Isaías 40:31**

El cristianismo no es una carrera de cien metros. Es un maratón de resistencia. Las Escrituras nos enseñan que hay tiempos en que remontamos el vuelo como las águilas y corremos sin fatigarnos. Sin embargo, también hay tiempos en nuestras vidas donde surgen trechos de caminos largos y solitarios frente a nosotros. En esos tiempos está bien si solo caminamos sin desmayar hasta que obtenemos más fortaleza. Esta es la imagen de los que sufren persecución. Durante la persecución solo estamos aprendiendo a dar el siguiente paso sin darnos por vencidos. La resistencia es una gran victoria que trae gloria a Dios. Si está experimentando una prueba que no comprende, resista y continúe adelante. Se está fortaleciendo más cada día, algunas veces sin darse cuenta. Pronto, volverá a remontar el vuelo.

cartas extremas: cuarta parte

RUSIA: VARIA

Querida María:

Al fin puedo escribirte. Llegamos bien al nuevo campamento, que está como a dieciséis kilómetros de la ciudad. No puedo describir la vida aquí, pero le doy gracias a Dios que gozo de buena salud y tengo la fuerza para trabajar.

Me pusieron a trabajar en un taller de reparación con otra hermana cuya salud está muy mal. Yo tengo que hacer el trabajo de ambas o nos castigan a las dos. Trabajamos de doce a trece horas diarias, y la comida es escasa. Pero no quiero quejarme.

Quería decirte que le doy gracias a Dios porque Él te utilizó para llevarme a Cristo. Por primera vez, siento que mi vida tiene un propósito y sé por quién sufro. Tengo un deseo ardiente de compartir aquí, con todos, acerca del gran gozo de la salvación.

En el trabajo me maldicen y castigan porque no puedo estar callada. ¿Cómo pudiera estarlo? Mientras pueda hablar, le testificaré a todos del gran amor de Dios.

Hay muchos creyentes aquí. Anoche pudimos escabullirnos hasta el río, donde a siete hermanos y a mí nos bautizaron. ¡Nunca olvidaré este maravilloso día! Por favor, no llores por mí. Mi propósito aquí está claro y mi fe se mantiene fuerte.

Con amor,

Tu Varia

Día 60

Hermanos, quiero que sepan que, en realidad, lo que me ha pasado ha contribuido al avance del evangelio.

Filipenses 1:12

Algunos lo llaman "destino". Otros se refieren a ello como "suerte". De cualquier manera, la mayoría de las personas anhelan entregarse a alguna causa. Los cristianos lo conocen como "llamado": el propósito de Dios para sus vidas. Cuando vivimos el propósito de Dios para nuestra vida, nos volvemos parte de una visión mucho mayor. Nos satisface cualquier cosa que hacemos y todo lo que nos sucede promueve el Evangelio de Jesucristo. Estamos conectados. Somos útiles. Por primera vez en la vida, sin importar cuáles sean las circunstancias, sentimos que en verdad contribuimos a algo más allá de nosotros. Nada es capaz de derrotar a alguien una vez que hace suyo este propósito. ¿Cuál siente usted que es el mayor propósito de su vida?

cartas extremas: quinta parte

Mi querida María:

Al fin he encontrado otra oportunidad para escribirte. Me alegra informarte que la hermana que estaba tan enferma se está sintiendo mejor. Ahora nos han trasladado a otro campamento.

En mi última carta te conté sobre mi bautizo. Sin embargo, nunca tuve la oportunidad de pedirte perdón por todas las veces que te hice daño antes de recibir a Cristo. Es solo a través de tu amable actitud de perdón que yo soy cristiana ahora. Por favor, acepta mis disculpas.

Día 61

También quiero agradecerte por todos los paquetes que estás enviando. Sobre todo, gracias por la Biblia. Desde que el Señor me reveló el profundo misterio de Su santo amor, me considero la persona más feliz del mundo. Considero un honor especial todo el sufrimiento que he tenido que soportar. Me alegra que Dios me diera esta tremenda oportunidad de sufrir por Él.

Por favor, ora por mí a fin de que permanezca fiel hasta el final. Que el Señor los guarde a todos y los fortalezca para la batalla. No se preocupen por nosotros. ¡Estamos contentos y gozosos porque nuestra recompensa en el cielo es grande!

A fin de conocer a Cristo, experimentar el poder que se manifestó en su resurrección, participar en sus sufrimientos.

Tu Varia

Filipenses 3:10

Nunca se volvió a saber de Varia, pero su amor y su testimonio de Cristo nunca se han olvidado. Es probable que su joven vida la apagaran las crueles autoridades que la encarcelaron por su fe. Sin embargo, su legado arde con fulgor en los corazones de los que conocen su historia. Su vida trae evidencia irrefutable acerca del extraño nivel de amistad que proporciona el sufrimiento. Sufrir por Cristo puede en realidad acercarnos a Él en maneras que ninguna otra experiencia es capaz de hacerlo. La Biblia lo llama "participar en los sufrimientos de Cristo", un nivel selecto de la experiencia humana. Acercarnos más a Cristo a través del sufrimiento es algo que se comprende mejor a través de la propia experiencia. ¿Cómo ha observado que su propio sufrimiento lo lleva a un caminar más cercano con Jesucristo? ¿Cómo ocurrió eso?

pasos extremos

SUDÁN: EL PASTOR JEREMÍAS LOGARA

Jeremías Logara nunca conoció la resignación, solo la determinación. Los soldados musulmanes arrestaron a seis niños de su iglesia y los acusaron falsamente de ser espías. Cuando Jeremías, su pastor, trató de explicar que los niños eran cristianos y no espías, los soldados decidieron arrestarlo a él también.

Los soldados islámicos ataron los brazos junto con los pies del pastor Logara y lo colgaron con una soga a más de un metro de altura. Lo azotaron y derramaron cera caliente sobre su pecho. Él recordó la oración de Jesús en el huerto. Oró: "Oh Dios, si es tu voluntad que yo muera hoy, hágase tu voluntad". No soportaba la idea de llegar a ceder a causa de las torturas de los árabes del norte de Sudán mientras estaba delante de los niños, pues sabía que su vida influía en ellos con facilidad.

Sin embargo, la voluntad de Dios era que viviera como un testimonio para esos niños. Lo soltaron, pero mantuvieron a los niños detenidos. El pastor Logara cree que quizá esos niños fueron obligados a entrenarse como soldados.

Cuando el pastor reflexionó acerca del incidente, recordó: "Pensé en la muerte de Jesús, que Él murió para salvar al mundo entero. Pensé que mi muerte quizá fuera parte de la salvación de esos niños mientras yo seguía los pasos de mi Señor. Oro para que mi ejemplo de sufrimiento por ellos los aliente a permanecer fieles a Dios".

El que afirma que permanece en él, debe vivir como él vivió.

1 Juan 2:6

A los niños les encanta caminar sobre las huellas de sus padres. En las playas arenosas, tratan de alargar sus pasos y poner sus pequeños pies dentro de las pisadas de su madre o su padre. Siempre confiando, siguen el camino a dondequiera que los lleven. De la misma manera, los pasos de Jesús pudieran llevarnos a través de algún terreno de pruebas. Pudiéramos seguirlo a través de pruebas y sufrimientos que nunca hubiéramos escogido por nosotros mismos. Sin embargo, si estamos comprometidos a seguir a Jesús, hemos cedido nuestro derecho de elegir nuestros propios destinos. Seguir a Jesús proporciona un ejemplo claro a imitar para nuestros hijos y otros observadores. El camino que tomamos es importante. ¿Qué impresiones está dejando usted en las mentes de los que lo rodean?

Día 63

"Dios, yo no pido que hagas mi vida fácil; solo pido que me hagas fuerte".

ESCRITO DE UN NIÑO JUDÍO, ENCONTRADO EN LOS ESCOMBROS DE UN GUETO JUDÍO EN POLONIA DESPUÉS QUE LO BOMBARDEARAN LOS NAZIS

lugares extremos

Richard Wurmbrand, un pastor rumano que sufrió encarcelado por catorce años, una vez contó una historia que escuchó de un compañero prisionero. Ésta historia lo ayudó a través de los momentos más difíciles de tortura. El hermano le dijo:

"Una vez fui a un circo y presencié una escena muy impresionante. Un experto arquero puso una vela encendida en la cabeza de su esposa. Entonces salió del centro de la arena y desde una distancia considerable arrebató la vela de su cabeza con una flecha.

Día 64

Después de que terminó la función, me acerqué a la mujer y le pregunté si en algún momento tuvo temor de que la flecha le diera a ella. A lo que contestó: '¿Por qué debería tener miedo? Él estaba apuntando a la vela, no a mí'".

Cuando el pastor Wurmbrand escuchó esta historia pensó: "¿Por qué le debo temer a los torturadores? Ellos no me apuntan a mí. Pueden golpear mi cuerpo, pero mi verdadero ser es Cristo dentro de mí. Yo estoy sentado con Él en las regiones celestiales, y por lo tanto no pueden tocar a mi verdadera persona. Desde este increíble punto de vista puedo mirar hacia abajo y ver lo ineficaz de sus esfuerzos".

El pastor Wurmbrand pasó por muchos años de sufrimiento y estuvo cerca de la muerte muchas veces. Sin embargo, esta sencilla lección lo animó, e incluso su espíritu floreció porque sabía que su lugar con Cristo estaba seguro, sin importar lo que le ocurriera a su cuerpo.

Dichosos serán ustedes cuando por mi causa la gente los insulte, los persiga y levante contra ustedes toda clase de calumnias.

Mateo 5:11

La persecución, aunque es indescriptiblemente dolorosa, tiene sus límites. Ni el tormento físico, ni el trauma emocional son capaces de destruir las partes más profundas de lo que somos. Lo que llevamos dentro es la parte más valiosa de nosotros: nuestra alma. El Espíritu de Cristo mora en nosotros y protege nuestra alma de los daños físicos y emocionales. Es cierto que quizá nuestros enemigos nos ataquen e incluso destruyan nuestros cuerpos. Sin embargo, cuando nuestros enemigos dirigen un golpe en nuestra contra, en realidad difaman el nombre de Cristo, que mora en nosotros. Y Él nunca puede morir de nuevo. Sin importar qué tan personal y enfocada sea la oposición, en realidad es parte de un cuadro mayor. Es probable que la batalla nos involucre a nosotros, pero es parte de una guerra global entre el bien y el mal.

alas extremas

RUSIA: UN JOROBADO

"Pasé muchos años en campos de trabajos forzados soviéticos (gulags)", comenzó la carta escrita a mano. El texto era claro, pero mostraba la evidencia de un pequeño temblor en la mano, un recordatorio del envejecimiento y años en la cárcel.

Día 65

"En el campamento me obligaron a trabajar bajo tierra, en una mina. El trabajo era duro y nuestros guardias no tenían misericordia ni dignidad humana. Un día, en la mina, hubo un accidente. Me lastimé la espalda y desde ese día he sido jorobado".

"En cierta ocasión —continuaba la carta— había un niño que no podía dejar de mirarme. 'Señor, ¿qué tiene en su espalda?', preguntó".

"Una joroba —le contesté—, dudando si a continuación se burlaría cruelmente de mí".

"El niño sonrió con afecto. 'No —dijo él—. Dios es amor. Él no le da a nadie deformidades. Eso que usted tiene no es una joroba, es una caja debajo de sus hombros. Escondidas dentro de la caja, hay alas de ángel. Un día, la caja se abrirá y usted volará al cielo con sus alas de ángel'".

"Yo comencé a llorar de gozo. Aún ahora, mientras escribo, estoy llorando", termina la carta.

Muchos cristianos perseguidos llevan sobre sus cuerpos las marcas de sus sufrimientos. Algunas veces Dios les tiene que recordar, incluso a través de la voz de un niño inocente, las bendiciones ocultas detrás de esas cicatrices.

Así sucederá también con la resurrección de los muertos. Lo que se siembra en corrupción, resucita en incorrupción.

1 Corintios 15:42

Solo hay un recuerdo de la tierra en el cielo. Jesús, en su cuerpo de gloria resucitado, todavía lleva las cicatrices de su propia persecución. Jesús mostró sus cicatrices a los discípulos poco después de su resurrección. Tomás tocó la herida en su costado y las cicatrices en sus manos. Un día, sus manos, con las marcas de los clavos, nos abrazarán a nosotros también cuando entremos al cielo. Servirán como un recordatorio amoroso de las bendiciones que resultaron de Su sufrimiento. Sin embargo, las cicatrices de nuestras difíciles vidas se borrarán de nuestros nuevos cuerpos celestiales. Los que han soportado sufrimientos, insultos e injusticias por causa de Su Nombre, cambiarán sus cicatrices, una a una, por las abundantes bendiciones de Dios.

regreso extremo

"¡No lo permitiré! —le dijo el pastor chino Wang Min-tao a los soldados japoneses—. ¡No colgaré ese retrato del emperador en mi iglesia!".

Varios años después, los comunistas exigieron que el pastor Wang colgara un retrato de su líder, el presidente Mao, en su santuario. "¡Ni siquiera tengo un cuadro de Jesús en mi iglesia! ¡Me negué a colgar un retrato del emperador japonés y me niego a colgar uno de Mao!", replicó el pastor.

Día 66

A Wang lo arrestaron en 1955, y por dos años lo sometieron a severas torturas y a lavados de cerebro. Estuvo a punto de volverse loco por las torturas, y finalmente firmó una "confesión" que resumía todos sus "crímenes" contra la República Popular. Con la confesión, el pastor Wang obtuvo su libertad.

Sin embargo, fuera de prisión no tenía paz. Se dijo: "Yo soy Judas. Soy como Pedro cuando negó a Cristo". Finalmente, regresó con la policía china.

"Yo renuncio a mi confesión —les dijo—, hagan conmigo lo que les plazca".

Los guardias no estuvieron satisfechos con solamente encarcelar a Wang de nuevo. Así que también metieron a su esposa en la cárcel. En una carta desde prisión, escribió: "No se preocupen por mí; valgo más que muchos gorriones".

Wang Min-tao murió en la cárcel, solo fue culpable de amar a su Salvador.

Vuélvanse al Señor su Dios, porque él es bondadoso y compasivo, lento para la ira y lleno de amor.

Joel 2:13

¿Quién no quisiera ser valiente como Pedro, pegándole impulsivamente a los que venían a arrestar a Jesucristo? Sin embargo, ¿quién no es también débil como Pedro, negando a Cristo casi del mismo modo cuando estuvo bajo la amenaza de oposición? Dios no nos reprende por nuestra naturaleza humana. Él acepta nuestra debilidad y trabaja con nosotros hasta que recobremos las fuerzas. Así como Dios restauró a Pedro y a otros creyentes como Wang Min-tao a una posición de fe, también puede reafirmar nuestra valentía. ¿Ha sufrido con el recuerdo de haber perdido una oportunidad para mantenerse firme por Cristo? Pídale a Dios que lo restaure hoy. Él comenzará a prepararlo aun ahora para su próxima oportunidad de mantenerse firme.

perspectiva extrema

RUMANIA: FLOREA

"Nuestro Señor nos ordenó recordar el sábado y mantenerlo santo —le dijo tranquilamente Florea a los guardias de la prisión—. Yo no puedo trabajar en este día".

Los prisioneros rumanos eran obligados a trabajar todos los días, pero cada sábado Florea se negaba a trabajar. Por su negativa, los guardias habitualmente lo golpeaban con tanta fuerza que perdió el uso de sus brazos y piernas. Solo podía mover la cabeza.

Día 67

Debido a que ya no podía trabajar, a Florea lo obligaban a sentarse en su celda todo el día. Tenía que depender de otros prisioneros para que le dieran de comer. A pesar de su situación, él no estaba abatido.

Cuando los demás prisioneros se quejaban de su situación, Florea los animaba. "Si la perspectiva es mala —decía—, traten de 'mirar hacia arriba'. Cuando apedrearon a Esteban, él miró hacia arriba y vio a Jesús de pie a la derecha de Dios. Esto confortó el corazón de Esteban y también confortará sus corazones".

La actitud de ustedes debe ser como la de Cristo Jesús.

Filipenses 2:5

Florea alentaba a sus compañeros de prisión a no "mirar a la altura" de las circunstancias, sino a "mirar hacia arriba", a Jesús.

Uno de los compañeros de prisión de Florea fue Richard Wurmbrand, quien al ser puesto en libertad fue a encontrar al hijo de Florea, de nueve años de edad. Él le dijo la bendición que había sido su padre en la cárcel. El niño sonrió y contestó: "Yo quisiera sufrir por Cristo y servir de aliento igual que mi padre".

Un cristiano no es un privilegiado con ciertos tipos de circunstancias: un buen hogar, una familia perfecta, buena salud. No, un cristiano es una persona con una actitud específica hacia todas y cada una de las circunstancias. La actitud de una persona es lo que la distingue, sin importar las circunstancias. Una actitud celestial se enfoca en la presencia de Dios en medio de las pruebas. Concentrarnos en nuestras dificultades nos distrae de una perspectiva celestial; nos sentimos agobiados, deprimidos, sin esperanza. En contraste, la perspectiva divina de nuestros problemas nos da la certeza de que Dios está obrando. Descansamos en la presencia de Dios, esperando ver cómo va a resolver nuestras preocupaciones. ¿Está pasando por una prueba en este momento? ¿En qué se encuentra concentrado? Pídale a Dios que redirija sus energías a fin de que logre ver más allá de sus problemas y pueda sentir Su presencia cerca de usted.

cadenas extremas

Día 68

—¡Firme la declaración! —gritó el agente cubano, forzando una pluma en la mano del prisionero cristiano—. ¡Firme la declaración!

La declaración escrita puesta frente al prisionero contenía acusaciones acerca de otros cristianos. Su firma era todo lo que el gobierno necesitaba para arrestar a los demás.

—Yo no puedo firmar este papel —dijo el cristiano, mirando tranquilamente al agente a los ojos.

—¿Por qué no? —preguntó el capitán, con una calma exagerada, antes de maldecir al hombre—. ¿No sabe cómo escribir su propio nombre?

—Es a causa de la cadena, mi amigo. La cadena no me permite firmar esto.

Agarrando bruscamente las manos del prisionero, el militar las sostuvo delante de su rostro.

—¡Pero usted no está encadenado, idiota! —gritó él.

—Ah, pero sí lo estoy —dijo el creyente cristiano—. Estoy encadenado a los testigos que a través de los siglos han dado sus vidas por Cristo. Soy un eslabón en esa cadena y no la romperé.

Aunque lo amenazaron y maltrataron, el prisionero se negó a firmar.

> Por tanto, también nosotros, que estamos rodeados de una multitud tan grande de testigos... corramos con perseverancia la carrera que tenemos por delante.
>
> **Hebreos 12:1**

Los mártires cristianos dejan tras ellos un gran testimonio de increíble serenidad en medio de horribles circunstancias. Su fortaleza es heroica. Sus palabras son sabias. Su calma es inquebrantable. Tomás de Aquino escribió: "Las palabras pronunciadas por los mártires ante las autoridades, no son humanas; no son la simple expresión de una convicción humana, sino palabras pronunciadas por el Espíritu Santo a través de los que confiesan a Jesús". Vida por vida, eslabón por eslabón, las palabras habladas a través del poder del Espíritu Santo en medio de la opresión están formando un poderoso testimonio. Usted también tiene el potencial de agregar su propio capítulo a estas páginas. Usted también es un eslabón en la cadena de creyentes. ¿Mantendrá usted esta cadena unida?

escuela extrema

La atmósfera era sombría, casi cruel. El tribunal de Lituania se estaba reuniendo a fin de dictar sentencia a Nijole Sadunaite. Su "crimen", como el de muchos otros, era el ser cristiana en un país comunista.

Día 69

Entonces el juez le ofreció una última oportunidad de hablar. Esperaba con ansias que la joven mujer rogara entre lágrimas pidiendo misericordia. Quizá ella renunciaría a su absurda fe en Dios. Sin embargo, el juez se llevaría una sorpresa.

No hubo lágrimas de Nijole. Su rostro estaba radiante y una bella sonrisa comenzó a formarse. Sus ojos se mantenían cálidos, aun para sus acusadores.

"Este es el día más feliz de mi vida —dijo la condenada—. Me juzgan a la causa de la verdad y el amor hacia los hombres".

Ahora, todos los ojos del tribunal estaban fijos en ella. "Tengo un destino envidiable, un destino glorioso. Mi condena aquí en este tribunal será mi triunfo supremo".

Carguen mi yugo y aprendan de mí.

Mateo 11:29

La pasión en su voz era inconfundible. "Solo lamento que haya hecho muy poco por los hombres. Amémonos los unos a los otros, y todos seremos felices. Solamente aquel que no tenga amor estará triste".

Entonces ella desvió su atención del juez y miró fijamente a los ojos de otros creyentes que observaban el juicio. "Debemos rechazar la maldad, pero debemos amar al hombre, aun a aquel que está equivocado. Esto solo lo pueden aprender en la escuela de Jesucristo".

Cuando vaya a aprender sobre los perseguidos por la causa de Cristo, tome nota. La clase está en sesión. Desde la seguridad relativa de nuestros hogares y comunidades, leemos las historias de mártires cristianos. Incluso hasta nos estremecemos mientras damos vuelta a las páginas. Sin embargo, ¿estamos listos para matricularnos en la escuela de Jesucristo? ¿Estamos listos para estudiar hombro con hombro con los que han andado por el camino solitario de la opresión? Debemos aplicar lo que aprendemos de ellos acerca de la fe, el amor, la santidad y la resistencia. Solo cuando nos identificamos con los sufrimientos de Cristo a través de las experiencias de otros, podemos en verdad llamarnos "cristianos", que significa "pequeños Cristos". Solo entonces estaremos preparados para aprobar el examen.

Día 70

"*El sufrimiento logra evitar el pecado, pero el pecado nunca evitará el sufrimiento*".

UN COMENTARIO ESCRITO A MANO EN UNA EDICIÓN DE 1800, DEL LIBRO DE LOS MÁRTIRES DE FOXE

declaración extrema

Día 71

Ahora, Señor, toma en cuenta sus amenazas y concede a tus siervos el proclamar tu palabra sin temor alguno.

Hechos 4:29

—¡Usted está mintiendo! —gritó el teniente Grecu al pastor encarcelado, Richard Wurmbrand—. ¡Díganos la verdad acerca de sus actividades cristianas y sobre otros en su iglesia! Aquí debe escribirme todas las reglas que ha violado estando en prisión.

Wurmbrand se sentó y escribió con tranquilidad todas las reglas que estando en prisión había violado. Cuando terminó, añadió un último párrafo: "Nunca he hablado en contra de los comunistas. Soy un discípulo de Cristo, quien nos ha dado amor por nuestros enemigos. Yo los comprendo y oro por su conversión para que ellos se vuelvan mis hermanos en la fe". Y escribió su nombre firmemente al final del documento.

Grecu leyó la "declaración". Su rostro se suavizó al llegar al final, asombrado de que Wurmbrand fuera capaz de escribir acerca de amar a un Gobierno que lo había arrestado y torturado. "Este amor —dijo él—, es uno de sus mandamientos cristianos que nadie puede cumplir".

"No es cuestión de cumplir un mandamiento —respondió Richard apaciblemente—. Cuando me hice cristiano, fue como si hubiera nacido de nuevo, con un nuevo carácter lleno de amor. Del mismo modo que el agua es lo único que fluye de un manantial, el amor es lo único que brota de un corazón lleno de amor".

Varias veces, durante los siguientes meses, Wurmbrand compartió del amor de Cristo al teniente Grecu, quien con el tiempo, ¡oró para entregar su vida a Cristo!

Declarar su fe en Cristo es solamente expresarla en una voz lo bastante alta de modo que otros escuchen y la reciban. No significa que usted sea fastidioso. No significa que tenga que ser muy extrovertido. Solo significa que usted es un libro abierto para que otros lean acerca de Jesucristo. Y que usted está dispuesto a leerlo en voz alta cuando sea necesario. A menudo titubeamos en testificar de Cristo, no deseamos ofender, no queremos que nos reciban mal. Y sin embargo, nuestro reservado testimonio quizá dé lugar a que perdamos la oportunidad de guiar a alguien hacia la fe en Cristo. ¿Qué significaría para usted declarar hoy su fe en Cristo? ¿A quién le debería definir y expresar el mensaje de gracia de Dios?

reunión extrema

Aunque lo estaban quemando en la hoguera por orden de las autoridades españolas, el dolor de Antonio Herrezuelo estaba en su espíritu. Se había enterado de que su esposa había renunciado a su fe en Cristo a fin de escapar de una muerte similar.

Antonio también pudo haber salvado su vida y haber recibido cadena perpetua en la cárcel como sucedió con su esposa. Quizá lo hubieran perdonado algún día y lo habrían reunido de nuevo con ella.

Sin embargo, no podía renunciar a su fe. Las últimas palabras que dijo, antes que los soldados lo amordazaran, fueron súplicas hacia su esposa. "Por favor, regresa a Cristo y recibe su perdón. Nos reuniremos de nuevo en el cielo. ¡Por favor, regresa!", le gritó a su esposa. Aunque no tenía esperanza terrenal de reunirse con ella, quería estar a su lado en la eternidad.

Después de la muerte de su esposo, la señora Herrezuelo fue llevada de nuevo a la cárcel, a cumplir su cadena perpetua. Durante ocho años luchó con Dios y con su propio espíritu. No encontraba paz por su fatídica decisión.

Finalmente, regresó de manera pública a la fe en Cristo, retractándose de su anterior rechazo a la fe cristiana, aun cuando los inquisidores del siglo dieciséis la amenazaron. Un juez la sentenció a morir en la hoguera, ahora por segunda y última vez.

Ella estaba ansiosa por morir y reunirse con su esposo. La señora Herrezuelo, aunque muriendo, estaba de nuevo en paz. Sus primeras palabras, al momento del reencuentro, serían decirle que había regresado a la fe.

Día 72

Después de esto miré, y apareció una multitud tomada de todas las naciones, tribus, pueblos y lenguas; era tan grande que nadie podía contarla Estaban de pie delante del trono y del Cordero.

Apocalipsis 7:9

¡Qué reunión tan maravillosa habrá en el cielo! Todos los que sufrieron y murieron por su fe en Cristo brillarán como lumbreras de su gracia y su misericordia. Familias que fueron separadas debido a regímenes malvados se reunirán de nuevo; esposos y esposas; madres e hijas; amigos y vecinos de países enteros que fueron acorralados y exiliados se verán unos a otros de nuevo. Los miembros de la iglesia clandestina y congregaciones de países perseguidos estarán allí con sus historias de rescates angelicales. Solamente contar sus historias podría tomar una eternidad, generaciones de mártires dando testimonio de la fidelidad de Dios. ¿Estará usted allí en el cielo para escucharlas? Mejor aún, ¿tendrá su propia historia que contar?

gracia extrema

KENIA: UNA VIUDA

"Antes que terminemos este servicio funerario —su voz la escucharon con claridad las mil personas que asistían—, quiero decirles lo que mi esposo me dijo antes de morir. Me pidió que les dijera a sus asesinos que él se va al cielo amando a todos de corazón, incluyéndolos a ellos. Los perdonó a todos por lo que hicieron debido a que Jesús los ama y también los perdonará".

Día 73

De modo que se toleren unos a otros y se perdonen si alguno tiene queja contra otro. Así como el Señor los perdonó, perdonen también ustedes.

Colosenses 3:13

Ella estaba de pie junto al ataúd de su esposo. Había lágrimas en sus ojos, pero su voz era fuerte. Los moretones en su cuerpo mostraban a los dolientes que a ella también la habían golpeado.

Como cristianos, ella y su esposo se negaron a hacer un juramento de la tribu kikuyu que no era coherente con su fe cristiana. Por esto, a su esposo lo golpearon hasta matarlo, y a ella la apalearon y hospitalizaron.

La multitud estaba callada, silenciada por el poder de las palabras de la viuda, y por su voluntad. Muchos de los que vivían en Kenia en 1969 también se enfrentaron a hostigamientos y ataques por mantener su fe por encima de su lealtad a la tribu.

"Yo, como su viuda, también les digo a todos ustedes, en presencia de mi esposo muerto, que no odio a ninguno de los que lo mataron. Amo a sus asesinos. Los perdono, sabiendo que Cristo murió también por ellos".

Ninguno de los asistentes ese día olvidaría jamás las palabras de la viuda; ni su ejemplo de perdón y gracia extrema.

El perdón es un ejemplo extremo de lo que significa ser como Cristo, a fin de extender su gracia a otros. Nadie ha tenido que perdonar más que Jesucristo. Nada se compara con el peso de los pecados de todo el mundo sobre sus hombros en el Calvario. Por lo tanto, cuando perdonamos a los que nos odian, es cuando nos parecemos más a Jesús. El perdón no convierte en bien los males que a usted le han hecho. El perdón produce en usted bienestar. El perdón no significa que sus perpetradores hayan quedado libres de toda responsabilidad. El perdón significa que usted se quita esa responsabilidad y se libera de la tiranía de los pensamientos vengativos. Perdonar a otros por el mal que le han hecho le da una oportunidad de brillar para Cristo como nunca antes. ¿Dónde hará brillar hoy la luz del perdón de Dios?

bondad extrema

Barto estaba a punto de morir de inanición. Quien una vez fuera fiscal y dirigente del Partido Comunista Oficial, ahora era innecesario para el mismo partido. Fue sentenciado a un campamento rumano de trabajo forzado. Se preguntaba cuánto tiempo lograría continuar así.

Día 74

Viendo la débil condición de Barto, un compañero de prisión se le acercó y ofreció compartir sus raciones de comida.

—Gracias —dijo, mientras devoraba la comida—. ¿Cuánto tiempo estará usted aquí?

—Veinte años —respondió el prisionero. Sus ojos parecían cuestionar a Barto.

—¿Qué crimen cometió?

—Me juzgaron y sentenciaron por alimentar a un pastor fugitivo a quien perseguía la policía —dijo tranquilamente.

Barto notó que su voz no llevaba rencor.

—¿Quién le dio una pena tan dura por hacer una buena obra? —preguntó Barto.

—Señor, usted fue el fiscal en mi juicio —respondió con humildad—, no me reconoce, pero yo me acuerdo de usted. Yo soy cristiano, Cristo nos enseñó a vencer el mal con el bien. En aquel momento yo deseaba que se diera cuenta que es justo y bueno darle de comer a un hambriento, aun a su enemigo. Ahora, se lo puedo demostrar.

Barto comprendió ese día que sus necesidades espirituales superaban por mucho sus necesidades físicas..

¿No ves que desprecias las riquezas de la bondad de Dios, de su tolerancia y de su paciencia, al no reconocer que su bondad quiere llevarte al arrepentimiento?

Romanos 2:4

La bondad es el camino hacia los corazones de nuestros enemigos y puede hacer el cambio en sus almas. Dios utiliza la bondad como Su estrategia preferida cuando trata con nosotros. En lugar de darnos exactamente lo que merecemos por nuestras ofensas en su contra, nos trata con bondad. Su bondad es un ejemplo de cómo debemos moldear nuestra propia actitud hacia quienes nos ofenden. La bondad atrae su atención. Es tan inesperada como inmerecida. Como Barto, nuestra bondad hacia un enemigo logra despertar un hambre espiritual por la fuente de nuestra compasión. Sin embargo, cualquiera que sea su respuesta, debemos seguir el ejemplo de nuestro Señor cuando estamos tratando con nuestros enemigos. ¿Quién necesita de su bondad hoy?

niños extremos

En los países restringidos, los niños cristianos a menudo sufren junto con sus padres. Cuando arrestan a sus padres y madres por sus actividades en la iglesia, a menudo los hijos quedan como huérfanos. Si tienen suerte, miembros de su familia o amigos pueden cuidar de ellos. En el peor de los casos, los envían a orfanatos o a instituciones operadas por el Estado. No hay más historias bíblicas al acostarse, ni oraciones en familia antes de las comidas.

Día 75

Sin embargo, las cartas de esos hijos a sus padres encarcelados muestran una tremenda fortaleza y tenacidad durante los tiempos difíciles de separación. Sus palabras transmiten la esperanza de reunirse nuevamente con ellos.

"Dios te bendiga querida mami. No te preocupes por nuestra separación temporal, no durará para siempre. Nuestro gozo regresará pronto, deja que este pensamiento te aliente. Mami, no puedo imaginar la celebración que vamos a tener cuando regreses. He estado manteniéndome al día con mis trabajos en la escuela. Ahora es de noche, mañana será otro día. Los días van pasando, pero sé que pronto estaremos juntos de nuevo. Te envío un abrazo. Tu amorosa hija".

"Querida mamá, cuando regreses a casa, ya no pensaré más en la soledad ni el dolor. Te ruego que no llores, mamá. Yo te amo. Escribí un pequeño poema para ti:

Tienes un corazón de oro muy santo,
Y no eres anciana, sino joven de corazón.
El Señor te observa y cuida desde lo alto,
Pronto tú yo nos uniremos en amor".

Les aseguro que el que no reciba el reino de Dios como un niño, de ninguna manera entrará en él.

Marcos 10:15

Los niños son a menudo los últimos que consideramos cuando pensamos en los efectos de la persecución. Por cada padre encarcelado, hay un hijo abandonado. Sin embargo, como Jesús señaló en numerosas ocasiones, la fe de un niño es admirable. Si un niño es capaz de demostrar increíble fortaleza en medio de circunstancias intensas, ¿cuál es nuestra excusa? En lugar de enojarse contra las circunstancias que están fuera de su control, los hijos de cristianos perseguidos crecen en gracia. ¿Podemos decir lo mismo de nuestras vidas? Como adultos, corremos el riesgo de enfocarnos demasiado en los golpes y tropiezos que nos trae la vida. Nos beneficiaríamos si mostráramos la fe resistente de los niños. ¿De qué maneras necesita desarrollar la fe como un niño? Comience hoy recordando a los niños.

protesta extrema

RUSIA: CRISTIANOS BAUTISTAS

Fue una protesta como ninguna que haya visto el mundo jamás. La mayoría de los disturbios alrededor del mundo son violentos, se gritan consignas, agitan pancartas y banderas, y aun se arrojan piedras. Sin embargo, el 16 de mayo de 1966 quinientos bautistas soviéticos se reunieron en el patio del Comité Central Comunista. Contrario a la mayoría de las protestas, ellos no gritaron consignas ni exigencias.

Día 76

Estaban de pie juntos orando y cantando himnos. Georgi Vins y Gennadi Krivchkov presentaron una solicitud al gobierno soviético, pidiendo el reconocimiento oficial de sus iglesias, una petición que incluía detener la interferencia gubernamental, la liberación de los creyentes encarcelados y libertad para que los ciudadanos soviéticos pudieran enseñar y aprender la fe religiosa.

En la mañana del día diecisiete, soldados y agentes de la KGB rodearon la pacífica concurrencia. Alrededor de la una de la tarde, una serie de autobuses llegaron y los soldados atacaron, golpeándolos y forzándolos a subir a los camiones. Nadie se defendió. En lugar de eso, los manifestantes unieron sus brazos y comenzaron a cantar de nuevo por encima de los gritos de los soldados atacantes. Todo esto se hizo en público con muchos espectadores que se reunían para observar la fe inquebrantable de los cristianos. Entonces, los cristianos fueron llevados a la cárcel.

Con tus buenas obras, dales tú mismo ejemplo en todo [...] Así se avergonzar á cualquiera que se oponga, pues no podrá decir nada malo de nosotros.

Tito 2:7,8

Aun en la cárcel continuaron orando y cantando. Los comunistas habían rechazado las peticiones de estos que protestaban en forma pacífica, pero ellos no habían quebrantado sus espíritus.

Las personas que consideran el cristianismo como una ideología, corren el riesgo de confundir la violencia con la obediencia. Sin embargo, nada está más lejos de la verdadera descripción. La obediencia radical significa que nos manifestamos contra cualquier cosa que es contraria a las enseñanzas de Cristo. No obstante, como los bautistas soviéticos, buscamos la paz y no queremos provocar daños. Los perseguidos por su fe dejan un ejemplo de protesta y determinación pacífica. No pagan el mal con mal, sino que aceptan tranquilamente las consecuencias de su obediencia a los mandamientos de Cristo. Si usted quiere ser un cristiano radical, debe obedecer los mandamientos de Cristo completamente. ¿En qué área de su vida lo llama Dios a una obediencia radical para Él? ¿Qué significa para usted ser un cristiano radical?

Día 77

"La causa, hace un mártir genuino, no el sufrimiento".

San Agustín

instrumentos extremos

UNA CÁRCEL COMUNISTA: UN PASTOR
CRISTIANO

"¿Por qué es que tantos cristianos solo cantan una vez a la semana? ¿Por qué nada más una vez? Si es bueno cantar, cante todos los días. Si es malo cantar, no lo haga los domingos".

Día 78

Vengan, cantemos con júbilo al Señor; aclamemos a la roca de nuestra salvación.

Salmo 95:1

El pastor había pasado muchos estremecedores años en la cárcel a manos de las autoridades comunistas. Lo encarcelaron por creer en Cristo, y aunque recordaba las torturas vividas en prisión, no se enfocaba mucho en ellas. En lugar de eso hablaba de los tiempos de gozo en la presencia de su Señor. Él y sus compañeros cristianos formaron una comunidad de alabanza en medio de la cárcel.

"Cuando estuvimos presos, cantábamos casi todos los días porque Cristo estaba vivo en nosotros. Los comunistas fueron muy amables con nosotros. Sabían que nos gustaba alabar a Dios con instrumentos musicales, así que le dieron a cada cristiano en la cárcel un instrumento. Aunque no nos dieron violines ni mandolinas, pues esos eran muy caros, nos pusieron cadenas en las manos y pies. Nos encadenaron para acentuar nuestro martirio. Aun así, ¡descubrimos que las cadenas son excelentes instrumentos musicales! Cuando las sonábamos unas a otras con ritmo, podíamos cantar. 'Este es el día (clin, clan), este es el día (clin, clan), que hizo el Señor (clin, clan), que hizo el Señor (clin, clan)'. ¡Qué sonido tan alegre para el Señor!".

Para los que no la han experimentado todavía, la persecución parece enfocarse por completo en pérdidas: la pérdida de libertad, la pérdida de esperanza, aun la pérdida de la vida. Sin embargo, los que han sufrido por su fe en Cristo pasan por alto lo que falta y se enfocan en nuevos descubrimientos. Se deleitan en las pocas libertades que tienen en lugar de lamentarse por lo que no tienen. En esta historia, los captores comunistas les robaron a los creyentes la mayoría de las libertades y la dignidad de sus vidas. Aun así, estos firmes creyentes se enfocaron en lo que aún tenían: su gozo en el Señor. Si es bueno cantarle al Señor cuando se tiene todo; es bueno también cantarle cuando se ha perdido todo. ¿Qué hará hoy para asegurarse de no perder su gozo cristiano?

ejemplo extremo

COLOMBIA: CHET BITTERMAN

Día 79

Los guerrilleros encapuchados y armados, miembros del grupo revolucionario marxista conocido como M-19, ataron a los doce adultos y cinco niños que estaban presentes en las oficinas principales de los Traductores Bíblicos Wycliffe en Bogotá, Colombia. "¿Dónde está su director? ¿Dónde está Al Wheeler? —gritó el líder al rostro de una de las secretarias—. ¡Queremos a Wheeler!".

"No la lastime —fue la rápida respuesta de Chet Bitterman—. Wheeler no está aquí".

El marxista se erizó como si fuera a golpearla, entonces cambió de idea. "Muy bien, entonces lo llevaremos a usted en su lugar. ¡Vamos!".

Sus demandas llegaron varios días más tarde. "Si su organización no sale de Colombia para el 19 de febrero, ejecutaremos a nuestro prisionero". Los guerrilleros, incluso llamaron al presidente Reagan y exigieron que su manifiesto se publicara en el *New York Times* y en el *Washington Post* o el señor Chet Bitterman moriría.

A medida que se acercaba la fecha, se establecieron cadenas de oración. En una estación local de radio se recibió una cinta confirmando que Chet había estado testificando a los guerrilleros. Su esposa Brenda recibió una carta solicitando una Biblia en español.

Chet alcanzó su meta en la vida: predicar el Evangelio dondequiera que se necesitara. Al final, los terroristas dejaron el cuerpo de Chet en un autobús abandonado. Los colombianos, junto con cristianos de Estados Unidos, conmemoraron su muerte dando un paso al frente para llenar el vacío que dejó Chet. El siguiente año, se duplicaron las solicitudes para servir con los Traductores Bíblicos Wycliffe.

Imítenme a mí, como yo imito a Cristo.

1 Corintios 11:1

Liderar con el ejemplo personal es un principio de la formación ejecutiva. Los ejecutivos de más alto nivel deben ser ejemplo de las prioridades de una compañía. En el caso del cristianismo, liderar con el ejemplo es igual de importante. Es más, Jesús lo ordenó. Él demostró cómo los líderes cristianos deben dar ejemplo de su fe a fin de que otros creyentes los sigan. No solo nos dio sus enseñanzas, las vivió. ¿Cuántos de nosotros estamos dispuestos a vivir bajo una norma de obediencia radical a Cristo? Si estamos dispuestos, no controlaremos nuestros propios destinos. Seremos un ejemplo para otros a medida que seguimos el ejemplo de Cristo. ¿Quién está observando su vida hoy? ¿Qué aprenden de su ejemplo sobre qué tan de cerca sigue usted a Cristo?

preparaciones extremas

SUDÁN: NIÑOS SUDANESES

Las trincheras en el patio de una escuela son muy comunes en el sur de Sudán. En medio de un patio de recreo lleno de niños corriendo y riendo, se encuentra un gran cilindro de metal con aletas en la parte trasera, medio enterrado en el suelo. Una bandera sobresale de la bomba sin explotar como un recordatorio para que los niños no se acerquen.

Día 30

El que tiene al Hijo, tiene la vida; el que no tiene al Hijo de Dios, no tiene la vida.

1 Juan 5:12

Hace poco, un equipo misionero entregó ayuda a esta escuela primaria en la provincia de Yei. Como la mayoría de las áreas en Sudán, esta escuela funciona muy mal debido a la falta de materiales y de maestros capacitados. Esta escuela en particular se encuentra en un área bombardeada con regularidad por el gobierno islámico de Sudán.

Estos niños han cavado a mano más de veinte trincheras en el patio de recreo. Se han preparado con algún tipo de protección para cuando vengan las bombas. Cuando escuchan los motores de los bombarderos, corren a las trincheras, cuidándose de los fragmentos y las esquirlas que vuelan por los aires.

Algunos logran llegar a las trincheras a salvo, pero otros no. Cuando el equipo misionero preguntó qué se podía hacer por los niños, la respuesta fue sencillamente: "Oren por su protección".

La Biblia muestra que muchos creyentes vivieron una existencia precaria para mantener su fe en Cristo. En el caso de esos niños, sufrir o aun morir por su fe es una realidad cotidiana. Para nosotros, son valientes soldados por Cristo.

Los niños de Sudán están preparados para entrar en una batalla terrenal. Lo que es más importante, están preparados para entrar un día por las puertas del cielo. Han asegurado su protección en la tierra de los ataques aéreos de los campamentos enemigos. Aun así, su fe en Cristo les ha asegurado una protección eterna en los brazos de Dios. Quizá, como los niños sudaneses que juegan cerca de una bomba sin explotar, usted ya ha aprendido que la vida a menudo se desarrolla a tan solo un paso del desastre. Es posible que hasta haya dado pasos para cavar y proteger su vida en la tierra, esperando lo mejor en medio de tiempos inestables. Sin embargo, ¿ha seguido también el ejemplo de ellos al estar preparado para la vida en el más allá? ¿Está preparado para la vida eterna a través de una relación personal con Jesucristo?

revolución extrema—primera parte

RUMANIA: LOS CRISTIANOS DE TIMISOARA

Cuando el poeta rumano Constantino Ioanid escribió el poema titulado "Dios existe", no se imaginaba el significado que sus palabras tendrían en la historia de Rumania.

Una noche de 1989, los cristianos estaban protestando en la ciudad de Timisoara. Un obispo que se había convertido en títere a favor de los comunistas, había despedido al pastor Tokes, de la iglesia Reformada, por predicar fielmente la Palabra de Dios.

Día 31

El día que el pastor Tokes iba a dejar su hogar y su iglesia, los cristianos rodearon su casa a fin de impedir que la policía lo desalojara. La multitud aumentó enseguida y llamaron al ejército para detenerlos.

Los soldados comenzaron a disparar y mataron o hirieron a muchos. Entonces ocurrió algo sorprendente. La multitud, en lugar de pelear contra el ejército, se arrodilló y oró. Asombrados, los soldados se quedaron anonadados y rehusaron disparar más.

Mientras tanto, toda la ciudad se había reunido y un pastor local se dirigió a la multitud desde el balcón de la sala de ópera. Recitó el poema del hermano Ioanid y toda la multitud comenzó a gritar: "¡Dios existe! ¡Dios existe!". Se distribuyeron volantes con el poema impreso, y los que conocían la música que se compuso para esa letra comenzaron a cantar. Pronto miles la cantaban una y otra vez.

Y conocerán la verdad, y la verdad los hará libres.

Juan 8:32

El canto se convirtió en el comienzo de la revolución rumana que llevó a la caída del dictador comunista, Nicolae Ceausescu.

Una revolución es cuando surge nuevamente la convicción en una idea muy antigua, ya bien sea libertad, dignidad personal o incluso la existencia de Dios. Estos principios elementales se mantienen inmutables durante los ciclos de opresión. Aunque quizá sean "clandestinos" por un tiempo, no se cuestiona su existencia. Una revolución espiritual revive la certeza de la existencia de Dios, aunque Dios mismo nunca estuvo muerto. La revolución comienza con la revelación divina de la verdad. Todos necesitamos la valentía para desenterrar nuestra fe en la premisa básica, poderosa, y que cambia la vida: Dios existe. Somos parte de una revolución cuando nos unimos a otros cristianos que comienzan a vivir con la convicción de su existencia. ¿Cómo se vería una revolución espiritual en su propia vida?

revolución extrema—segunda parte

RUMANIA: TRECE NIÑOS

Día 82

Después de que cientos murieron innecesariamente en Timisoara en 1989, otras manifestaciones estallaron de forma espontánea en diferentes ciudades a través de Rumania. Durante una protesta, un grupo de trece niños hizo una barrera humana con sus cuerpos a fin de impedir que los soldados avanzaran sobre la multitud. Cuando los soldados comenzaron a avanzar de todos modos, los niños se arrodillaron y gritaron: "¡Por favor, no nos maten!".

Los soldados ignoraron a los inocentes niños y comenzaron a dispararles. Sin embargo, los niños no retrocedieron. Un monumento conmemorativo se erigió donde mataron a estos niños.

Una leyenda ha circulado por Rumania de que en realidad los ángeles comenzaron la revolución al rodear a los niños y darles el bendito valor que necesitaban para mantenerse firmes frente al mal.

A cada ciudad, enviaron tanques y tropas a fin de contener las insurrecciones. Pero a la larga, los soldados sucumbieron a las multitudes pacíficas. En la ciudad de Sibiu, soldados y oficiales se unieron a la multitud de miles, mientras dos ministros parados encima de tanques le pidieron a todo el mundo que se arrodillara para orar. Ya estaban tan hastiados del gobierno, así como el pueblo, y pronto se volvió imposible reprimir la insurrección.

Se cree que el martirio de un pequeño grupo de niños le dio al país la victoria sobre una generación de opresores comunistas.

Entonces dijo: "Les aseguro que a menos que ustedes cambien y se vuelvan como niños, no entrarán en el reino de los cielos".

Mateo 18:3

Cuando nos volvemos como niños en la fe, deseamos desde lo más profundo alcanzar lo que Cristo ha preparado ante nosotros. Como niños, debemos aprovechar el momento y hacer lo mejor de él. Los niños rumanos suplicaron sin éxito por sus vidas, pero se mantuvieron firmes en su misión. ¿Hay alguna circunstancia o consecuencia que amenaza su lealtad a su misión? ¿Qué está dispuesto a sacrificar para entregarse por completo a la causa de Cristo?

un paso extremo

CAMPAMENTO DE CONCENTRACIÓN NAZI: MARÍA SKOBTSOVA

"... siete, ocho, nueve, ¡usted! ¡Dé un paso al frente!", el guardia nazi le gritó a la mujer. El comandante había ordenado la ejecución de cada décima prisionera como castigo por la huida de dos mujeres la noche anterior.

"¡Por favor, tenga misericordia de mí, yo tengo un niño!", rogó la décima mujer.

Día 33

María Skobtsova era la siguiente en la línea. En su corazón, María escuchó. *"Da un paso al frente y diles que tú deseas morir en su lugar".* Ella le respondió a la voz interior: "¿Por qué? No es cristiana. Es una comunista judía. Cuando derroquen a los nazis y los comunistas tomen el poder, serán tan malos como los nazis".

Entonces María recordó que era Viernes Santo. La voz dijo: *"Un día como hoy no morí por los buenos, sino por los malos, por los pecadores".*

Entonces María dio un paso al frente. "Yo deseo morir en su lugar".

El oficial se rió. "Si usted es lo bastante estúpida para morir en su lugar, está bien, pase adelante. Su turno vendrá bastante pronto".

Los pasos del hombre los dirige el Señor. ¿Cómo puede el hombre entender su propio camino?

Proverbios 20:24

Mientras María se dirigía a ser ejecutada e incinerada en los hornos, les dijo: "Cuando Dios sacó a su pueblo de la esclavitud en Egipto, en nuestra Biblia está escrito que Él fue delante de ellos en una columna de fuego. Yo oro que cuando mi cuerpo se queme, sea como una columna de fuego que les muestre a ustedes el camino a Dios".

Dar un paso al frente puede ser determinante. A menudo, los cristianos viven sus vidas balanceándose de manera precaria en el borde entre la seguridad y lo desconocido. Los que han dado el pequeño paso hacia lo desconocido siempre han encontrado la fidelidad de Dios: Noé, Moisés, Abraham, Débora, Rut, María, Pablo... La lista de ejemplos bíblicos es interminable, sin mencionar una serie incontable de personajes a lo largo de la historia. Un paso de fe cambió sus vidas de ordinarias a extraordinarias. ¿Está Dios llamándolo hoy a dar un paso de fe? ¿Oye la voz de Dios en su corazón? Escúchela. Prepárese a moverse. Su pequeño paso de obediencia le mostrará a otros el camino a Dios.

Día 34

"Un mártir es aquel que se ha convertido en
el instrumento de Dios. Quien ha rendido
su voluntad a la voluntad de Dios, no la ha
perdido, sino la ha encontrado, porque ha
encontrado libertad en someterse a Dios. El
mártir ya no desea nada para sí mismo, ni
siquiera la gloria del martirio".

T. S. ELIOT, MURDER IN THE CATHEDRAL [ASESINATO EN LA
CATEDRAL]

secreto extremo

Día 35

No hay nada escondido que no esté destinado a descubrirse; tampoco hay nada oculto que no esté destinado a ser revelado.

Marcos 4:22

A los cristianos en los primeros siglos se les conocía por dos cosas: oración clandestina y persecución pública. Todo el mundo conocido estaba en contra de los cristianos en el Imperio Romano. En el año 162 d.C., Marco Aurelio Antonino firmó un decreto que decía: "¡Cualquiera que profesa ser cristiano merece la muerte más dolorosa!". Un período de casi cuatro siglos de clandestinidad extrema comenzó para la iglesia. Prácticamente, la iglesia se fue bajo tierra, creando las catacumbas romanas.

Una extensa red de cuartos y corredores se construyeron debajo de Roma para enterrar a los muertos. Sin embargo, esos se convirtieron en las catedrales secretas de la iglesia primitiva. Los creyentes podían encontrar un lugar de adoración y oración libre de estorbos ni protección.

Las catacumbas muestran la devoción de los primeros creyentes de buscar un lugar para adorar a Cristo. Los huesos rotos y quemados de sus tumbas muestran la magnitud de las persecuciones que sufrieron. Quizá más significativas son las notas secretas de victoria y paz escritas en las paredes. A pesar de la crueldad que les mostraban sobre la tierra, ellos decoraban las paredes subterráneas con símbolos de su fe y de la paz, obtenidas en la cruz.

No es raro ver inscripciones enigmáticas como la siguiente en las tumbas: "Victorioso en paz y en Cristo", o "Siendo llamado, se fue en paz", o "Aquí yace María, puesta a descansar en un sueño de paz". La clave para su triunfo no es secreta: perfecta paz en Cristo Jesús.

Muchas personas mantienen su fe en secreto durante toda la vida. Sostienen que la religión es un asunto privado, algo que es solo entre Dios y ellos. Sin embargo, esto no era así en la iglesia primitiva. Los creyentes eran tan francos en su fe que los identificaban con facilidad y por esto los perseguían. Las catacumbas romanas servían como un lugar privado de adoración; sin embargo, sobre la tierra su lealtad no era un secreto. Es por eso que muchos de ellos fueron martirizados por su fe. La oración constante y franca bajo tierra les daba la paz que experimentaban siendo perseguidos sobre la tierra. ¿Ha sido su fe, una fe oculta "bajo tierra" durante toda su vida cristiana? Es tiempo que el secreto salga a la luz. Sin importar las consecuencias, no mantenga su cristianismo escondido.

confianza extrema

LA CIUDAD DE NUEVA YORK

"Y quiero que sepan, amados hermanos, que cuanto me ha sucedido ha contribuido a la propagación de las Buenas Nuevas... Además, gracias a mis prisiones, la mayoría de los hermanos en Cristo han perdido el miedo... y ahora hablan de Cristo mas resueltamente y sin miedo... Porque por Cristo les ha sido concedido a ustedes no solo el privilegio de confiar en Él, sino de sufrir por Él" (Filipenses 1:12, 14, 29, LBD).

Day 36

Esta es la confianza que delante de Dios tenemos por medio de Cristo.

2 Corintios 3:4

Si los cristianos estadounidenses estuvieran más activos en la evangelización, ¿verían los Estados Unidos un aumento en la persecución dentro de sus fronteras? "Ministerios Metro", un ministerio de evangelización que alcanza las áreas más difíciles en la ciudad de Nueva York, ha visto este efecto en su propio ministerio. A medida que su evangelización penetra más en la ciudad, se han enfrentado a mayor resistencia. A varios miembros de su personal los han golpeado, apuñalado y violado mientras llevaban a cabo su misión. Incluso, un miembro de su personal fue asesinado.

Su director, el pastor Bill Wilson, ha sido apuñalado y golpeado en varias ocasiones. Sin embargo, el peligro de maldad no lo ha mantenido alejado de la gente que ama. Incluso contrajo tuberculosis por ministrar a personas sin hogar.

Debbie, una chica de quince años de edad en uno de los barrios más pobres de Brooklyn, Nueva York, habla por muchos de los jóvenes que han experimentado persecución dentro de los Estados Unidos. Ella dice: "Es muy duro ser cristiana públicamente en mi escuela. Me acosan y presionan sin cesar a fin de que forme parte de una de las pandillas".

En muchos países restringidos, no persiguen a los cristianos por creer en Jesús, sino porque les hablan a otros acerca de Él. En esos países, la evangelización provoca persecución, lo cual a menudo da origen a mejores testigos de Cristo. Lo que tuvo la intención de destruirlos, en realidad los hace más decididos. De igual forma, la Evangelización, en los Estados Unidos y en otros países abiertos al Evangelio no siempre es segura. Aun así, ¿debería esta realidad reducir nuestro entusiasmo por la obra? Un país como los Estados Unidos, fundado sobre la base de la libertad religiosa, no está acostumbrado en lo absoluto al sufrimiento y a la persecución. En lugar de utilizar este principio como un amortiguador para mantenernos seguros, deberíamos depender de él para hacernos más atrevidos. Al ser una persona que vive en una democracia libre, usted tiene aun más razones para hablar de su fe con denuedo y confianza. ¿Dirá lo que piensa hoy?

dedicación extrema

INDIA: GLADYS STAINES

Gladys Staines tenía muchas razones para estar amargada y enojada. Nadie la hubiera culpado por irse de la India. Pero cuando hindúes fanáticos en la ciudad india de Manoharpur asesinaron a su esposo y a sus dos hijos, Gladys y su hija de trece años de edad, Esther, decidieron quedarse. Ella continuaría su obra con los leprosos en el área.

Día 37

A su esposo, Graham, y a sus dos hijos menores, Philip y Timothy, los asesinaron mientras dormían en su Jeep fuera de una iglesia. Estaban allí para ministrar a la congregación. Sin embargo, antes de que amaneciera esa terrible mañana, una banda de unos cien hindúes vertió gasolina sobre su vehículo y le prendieron fuego. Los hindúes, armados con arcos y flechas, rodearon el vehículo para impedir su huida.

Gladys dijo que Graham nunca se había propuesto evangelizar entre los hindúes. Solo demostraba el amor de Cristo. Como resultado, la pareja australiana vio cómo muchos se convertían al cristianismo y quemaban sus ídolos. Los peligros de su testimonio nunca desalentaron su dedicación para demostrar el amor de Jesucristo.

En el servicio funeral de Graham, Philip y Timothy; Gladys y Esther cantaron:

En cambio, los que viven conforme al Espíritu fijan la mente en los deseos del Espíritu.

Romanos 8:5

> Porque Él vive, triunfaré mañana,
> Porque Él vive ya no hay temor;
> Porque yo sé que el futuro es suyo,
> La vida vale más y más solo por Él.

"Porque Él vive", letra de William J. y Gloria Gaither, tr. Sid D. Guillén, música de William J. Gaither. Copyright © 1971 William J. Gaither, en Himnario de Alabanza Evangélica, Editorial Mundo Hispano.)

La dedicación extrema nunca es intimidada por el peligro, ni la debilita las preocupaciones, ni siquiera se preocupa por las consecuencias. La dedicación solo sabe una cosa: la obra que falta por hacer. Para muchos, perder su familia en manos de extranjeros hostiles quizá sea una excusa racional para abandonar su misión. No es así para quienes los motiva una dedicación extrema. Aunque tal vez se sientan devastados por la prueba, su decisión de seguir adelante no se inmuta. Solo Dios nos da la fortaleza espiritual necesaria para reanudar nuestra misión a pesar de la desgracia. ¿Se encuentra tratando de determinar si debe seguir o no en la obra de Dios? ¿Sucedió algo que lo quiere desviar de su rumbo? Pídale a Dios que le dé dedicación diaria a fin de mantenerse en la obra.

adolescente extrema

CUBA: ROSA

Día 88

"Nací en un hogar comunista donde nadie podía siquiera mencionar la palabra Dios. Mis padres son ateos. Mi padre es dirigente del Partido Comunista de Cuba. Mi madre es secretaria del Comité de Defensa de la Revolución. Quizá usted diga que mi hogar es un nido del comunismo. Sin embargo, mi abuela ama a Dios y me enseñó del Señor. Sembró en mí las semillas de la Palabra de Dios. En varias ocasiones yo traté de ir a la iglesia con ella, pero mis padres no lo permitieron".

"Un día, yo recibí al Señor Jesucristo como mi Salvador. Mi vida comenzó a cambiar. Incluso cambió la forma en que me vestía. Mi madre no lo aceptó. Nunca antes me había pegado, pero ahora lo hace a menudo. Cuando mi padre se enteró que yo era cristiana, me dijo que eligiera entre Dios y él. Yo elegí a Dios porque he comprendido que Él es el único por el que vale la pena vivir".

"Ahora, aunque solo tengo catorce años de edad, tengo que estudiar lejos de mi hogar. La primera vez que llegué a este lugar yo era la única cristiana, pero he sembrado la Palabra de Dios y ahora somos cuatro. Nos reunimos bajo un árbol, a escondidas, para hablar de la Palabra de Dios. Continuamos sembrando y esperando, creyendo que pronto seremos muchos".

Pero el que recibió la semilla que cayó en buen terreno es el que oye la palabra y la entiende. Éste sí produce una cosecha al treinta, al sesenta y hasta al ciento por uno.

Mateo 13:23

Sin la influencia de su abuela, tal vez la niñez de Rosa estuviera destinada al adoctrinamiento comunista y al ateísmo. Es una adolescente extrema porque siguió los pasos de su abuela, la cual se arriesgó al hablarle de Cristo. Rosa corre el mismo riesgo con sus compañeros en su internado, proclamando y sembrando la Palabra de Dios. Trabaja con un creyente a la vez a fin de causar un buen resultado. Sin embargo, Rosa ha descubierto, tal como muchos adolescentes cubanos que viven bajo el régimen Castrocomunista, que la fe trae consecuencias. Aun así, a pesar de las probabilidades, cree que alguna de sus semillas caerá en tierra fértil. ¿En la vida de quién usted sembrará semillas de la Palabra de Dios y esperará una cosecha?

conquistadores extremos

RUMANIA: EL PASTOR RICHARD WURMBRAND

Día 39

Ahora, pues, permanecen estas tres virtudes: la fe, la esperanza y el amor. Pero la más excelente de ellas es el amor.

1 Corintios 13:13

—Mi esposa está durmiendo en la otra habitación porque ha estado enferma —comenzó el pastor Richard Wurmbrand—. Ella y yo somos judíos. Su familia pereció en el mismo campamento de concentración nazi donde usted acaba de jactarse de haber matado a judíos con niños aún en sus brazos. Es probable que usted asesinara a la familia de mi esposa.

Al escuchar esto, el invitado del pastor, un soldado, se enojó mucho y se puso de pie para retirarse. Sin embargo, Richard lo detuvo. —¡Espere! Quiero proponerle un experimento. Quiero decirle a mi esposa quién es usted y lo que hizo. Mi esposa no lo maldecirá, ni siquiera lo mirará enfadada. Lo aceptará.

El hombre se sentó con la boca abierta, sin poder decir palabra.

El pastor continuó: —Y si mi esposa, que es solamente humana, puede perdonarlo, ¿cuánto más lo amará y lo perdonará Jesús?

El hombre ocultó su rostro entre sus manos. —¿Qué he hecho? ¿Cómo puedo continuar viviendo con la culpabilidad de tanta sangre? Jesús, por favor, perdóname. —El soldado procedió a entregar su vida a Cristo.

Entonces Richard fue y despertó a su esposa Sabina. —Este es el asesino de tus hermanas, tus hermanos y tus padres —dijo él presentándole al hombre—. Pero ahora se ha arrepentido.

Ella puso sus brazos alrededor de su cuello y lo besó en la mejilla.

Hay un dicho popular que dice que "El amor todo lo conquista". Sin embargo, los cristianos conocen la verdad de este dicho por experiencia propia. Cuando estamos controlados por nuestra ira, somos consumidos por el odio. No obstante, cuando permitimos que Dios (que es amor) controle nuestras vidas, encontramos que nuestras emociones naturales como la ira, se someten a Él. Ni siquiera nos sentimos molestos por situaciones que solían enfurecernos. El amor debe conquistar cualquier cosa dentro de nosotros que va en contra del carácter de Cristo. El resultado final es que el amor nos consume de tal forma que aun nuestro peor enemigo se beneficia de nuestra transformación. ¿Está experimentando victoria sobre el rencor y la venganza? Pídale al Dios de amor que conquiste hoy su ira.

ternura extrema

Los soldados del Jemer Rojo irrumpieron en la habitación empuñando sus armas y gritando insultos y amenazas. Cuando el Jemer Rojo tomó control de Camboya en 1975, mataron a miles de cristianos. Incluso arrojaban a los niños a los cocodrilos para que los soldados se "ahorraran sus balas".

Día 90

Si sienten algún estímulo en su unión con Cristo [...] algún afecto entrañable, llénenme de alegría teniendo un mismo parecer.

Filipenses 2:1,2

Ningún miembro de la pequeña congregación se movió. Un oficial fue hacia donde estaba el pastor, agarró la Biblia que había estado leyendo y la arrojó al piso.

—¡Los dejaremos ir! —dijo él—, ¡pero primero deben escupir sobre este libro de mentiras! ¡Mataremos a cualquiera que se niegue a hacerlo!

Otro soldado agarró a un hombre del brazo y lo obligó a pasar al frente.

—Padre, por favor perdóname —oró él mientras se arrodillaba donde había caído la Biblia y escupió ligeramente sobre ella.

—Bien, usted se puede ir.

Entonces el agente señaló a una mujer. Ella también se arrodilló junto a la Biblia. Mojó la Biblia lo suficiente para satisfacer a los solados.

Inesperadamente, una chica adolescente se puso de pie y caminó hacia la Biblia. Con lágrimas en sus ojos, se arrodilló y recogió la Biblia, tomó el dobladillo de su vestido y comenzó a limpiarla.

—¿Qué le han hecho a tu Palabra? —dijo ella—. Por favor, perdónalos. El oficial apuntó su revólver detrás de la cabeza de la chica y apretó el gatillo. A los cristianos que en un principio se les permitió retirarse también les dispararon. Sus acciones no sirvieron para salvarlos.

Un acto tierno y determinado es capaz de inspirar más a una congregación que un sinfín de traiciones. La adolescente en esta historia despierta una visión de lo que significa estar unidos en Cristo. En lugar de reprender a sus hermanos y hermanas más débiles, solo guió con el ejemplo personal en su tierno trato de la Biblia. Imagínese si cada persona en esa iglesia hubiera actuado de la misma manera. ¡Qué poderoso testimonio para Cristo! Siempre que actuamos juntos, somos más fuertes. La ternura y la compasión, combinadas con un fuerte ejemplo, guiarán a los que son débiles a unirse a un compromiso mayor. Si usted se siente frustrado con otros que batallan en su compromiso, recuerde que Dios lo llama a que se una a los que son más débiles y los ayude en el camino.

Día 91

"Para los cristianos, la persecución no es asunto de los derechos humanos, es un rito de iniciación".

Steve Cleary

paciencia extrema

—Este regalo es para usted.

—¿Qué es? —le preguntó el misionero a su amigo mientras se preparaba para ir a Corea del Norte.

—Solo llévatelo. Lo sabrás cuando lo abras.

Encubierto como un hombre de negocios, el misionero viajó a Corea del Norte. Le asignaron un guía comunista con una inclinación a tomar largas siestas.

Día 92

Viendo su oportunidad, el misionero salió sigilosamente del hotel mientras su "guía" dormía. Entró a una aldea cercana y se reunió con un pequeño grupo de creyentes. En cuanto se dieron cuenta de que el joven misionero era pastor, dijeron: "¡Usted tiene que bautizarnos! ¡Hemos estado esperando por alguien que nos bautice!".

En una tierra donde poseer una Biblia puede significar una sentencia de quince años de prisión, un bautizo formal pudiera significar una muerte segura.

Confía siempre en él, pueblo mío.

Salmo 62:8

Sin ningún lago o río cercano, el misionero únicamente oró sobre los creyentes uno por uno como un símbolo de su fe. Sin embargo, para su sorpresa, ellos no estaban satisfechos. "Hemos esperado cuarenta años para recibir la Santa Cena", dijeron.

Uno de los creyentes trajo enseguida algunos panecillos de arroz. El misionero pensó: *"Ellos han tenido un bautizo sin agua, quizá pudieran recibir comunión sin vino"*. Entonces recordó el "regalo" que su amigo le dio antes de salir para Corea del Norte. De inmediato tomó su maletín de viaje y sacó el paquete, ¡era una botella de vino! Sin poder hablar, cada aldeano lloró sin ocultarlo, alabando a Dios por éste oportuno regalo.

Mientras que la mayoría de las personas en la cultura moderna no se imaginarían la vida sin un calendario y un reloj, Dios lleva su propio tiempo. A Él no lo motiva la tiranía de lo urgente. Sin embargo, debemos aprender a tener paciencia para vivir felizmente dentro de sus tiempos. La paciencia significa confiar en que Dios está obrando, aun cuando no vemos la evidencia. La paciencia es el principio de gratificación retardada. Cuando esperamos por las bendiciones de Dios en nuestras vidas, es cuando las apreciamos muchísimo más. Lo que esperamos lo valoramos más. Así sea una Santa Cena con panecillos de arroz o una necesidad específica en nuestra vida, el tiempo de Dios es seguro. ¿Qué le preocupa respecto a los tiempos de Dios en su vida? ¿Es tiempo de que usted confíe en Él?

evangelización extrema

UGANDA: EL OBISPO HANNINGTON

"La única oportunidad que tiene un torturador para ser salvo quizá sea a través de un prisionero cristiano. Ellos nunca van a la iglesia, ni leen la Santa Biblia. Sin embargo, un prisionero cristiano puede hablarles del amor, aun mientras son golpeados". Esta es la convicción de un miembro de la iglesia clandestina.

Día 93

No me avergüenzo del evangelio, pues es poder de Dios para la salvación de todos los que creen.

Romanos 1:16

Una mujer que había pasado sus años sirviendo a Cristo bajo amenazas de ser torturada dijo: "A través de la historia de la iglesia, muchos prisioneros cristianos han llevado a sus atormentadores al cielo. Hay una placa en una cárcel romana que contiene los nombres de los que se convirtieron mientras Pablo estuvo preso allí. Ellos estarían en el infierno si Pablo no les hubiera dado la oportunidad de que lo golpearan". Ella hizo una pausa. "No me importa sufrir, si el resultado es la salvación de los torturadores".

El obispo Hannington sabía que el riesgo era alto cuando decidió llevarles el mensaje de Cristo a los caníbales en Uganda. Unas pocas semanas después de que llegó el obispo, los caníbales rechazaron el mensaje y lo ejecutaron. Antes de que Hannington muriera, los caníbales escucharon las siguientes palabras en voz alta: "Amen a sus enemigos y oren por quienes los persiguen".

Este fue el mismo mensaje que los dos hijos del obispo llevaron cuando salieron hacia la misma aldea después de la muerte de su padre. Estaban resueltos a continuar evangelizando a las mismas personas que mataron a su padre.

Algunos suponen que la muerte y la resurrección de Cristo es un simple engaño inventado por personas idealistas que querían que el recuerdo de su amado maestro continuara vivo. Sin embargo, ¿cómo explica eso el martirio de la mayoría de los discípulos y de más generaciones después de ellos? Parece razonable que hubieran reconocido su insensatez al momento de su arresto y sin duda antes de una muerte segura. ¿Por qué estarían dispuestos a mantener hasta tal extremo este supuesto engaño? Es más, la historia documenta sus intentos de convertir a sus torturadores hasta en el último minuto. Esta evangelización extrema era la evidencia de su convicción: Este era el verdadero Evangelio de Dios. ¿Qué tan convencido está usted del mensaje del Evangelio? ¿Está dispuesto a llevarlo hasta el límite de lo extremo?

campo misionero extremo

JAPÓN: FRANCISCO JAVIER

Japón, un país rodeado de bellas montañas, fue bendecido por la fe de valientes hermanas y hermanos cristianos que decidieron arriesgarlo todo para ser los primeros en llevar el mensaje del amor y el perdón de Cristo a Japón.

Día 94

Les aseguro que si tienen fe tan pequeña como un grano de mostaza, podrán decirle a esta montaña: "Trasládate de aquí para allá", y se trasladará.

Mateo 17:20

En 1549, Francisco Javier fue el primer misionero a Japón. Bajo su ministerio, se convirtieron muchos y la iglesia creció con rapidez. Sin embargo, los soldados japoneses veían a los cristianos como una amenaza y comenzó una severa persecución. La oposición al cristianismo creció como una montaña escarpada contra los cielos de Japón, dejando en las sombras a los cristianos debajo de ella. En ciudades como Unzen, los cristianos fueron hervidos en lava volcánica. En la ciudad de Nagasaki otros fueron clavados en cruces de madera. Los soldados japoneses acorralaron a todos los cristianos conocidos en 1637, eran como treinta mil, y los mataron a todos.

Después de esto, la iglesia se volvió clandestina con la esperanza de proteger a los que lograron sobrevivir. La iglesia batalló por muchos años. Sin embargo, por la gracia de Dios, la iglesia sobrevivió. Misioneros devotos no cesaron de ir. Escuchaban acerca de la enorme persecución y respondieron al llamado a ministrar a los pocos creyentes fieles que quedaban.

Japón ahora tiene 1.7 millones de cristianos activos, y la iglesia está añadiendo creyentes cada día. Javier y los misioneros modernos representan esa fe, del tamaño de una semilla de mostaza, que movió una montaña de oposición para que una nación pudiera ser cambiada.

La vida está llena de puntos de vista obstruidos. Los creyentes a menudo se enfrentan con una montaña de oposición por parte de los miembros no cristianos de su familia, quienes no aceptan sus creencias. Muchos cristianos se topan con los Alpes del ateísmo en el trabajo. Enormes cumbres de persecución de sus propios gobiernos ensombrecen a los creyentes en países restringidos. Sin embargo, hay una bella vista justo detrás de cada montaña de oposición a la que se enfrenta la iglesia hoy en día. El panorama es el de miles de hombres, mujeres y niños que tienen hambre por el Evangelio. La fe puede dejar el camino libre para que otros sean salvos. Muchos cristianos antes de usted han sido perseguidos al demostrar esa verdad. ¿Continuará la obra de ellos con una fe que es capaz de mover montañas? ¿En qué montaña de oposición se enfocará hoy?

lugares extremos

Día 95

Un compañero de prisión, quien era sacerdote en una cárcel en Rusia, traicionó a Zoya. La acusó falsamente a cambio de que lo dejaran en libertad y escapar así de su propia tortura. Durante el juicio, Zoya se rehusó a decir ni una palabra en contra del sacerdote. Ella dijo: "Cuando Judas traicionó a Jesús, no era un hombre digno de confianza. Sin embargo, Jesús lo llamó 'amigo' en Getsemaní. ¿No deberíamos aprender del ejemplo de Cristo y actuar de esta manera con los que nos traicionan?".

Zoya Krakhmalnikova pasó seis años en una cárcel rusa por hablarles a otros de Cristo. Su tiempo allí le dio un entendimiento singular sobre la Palabra de Dios y cómo ésta se aplica a las duras realidades de la vida.

"En la cárcel, la puerta de cada celda tiene un hueco llamado el hueco de Judas. A través de él, los guardias pueden controlar a los presos cada cinco minutos. Los observan con mucha atención, los inspeccionan e instruyen. Esto me ayudó a comprender que si los comunistas son tan diligentes de estar pendientes de mí, ¿no harían eso Dios y sus ángeles con una diligencia aun mayor?".

Pudo haber sido muy fácil para Zoya permitir que la amargura controlara su corazón. No obstante, tomó las lecciones de las Escrituras y las aplicó de forma directa a su vida. Fueron lecciones difíciles. Aun así, sirvieron para alumbrar su vida y las vidas de quienes la rodeaban.

Esfuérzate por presentarte a Dios aprobado, como obrero que no tiene de qué avergonzarse y que interpreta rectamente la palabra de verdad.

2 Timoteo 2:15

Ir a un largo viaje sin preparar maletas parece una idea absurda. ¿Quién viajaría sin estar preparado? Sin embargo, los cristianos emprenden un viaje espiritual cada día sin preparar sus espíritus de manera adecuada para su expedición. Necesitamos estar preparados con la Palabra de Dios en nuestros corazones para aplicarla cuando lo necesitemos. Muchos tenemos dificultad para triunfar en pruebas espirituales porque no hemos estudiado antes los principios de Dios. Terminamos sintiéndonos fracasados cuando pudiéramos haber sido victoriosos como Zoya, aplicando la Palabra de Dios a nuestra situación. Su fe en Cristo puede llevarlo a lugares extremos. ¿Está preparado para el viaje? Asegúrese de tener suficiente de la Palabra de Dios... la necesitará.

guerrillero extremo

Día 96

A Juan lo sentenciaron a cumplir quince años en la "Prisión Miguel Castro" por sus actividades terroristas. Juan comprendía cómo pensaban los terroristas. Él era un guerrillero del grupo comunista conocido como "Sendero Luminoso". Su gran responsabilidad fue enseñar a otros cómo matar y destruir. Era un oficial de alto rango y un experto en dinamita, armas y aniquilación. Su trabajo le daba un sentido de inspiración y destino.

Juan continuó su trabajo aun en prisión. Mientras trabajaba tratando de reclutar a un joven llamado Fernando para la milicia, se dio cuenta de que muchas de sus ideas marxistas no estaban funcionando con él. A cambio, Fernando le hizo a Juan una aguda pregunta. "Si muriera esta noche, mi amigo, ¿dónde pasaría la eternidad?".

Juan había visto o planeado las innumerables muertes de otros, pero nunca había considerado su propia muerte. La pregunta de Fernando comenzó a molestarle. Fernando continuó hablándole cada día acerca del amor y sacrificio de Cristo. Finalmente, Juan se hizo creyente.

Fernando alentó al nuevo discípulo: "Del mismo modo que diste tu vida por la revolución, ahora dásela a Cristo, tu Señor".

Con el tiempo, Juan fue pastor de un grupo en la cárcel. En su pasado, Juan reclutaba personas para la escuela de la milicia; en la cárcel organizó la escuela dominical. Su misión de muerte cambió, ahora para ayudar a otros a encontrar la vida eterna.

> Sin embargo, todo aquello que para mí era ganancia, ahora lo considero pérdida por causa de Cristo.
>
> **Filipenses 3:7**

Las pasiones de la gente les proporcionan un sentido de inspiración y destino. Algunas personas tienen una pasión por su trabajo, a otras les apasiona su familia, aun a otras les apasionan las causas que se oponen de forma directa a la causa de Cristo. Los que persiguen a los cristianos no se les puede acusar de apatía. Su implacable determinación casi sería admirable si no estuviera mal dirigida. Sin embargo, Dios está en el negocio de cambiar viejas vidas para hacerlas nuevas. Juan comenzó a reclutar a otros para Cristo con la misma pasión que antes sentía por el marxismo, Dios tomó su pasión perversa y la convirtió en una pasión por Cristo. Ore para que Dios transforme cualquier cosa que esté compitiendo por su devoción espiritual. Pídale que le dé un deseo ardiente de promover su reino.

otra elección extrema

LAS FILIPINAS: PETER

El que esté dispuesto a hacer la voluntad de Dios reconocerá si mi enseñanza proviene de Dios o si yo hablo por mi propia cuenta.

Juan 7:17

Peter sintió que valía la pena el riesgo. Le encantaba viajar con su tío Michael (evangelista en las Filipinas), a las remotas aldeas donde las personas tenían tanta hambre por escuchar acerca de Cristo.

Los viajes a las aldeas eran intrépidos y algunas veces peligrosos. Viajaban a través de la densa selva por horas y horas. Durante muchos años, el pueblo de las Filipinas estaba aterrorizado por el "Nuevo Ejército del Pueblo", una rama del partido comunista. Peter y su tío, a menudo tenían que esconderse para mantenerse fuera de peligro. Peter amaba a los niños y disfrutaba ver sus ojos brillar cuando por fin comprendían cuánto los amaba Dios.

El viernes santo, el "Nuevo Ejército del Pueblo" buscó acabar con el ministerio del tío Michael. Así que capturaron a Peter y lo amenazaron con matarlo si su tío no dejaba de hablar de Cristo. Los padres de Peter contestaron: "No podemos decirle a Michael que concluya su obra. Sin embargo, les suplicamos que nos devuelvan a nuestro hijo. Él no ha hecho nada malo".

Por último, con las manos atadas detrás de su espalda, Peter escuchó a sus padres decirle a los soldados: "Vivir es Cristo y morir es ganancia". Y con esas palabras, Peter fue a su hogar celestial a encontrarse con su Salvador en ese sombrío viernes santo. Su tío Michael aún habla a los habitantes de la aldea montañosa sobre el poder del amor de Cristo y sobre su joven y fiel sobrino llamado Peter.

Todos los riesgos conllevan decisiones. Algunas personas optan por arriesgar sus fortunas, apostando en las actividades más mundanas: el resultado de un juego de fútbol, el ganador de una carrera alrededor de la pista, el número de canastas que cierto jugador de baloncesto logra encestar en una noche; otros arriesgan sus propias vidas eligiendo actividades egoístas sin ningún significado eterno, como las drogas y el alcohol. Jesús llama a las personas a otra elección completamente diferente. Dice que debemos elegir arriesgar nuestra seguridad terrenal para ganar una recompensa celestial al hacer Su voluntad. Esto traerá una recompensa mayor que el dinero ganado en las carreras o una euforia artificial debido a la última droga. ¿Ha experimentado la recompensa de Jesús por arriesgar su fe? Sí o no, ¿por qué?

Día 98

"No oramos para ser mejores cristianos, sino
para ser el único tipo de cristianos que Dios
quiere que seamos; cristianos como Cristo,
eso es, cristianos que cargarán por su propia
voluntad la cruz para la gloria de Dios".

DE UNA CARTA SACADA DE CONTRABANDO DE LA IGLESIA
CLANDESTINA EN RUMANIA

himno extremo

La jovencita de ojos castaños miró a su madre. ¿Qué decidiría su mamá?

Horas antes esa mañana, la madre de la jovencita, su pastor y otras veintiséis personas en su aldea de GokSan en Corea del Norte fueron atadas y llevadas ante una escandalosa multitud de comunistas.

Día 99

Uno de los guardias le ordenó al pastor Kim y a los otros cristianos: "¡Nieguen a Cristo o morirán!". Las palabras le dieron escalofríos a su madre. ¿Cómo podían pedirle que negara a Jesús? Ella sabía en su corazón que Jesús era real. Todos se negaron a hacerlo con mucha tranquilidad.

Entonces, el guardia comunista se dirigió a los cristianos adultos y les gritó: "¡Nieguen a Cristo o ahorcaremos a sus hijos!". La jovencita miró a su madre y apretó su mano sabiendo cuánto la amaba su mamá. Entonces, su madre se inclinó y con confianza y paz ella susurró: "Hoy, mi amor, te veré en el cielo".

Ahorcaron a todos los niños. Luego, a los creyentes restantes los llevaron al pavimento y los obligaron a acostarse frente a una enorme aplanadora. Los comunistas les dieron una última oportunidad. "¡Nieguen a este Jesús o serán aplastados!". Los cristianos ya habían sacrificado a sus hijos; no había vuelta a atrás.

Mientras el chofer arrancaba la maquinaria pesada, el canto de los habitantes de la aldea comenzó con suavidad. "Sentir por ti, Señor, más grande amor, más grande amor".

Porque tanto amó Dios al mundo, que dio a su Hijo unigénito, para que todo el que cree en él no se pierda, sino que tenga vida eterna.

Juan 3:16

"Más", es lo que Dios dio cuando envió a su Hijo. "Más", es lo que dio Jesús cuando lo crucificaron. "Más", es lo que los creyentes dan con franqueza por amor a Cristo. Quieren dar más a Aquel que les dio tanto. En una época profana, donde se valora dar solo lo que uno necesita dar para sobrevivir, los creyentes establecen una nueva norma. "Sentir más grande amor por ti" es más que simples palabras de un himno tradicional. Es un estilo de vida sin límite. Cada día es un camino para descubrir cómo darle más amor a Jesucristo. Para algunos creyentes, este camino los ha llevado a la muerte, para otros, "sentir más grande amor por ti" ha significado un sacrificio financiero. ¿Qué significa "sentir más grande amor por ti" en su vida cotidiana?

película extrema

Ahora todo el mundo quería ver la película. Murmuraban acerca de ella en el mercado y aun en la mezquita. "¿De qué se trata?" "¿Es en verdad tan peligrosa que deben arrestar a las personas por tenerla?".

Día 100

"Porque mis pensamientos no son los de ustedes, ni sus caminos son los míos", afirma el SEÑOR.

Isaías 55:8

La película de la cual hablamos es la película de JESÚS; una película de alta calidad que representa la vida, el ministerio, la muerte y la resurrección de Jesucristo. Muestra el plan de salvación en pantalla grande, haciendo viva la historia de Jesús. En Jacobabad, Pakistán, arrestaron a dos hombres por distribuir la película y otros materiales cristianos. Ambos fueron golpeados y los "mullahs" locales, líderes religiosos musulmanes, alentaron a que se presentaran cargos en contra de ellos y de otros que participaron en la distribución de los materiales. Luego, dieron un paso más allá, alentando a los musulmanes de la ciudad a tomar acciones en contra de todos los cristianos. Poco tiempo después, le robaron las posesiones a un pastor local y hubo disparos cerca de una escuela cristiana. La ciudad parecía estar al borde de una violencia absoluta.

Sin embargo, las cosas pronto comenzaron a cambiar. En lugar de boicotear la película, todo el mundo en la ciudad quería ver esa "pecaminosa" película. Querían saber por ellos mismos todo sobre ese escándalo. Se comenzaron a distribuir copias del mercado negro, y finalmente, la película JESÚS se transmitió incluso por la televisión local. El juez de la ciudad vio la película y declaró que no iba en contra del islam.

A través de los esfuerzos involuntarios de los "mullahs", el mensaje del Evangelio alcanzó a toda la comunidad. Planeaban erradicar la película de JESÚS de su país. Sin embargo, su campaña en realidad promovió el ministerio. Dios no convierte el mal en el bien a través de métodos convencionales. Él bendice los esfuerzos de sus siervos, pero no de las maneras que pudiéramos esperar. Los cristianos en los países restringidos están aprendiendo esto de una manera difícil, pero se regocijan al ver el misterio de Dios obrando en sus países. Dios abre un camino para nosotros, aun cuando éste parece no tener sentido. Hay momentos cuando todo parece que sale mal. ¿Son esos los momentos en los que confía más en Dios? Él sabe lo que está haciendo aun cuando usted no lo sabe.

perdón extremo

El papel estaba sucio, rasgado en los bordes. La tinta negra pasaba a través de la página en un garabato casi ilegible. Al final, la carta estaba firmada: Ricardo.

Día 101

Si alguien afirma: Yo amo a Dios pero odia a su hermano, es un mentiroso; pues el que no ama a su hermano, a quien ha visto, no puede amar a Dios, a quien no ha visto.

1 Juan 4:20

"Escribo desde un campamento guerrillero comunista en Perú. Hace poco busqué algunos programas de radio para animarme. Los programas llenos de odio de mis camaradas estaban vacíos para mí. Entonces descubrí su programa, 'El Evangelio en lenguaje marxista'. Usted dijo que Jesús, el gran maestro, habló de perdonar a nuestros enemigos. Ese pasaje penetró hasta lo más profundo de mi ser. De repente, experimenté paz y lloré como un niño. No comprendo lo que sucedió.

Mis padres fueron víctimas de un terrateniente que los explotó y durante toda mi vida odié a los ricos. Sin embargo, por alguna razón, al oír su programa, dejé de odiar. No me lo explico. ¿Es posible que yo no odie?

Esa fue la primera vez que escuché su transmisión. ¡Cuán feliz me siento! Ahora no me perderé ni un programa. Quiero leer el libro del cual usted habló".

Tiempo después, Ricardo dejó a los guerrilleros para unirse a una iglesia. Dos años después volvió al campamento con la esperanza de hablarles a sus antiguos camaradas sobre su Salvador. Desde entonces, no se sabe de él. Si murió, lo hizo con amor por los que lo mataron.

Una de las emociones más venenosas de la naturaleza humana es el odio. Se ha comparado con un ácido que corroe su propio envase. Los que odian son destruidos rápidamente por su propia amargura. Sin embargo, un creyente tiene una naturaleza espiritual que puede vencer sobre nuestras tendencias naturales. Jesús les muestra a las personas cómo amar a sus enemigos, y como resultado estos cambian. ¡La transformación puede ocurrir con tanta rapidez que el nuevo creyente no sabe a dónde se fueron todos los años de odio acumulado! ¿Está envenenando su propia alma con odio? ¿Lo mantienen despierto sus pensamientos de venganza por las noches? Diríjase a Jesús para que lo sane del odio. Perdone a sus ofensores hoy y descubra la esperanza del mañana.

tesoro extremo

Nicolae Ceausescu tuvo una idea llamada "colectivización". Como despiadado dictador de Rumania, es probable que pensara que era una buena idea hacer que las personas entregaran de forma voluntaria sus posesiones al Estado para el bienestar común de todos.

Día 102

Porque para el SEÑOR tu Dios tú eres un pueblo santo; él te eligió para que fueras su posesión exclusiva entre todos los pueblos de la tierra.

Deuteronomio 7:6

Agricultores, terratenientes y campesinos de todas partes lo perdieron todo: campos, ovejas, ganado, casas y muebles. El sector agrícola de Rumania, en un tiempo floreciente, se destruyó. Ahora, cada agricultor se convertía en esclavo del Estado, trabajando en los campos del Estado por un mísero salario. Las familias tenían que hacer largas filas tan solo para obtener pan.

A fin de impedir que el pueblo se resistiera a su estrategia, el mismo dictador ayudó a ponerla en marcha. En la provincia rumana de Dobrudja, reunieron a todos los vecinos en el centro de la ciudad y se les pidió que, de forma voluntaria, entregaran sus posesiones. Cuando nadie se ofreció a hacerlo, Ceausescu mató a diez personas con su propia pistola. La pregunta fue hecha de nuevo: "¿Quién está dispuesto a entregar todas sus posesiones?".

Después, tocaron música militar y cantaron las alabanzas del comunismo. Mientras las personas eran obligadas a bailar, se hizo un vídeo propagandístico de su entusiasta adhesión al socialismo. Un agricultor que lo había perdido todo informó más tarde: "Pensaron que nos habían quitado todo. Sin embargo, dejaron algo muy importante: nuestros himnarios. Así que nos sentamos y cantamos alabanzas al Señor".

En reuniones, la gente a menudo participa en juegos para lograr que las personas nuevas hablen y se conozcan entre sí. Una de las preguntas más reveladoras es preguntarles qué es lo que llevarían si estuvieran abandonados en una isla desierta y se les permitiera llevar una sola cosa. A la mayoría de las personas les cuesta trabajo decidir y se les tiene que recordar que solo se trata de un juego. Sin embargo, el pueblo de Rumania no tenía el lujo de jugar; tuvieron una experiencia real. El gobierno ni siquiera les permitió tener una sola posesión. Aun así, los vecinos de esa aldea se dieron cuenta que la presencia de esos himnarios ignorados traían gozo a su aldea, la cual ahora se parecía a su propia isla desierta. Para el pueblo, el contenido de esos himnarios era un tesoro y para Dios el pueblo era Su tesoro.

ofrenda extrema

María solo tenía diecisiete años de edad cuando musulmanes fanáticos invadieron su aldea en el Líbano. A María y sus padres los enfrentaron a una dura elección: "Conviértanse en musulmanes o los mataremos".

Día 103

Con mucha valentía, María le dijo al hombre: "Yo elijo a Dios. Adelante, dispare". Les dispararon a María y a su familia; y los dieron por muertos. Dos días más tarde, la Cruz Roja llegó a la aldea y encontró un milagro: María estaba viva... pero paralizada por la herida de bala.

Devastada y angustiada, María se aferró a su fe y oró. Finalmente, una extraña paz inundó su ser. Hizo este compromiso a Dios: "Todo el mundo tiene un trabajo que hacer. Yo nunca me podré casar, ni hacer trabajo físico. Así que ofreceré mi vida por los musulmanes, como aquellos que mataron a mi padre y a mi madre y trataron de matarme a mí. Mi vida será una oración por ellos".

Las oraciones de María y su indiscutible testimonio de Cristo, llevaron a muchos musulmanes a creer en el Hijo de Dios. En Líbano, el año de 1990 fue el más brutal de la guerra civil de quince años. Miles murieron o sufrieron heridas, y cientos de miles huyeron. Sin embargo, el que María ofrendara su vida herida animó a muchos cristianos a quedarse y adoptar una postura firme por Cristo.

Y aunque mi vida fuera derramada sobre el sacrificio y servicio que proceden de su fe, me alegro y comparto con todos ustedes mi alegría.

Filipenses 2:17

El mayor regalo para el servicio a Dios no cabe en una cesta de las que se usan para recoger ofrendas. Cuando vemos toda nuestra vida como una ofrenda a Dios, nuestros recursos para beneficiar su reino son ilimitados. Muchos de los que sufrieron persecución, como María, tienen una historia similar. Continúan ofreciendo sus vidas como un acto de adoración a fin de servir a quienes los oprimen. Teresa de Lisieux una vez dijo: "Los sufrimientos que se padecen gozosamente a favor de otros, convierten a más personas que muchos sermones". La mayoría de los cristianos encontrarán que es fácil usar las excusas más comunes para no ofrecer sus vidas: "estoy demasiado ocupado" y "tengo muchas cosas por hacer". Sin embargo, Dios muestra muchas formas en las que podemos ser testigos de Él.

tristeza extrema

RUMANIA: ARCHIMANDRITA GHIUSH

La cárcel comunista de Jilava era especialmente severa. Las ventanas rotas permitían que entrara el gélido frío del invierno. Incluso, algunos de los prisioneros murieron congelados. No había compasión para los cristianos en Jilava. Es más, a menudo sufrían palizas "especiales" por parte los crueles guardias.

Uno de los nuevos prisioneros, el archimandrita Ghiush, era pastor en la ciudad de Libertatea, Rumania. Mientras el archimandrita miraba preocupado su nuevo "hogar", notó un rostro conocido: un hombre que había servido con él en Libertatea, era el pastor Richard Wurmbrand. "¿Cómo es posible que aún esté vivo?", se preguntó el archimandrita. "Hace casi ocho años que nadie sabe de él". Los dos fieles pastores se abrazaron. El archimandrita sonrió, agradecido por un viejo amigo para ayudarlo a través de los horribles sufrimientos que iba a comenzar a soportar.

Pero el pastor Wurmbrand no sonrió. Se sintió triste al ver un pastor tan bueno en la cárcel. Comenzó a preocuparse por él. ¿Sobreviviría al frío y al cruel tratamiento? ¿Se volvería loco, así como les sucedió a otros? Después de ocho años en prisión, Wurmbrand sabía lo que le esperaba a su amigo.

Los dos amigos se sentaron en silencio por un rato. Al final, Richard rompió la tensión y preguntó con suavidad: "¿Está triste?". Para su asombro el archimandrita contestó con sencillez: "Hermano, yo solo conozco una tristeza: La de no estar entregado por completo a Jesús".

Día 104

> Sin embargo, ahora me alegro, no porque se hayan entristecido sino porque su tristeza los llevó al arrepentimiento. Ustedes se entristecieron tal como Dios lo quiere.
>
> **2 Corintios 7:9**

Es difícil leer las verdaderas historias de los mártires cristianos sin sentirse emocionalmente afligido. La reacción natural es sentir tristeza y también un sentido de compasión por los inocentes que sufrieron muertes tan horribles. Sin embargo, los héroes y las heroínas de estas historias quizá desearían que nuestro sentimiento fuese completamente diferente. Esperan que su sacrificio inspire a otros hacia un compromiso similar, no a la lástima. Sin duda, sus muertes tocan nuestros corazones, de modo que al reconocer nuestra escasa y pobre fe, deberíamos sentir que nuestro corazón se parte en dos. Eso sí que es realmente triste. ¿Se siente desafiado a ir más allá de la compasión terrenal, es decir, en dirección al arrepentimiento por su auto-complacencia? ¿Tiene un sentido divino de determinación como resultado de su interpretación? Pídale a Dios que despierte su decisión de vivir hoy por Él.

Día 105

"La fe ni siquiera merece tal nombre, hasta que brota en acción".

CATHERINE MARSHALL

perdón extremo

Demeter sufrió por muchos años en cárceles comunistas. Se mantuvo fuerte de espíritu durante su encarcelamiento, pero su cuerpo comenzaba a agotarse. Había allí un carcelero que se divertía pegándole a Demeter en la columna vertebral con un martillo, por lo cual quedó inválido el resto de su vida. Sin embargo, su actitud semejante a la de Cristo nunca titubeó, y finalmente fue puesto en libertad.

Día 106

De modo que se toleren unos a otros y se perdonen si alguno tiene queja contra otro. Así como el Señor los perdonó, perdonen también ustedes.

Colosenses 3:13

Veinte años más tarde, escuchó a alguien tocar a la puerta de su hogar. Se asombró al ver delante de él al mismo carcelero que años antes había golpeado con tanta crueldad su columna vertebral dejándolo paralítico. Aun así, Demeter no titubeó en su expresión de fe.

Incluso antes de que Demeter lo saludara, el ex-carcelero dijo: "Soy consciente de que nunca recibiré el perdón por lo que le hice. Fue demasiado atroz. Aun así, por favor, solo escuche mis palabras de disculpa y después me retiraré".

Demeter hizo una pausa por un momento mientras miraba con compasión y asombro al hombre. Él contestó con suavidad: "Durante veinte años he orado por usted todos los días. Lo estaba esperando. Hace veinte años que lo perdoné".

Si estamos dispuestos a mostrar amor y perdón a todo el mundo, aun a los que nos han herido, entonces el amor de Cristo puede conquistarlo todo.

La mayoría de las personas nunca sufrirán intencionalmente tormentos físicos. Sin embargo, las heridas emocionales que nos causan algunas personas pueden ser igual de devastadoras. Recuerdos de palabras crueles, la traición de un amigo, un amargo divorcio, quizá permanezcan con nosotros toda la vida. Sentimos la tentación de guardar rencor o hasta quizá de tomar venganza contra el ofensor. El perdón no es algo natural para nosotros, pero es inseparable de la naturaleza de Dios. Si hemos probado la gracia de Dios, podemos permitir que otros reciban del perdón de Dios. El perdón no depende de que el ofensor lo pida primero. Es un acto de obediencia, al igual que un acto de fe. Pídale a Dios que abra su corazón al milagro del verdadero perdón.

visita extrema

Un joven cristiano de Europa Oriental llamado Jon Lugajanu, regresó a la cárcel después de su juicio. Sus compañeros de celda le preguntaron preocupados: "¿Qué sucedió?".

—Lo mismo que el día en que el ángel visitó a María, la madre de Jesús —contestó él—. Ahí estaba ella, una joven piadosa sentada sola, meditando, cuando un radiante ángel de Dios le dijo las increíbles noticias. Llevaría en su cuerpo al Hijo de Dios.

Día 107

Curiosos por saber cómo se relacionaba esta historia con la experiencia de Jon en el tribunal, los demás prisioneros escucharon con atención.

—Por todo el gozo que Jesús le trajo, María tendría que estar un día al pie de una cruz y ver a su hijo sufrir y morir por los pecados del mundo —continuó Jon, declarando el Evangelio de paz a través de la historia de María—. Dios resucitó a Jesús, el cual reina desde el cielo. María sabía que cuando ella llegara al cielo, estaría con Jesús de nuevo y experimentaría un gozo eterno.

Los otros prisioneros estaban confundidos con su explicación. —Bueno, pero lo que te preguntamos es qué fue lo que sucedió en el tribunal —le recordaron a Jon.

Así, por la gracia de Dios, la muerte que él sufrió resulta en beneficio de todos.

Hebreos 2:9

—Me dieron la pena de muerte. ¿No son bellas esas noticias? —les dijo Jon mirándolos. Su rostro irradiaba paz.

Jon se dio cuenta que las noticias que el ángel había llevado a María, eran igual de agridulces; después del sufrimiento de Jesús habría regocijo en el cielo. Él esperaba con ansias su gozo eterno en la presencia de Jesús.

En muchas culturas, la muerte es un tema prohibido. La gente a menudo hace grandes esfuerzos por aislarse de lo inevitable que es su propia muerte. Les gusta utilizar frases como "pasó a mejor vida", en lugar de "murió". Nos resistimos a hacer un testamento o a comprar un seguro de vida, pensando: "Esto nunca me va a suceder". Las compañías obtienen enormes ganancias vendiéndonos productos que prometen juventud eterna. Dios no nos da la opción de pasar por alto la muerte, pero nos da la clave para enfrentarnos a ella. El visitante angelical de María no le ocultó que sufriría gran angustia junto a la cruz. Sin embargo, a ella también se le dio la esperanza de la resurrección para hacer su angustia soportable. Como cristianos, la promesa de Dios de vida eterna nos ayuda a aceptar nuestra propia muerte de una manera realista y valiente.

defensa extrema

RUSIA: JORGE JELTONOSHKO

Jorge Jeltonoshko sabía que su gobierno no quería personas propagando el Evangelio de Cristo, pero su convicción de obedecer los mandamientos de Cristo era más fuerte, aun si estaban en conflicto con las leyes de su país.

Día 108

Encomienda al SEÑOR tu camino; confía en él, y él actuará. Hará que tu justicia resplandezca como el alba; tu justa causa, como el sol de mediodía.

Salmo 37:5,6

No fue gran sorpresa para él cuando la policía llegó a su puerta. Pensaba que era inevitable que se enteraran de las actividades de su ministerio a causa del material impreso que había estado distribuyendo. Cuando llegó la fecha de su juicio, el estado le asignó un abogado comunista. Con audacia, Jorge le dijo al juez:

—Yo no quiero un abogado. Siento que estoy en lo correcto y la justicia no necesita defensa.

—¿Se declara culpable? —le preguntó el juez.

—No —contestó él—, difundir las Buenas Nuevas del amor de Dios es obligación de todos los cristianos.

El juez entonces le pidió que se integrara a las "iglesias oficiales", que no eran más que "iglesias títeres" manejadas por el Estado. Sin embargo, Jorge se negó. La iglesia manejada por el Estado seguía los mandamientos de este, no los mandamientos de Dios.

El juez se estaba frustrando. —¿En dónde se reúne para adorar? —exigió una respuesta.

—Los verdaderos creyentes adoran en todas partes —respondió Jorge.

A Jorge Jeltonoshko lo sentenciaron a tres años de prisión y allí continuó llevando a cabo su obra y su adoración. Tenía razón. La justicia no necesita defensa.

Hacer "el bien" puede que sea una frase popular. Sin embargo, es más fácil decirlo que hacerlo, pues lo que es bueno a los ojos de Dios está a menudo en conflicto con la opinión popular. La disputa entre el bien y el mal se hace a menudo evidente en el aula de una escuela, en el trabajo y aun en un tribunal o en una iglesia. No podemos confiar en nuestro entorno para que nos diga lo que está bien. Las personas tal vez nos persuadan a confundir el consenso con la justicia. La Palabra de Dios es la única defensa para determinar lo que es bueno en cada situación. Otros quizá no entiendan o no estén de acuerdo con las elecciones que hacemos. Sin embargo, Dios promete honrar nuestro compromiso de hacer lo que es bueno. Los que nos observan verán la luz y sentirán el calor de nuestras acciones justas.

fuego extremo

SIBERIA: VÍCTOR BELIKH

"Con las llamas del ardiente amor que Jesús encendió en mi corazón, logré que se derritiera el hielo de Siberia. ¡Aleluya!"

El rostro del obispo Víctor Belikh resplandecía mientras decía estas palabras. Había aprendido el poderoso secreto de permitir que Dios tomara el control de su corazón, aun durante las peores circunstancias. Por veinte años había sufrido en la celda de confinamiento solitario en la prisión en la Rusia comunista sin una visita, y sin recibir noticias de su familia ni amigos.

Cada noche, ponían en su pequeña celda un sencillo colchón de paja. Le permitían dormir siete horas en él antes de quitárselo. Pasaba las siguientes diecisiete horas de cada día caminando en círculos en su pequeño y lastimoso espacio, y si se detenía o se derrumbaba, los guardias lo golpeaban o le echaban agua hasta que continuaba. Después de veinte años de ese inconcebible maltrato, lo enviaron a un campamento de trabajos forzados por otros cuatro años en el norte de Siberia, donde la nieve nunca se derrite. Sobrevivió solo porque permitió que el fuego de Dios derritiera toda la amargura y el enojo.

La situación de Víctor Belikh es inusual, pero su determinación a través de Jesucristo está disponible para cualquiera que sufre. Jesús avivó el fuego de amor en el corazón de Belikh, un horno piadoso que fue capaz de mantenerlo cálido por veinte años.

Día 109

Porque nuestro Dios es fuego consumidor.

Hebreos 12:29

Fuego. La simple palabra despierta poderosas imágenes. Implica peligro cuando alguien grita esa palabra en un edificio lleno de personas. Expresa comodidad cuando acampamos en una noche fría. Es conectada con fuertes emociones durante el "calor" del momento o un temperamento "encendido". El fuego también se utiliza para refinar y endurecer metales a través del proceso de fundición. El fuego ilumina y disipa la oscuridad. En todas estas imágenes, una cosa permanece constante. El fuego se asocia con el cambio. Al igual que un encuentro con el fuego, un encuentro con Dios cambia la vida. ¿El ardiente amor de Cristo lo ha encendido, sustentado, refinado, consolado y finalmente liberado así como lo hizo con Belikh? La crueldad humana nunca podrá extinguir la llama del amor de Dios. ¿Está viva la llama del amor de Dios en usted?

reputación extrema

Jacobo "el justo", sirvió fielmente como cabeza de la naciente iglesia después de la resurrección de Jesús. Se dice que ningún incrédulo podía resistirse a sus enseñanzas sin convertirse o huir de su presencia.

Es por eso que el sumo sacerdote y otros líderes judíos llevaron a Jacobo hasta lo más alto del templo y le dijeron que negara a Jesús y su resurrección frente a todo el pueblo ahí reunido o lo lanzarían al suelo. Esto solo le dio a Jacobo otra oportunidad de predicar a un público cautivo.

"¡Escúchenme todos! ¡Jesús es el Mesías prometido, el Hijo de Dios y nuestro Salvador! ¡Está sentado a la diestra de Dios y vendrá de nuevo para juzgar a los vivos y a los muertos!".

Abajo, algunos comenzaron a alabar a Dios y a magnificar el nombre de Jesús; otros estaban asombrados por su audacia y convicción. ¡En verdad era un hombre justo! De inmediato, fue empujado por el borde, cayendo a una muerte segura.

La multitud guardó silencio; luego alguien gritó: "¡Miren! ¡Está vivo!". Jacobo no estaba muerto, sino más bien arrodillado en oración. Muchos recogieron piedras para apedrearlo, cuando uno de los sacerdotes corrió hacia delante y rogó. "¿Qué están haciendo? 'El justo' está orando por nosotros, ¿y ustedes le harán daño?" Mientras decía esto, otra persona vino detrás de él con un gran palo y golpeó a Jacobo en la cabeza, matándolo al instante. Lo sepultaron en el mismo lugar en que cayó.

Día 110

Así pues, los que sufren según la voluntad de Dios, entréguense a su fiel Creador y sigan practicando el bien.

1 Pedro 4:19

Detrás de cualquier acontecimiento que uno lee en la historia, hay una anécdota. Los matices y el sentido de la situación quizá se pierdan, pero es bastante fácil imaginárselos por los hechos documentados en la historia. Esta historia sobre Jacobo capta la esencia de su personalidad y su testimonio abierto de Jesús. Quienes lo conocían mejor sabían de su compromiso hacia Cristo. Y los que no lo conocían habían escuchado de su reputación como un valiente predicador. Su muerte es un testimonio más de una fe firme en Cristo. La historia cristiana atestigua de la fidelidad de los seguidores de Cristo con una evidencia indiscutible. ¿Qué tendrá la historia que decir sobre usted? ¿Cuál es la historia que le gustaría que generaciones futuras digan acerca de su fe?

bautismo extremo

Ana María, una joven cristiana eslovaca, permaneció meses en la cárcel debido a que se involucró con la iglesia clandestina. La llevaban con regularidad a una habitación donde un guardia la golpeaba para obtener información acerca de otros cristianos en su iglesia.

Día 111

[Esta agua] simboliza el bautismo que ahora los salva también a ustedes. El bautismo no consiste en la limpieza del cuerpo, sino en el compromiso de tener una buena conciencia delante de Dios.

1 Pedro 3:21

Por la gracia de Dios, logró resistir. Incluso utilizó esos tiempos para hablarle al guardia del amor de Jesús. El guardia se burló:

—Si no me cuentas los secretos de la iglesia clandestina, te golpearé hasta acabar con todos tus amores.

—Yo tengo un novio, el más dulce de todos —respondió Ana María—. Él es amor. Su amor no busca placer, sino que procura llenar a otros de gozo. Desde que conozco a este novio solo puedo amar. Usted ahora ama al odio. Yo le ruego que ame al Amor.

El guardia estaba tan enojado que la golpeó hasta que ella se desmayó. Cuando volvió en sí, lo vio sentado con mucha tranquilidad, como si estuviera pensando profundamente. —¿Quién es ese novio suyo? —preguntó el guardia después de un rato.

Ana María le dijo todo acerca de Jesús y por qué vino Él al mundo. Cuando el guardia le preguntó cómo ser amigo de Jesús también, ella le dijo que debía arrepentirse y bautizarse.

—Entonces bautíceme enseguida o la mataré —exigió él. Ana María lo bautizó y más tarde se convirtió en un prisionero más, recluido con los mismos presos que antes golpeaba.

Cuando las personas están enamoradas, se lo dicen a todo el mundo. Se lo dicen a sus familiares, a sus amigos, a sus vecinos y a cualquier otro que escuche. El amor los consume tanto que no pueden evitar hablar acerca de su amado. De la misma manera, el bautismo de una persona es una declaración pública de estar identificado con Cristo y su comunidad, de estar enamorado de Jesús. El bautismo de un adulto es señal para quienes lo presencian (aun si solo es otro prisionero en una celda), de que esa persona está dispuesta a seguir a Cristo sin importar el costo. Nuestro amor por Cristo nos motiva a proclamar al mundo nuestro compromiso. Aun si no nos amenazan, ¿tendremos el valor de hablar de nuestro amor por Jesús?

Día 112

"La fe nunca es pasiva. Exige una respuesta. Pide una misión. Demuestra la presencia interior y el poder del Espíritu Santo".

Pastor Richard Wurmbrand

valentía extrema

Todas las prisioneras estaban desconsoladas al ver a la pequeña niña en la cárcel con su madre. Aun el director de la prisión dijo: "¿Por qué no se compadece de su hija? Si renuncia a ser cristiana, las dos se pueden ir a casa".

La mujer estaba atormentada en su interior y era comprensible. La encarcelaron con su niña después de protestar por el arresto de su pastor, entonces ella accedió a negar su fe para impedir que su hija sufriera. Dos semanas más tarde, los comunistas la obligaron a gritar que ya no era cristiana desde un escenario frente a diez mil personas.

De regreso a casa, la niñita se volteó hacia su madre y dijo: "Mamá, hoy Jesús no está satisfecho contigo". La madre trató de explicarle que había hecho eso por amor. La niñita miró a su madre con mayor convicción que su número de años y dijo: "Te prometo que si vamos a la cárcel de nuevo por Jesús, no lloraré".

Su madre lloró, llena de orgullo y amor por su hija y sintiéndose culpable por su propia debilidad. Mientras clamaba a Dios por fortaleza para tomar una difícil decisión, regresó con el director de la cárcel y le dijo: "Usted me convenció de negar mi fe por el bienestar de mi hija, pero ella tiene más valor que yo". Ambas regresaron a la cárcel y la niñita cumplió su promesa.

Día 113

"Ya te lo he ordenado: ¡Sé fuerte y valiente! ¡No tengas miedo ni te desanimes! Porque el SEÑOR tu Dios te acompañará dondequiera que vayas".

Josué 1:9

Josué, líder de los israelitas, se enfrentaba a un reto difícil: continuar donde terminó Moisés y guiar adelante al pueblo escogido de Dios. ¿Era peligroso? Desde luego que sí. ¿Estaba Josué preocupado? Es probable. Josué recibió de Dios la promesa de que estaría con él, dándole la misma confianza que a la niña de la historia. Desde el principio, tanto Josué como la niña se dieron cuenta que necesitarían la presencia de Dios para tener éxito. Dios nos ordena que nos fortalezcamos con valor y con el conocimiento de que Él nunca nos desamparará. Cuando enfrentamos pruebas, a menudo el valor desaparece. En tiempos de problemas, decida confiar en la promesa de Dios de que Él estará a su lado. Sea obediente y valiente hoy.

consejo extremo

ALBANIA: VALERI NASARUK

En Albania, el primer país en el mundo que se declaró ateo, un joven cristiano llamado Valeri Nasaruk fue arrestado por tatuarse descaradamente una cruz en su mano. Quería que todo el mundo supiera desde el primer apretón de manos que él se mantenía firme en su fe en Dios. Valeri estaba frustrado porque no le permitían hablarles a otros acerca del amor de Dios.

Día 114

En el juicio, el juez le dijo a la madre de Valeri: "Pídale a su hijo que cambie su comportamiento para que pueda ser liberado".

Ella pensó por un momento antes de responder con lágrimas en sus ojos: "Valeri, mi consejo es que te mantengas firme y no niegues a Cristo, aun si eso significa tu muerte".

En una carta posterior, dirigida a la iglesia clandestina, ella escribió: "Asistí al juicio, lo cual fue muy difícil para mí. Yo deseaba ocupar su lugar. Lo más difícil fue cuando me pidieron en el tribunal que le aconsejara a Valeri que cambiara su conducta, pero no pude hacerlo. El mundo nos acusa a nosotros, sus padres, por su sentencia, diciendo que es el resultado de nuestra influencia. Aun algunos cristianos no logran comprender por qué hice esto, pero entonces recuerdo que a Jesús lo malinterpretaron. Cuando batallo con mi depresión, recuerdo que Pedro le aconsejó a Jesús que salvara su propia vida. Dios me da el poder de soportarlo todo. Por favor, oren por mí".

Jamás se me ocurra jactarme de otra cosa, sino de la cruz de nuestro Señor Jesucristo, por quien el mundo ha sido crucificado para mí, y yo para el mundo.

Gálatas 6:14

Dios nos ama y tiene grandes planes para nuestras vidas. El problema es que todo el mundo también tiene planes para nosotros: haga esto, haga aquello, trate esto, pruebe aquello; algunos consejos son baratos y abundantes. Sin embargo, en otras ocasiones las palabras son muy valiosas. Sabemos que el consejo viene de Dios cada vez que otro creyente nos alienta a seguir adelante con el llamado de Dios para nuestras vidas a pesar de las consecuencias. Cualquier cosa contraria, aun si es bien intencionada, es un mal consejo. ¿A quién escucha para su orientación espiritual? Recuerde y documente cada detalle de todo consejo espiritual que ha recibido de un amigo confiable. ¿Qué tan bien lo ha seguido?

enfoque extremo

"Yo purifiqué mi corazón del temor a los hombres y aprendí a ver a Dios".

Me Ling era joven cuando la arrestaron por sus actividades cristianas en la China comunista. Durante sus interrogatorios, la policía la torturaba para intentar forzarla a traicionar a sus amigos en la iglesia clandestina.

Día 115

Al principio, Me Ling tenía muchísimo miedo y no veía el propósito de Dios para ella en ese terrible lugar. Entonces, ella recordó las enseñanzas de su pastor cuando dijo: "El verdadero sufrimiento solo dura un minuto y después pasamos la eternidad con nuestro maravilloso Salvador".

Cuando le preguntaron cómo es que no se volvía loca durante esos terribles momentos, ella respondió: "Cuando cerraba mis ojos, no veía los rostros enojados de los hombres ni los instrumentos de dolor que utilizaban. Yo continuaba repitiendo la promesa de Cristo para mí: 'Dichosos los de corazón limpio, porque ellos verán a Dios' (Mateo 5:8). También descubrí que cuando purifiqué mi corazón del temor a los hombres, aprendí a ver de verdad a Dios. Tomé valor de todos los que pasaron antes de mí y que se enfocaron en Él hasta que todo lo demás se apagó. Cuando los oficiales se dieron cuenta de mi estrategia de defensa, mantuvieron mis ojos abiertos con cinta adhesiva. Pero era demasiado tarde porque mi visión ya estaba firme".

Concentren su atención en las cosas de arriba, no en las de la tierra.

Colosenses 3:2

Admiramos a las personas cuyas profesiones requieren gran concentración y enfoque. Tanto el neurocirujano experto, el atleta olímpico como el corporativo con visión tienen una característica en común: están enfocados. La disciplina de enfocarse supera a la inteligencia, la habilidad atlética o el carisma. Sin enfoque, esas personas solo serían inteligentes, atléticas o interesantes en el mejor de los casos. Su habilidad de mantenerse enfocados contribuye en gran medida a su éxito. Desarrollar un enfoque terrenal puede traer éxito terrenal, pero ¿qué con respecto a los asuntos eternos? Si está más enfocado en las cosas temporales de este mundo, no alcanzará la meta. ¿Qué puede hacer hoy para asegurarse que está enfocado en Cristo y en propagar sus Buenas Nuevas?

cartas extremas

El periódico soviético "Molodoij Gruzii", reportó el encarcelamiento de tres cristianos. Su crimen fue comenzar la distribución de una carta que circula en cadena a través de toda la Unión Soviética para ayudar a las personas a comprender las enseñanzas de Jesucristo.

Día 116

Tu palabra, SEÑOR, es eterna, y está firme en los cielos.

Salmo 119:89

Sin poder publicar Biblias ni libros cristianos, dichos jóvenes comenzaron a enviar múltiples copias de estas cartas pidiendo a quienes las recibían que hicieran más copias y se las enviaran a otros. A través de este método creativo para diseminar el Evangelio, miles de cartas llegaron a muchas áreas de la Unión Soviética. Les gustaban sobre todo a los niños, porque a ellos no se les permitía asistir a la iglesia, y las cartas se convirtieron en una parte integral de su enseñanza cristiana.

Además, estas cartas ayudaban a fortalecer la fe de los cristianos a través del país durante esa época. Después de años de represión e interferencia gubernamental en sus iglesias, estaban listos para probar algo audaz y nuevo. Querían, de todo corazón, que todo el mundo conociera del amor de Dios, y a pesar de las restricciones que se les imponían, su brillante sencillez permitió que el mensaje se esparciera a través de la ciudad de Tbilisi, ¡Incluso en algunas áreas de Ucrania!

Otra nota en un periódico declaraba: "Los cristianos han invadido nuestra ciudad con sus escrituras". Describía este esfuerzo coordinado como "una ofensa de parte de los creyentes".

¡Quién hubiera podido predecir los efectos transcendentales de una simple carta que circula en cadena!

Después de cincuenta años de tiranía en contra del cristianismo, los agentes soviéticos se sentían amenazados por una carta que circulaba en cadena. Su cobarde respuesta demuestra el poder que contiene la Palabra de Dios. La opresión no cede ante los esfuerzos humanos. No se suaviza con sentimientos de compasión. Solo pone resistencia a la poderosa Palabra de Dios, viva y activa en las vidas de los creyentes. Satanás tiembla frente al poder que contiene la Palabra de Dios. ¿Somos tan conscientes de su poder como lo son sus adversarios? Si ha pasado un largo tiempo desde que experimentó un temor reverencial al leer las Escrituras, pídale a Dios una segunda oportunidad. Pídale que le muestre su poder y experimente hoy el efecto de la Palabra en su vida.

voluntario extremo

CHINA: LA HERMANA KWANG

Después de exigir muchas horas de trabajo forzado y con poca comida, los guardias de la cárcel china pidieron voluntarias para limpiar los baños todos los días. Ninguna de las prisioneras habló.

Día 117

Finalmente, la hermana Kwang dio un paso al frente y se ofreció para hacer la repulsiva tarea. Lo vio como la mejor oportunidad para compartir su fe con las mujeres de la cárcel a quienes de otra manera jamás vería. Durante su tiempo en esa cárcel, guió a cientos de mujeres a Cristo.

La devoción de Kwang era evidente, y era resultado de mucho sufrimiento. Antes de su encarcelamiento, ella y su esposo se habían ofrecido para organizar grupos de evangelistas que viajaban por China estableciendo pequeñas casas-iglesia.

Cuando los oficiales comunistas descubrieron las actividades de Kwang, golpearon a su hijo de doce años de edad hasta matarlo. Aun así, ella no quiso negar a Cristo y continuó el movimiento de casas-iglesia al ser liberada de prisión.

Y todo lo que hagan, de palabra o de obra, háganlo en el nombre del Señor Jesús, dando gracias a Dios el Padre por medio de él.

Colosenses 3:17

Por último, en 1974, los comunistas decidieron usar como escarmiento a la "Madre Kwang", nombre por el cual era conocida por los miembros de su iglesia. La sentenciaron a cadena perpetua, la pusieron en una celda subterránea con un balde para que hiciera sus necesidades sanitarias y solo le daban de comer arroz sucio. Milagrosamente, fue liberada después de diez años y siempre recordó su tiempo en la cárcel como un regalo; como una oportunidad especial para expresar el amor de Cristo a personas que quizá jamás hubieran podido conocerlo.

El voluntariado es casi una profesión para algunas personas. Algunos se ofrecen en la escuela de sus hijos, ayudan con las reuniones nocturnas de padres y maestros o ayudan en los entrenamientos deportivos de sus hijos. Ser voluntario en las actividades menos populares puede ser un reto mayor. Es poco común encontrar ese espíritu en asilos de ancianos, orfanatos y albergues, ya que estos son los últimos lugares en los que la mayoría de las personas ofrecen pasar su tiempo. El mal olor, el ambiente deprimente u otras molestias las ahuyentan. Pero ¿dónde cree que Jesús pasaría la mayor parte de su tiempo? Casi todos los puestos voluntarios involucran trabajos necesarios y admirables, pero busque con cuidado las oportunidades que son menos apoyadas y con los menos afortunados. Trate de ser el primer voluntario en la siguiente oportunidad que se le presente.

público extremo

Aun cuando al pastor rumano Richard Wurmbrand lo trasladaron a una celda solitaria carente de luz y sonidos, continuó predicando a un público invisible.

Después de su milagrosa liberación de prisión y su eventual migración a los Estados Unidos, el pastor Wurmbrand escribió varios libros describiendo su experiencia en la cárcel y los sermones que compuso y memorizó mientras estaba incomunicado. Después de unos años, recibió esta carta:

Día 118

Estimado pastor Wurmbrand:

Crecí en un hogar piadoso, pero me aparté del camino y al final terminé en una cárcel aquí en Canadá. Yo quería regresar a Dios, pero no sabía cómo hacerlo, así que oré: 'Dios, si en algún lugar del mundo hay otro prisionero solitario que te conoce, por favor tráeme sus pensamientos'. Entonces escuché una voz interior que me decía que me sentara tranquilamente y confiara en que Dios me alcanzaría.

De forma milagrosa, noche tras noche comencé a escuchar un tipo de sermón que parecía venir de muy lejos. Me arrepentí, y después de ser puesto en libertad, encontré en una librería cristiana su libro *Sermones en confinamiento solitario*. De inmediato reconocí esos sermones, eran los mismos que escuché en la cárcel. ¡Gracias por pronunciarlos!

No tienen, porque no piden [a Dios].

Santiago 4:2

El pastor Richard Wurmbrand recibió otras dos cartas de diferentes países que contenían historias casi idénticas. En verdad, los ángeles llevaron esos sermones a otros que clamaban a Dios.

Se dice que los cristianos a menudo dejan desempleados a los ángeles debido su falta de fe. Con demasiada frecuencia, los creyentes están satisfechos viviendo vidas buenas con bendiciones ocasionales. No obstante, Dios anhela darnos más que lo que creemos que es bueno para nosotros. Anhela darnos cosas mejores e incluso lo mejor de lo mejor; sin embargo, Él ha reservado sus mejores bendiciones para los que piden con fe. ¿Por qué debemos pedirle a Dios si Él ya conoce nuestras necesidades? Debemos pedir con fe, para demostrar nuestra dependencia en Él. ¿Ha estado satisfecho con las cosas buenas que Dios le ha dado? Entonces pida con fe por mejores cosas. No esté satisfecho con nada menos que lo mejor que Él tiene para su vida.

Día 119

"Si toda la humanidad hubiera sido justa y hubiera solo un hombre pecador, Cristo hubiera venido para sufrir en la misma cruz por este único hombre. Él ama así a cada individuo".

SAN AGUSTÍN

"cobarde" extremo

TARSO: JUAN MARCOS

—¡Él no puede venir con nosotros! —insistió Pablo—. Es un cobarde y no es útil al ministerio.

—Quizá lo consideras un caso perdido, pero Dios no lo ha hecho —respondió Bernabé.

Pablo todavía estaba resuelto. —Tú no me puedes obligar, Bernabé. Yo llevaré únicamente a personas en las cuales pueda confiar. Él no es bienvenido en este viaje misionero.

—Entonces tampoco yo lo soy. Es tu decisión, Pablo. Dios te ha dado la dirección del viaje. Permítenos irnos en paz. Cuando la iglesia de Cristo te temía, fue por la gracia de Dios que yo vine a ti y les mostré que tú harías una gran obra para el reino de Dios. Ese es el mismo llamado que Dios tiene para Juan Marcos.

—Que así sea entonces —dijo titubeando Pablo—. Espero que tengas razón mi viejo amigo, aunque yo mismo no lo creo. Por este motivo Pablo y Bernabé se separaron.

Al final, Pablo y Juan Marcos terminaron juntos en la cárcel en Roma, y Pablo descubrió el verdadero valor en Cristo de su joven amigo como un fiel siervo. Juan Marcos había escrito el Evangelio de Marcos y probó que no era un cobarde mientras él y Pablo se enfrentaban a la diaria rigurosidad de la cárcel. A través de los momentos más difíciles, Marcos se mantuvo en el buen camino, lo cual Pablo reconoció en una carta dirigida a Timoteo poco antes de su muerte.

(Hechos 15:35-41; 2 Timoteo 4:11)

Día 120

Recoge a Marcos y tráelo contigo, porque me es de ayuda en mi ministerio.

2 Timoteo 4:11

A menudo, Dios trae situaciones difíciles a nuestro camino para demostrar dos verdades: Utilizará pruebas para mostrarnos qué tanto hemos progresado en nuestro desarrollo espiritual, o permitirá problemas en nuestra vida a fin de mostrarnos con exactitud dónde podríamos desarrollar un mayor crecimiento. La transformación de Juan Marcos de un aparente cobarde a un seguidor comprometido nos recuerda que el crecimiento espiritual es un proceso. Podemos señalar nuestros anteriores fracasos en los cuales desearíamos haber podido ser más fuertes. Sin embargo, las acciones del pasado no tienen por qué afectar nuestro futuro. Al igual que Marcos, ¿Necesita usted una segunda oportunidad para mostrar su compromiso hacia Cristo? Ore por tener oportunidades que lo ayuden a crecer espiritualmente.

sermón extremo

CHINA

"¡Mátalas y te permitiremos vivir!"

El pastor había hecho un trato con los comunistas en la cárcel china donde los tenían detenidos. Pero las dos niñas cristianas paradas frente a él estaban resueltas a no renunciar a su fe. Otro prisionero que observó la terrible escena describió sus rostros como pálidos, pero más bellos de lo que pudiera imaginarse: infinitamente tristes, pero dulces. Estaban decididas a enfrentarse a la muerte en lugar de darle la espalda a Cristo.

Día 121

El pastor razonaba: "¿Por qué debemos morir todos? Si yo las mato y ellos me permiten vivir, puedo continuar trabajando entre las iglesias".

Las niñas le hablaron con suavidad: "Antes de que nos mate, queremos darle las gracias por todo lo que usted ha significado para nosotras. Nos guió hacia Cristo, nos bautizó y nos ha dado la Santa Cena. Que Dios lo recompense por todo lo bueno que ha hecho. También nos enseñó que los cristianos algunas veces son débiles y cometen terribles pecados, pero que pueden ser perdonados de nuevo. Cuando sienta remordimiento por lo que nos va a hacer, no se desespere como Judas, sino arrepiéntase como Pedro. Y recuerde que nuestros últimos pensamientos hacia usted no son de odio y enojo, sino de amor y perdón. Todos pasamos por tiempos de oscuridad. Morimos alegres".

Sin embargo, el corazón del pastor ya se había endurecido y las mató. Inmediatamente después, los comunistas lo mataron a él.

Sean bondadosos y compasivos unos con otros, y perdónense mutuamente, así como Dios los perdonó a ustedes en Cristo.

Efesios 4:32

Las personas que se enfrentan a la posibilidad de una muerte inesperada pueden darse cuenta que sus pensamientos se dirigen hacia amigos y familiares o hacia sus sueños no alcanzados. Algunos recuerdan haber visto sus vidas "pasar frente a sus ojos". Sin embargo, es probable que esta suma de recuerdos se interrumpan para los que son víctimas de la máxima traición: ser asesinados por alguien al que consideraban un amigo. Enojo, amargura y odio hacia el "supuesto amigo" parecerían ser justificables. ¿Puede considerarse el perdón en estos momentos? Como cristianos, debemos elegir perdonar en toda circunstancia, incluso en las que involucran la vida y la muerte. Como las niñas en esta historia, su reacción ante la traición las hizo predicar un sermón eficaz. ¿Cómo pudiera su decisión de perdonar, señalar el camino a Jesús para alguien que conoce?

escudo extremo

"¡Yo besaré la soga, pero nunca negaré mi fe!", exclamó Tahir Iqbal. Los soldados levantaron al pastor paralítico de su silla de ruedas y pusieron la soga alrededor de su cuello. Hoy, él camina libre en el cielo con Cristo.

Día 122

En Pakistán, otro pastor ya de edad avanzada, escuchó un disparo justo afuera de su casa. La bala le pasó rozando y se incrustó en la pared, detrás de su silla. Él le dio gracias a Dios por otro día más para poder proclamar a Cristo en ese país dominado por musulmanes.

Raymond Lully había dejado un buen trabajo como profesor en Oxford y pasó la mayor parte de su vida sufriendo a causa del Evangelio. Él escribió: "En un tiempo, yo fui bastante rico y disfrutaba con libertad de los placeres de esta vida. Sin embargo, renuncié gustoso a todas esas cosas a fin de lograr propagar el conocimiento de la verdad. He estado en la cárcel; me han azotado [...] ahora, aunque soy viejo y pobre, no me desanimo; estoy listo, si es la voluntad de Dios, para perseverar hasta la muerte".

Además de todo esto, tomen el escudo de la fe, con el cual pueden apagar todas las flechas encendidas del maligno.

Efesios 6:16

Creyentes como estos tienen un entendimiento singular del término "escudo de la fe". Se dieron cuenta de que este "escudo" no siempre evitaría sus sufrimientos, pero les daría valor para enfrentarlos si era necesario. El escudo de la fe les daba la determinación para continuar en la batalla espiritual por la causa de Cristo sin importar lo que les costara aquí en la tierra.

El equipo de batalla utilizado durante el primer siglo incluía dos elementos: un escudo en una mano y una espada en la otra. Con una mano, los soldados avanzaban contra sus enemigos, con la otra, atacaban. Con respecto a nuestro propio equipo para la batalla espiritual hoy en día, ¿encontraríamos un "escudo de la fe" lleno de polvo guardado en un rincón? Cuando nos apartamos de la protección que Dios nos ofrece a través del escudo de la fe, nos volvemos vulnerables a los ataques de nuestro enemigo. Sin fe es imposible evitar el temor y el desánimo. Como consecuencia, dejamos de promover el Evangelio a la primera señal de oposición. ¿Qué le ha impedido promover el Evangelio en su círculo de influencia? ¿Dónde necesita levantar su "escudo de la fe" en medio de una oposición abrumadora?

oportunidad extrema

El pastor Wurmbrand se abrió camino entre los otros prisioneros hasta donde otro pastor estaba sentado inmóvil en el suelo. Lo acababan de echar en la celda. Estaba severamente golpeado. Wurmbrand no sabía si sobreviviría esa noche.

Con tierna misericordia, el pastor Wurmbrand se arrodilló junto al pastor golpeado y le preguntó: "Mi hermano... ¿puede orar 'Padre perdónalos'?".

Día 123

El hombre hizo una mueca de dolor tocando su rostro hinchado y amoratado. Era difícil hablar. Las palabras salieron poco a poco: "No puedo", contestó.

Y cuando el pastor Wurmbrand comenzaba a sentir compasión por el hombre, el pastor golpeado comenzó a hablar de nuevo. Con lágrimas en sus ojos dijo: "Mi oración no es 'perdónalos', mi oración es... 'Padre, perdónalos a ellos y a mí. Si yo hubiera sido un mejor pastor, quizá habría más torturadores convertidos'".

Este cansado pastor expresó su preocupación por las oportunidades desaprovechadas para convertir a sus enemigos a Cristo. Ambos pastores se dieron cuenta de que un joven miembro de la Organización de Jóvenes Comunistas de Rumania había sido arrestado y golpeado sin misericordia años atrás por un policía que, se suponía, era cristiano. Este incidente endureció el corazón de aquel joven hacia Cristo por el resto de su vida. Esta oportunidad desaprovechada de evangelizar, al final convirtió al joven en el dictador de la ex Rumania comunista: Nicolae Ceausescu, quien mandó torturar a innumerables cristianos, incluyendo al pastor Wurmbrand y a su compañero.

Compórtense sabiamente con los que no creen en Cristo, aprovechando al máximo cada momento oportuno.

Colosenses 4:5

Ningún remordimiento es mayor que el de una oportunidad desaprovechada. Lamentablemente, la vida a menudo ofrece oportunidades que en ocasiones desaprovechamos, como el nacimiento de un hijo, una mañana de Navidad o aun ese último vuelo de regreso a casa. Sin embargo, nada se compara a perder la oportunidad de cambiar el destino eterno de una persona. Nunca sabremos cómo esa persona aparentemente común, sentada junto a nosotros en el tren, pudiera modificar el mundo para Cristo si solo dijéramos algo. De la misma manera, existe la posibilidad de que romper nuestro silencio pueda desviar el rumbo de un firme adversario de Cristo. Usted puede contar en su pasado muchas oportunidades desaprovechadas para el Evangelio. Sin embargo, usted puede cambiar su futuro aprovechando las oportunidades que se le presentan cada día para expresar su fe.

determinación extrema

Día 124

El Pastor Cai Zouhua, de treinta y cinco años de edad, fue arrestado el 11 de septiembre de 2004 por imprimir Biblias y literatura cristiana. En noviembre del 2005, él junto con su esposa Xiao Yun Fei y dos parientes más, fueron sentenciados a prisión. La madre del Pastor Cai, Cai Laiyi, sentada con la foto de su hijo junto a ella, nos dice amablemente: "Oro por él, y por todos nosotros. Somos gente común, pero sabemos esto: la Biblia nos dice que obedezcamos a nuestros líderes, pero que primero obedezcamos a nuestro Dios".

Y la palabra de Dios se difundía: el número de los discípulos aumentaba considerablemente en Jerusalén, e incluso muchos de los sacerdotes obedecían a la fe.

Hechos 6:7

Actualmente, en muchas naciones, los cristianos pueden escribir sus propios libros, llevarlos a una imprenta y dar copias a sus amigos sin miedo de represalias gubernamentales. Muchas traducciones antiguas de la Biblia no tienen restricciones o derechos de autor y pueden ser impresas y distribuidas por cualquiera. El Pastor Cai y su familia no estaban vendiendo estos libros para tener ganancias terrenales, sino que los regalaban a otros para que ellos tuvieran una ganancia eterna.

El Pastor Cai seguía los pasos de William Tyndale, un hombre Inglés que fue capturado en octubre de 1536, preso por las autoridades de la iglesia inglesa y el Gobierno. Más tarde, Tyndale fue ejecutado por imprimir el Nuevo Testamento y pasar de contrabando esas copias a Inglaterra, pues la ley prohibía imprimir cualquier material sin permiso del Gobierno.

El Pastor Cai y su rebaño valientemente continuaron obedeciendo a Cristo. Chen Rufu, un miembro de la iglesia, dijo: "Toda mi familia se ha hecho discípulo de Cristo y nos hemos convertido en una gran comunidad, amándonos los unos a los otros. Cuando mi esposa tuvo un accidente el año pasado, nadie hizo algo por nosotros, con excepción de nuestra iglesia".

Las personas a menudo piensan que una vez que han entregado su vida a Cristo, la vida será fácil. Después de todo, están "haciendo la voluntad de Dios", ¿no significa que los tiempos difíciles han quedado atrás? Sin embargo, Jesús prometió que nos odiarían por causa de Su Nombre. Es probable que hasta sufran daños físicos, arrestos o la muerte a causa de su fe. No podemos elegir las pruebas que encontraremos, pero sí podemos decidir cómo vamos a reaccionar, en quien confiaremos y en quien buscaremos alivio y consuelo. Caminamos en el gozo de nuestro Señor mientras difundimos el Evangelio. Nada ni nadie nos podrá separar del amor de Dios.

contraste extremo

RUSIA: CLAUDIA VASILEVNA

Los documentos de la policía secreta soviética muestran que en Butovo, un suburbio de Moscú, se ejecutaron cuarenta y cuatro mil personas en grupos de doscientas, y fueron enterradas clandestinamente. Una noche durante la matanza, Claudia Vasilevna abrió la puerta de su casa a una demacrada mujer, la cual dijo que la iban a asesinar por su fe cristiana, pero que había logrado escapar. Ella le rogó a Claudia que la escondiera.

Día 125

Para que sean intachables y puros, hijos de Dios sin culpa en medio de una generación torcida y depravada. En ella ustedes brillan como estrellas en el firmamento.

Filipenses 2:15

Temerosa, Claudia se negó. Cerró la puerta y dejó a la mujer afuera, sellando su sentencia de muerte. Por más de cincuenta años, Claudia ha batallado para olvidar la imagen de esa mujer.

En contraste a la batalla de Claudia, miembros de la iglesia rumana disfrutaron de paz en sus corazones ayudando a dos soldados alemanes que escaparon cuando los llevaban a una cárcel soviética. Buscaron refugio en la iglesia del pastor Richard Wurmbrand. Al finalizar la Segunda Guerra Mundial, Rumania era gobernada por la inflexible Alemania nazi. Cuando Alemania estaba perdiendo la guerra, el ejército ruso entró a Rumania y comenzó a capturar alemanes como prisioneros de guerra. El esconder o ayudar a un alemán se castigaba con la muerte.

Los soldados todavía tenían los uniformes alemanes y eran candidatos a muerte. Las familias de la iglesia estuvieron de acuerdo en ayudar a protegerlos porque su tarea no era juzgar, sino ayudar a toda persona en peligro de muerte. Durante ese tiempo, también trataban de alcanzar a los niños alemanes, teniendo en claro que ellos estaban haciendo lo que Cristo haría en su lugar.

A menudo, los cristianos tienen que elegir entre recibir problemas para sus cuerpos o problemas para sus almas. Esa es la diferencia entre el problema terrenal y el remordimiento eterno. Los cristianos extremos viven en tal contraste con el resto del mundo, que algunas veces es difícil relacionarse con otros. A menudo, sus circunstancias son muy extremas. Aun dentro de nuestras circunstancias relativamente ordinarias, podemos llegar a enfrentarnos con decisiones que requieren una valentía extraordinaria. ¿Elegiremos la seguridad terrenal por encima de los valores eternos? ¿Correremos un riesgo terrenal que pudiera resultar en un beneficio espiritual? Cuando se enfrenta a situaciones que requieren más valor del que tiene, pídale a Dios que le ayude. Él proveerá la sabiduría que necesita en el momento apropiado para tomar la decisión correcta.

Día 126

"Porque a ustedes se les ha concedido no solo creer en Cristo, sino también sufrir por él".

FILIPENSES 1:29

viajes extremos

El profesor chino Bob Fu y su esposa, organizan estudios bíblicos secretos en comunidades remotas. Siguen sorprendidos por el hambre que tienen esos habitantes por la Palabra de Dios.

Día 127

Un viaje memorable comenzó con doce horas en un autobús, en el cual un líder de la iglesia estuvo de pie por horas frente a una ventanilla rota bloqueando la lluvia a fin de que Fu lograra descansar. La noche siguiente condujeron una pequeña camioneta por caminos fangosos, llenos de baches hasta que se atascó; luego condujeron un tractor por horas bajo la intensa lluvia hasta que el tractor también se atascó. Después de eso, caminaron toda la noche bajo la luz de la luna, resbalando y cayéndose en los campos fangosos.

Llegaron temprano a la mañana siguiente, y los recibieron con una cálida bienvenida. Los aldeanos comenzaron a llegar a la casa-iglesia para orar durante dos horas antes del servicio. Algunos habían caminado ochenta kilómetros solo para escuchar la Palabra de Dios. La casa no tenía sillas, así que los miembros de la iglesia se sentaban sobre rocas o pedazos de madera. En esta área, tenían otra bendición: a la policía le resultaba demasiado difícil seguirlos.

Durante varios días, ¡podían adorar con libertad! Cada persona había sobrepasado condiciones de viaje extremas para adorar, y ninguno lo consideraba un sacrificio. Solo tenían un deseo como el del Rey David, que los conducía a adorar con cada fibra de su ser.

Tengo sed de Dios, del Dios de la vida. ¿Cuándo podré presentarme ante Dios?

Salmo 42:2

Para los que viven en países restringidos, la iglesia no es opcional; es esencial. En contraste, en las naciones libres muchas personas deciden cada semana si van a asistir a la iglesia o no. ¿Tienen el tiempo? ¿Está lloviendo? ¿Preferirían dormir más horas? ¿Cuál es el tema del sermón? Vergonzosamente, a menudo vamos a través de una serie de preguntas tratando de decidir si vale la pena dedicar nuestro tiempo para ir a la iglesia. Para el Rey David y otros, ir a reunirse con Dios no era una opción. Es más, no permitían que nada les impidiera hacerlo. ¿Cuándo fue la última vez que le pidió a Dios que le diera un deseo de adorar como ese? Pídale hoy, y planee asistir a la iglesia esta semana y encontrarse con Dios.

compositor extremo

RUSIA: NICOLÁS MOLDOVEANU

Guardias rusos ebrios entraron en la celda fría una tarde de aquel crudo invierno. El prisionero, Nicolás Moldoveanu, era un poeta, compositor, creyente devoto y líder de un movimiento evangélico en la iglesia ortodoxa. Él recibió una sentencia de cinco años de prisión en la cruel cárcel rusa a causa de su trabajo en el ministerio.

Día 128

"¡Acuéstese boca abajo!", le gritó un guardia a Nicolás. Con su delgada camisa y en pantalones cortos, se acostó en el piso helado. Los guardias entonces se pararon con sus pesadas botas sobre su espalda, sus piernas y sus pies durante una hora.

Cuando se fueron los guardias, sus compañeros prisioneros se arrodillaron junto a Nicolás para ver qué tan lastimado estaba. Para su asombro, Nicolás dijo: "He compuesto un nuevo himno mientras caminaban sobre mí". Él comenzó a cantar "Puede que no solo hable de los cielos futuros, solamente permíteme tener el cielo y un santo banquete aquí".

¡Oigan reyes! ¡Escuchen gobernantes! Yo cantaré, cantaré al Señor; tocaré música al Señor, el Dios de Israel.

Jueces 5:3

Después de que Nicolás fue puesto en libertad, la policía comunista examinó su casa y confiscó un singular libro de manuscritos en los que Nicolás había estado trabajando por varios años. Cientos de horas de valioso trabajo, escritura y devoción se confiscaron de inmediato. Después de esto, Nicolás compuso otro himno: "Yo te adoro con gratitud por todo lo que me has dado, pero también por todo lo amado que me has quitado. Tú todo lo haces bien y yo confiaré en ti".

Hoy en día, los cantos de Nicolás Moldoveanu son reconocidos en todo su país.

Se ha dicho que la vida es diez por ciento lo que sucede y noventa por ciento cómo uno responde a lo que sucede. Desde ese punto de vista, las circunstancias de la vida en sí no importan tanto como la actitud de una persona hacia ellas. Las circunstancias están fuera del control de cualquier persona, pero sí podemos elegir una actitud o respuesta ante ellas. La vida quizá nos lleve a un enredo disonante de notas y melodías en tono menor. Sin embargo, con la ayuda de Dios podemos optar por organizar las notas a fin de que produzcan una canción de adoración y victoria. Podemos decidir escuchar una melodía en medio de la locura de nuestras vidas. ¿Cómo describiría las circunstancias actuales de su vida? ¿Cuál es su actitud hacia su situación? ¿Qué necesita hacer para cambiar su melodía?

violencia extrema

ALEJANDRÍA: JUAN MARCOS

Día 129

Porque nuestra lucha no es contra seres humanos, sino contra poderes, contra autoridades, contra potestades que dominan este mundo de tinieblas, contra fuerzas espirituales malignas en las regiones celestiales.

Efesios 6:12

Después de escribir el Evangelio de Marcos, Juan Marcos viajó sembrando las semillas de la fe a través del norte de África y Egipto; al final se asentó en Alejandría y estableció una iglesia allí.

El 21 de abril de 64 d.C., Marcos predicó un sermón recordando el sufrimiento y la muerte de Cristo como parte de la Pascua, o lo que consideraríamos como el Domingo de Resurrección. Había estado en desacuerdo con los sacerdotes paganos locales, y ellos eligieron este día para incitar a la población en general a sublevarse en contra de Marcos.

Los rebeldes asaltaron la iglesia y capturaron a Juan Marcos. Utilizando ganchos y sogas, lo sacaron arrastrándolo por en medio del templo, por las calles y lo llevaron fuera de la ciudad. Marcos dejó un rastro de sangre y carne que manchó las piedras sobre las cuales había sido arrastrado. La sangre brotaba de todo su cuerpo mientras la muchedumbre abucheaba y se burlaba de él. Con sus últimas palabras, entregó su espíritu en las manos de su Salvador, y murió.

Aun con la muerte de Marcos, la sed de violencia de la multitud no estaba satisfecha y los sacerdotes exigieron que se quemara su cuerpo en lugar de sepultarlo. De repente, estalló una tormenta que dispersó la multitud en todas direcciones, abandonando el cuerpo de Marcos en el lugar donde murió. Entonces vino un grupo de cristianos, tomó el cuerpo y le dio una sepultura apropiada.

Jesús nunca lideró una campaña militar, nunca incitó a una rebelión, ni habló palabras de guerra, pero a sus seguidores se les opusieron con violencia antes e incluso ahora. El mensaje de Jesús habla de amor, paz y reconciliación, pero los funcionarios públicos y del gobierno han prohibido el Evangelio como si fuera una declaración de guerra. En realidad, participamos en una guerra: nuestro Salvador luchando contra Satanás, en una batalla espiritual. El maligno intentará desbaratar el Reino y llevar al cristianismo a un final violento. ¿Estará del lado del ganador cuando termine la batalla?

favor extremo

RUMANIA: UNA JUDÍA PERDONADORA

Durante la ocupación nazi de su país, el pastor rumano y su esposa escondieron soldados soviéticos. Ahora eran los soldados nazis los que necesitaban refugio.

Tres oficiales alemanes se escondieron en la pequeña construcción detrás de su casa. La esposa del pastor les llevaba comida y desocupaba sus cubos de desperdicios en la noche. Como judía, sentía odio por sus acciones; ellos habían asesinado a toda su familia. Sin embargo, como cristiana, se sentía obligada a ayudar a los refugiados y a ofrecerles apoyo físico y espiritual.

Día 130

Tal demostración de gracia intrigó al capitán:

—Me pregunto, ¿por qué una judía debiera arriesgar su vida por un soldado alemán? No me gustan los judíos y no temo a Dios. Debo decirle que cuando el ejército alemán reconquiste Bucarest, y sin duda lo hará, yo nunca le devolveré el favor.

La esposa del pastor no se desanimó por el frío corazón del capitán.

—Aun los peores crímenes se perdonan por la fe en Jesucristo. Yo no tengo autoridad para perdonarlos, pero Jesús sí la tiene, si usted se arrepiente. —continuó predicándole la esposa del pastor.

Sirvan de buena gana, como quien sirve al Señor y no a los hombres.

Efesios 6:7

—No diré que la entiendo —respondió el militar—, pero quizás, si más personas tuvieran este don de responder al mal con el bien, habría menos asesinatos.

Los oficiales pronto huyeron a Alemania, todavía sin arrepentirse. No obstante, el pastor y su esposa hicieron su parte al mostrarles el verdadero significado del cristianismo.

Jesús explicó una parábola acerca de un sembrador que sembró semillas en diferentes tipos de tierra, produciendo resultados diferentes. En esta historia, la semilla es la Palabra de Dios. Como los pájaros que se comen las semillas que caen fuera de un jardín, el diablo quiere quitar la Palabra de Dios de quienes la escuchan. En contraste, los que representan la tierra fértil reciben la Palabra de Dios y responden. Cuando declaramos el Evangelio a otros, no sabemos qué clase de "tierra" hay en sus corazones. No podemos ser responsables por sus respuestas, ya sean positivas o negativas. ¿Está usted desanimado porque alguien no respondió al Evangelio? Ya ha hecho su parte. Ahora permita que Dios haga la suya.

predicación extrema

En 1991, el gobierno comunista de Rumania cambió de rostro. Temían ser invadidos por sus ciudadanos, quienes odiaban sus actividades. Por tanto, el gobierno les rogaba a los pastores rumanos que predicaran, incluso en lugares públicos. Sin embargo, ordenaron a los pastores que predicaran un mensaje específico: "amor por sus enemigos", de modo que el pueblo los perdonara. El gobierno sentía que podía manipular el mensaje de los cristianos para su propio beneficio.

Día 131

Es verdad que ustedes pensaron hacerme mal, pero Dios transformó ese mal en bien para lograr lo que hoy estamos viendo: salvar la vida de mucha gente.

Génesis 50:20

Los cristianos con gusto aceptaron el llamado y comenzaron a predicar de manera abierta, aunque sabían que el motivo del gobierno era por su propia supervivencia. Sin embargo, algunos pensaron: "¿Por qué debemos enseñar a los oprimidos a amar a sus opresores?". Creían que este mensaje de perdón fortalecería la posición del gobierno.

Fue en este ambiente que el pastor Richard Wurmbrand regresó a Rumania después de veinticinco años de exilio. Lo invitaron a predicar en la televisión rumana donde enfatizó el mensaje de "amar a tus enemigos".

La iglesia se sintió culpable por sus palabras: "El amor, sencillamente porque es el amor, se expone a todos los riesgos, aun al riesgo de que los malvados lo utilicen mal, a fin de ganarlo todo. No debemos dejar de predicar el amor por nuestros enemigos aunque, por un tiempo, los que odian a Dios se beneficien a causa de nosotros. Creemos que el Mensaje es Dios y que al final, este Mensaje cambiará los corazones, aun de quienes lo odian".

La Biblia está llena de historias con finales sorprendentes... hasta el último capítulo. Justo cuando parece que el mal está tomando control y todas las circunstancias están en contra de los justos, Dios lleva a los justos a la victoria. Por fortuna, Dios también es el autor de nuestras vidas. No tenemos la potestad de cuestionar cómo se desarrolla el libreto. Quizá sintamos que no somos usados eficazmente para la obra de Dios. Hasta es probable que sintamos que otros frustran nuestros mejores esfuerzos por evangelizar. Sin embargo, nuestro papel es predicar con fidelidad Su mensaje y permitir que Él se encargue de las circunstancias desafiantes. Dios aún está escribiendo la historia, ¡y aún no ha llegado lo mejor!

recuerdos extremos

"¡Asesinaron a su hijo!"

El señor Simpson recibió el terrible mensaje ese día. Su hijo misionero, William, había construido una pequeña escuela en la frontera del Tíbet donde le había estado enseñando la Palabra de Dios a los niños. El padre de William vivía cerca y enseguida corrió a la escuela después de recibir la noticia. Mientras miraba a su alrededor, los recuerdos del ministerio de su hijo inundaron su mente.

Día 132

William viajó más de seis mil cuatrocientos kilómetros al año, a caballo, para predicar el Evangelio al pueblo del Tíbet. Los fanáticos musulmanes masacraron a cincuenta mil personas en una ciudad del Tíbet, pero aun esto no ahuyentó a su hijo.

William escribió: "Todas las pruebas, la soledad, la pena, el dolor, el frío y la fatiga del largo viaje, los desánimos y todas las aflicciones, tentaciones y desafíos no parecen dignas de ser comparadas con la gloria y el gozo de testificar estas 'Buenas Nuevas de gran gozo'".

Doy gracias a mi Dios cada vez que me acuerdo de ustedes.

Filipenses 1:3

El padre de William caminó con lentitud a través de la escuela destruida y encontró el cuerpo mutilado de su hijo tirado en el suelo. Más tarde se enteró de que una horda de desertores del ejército musulmán cometió el ataque a la escuela cristiana, sin mostrar misericordia a su fundador.

Como misionero también, el señor Simpson estaba muy orgulloso del ejemplo de Cristo que William fue para otros. Debajo del cuerpo de su hijo había un pedazo de papel manchado de sangre. Lo recogió con cuidado y leyó las palabras muy apropiadas: "En memoria de mí".

Los monumentos se encuentran esparcidos a través de todos los países del mundo. Cada uno conmemora un acto de heroísmo, valentía y sacrificio personal en medio de pruebas. Personas de toda época en la historia han erigido monumentos y recordatorios. Es parte de la naturaleza humana. No deseamos olvidar a los que pagaron el precio máximo mientras preservaban nuestros ideales de libertad, justicia, amor y honor. Nuestros corazones contienen los recuerdos de mártires cristianos que murieron por la causa de Cristo y su Evangelio. En sus funerales no se rindieron honores militares. Ninguna estatua se erigió en su lugar. Aun así, leemos sus historias y prometemos que nunca los vamos a olvidar. Dedique tiempo para recordarlos hoy y alabe al Dios que los inspiró.

Día 133

"Si pudieran mostrarnos que son la verdadera iglesia de Cristo, pasaríamos de inmediato a su lado porque deseamos estar con Cristo. Sin embargo, no presentaron razones a favor de la verdad. Nos pusieron en la cárcel. Es posible que nos quiten la vida, pero no nuestra fe".

BISHOP JOHN BALAN, EN RESPUESTA A LÍDERES ORTODOXOS COMUNISTAS QUE TRATARON DE CONVENCERLO DE JURAR LEALTAD A LA IGLESIA ORTODOXA DE RUMANIA

confirmación extrema

IRÁN: HUSSEIN

Cristo cambió dramáticamente la vida de "Hussein" un antiguo Musulmán en Irán. Una vez fue adicto a las drogas con pensamientos suicidas, pero después de convertirse en un ardiente creyente de Cristo, renunció a su trabajo para dedicarse de tiempo completo a ministrar en la iglesia clandestina. Fue asignado a seguir de cerca a una pareja cristiana en su ministerio mientras aprendía y crecía en su llamado.

Día 134

Mantengámonos firmes sin titubear en la esperanza que afirmamos, porque se puede confiar en que Dios cumplirá su promesa.

Hebreos 10:23

En una de las primeras casas que él y la pareja cristiana visitaron, una joven comenzó a llorar tan pronto como los vio parados afuera de su casa. Confundidos por su reacción, los cristianos se preguntaban si ella acababa de sufrir una gran tragedia o si la habían ofendido de alguna manera.

Luego, llorando, ella explicó que había deseado ver a Jesús en sus sueños, y justo esa semana ella había tenido un sueño en donde Cristo se le aparecía. En el sueño, Cristo la guiaba a una mesa y la invitaba a sentarse con las tres personas que ya se encontraban a la mesa. Y ahora, unas pocas horas después, esas mismas tres personas, a quienes nunca antes había visto, ¡estaban tocando a su puerta!

Ella los invitó a pasar, y antes de que se fueran entregó su vida y corazón a Cristo. Hussein se estaba convenciendo de que Dios lo había llamado para trabajar en el ministerio, y para cuando se fue de la casa de esa joven, el sorprendente trabajo de Dios había borrado cualquier rastro de duda en su mente. Hussein nunca volvió a cuestionar el plan de Dios para su vida, aun cuando fue arrestado y encarcelado por su fe.

Algunas veces Dios hace Su voluntad tan clara como si estuviera escrito con letras fluorescentes en todo el firmamento. Otras veces, lo vemos como un "espejo borroso", así como Pablo lo describió a la iglesia de Corinto. V. Raymond Edman, ex presidente del Colegio Wheaton, aconsejó a los estudiantes a que "nunca dudaran en la oscuridad de lo que Dios les había comunicado en la luz". Hussein vio claramente el llamado de Dios en su vida, confirmado en letras fluorescentes a través del sueño de la joven. Se aferró a esa claridad y se mantuvo fiel a Cristo, aun en las estaciones de policía, celdas de la cárcel y en juzgados iraníes. ¿Qué verdades le ha revelado Dios a usted a las cuales usted necesita aferrarse hoy con más fuerza?

sacrificio extremo

RUMANIA: UNA PRISIONERA FIEL

En la cárcel de Gherla, Rumania, se registraban los nombres de los prisioneros que se creía habían quebrantado las reglas, y a cada uno les daban veinticinco azotes. Había un día especial reservado para infligir el doloroso castigo. En ese día, un oficial pasaba de celda en celda reuniendo a los que iban a azotar.

Día 135

Como los carceleros cambiaban de turno continuamente y los prisioneros eran muchos, era imposible conocer a todos los presos por nombre. Cierto preso cristiano daba un paso al frente y decía "Yo soy" cada vez que el guardia llamaba a alguien de su celda para golpearlo. Él era azotado con brutalidad una y otra vez en el lugar de otro.

Al final, cuando este prisionero cristiano estaba al borde de la muerte después de uno de sus sacrificios de azotes, los otros prisioneros trataron de consolarlo. "Hermano, alégrese ahora —le dijeron—. Pronto habrá terminado todo. Usted estará en el ciclo. ¡No habrá más dolor, solo gozo!"

Él volteó, los miró con amor y contestó: "Haga Dios conmigo de acuerdo con su voluntad... pero si me preguntara, yo le diría que no me llevara al paraíso. Preferiría permanecer en la cárcel. Sé que arriba hay deleites indescriptibles, pero en el cielo falta una cosa: sacrificarse uno mismo por otro".

Nadie tiene amor más grande que el dar la vida por sus amigos.

Juan 15:13

En un mundo que valora acumular en lugar de compartir, el principio bíblico del sacrificio parece una idea extraña. "Obtenga tanto como pueda, tan rápido como pueda" parece ser el nombre del juego cuando nos referimos a los ideales mundanos. La Biblia enseña otra manera de tener éxito, se llama sacrificio: entregar la propia vida por otra persona. No es natural, ni siquiera suena interesante a nuestra naturaleza humana. Sin embargo, en cuanto lo intentamos, se convierte en una forma de vida apasionante. El Espíritu Santo de Dios que mora dentro de nosotros nos ayuda a ponernos en segundo lugar, después de los demás. Es más, Su Espíritu nos ayuda a querer hacerlo. ¿Está usted dispuesto a poner las necesidades de otros por encima de las suyas?

leyenda extrema

En una antigua leyenda, Jesús le dijo a un discípulo suyo llamado Gorum. "Ve y levanta tu tienda en el monte Carmelo y permanece allí para tener un tiempo de meditación y oración". Gorum hizo lo que le pidió Jesús.

Día 136

Un día Gorum fue a la aldea más cercana y pidió: "Por favor, deme una frazada para cubrirme. Las ratas han roído mi vieja frazada y no puedo dormir". Los aldeanos con gusto le dieron una nueva, pero Gorum regresó una y otra vez porque le sucedía la misma cosa. Alguien al final sugirió: "Le daremos un gato para solucionar el problema de una vez por todas".

A los pocos días Gorum regresó. "¿Pudieran, por favor, darme un poco de leche para el gato?". Dándose cuenta que la necesidad sería continua, los aldeanos decidieron darle una vaca.

Gorum regresó de nuevo. "Necesito algo para darle de comer a la vaca". Ellos le dieron una parcela de terreno. Gorum entonces pidió obreros para la tierra, después regresó por materiales para construir casas para los obreros y así sucesivamente.

Años más tarde, Jesús fue a ver a su amado discípulo. Un hombre obeso le dio la bienvenida y preguntó: "¿Qué negocio lo trae por aquí? ¿Qué quisiera comprar?". Gorum ahora era un comerciante rico y ni siquiera reconoció a su maestro.

Los cristianos cuentan historias como esta en países perseguidos donde los oficiales del gobierno a menudo tratan de incitar a los cristianos para renunciar a su fe y a sus actividades ministeriales a cambio de empleos importantes y más dinero.

Tengan cuidado, no sea que se les endurezca el corazón por... las preocupaciones de esta vida. De otra manera, aquel día caerá de improviso sobre ustedes, pues vendrá como una trampa.

Lucas 21:34

Algunas veces necesitamos una historia para ver algo desde otro punto de vista, a fin de que nos recuerde lo que es importante y mantenernos enfocados en la tarea por hacer. Quizá no nos ofrezcan un gato ni una vaca, pero nuestro adversario a menudo nos tienta de otras maneras para desviarnos del camino. Nos ofrece seguridad en nuestra patria para que resistamos ir a otros países con el Evangelio. O utilizará las bendiciones de Dios como distracciones: un cónyuge, una familia o un empleo, para ensimismarnos tanto con la vida que de esa forma abandonemos nuestra misión. ¿Qué le revela esta historia en su vida que pudiera estar alejándolo del Maestro? ¿Ha estado tan ocupado con tareas terrenales que ha abandonado su misión espiritual?

tiempo extremo

LA PRISIÓN: LA HISTORIA DE LAS PIEDRAS

Un hombre caminaba tarde una noche hacia una ciudad distante cuando tropezó con algo en el camino. Se inclinó y recogió una pequeña bolsa llena de piedras. Echó un vistazo a su alrededor y miró fijamente y con detenimiento en la oscuridad, tratando de ver si se le había caído a alguien. No viendo a nadie, decidió llevarse la bolsa en su largo viaje, en una noche sin luna.

Día 137

Para pasar el tiempo, comenzó a arrojar las pequeñas piedras en el río junto al camino. Tac... tac... el sonido era una distracción inofensiva para el viajero aburrido. Cuando llegó a su destino, solo le quedaban dos piedras en la bolsa. Entrando a la ciudad, se acercó a una lámpara en la calle cerca de la plaza. Tomando las dos piedras restantes en la palma de su mano, las vio bajo la luz amarilla y vio un extraño destello y resplandor en las piedras. Las vio más de cerca. Para su asombro y consternación, ¡las pequeñas piedras en realidad eran diamantes!

Un sabio pastor en la cárcel, que pudo guiar a muchos de sus compañeros prisioneros a Cristo, contó esta pequeña historia en numerosas ocasiones. A través del sufrimiento aprendió que cada minuto puede ser utilizado para promover el reino de Dios, sin importar las circunstancias. A menudo amonestaba a otros: "Usted puede recobrar el dinero perdido, pero no el tiempo perdido. Utilice su tiempo con sabiduría para servir a Dios".

Enséñanos a contar bien nuestros días, para que nuestro corazón adquiera sabiduría.

Salmo 90:12

Hay treinta y dos millones de segundos en cada año y cada segundo que vivimos es un valioso regalo de Dios para utilizarlo en sus propósitos. Si los desperdiciamos, los segundos regresan a Dios, pero no regresarán a nosotros, desaparecen para siempre, como los diamantes en el sedimento del fondo del río. Jesús, incluso mientras estaba en la cruz, pasó sus últimos suspiros ofreciéndole salvación al ladrón y hablándole palabras de consuelo a su madre. Incluso, ministró a sus asesinos ofreciéndoles perdón. Imagínese qué tan valioso fue ese tiempo para el ladrón que se unió a Jesús en el cielo ese día. ¿Está usted llenando sus valiosos momentos con un propósito? Pídale a Dios que le muestre cómo rescatar su tiempo, no lo desperdicie.

riesgos extremos

Las dos mujeres viajaban semana tras semana para asistir a reuniones secretas en casas-iglesia. Estaban cansadas y frustradas por que no existía iglesia en su propia aldea.

Después de orar por meses por una iglesia cercana, una de las mujeres dijo al final: "Quizá Dios está esperando que nosotras construyamos una iglesia. ¿Por qué debiera escuchar nuestras constantes quejas si no estamos dispuestas a hacer algo nosotras mismas?".

Día 138

Así que decidieron correr el riesgo. Las dos mujeres y sus esposos construyeron una iglesia en su pequeña aldea en la provincia de Anhui en China. El gobierno de inmediato amenazó con destruir el edificio a no ser que se registraran con la oficina de asuntos religiosos. Ellas accedieron, y por fortuna, su área rural no era supervisada con tanta atención como algunas de las iglesias más grandes en las ciudades. Incluso se atrevieron a invitar a otros pastores de casas-iglesia a predicar como invitados sin recibir con antelación el permiso por escrito.

Las mujeres evangelizaban visitando el hospital local y buscando a los pacientes que no tenían esperanza de recuperarse. Entonces oraban y le pedían a Dios que los sanara. En un año, la floreciente iglesia creció a más de doscientos miembros.

Así mismo serán perseguidos todos los que quieran llevar una vida piadosa en Cristo Jesús.

2 Timoteo 3:12

Una de las hermanas dijo: "Estuvimos orando durante veinte días consecutivos por un hombre, y solo sanó hasta cuando parecía que era el final de su vida. La familia nos había amenazado, diciendo que estábamos enojando a los dioses. Usted tiene que estar dispuesto a correr riesgos por Dios".

El Evangelio de Jesucristo es controversial, ni más ni menos. ¿Por qué otra razón el diablo colocaría al cristianismo como la religión número uno en su lista negra dentro de los países restringidos? Por ejemplo, los budistas no se ven obligados a organizarse como lo hacen las iglesias cristianas clandestinas dentro de los países restringidos. Los expertos en meditación de la Nueva Era no temen por sus vidas en los países perseguidos. El cristianismo es controversial porque es poderoso contra el enemigo. Satanás no pierde su tiempo luchando contra religiones falsas. ¿Es usted un riesgo espiritual para la estrategia de Satanás? ¿O es que usted obra con cautela? ¿Es una amenaza para sus planes a causa de su fe? Si es así, espere controversia. ¡Pero regocíjese de que es parte de la verdad!

amor extremo

Día 139

Ustedes, por el contrario, amen a sus enemigos, háganles bien y denles prestado sin esperar nada a cambio.

Lucas 6:35

Al final de la Segunda Guerra Mundial, los soldados alemanes sabían que los soviéticos los llevarían a un campo de trabajo forzado en Siberia y que muchos morirían allí. El ejército soviético acababa de tomar la ciudad de los nazis, así que cuando los dos soldados encontraron una oportunidad, huyeron del grupo. Vagaban temerosos a través de las oscuras calles de Bucarest, en Rumania.

Cuando vieron la capilla luterana, se alegraron mucho porque los luteranos rumanos eran de descendencia alemana. Pero cuando descubrieron que las personas que estaban dentro eran judías, regresaron sus temores.

El pastor calmó de inmediato sus temores. "Nosotros somos judíos, pero también somos cristianos, y no entregamos a quienes buscan refugio en manos de sus enemigos".

En aquel tiempo, si sorprendían a cualquier rumano escondiendo alemanes, lo mataban inmediatamente. No obstante, para el amable pastor, los alemanes, aún con sus uniformes nazis, eran almas perdidas que necesitaban un Salvador. Los hubiera ayudado del mismo modo que lo hizo con los judíos perseguidos.

Les dijo: "Hemos sufrido muchísimo bajo la ocupación alemana. Si son personalmente culpables o no, no somos sus jueces. Les ofrecemos nuestro hogar y ropas civiles a fin de que regresen a Alemania. Hacemos esto para demostrarles el gran amor y la misericordia de Dios hacia ustedes. Solo Él puede liberarlos de su culpa".

El amor hace que las personas hagan cosas extrañas. Una pareja enamorada hará grandes esfuerzos por demostrar su fidelidad exclusiva. De la misma manera, una madre ama a un hijo como ninguna otra persona en la tierra. Sin embargo, el amor entre Cristo y el creyente no solo es entre ellos dos. Es el amor más extraño de todos, porque no prospera en ser exclusivo. A decir verdad, es la única relación de amor que crece al incluir a otros. Debemos amar a otros con amor cristiano con el propósito de mostrar nuestra devoción a Cristo. Mostramos el amor extremo de Cristo si estamos dispuestos a amar a los que no nos han correspondido con amor. ¿A quién le está pidiendoDios que ame hoy por su causa?

Día 140

"Dios no nos juzgará conforme a cuánto
soportamos, sino conforme a cuánto podemos
amar. Los cristianos que sufren a causa de su fe
en las cárceles pueden amar. Yo soy un testigo
de que son capaces de amar a Dios y a los
hombres".

ANTIGUO PASTOR DE LA IGLESIA CLANDESTINA QUE FUE PRESO POR
SU FE

héroe extremo

RUSIA: VANYA MOISEYEV

Como soldado en el Ejército Rojo soviético, a Vanya Moiseyev lo reprendían sin cesar por manifestar su fe. Muchos hombres en su regimiento se entregaron a Cristo a través de su testimonio. Cuando su comandante le ordenó que no hablara más de su fe, él respondió: "¿Qué haría un ruiseñor si le ordenaran que dejara de cantar? No podría, ni yo tampoco".

Día 141

No se olviden de practicar la hospitalidad, pues gracias a ella algunos, sin saberlo, hospedaron ángeles.

Hebreos 13:2

Todos los que conocían a Vanya decían que su fe era contagiosa. Pronto fue arrestado y sometido a una cruel tortura. Él le escribió a su madre diciendo: "Sé que quizá no nos volvamos a ver, pero no llores por mí. Un ángel me mostró la Jerusalén celestial y es bella. Por favor, haz todo lo posible, madre amada, para encontrarnos allí".

Continuó asegurándole que Dios lo estaba alentando, enviándole ángeles a su lado. Le describió los diferentes encuentros que tuvo con seres angelicales. "Los ángeles son transparentes. Cuando tienes uno frente a ti y un hombre está parado detrás de él, la presencia del ángel no impide que uno vea al hombre. Al contrario, lo ves mejor. Cuando ves a través de un ángel, logras comprender y apreciar aun a un torturador".

Al final, a Vanya lo mataron por su fe a los veintiún años de edad. Fue un joven mártir cuya valiente vida le permitió convertirse en un héroe por toda Europa Oriental.

Los ángeles están por todas partes. Sus figuras están en libros, moldeadas en candeleros, colgadas como adornos de Navidad y en los moldes para hacer galletas. Muchas personas lamentan nunca haber visto ángeles reales, a los mensajeros celestiales de Dios. Sin embargo, todos los días éstos son ignorados. Es posible que una persona nada atractiva, que necesita nuestra aceptación sea un ángel. Quizá el enemigo que nos daña sea el ser angelical que procuramos ver. Aun si alguien resulta ser, después de todo, un ser humano común, nuestro amor por esa persona nos llevará un paso más cerca del cielo. Como Vanya, ¿está usted viendo su vida a través de una perspectiva celestial? ¿Está buscando ángeles donde antes solo veía un enemigo? Busque ángeles potenciales para amar hoy.

comidas extremas

El cristiano encarcelado estaba hambriento e irritado. Un teniente había venido a interrogarlo de nuevo, y no tenía ánimos de ser interrogado. Pensó: *"¿Por qué debo ser siempre yo el interrogado?".*

Así que inundó al oficial con preguntas: "¿Cree en Dios? ¿Qué le sucederá cuando muera? ¿Cómo llegó a existir este precioso mundo?". Finalmente, pudo compartir el mensaje completo de salvación al oficial interesado. Para sorpresa del prisionero, ¡el teniente entregó de inmediato su vida a Cristo!

Día 142

El oficial también le dio su almuerzo al prisionero hambriento. El cristiano estaba agradecido que Dios le diera de comer y de que lo utilizara, aun con su irritado humor.

En otra ocasión, este mismo hombre estaba incomunicado en una celda, y de nuevo, especialmente hambriento. Entonces recordó las palabras de Jesús acerca de regocijarse bajo la persecución porque es una bendición. Se levantó inmediatamente y comenzó a alabar a Dios y a danzar alrededor de su pequeña celda. Su regocijo pronto atrajo la atención del guardia.

Dichosos ustedes cuando los odien, cuando los discriminen, los insulten y los desprestigien por causa del Hijo del hombre.

Lucas 6:22

Cuando el guardia lo revisó, estaba seguro de que el cristiano se había vuelto loco. Los guardias tenían instrucciones de tratar a los locos con amabilidad, así que le trajo al cristiano un poco de queso y un pan.

De nuevo, Dios proveyó. El pensamiento iluminó al prisionero cristiano: "Es mejor ser un hombre 'tonto' en Cristo, a ser un hombre 'sabio' que está absurdamente enojado por cosas que no puede cambiar".

Muchas personas son "controladoras compulsivas", son quienes necesitan mantener su mundo bajo un control constante. Es lamentable, pero hay algunas cosas que están fuera del control de cualquier persona. El secreto para el éxito está en reconocer cuáles son las cosas que pueden ser controladas y las cosas que no podemos controlar. Por ejemplo, no tenemos la posibilidad de controlar lo que otros dicen, pero sí tenemos la opción de orar por los que nos insultan. Preocuparse por lo que está fuera de nuestro control es parte de la naturaleza humana. Tratamos de manipular lo que no podemos controlar. Sin embargo, Dios dice que dejemos de manipular las circunstancias y que confiemos en Él. Como el prisionero en esta historia, Dios nos recuerda que solo pongamos en acción Su Palabra, obedeciéndola por completo. Él se encargará del resto.

superstición extrema

La siguiente es una carta de un gobernador llamado Plinio al emperador romano acerca del crecimiento del cristianismo, enviada poco antes de los cien años de la crucifixión de Cristo:

Nunca he estado presente en ninguno de los juicios de cristianos, y no soy consciente de los métodos ni de los límites utilizados en nuestra investigación y tortura. ¿Mostramos alguna consideración en cuanto a edad o sexo? Si un cristiano se arrepiente de su religión, ¿lo seguimos castigando o lo perdonamos?

Día 143

En la actualidad, estoy procediendo de esta manera: los interrogo sobre su religión; si admiten ser cristianos, repito la pregunta añadiendo una amenaza de pena de muerte como castigo. Si todavía persisten, ordeno su ejecución. No creo que su terquedad deba quedar sin castigo.

Hace poco interrogué a un grupo de cristianos que, después de la interrogación, negaron su fe. De este acontecimiento, pude ver más que nunca la importancia de ayudarse de los métodos de tortura para poder extraer toda la verdad de dos prisioneras. Sin embargo, no logré descubrir nada excepto una superstición depravada y excesiva.

Si hubiéramos olvidado el nombre de nuestro Dios... ¿acaso Dios no lo habría descubierto, ya que él conoce los más íntimos secretos?

Salmo 44:20,21

Por lo tanto, pensé que sería sabio consultarlo a usted antes de continuar con este asunto. Bien vale la pena referirlo a usted, sobre todo considerando las cantidades de personas afectadas. Esta superstición contagiosa no se limita únicamente a las ciudades, sino también se ha esparcido a través de las aldeas.

Sin embargo, todavía parece posible curarla.

¿Los cristianos se "curan" fácilmente de su cristianismo? Cuando están entre la espada y la pared, ¿son la mayoría de los cristianos incurablemente fieles a Cristo o solo tienen una leve fiebre? La persecución es una manera segura de descubrir la verdad. Dios es el único que conoce el corazón de una persona. Sin embargo, la persecución nos presenta a nuestro verdadero ser y ayuda a determinar si abandonaremos a Cristo o nos mantendremos fieles. Si en verdad estamos comprometidos con Cristo, Él nos dará la fuerza que necesitamos para resistir por su causa. Si estamos más comprometidos a una ideología que a la persona de Jesús, vamos a titubear bajo la presión. ¿Es usted un caso incurable por Cristo o en lugar de eso sus creencias resultarán ser solo "superstición excesiva"?

semilla extrema

"La sangre cristiana que derraman es la semilla que siembran; nace de la tierra y se multiplica mucho más".

Los cristianos en la iglesia primitiva florecían frente a una persecución intensa por las crueles autoridades gubernamentales. A sus hermanos y hermanas los estaban torturando, mutilando, quemando y asesinando por causa de Cristo. Cada creyente martirizado les daba a los creyentes restantes aun más determinación. Veían más allá de su propio temor a perder su vida y solo distinguían los campos blancos para la cosecha, como Jesús describió a aquellos dispuestos a aceptar a Cristo. Así que daban la siguiente respuesta audaz a los jueces y a las autoridades a cargo de la persecución:

"Y ahora, oh jueces, continúen con sus muestras de 'justicia', y serán justos solo ante la opinión del pueblo romano en la medida en que ustedes sacrifiquen cristianos.

Crucifíquennos, tortúrennos, condénennos y tritúrennos hasta hacernos polvo. Su injusticia es una ilustre prueba de nuestra inocencia, porque la prueba de esto es que Dios nos permite sufrir.

Pero esfuércense para hacer el mal y construyan sus inventos para torturar a los cristianos; no sirven. Lo que hacen ustedes, sin embargo, es atraer al mundo para que se enamore más de nuestra fe. Mientras más siguen nuestras vidas, creceremos con mayor rapidez.

La sangre cristiana que derraman es la semilla que siembran; nace de la tierra y se multiplica mucho más".

Día 144

Yo les digo: ¡Abran los ojos y miren los campos sembrados! Ya la cosecha está madura.

Juan 4:35

Aunque estas palabras se escribieron hace siglos, el mensaje aún se cumple hoy en día. Actualmente, más de sesenta países del mundo experimentan persecución religiosa. Sin embargo, en muchos de esos países, la iglesia florece con nuevos creyentes a cada momento y hay un mayor denuedo entre sus miembros. La persecución no ha logrado su objetivo de reducir el número de creyentes. Es más, a menudo sirve para aumentar el número de aquellos dispuestos a sacrificarse. Como seguidores de Cristo, podemos ver la oposición (que vigila los campos de almas que están a la espera por aceptar a Cristo) como gigantes dispuestos a devorarnos; o podemos ver esta oposición como simples espantapájaros: falsas imágenes de temor. ¿Entrará usted a los campos de la cosecha para trabajar por Cristo?

crecimiento extremo

CHINA: CASAS-IGLESIA

Los cantos de alabanza llenaban el aire frío. "Son las cuatro de la mañana. ¿De dónde vienen?", un hombre casi suelta una carcajada de asombro.

"La cosecha es abundante, mi amigo. Hoy va a ser un día largo, pero bueno para el Reino —dijo el pastor mientras sonreía—. Vamos a trabajar".

Día 145

El mar de creyentes junto al río no parecía tener fin. El pastor hablaba con compasión mientras los bautizaba, cada uno con las manos levantadas como señal de una nueva vida en Cristo. Él y sus pastores asociados bautizaron ese día a mil cien nuevos creyentes.

Dios se mueve de una manera poderosa en China. Los creyentes se añaden cada día al Reino. En 1995, en una ciudad al norte de Shanxi, varios centenares de cristianos asistían a casas-iglesia. Ahora el número ha crecido a setenta mil. En otra ciudad de cincuenta mil habitantes, existe fuerte persecución, pero tres mil creyentes devotos se reúnen cada semana en iglesias clandestinas.

Un pastor comentó sabiamente: "Nosotros los creyentes somos más fuertes que antes. Mientras más quieran derribar el estandarte de Cristo, más alto se eleva".

Este evangelio está dando fruto y creciendo en todo el mundo.

Colosenses 1:6

Por décadas, la iglesia en China ha sufrido constante persecución. El gobierno instituyó una política de "golpear fuerte", en un vano esfuerzo por frenar su crecimiento. ¡Hoy en día la afiliación a la iglesia clandestina es considerablemente mayor que la afiliación del Partido Comunista Chino!

El crecimiento es una señal de salud. Las iglesias saludables crecen del mismo modo que las plantas saludables. Los requisitos para una planta saludable son: nutrientes, luz, agua y buena tierra. De la misma manera, las iglesias necesitan ingredientes específicos para crecer. Uno de los ingredientes más inesperados para el crecimiento saludable de una iglesia puede ser una buena cantidad de persecución. La persecución purifica a los creyentes y los hace apreciar el valor de su fe. Como ilustra el pastor de esta historia, mientras más se persigue a una iglesia, más se levantan sus miembros como un testimonio de la constancia de Cristo. ¿Está amargado a causa de la persecución o se siente mejor por ella? ¿La utiliza para su beneficio a fin de extender el Reino?

"ángel" extremo

RUMANIA: ÁNGELA CAZACU

Ángela Cazacu era una mujer común y corriente que vivía en Rumania durante la invasión nazi en la Segunda Guerra Mundial. Con mucha rapidez, la vida para los judíos y los cristianos se convirtió en un terror constante. Ángela se mantenía ocupada rescatando niños judíos de los guetos, además de pasar comida y ropa de contrabando a las prisioneras cristianas en las cárceles cercanas a su ciudad.

Día 146

Más tarde, cuando expulsaron a los nazis de su país y lo invadió el ejército soviético, Ángela seguía ocupada propagando el mensaje del amor de Dios al distribuir Biblias rusas y Nuevos Testamentos en las estaciones de trenes llenas de soldados soviéticos.

Cuando el pastor Richard Wurmbrand estuvo preso en la cárcel de Tirgul-Ocna en el invierno de 1951, se encontraba muy enfermo. Su esquelético cuerpo temblaba por el frío constante del peor invierno que se había registrado. A cada prisionero solo se le permitía una cobija, y la comida era escasa porque nadie podía llegar a la cárcel a través de la intensa nevada.

Fue durante este desolador tiempo en el que el pastor Wurmbrand recibió un paquete que necesitaban con urgencia y que contenía comida y ropa cálida, el cual compartió gustosamente con otros presos. El paquete, que pensó que había sido entregado por un ángel, probablemente había salvado su vida.

Una vez más, la hermana Ángela (que significa "ángel" en rumano) estaba ocupada haciendo la obra de su Padre. ¿Común y corriente? Quizá. Sin embargo, Dios se deleita en utilizar a personas ordinarias como Sus ángeles de misericordia.

> Por lo tanto, como escogidos de Dios, santos y amados, revístanse de afecto entrañable y de bondad, humildad, amabilidad y paciencia.
>
> **Colosenses 3:12**

Hace algunos años, en respuesta al aumento de noticias que informaban sobre actos de violencia al azar, empezó a aparecer una calcomanía que sugería practicar los "actos de bondad al azar". Un acto de bondad o de misericordia a favor de una persona desconocida podría parecer algo tan insignificante como ceder un lugar privilegiado en el estacionamiento de un centro comercial o tomar el tiempo para establecer contacto visual con el dependiente en la tienda. Sin embargo, Dios puede utilizarlo a usted para transformar, incluso el acto de bondad más común, en un poderoso regalo de gracia en la vida de otra persona. Pídale a Dios que lo ayude a hacer hoy un "acto de bondad al azar" en Su nombre. Es probable que usted nunca lo sepa, pero pudiera ser el "ángel" de alguien.

Día 147

"Del mismo modo que afeitarle el pelo a un tigre no le quita las rayas, yo sigo siendo cristiana. Aún tengo reuniones. Al principio solo había cinco reuniones en mi casa; ahora hay más de una docena".

Señora Vo Thi Manh, una abuela vietnamita encarcelada por su fe

suficiencia extrema

"Apresúrense, entren en el armario. Mantengan absoluto silencio, a no ser que escuchen mi voz. ¿Me comprenden?" Rosa escuchó las dos pequeñas voces de sus hijos preescolares decir: "Sí, mamá", entonces salió enseguida de la casa y fue hacia la escuela de su hija, orando que no fuera demasiado tarde.

Día 148

Pero él me dijo: "Te basta con mi gracia".

2 Corintios 12:9

En la proclamación de la sharía (ley islámica) por el gobierno de Nigeria, estallaron focos de violencia contra grupos cristianos porque se oponían a las leyes. La hija mayor de Rosa aún estaba en la escuela durante los disturbios, y Rosa tenía la certeza de que no estaría segura allí. Cuando llegó a la escuela, se enteró de que a su hija la habían llevado a una base militar para su seguridad. Finalmente, Rosa la encontró y regresaron a casa donde los dos hijos más pequeños esperaban a salvo. Al día siguiente, cuando su esposo salió para una reunión cristiana, fue la última vez que lo vio con vida. Durante esos disturbios destruyeron unas doscientas sesenta iglesias y más de cuatrocientos sesenta cristianos fueron asesinados.

En los meses siguientes al asesinato de su esposo, Rosa ha obtenido consuelo en el libro de los Hechos. Dijo: "El mismo Dios que permitió que apedrearan a Esteban, también permitió que Pedro escapara de la cárcel. Dios ha sido fiel y su gracia ha sido suficiente". Hoy en día, Rosa continúa trabajando en la iglesia donde era pastor su esposo martirizado, y está ocupada criando a sus tres hijos.

Se ha dicho que Dios nunca nos llevará a donde su gracia no sea capaz de seguirnos. Debemos darnos cuenta que algunas veces su plan no incluye una liberación milagrosa de la enfermedad, la muerte, ni la opresión. Aun así, su gracia es suficiente y Él no nos ha abandonado. Debemos confiar en que Dios no nos guiará a un lugar de ministerio o trabajo sin una medida adecuada de su gracia para llevarlo a cabo. Algunas veces su plan implica que tengamos que pasar por una mala experiencia en lugar de librarnos de ella. ¿Ha llegado al punto en el que está dispuesto a depender por completo de Él? Es probable que nunca diga que la gracia de Dios es todo lo que necesita hasta que su gracia sea todo lo que tenga.

visión extrema

Día 149

El Señor es mi luz y
mi salvación; ¿a quién
temeré?

Salmo 27:1

El estudiante de la Biblia, de veinte años de edad, dormía cuando se despertó con los gritos de "¡Allah-u-Akbar!" (¡Alá es omnipotente!). Los musulmanes radicales entraron a su habitación y lo golpearon hasta dejarlo casi inconsciente. Mientras Dominggus luchaba por huir, una hoz le pegó por detrás del cuello, casi cortándole la cabeza. Los atacantes lo dejaron en un creciente charco de su propia sangre, suponiendo que pronto moriría.

Dominggus dijo que su espíritu dejó su cuerpo, que los ángeles lo llevaron al cielo, y vio su propio cuerpo, yaciendo inerte en el piso. Ya no sentía temor ni dolor, sino más bien paz. Entonces escuchó: "No es tiempo de que me sirvas aquí".

Las siguientes voces que Dominggus escuchó fueron las de los trabajadores de emergencia médica de Indonesia. Como no sabían si era cristiano o musulmán, discutían sobre a dónde llevar el cuerpo.

Dominggus oró a Dios pidiendo fuerzas para hablar. Finalmente, pronunció las palabras: "Yo soy cristiano". Imagine la mirada en los rostros de los trabajadores mientras el estudiante "muerto" contestaba su pregunta.

Hoy en día, Dominggus se ha recuperado totalmente. Sus cicatrices físicas permanecen, pero su espíritu tiene una fe renovada y un mensaje de perdón. Dominggus declaró que está más cerca de Dios, y ahora, está orando mucho por sus vecinos musulmanes, aun por quienes lo atacaron.

En un mundo incierto donde hay violencia y amenazas, a los cristianos se les ordena que se enfrenten al futuro sin temor. El temor solo empeora una mala situación sin reducir la presión. Podemos enfrentar confiadamente las incertidumbres del futuro en la tierra porque sabemos que nuestro destino eterno está seguro. Sabemos que nuestro futuro celestial es una eternidad con Cristo, así como Dominggus lo vio con tanta claridad. Después de todo, somos mucho más que unos simples cuerpos terrenales que nuestros enemigos pueden mutilar e incluso matar. Su vida continuará mucho después que se destruya su cuerpo. Su verdadero futuro es lo que ocurre en la eternidad, no lo que sucede aquí en la tierra. ¿Qué teme usted del futuro? ¿Puede confiar sus temores a Dios y enfrentar el futuro sin temor?

canto extremo

"Nunca supe lo que estos prisioneros estaban cantando hasta que me hice cristiana".

Soon Ok Lee fue una prisionera en Corea del Norte desde 1987 hasta 1992. Sin embargo, no se convirtió en cristiana hasta que escapó a Corea del Sur. Al principio, cuando recibió a Cristo, estaba abrumada por sus recuerdos de lo que vio y escuchó en la cárcel.

Día 150

Eran cosas sencillas, como oír a los cristianos cantar antes de ser ejecutados. En ese tiempo no lo comprendía y pensaba que estaban locos. Como no se le permitía hablar, nunca tuvo la oportunidad de conversar con un cristiano. Recuerda haber escuchado la palabra "Amén".

"Mientras estuve allí, nunca vi a un cristiano negar su fe. Ni uno. Cuando esos cristianos guardaban silencio, los guardias se enfurecían y los pateaban. En aquel momento, yo no comprendía por qué arriesgaban sus vidas si pudieran haber dicho: 'Yo no creo', y hacer lo que pedían los oficiales. Incluso vi a muchos que cantaban himnos mientras se intensificaban las patadas y los golpes. Los oficiales los llamaban locos y los llevaban al cuarto de tratamiento eléctrico. No vi ni a uno salir con vida de ese lugar".

Estoy muy animado; en medio de todas nuestras aflicciones se desborda mi alegría.

2 Corintios 7:4

Ese canto fue lo que permaneció en ella. Quizá fue el canto de esos valiosos santos lo que sembró una semilla en su espíritu y al final la llevó a Cristo.

Como si fueran espías, los que sienten curiosidad por el cristianismo se enfocan en observar a los creyentes a fin de evaluar la verdad por sí mismos. Observan, miran, toman notas mentales. Cuando los cristianos pasan a través de pruebas, estos observadores silenciosos a menudo esperan ver al creyente caer, para tener la seguridad de que, después de todo, los cristianos son iguales a todos los demás. Sin embargo, cuando los cristianos sonríen a través de las dificultades, los "espías" se confunden. Cuando los creyentes aplauden en lugar de llorar, se asombran. Cuando los seguidores de Cristo cantan en medio de la angustia, se sienten atraídos por lo inexplicable. Si usted está pasando a través de una prueba ahora mismo, tiene una oportunidad sin precedentes de testificar para Cristo. Ore para que su ejemplo de gozo inspire a otros.

resistencia extrema

TURKMENISTÁN: SHAGELDY ATAKOV

"¡Destrúyelo moralmente o físicamente!" Los burócratas de Turkmenistán habían perdido la paciencia con el predicador callejero.

A Shageldy Atakov le ofrecieron su libertad bajo la amnistía del presidente Saparmurad Niyazov el 23 de diciembre de 2000, con la condición de que hiciera el juramento de lealtad al presidente y recitara el credo musulmán. Shageldy rehusó de nuevo la amnistía.

Anteriormente, los oficiales del estado habían amenazado a Shageldy para que dejara de predicar. Lo arrestaron en diciembre de 1998 y lo sentenciaron a dos años de prisión, pero el fiscal apeló el veredicto como "poco severo". Entonces lo sentenciaron a otros dos años más en la cárcel. Shageldy tenía tanto dolor por las intensas palizas, que pidió a sus hijos que no lo tocaran.

En febrero de 2000, a su esposa y sus cinco hijos los sacaron por la fuerza de su hogar y los exiliaron en la remota Kaakhka, donde permanecieron bajo la sentencia de "arraigo" en la misma aldea.

Cuando su familia lo visitó a principios de febrero de 2001, Shageldy se despidió. Su esposa notó que "durante la visita estaba amoratado y golpeado, le dolían los riñones y el hígado, y sufría de icteria. Casi no podía caminar y perdía el conocimiento con frecuencia". Él no esperaba vivir por mucho tiempo más.

A pesar de esto, Shageldy todavía no estaba quebrantado. No se daba por vencido, y aunque la libertad estaba a su alcance, no la aceptaría si significaba abandonar su lealtad a Cristo.

Día 151

Los recordamos constantemente delante de nuestro Dios y Padre a causa de la obra realizada por su fe, el trabajo motivado por su amor, y la constancia sostenida por su esperanza en nuestro Señor Jesucristo.

1 Tesalonicenses 1:3

Los humanos podemos vivir por muchas semanas sin comida, pero no sobrevivimos muchos días sin agua. De la misma manera, nuestros espíritus también necesitan el alimento espiritual. Podemos pasar varios días, meses y aun años sin compañía; nuestros espíritus pueden sobrevivir a pesar de la soledad. Somos capaces de vivir sin paz, soportando enfermedades cortas y enfermedades crónicas; nuestro espíritu, aunque desalentado, sobrevivirá. No obstante, si tratamos de resistir por largo tiempo sin la esperanza de Jesucristo, nuestra alma desfallece. No podemos vivir sin esta esperanza, el valioso regalo de Dios a sus hijos. Si está sintiendo que no puede seguir adelante, pídale a Dios que lo aliente y lo motive. Resistirá todas las cosas con una fuerte esperanza en Jesucristo.

lealtad extrema

LAOS: EZEQUÍAS

Poco después de convertirse en cristiano en 1997, Ezequías asistió a lo que conocían localmente como el "santuario" para recibir discipulado y entrenamiento evangelístico. Después, regresó a la casa de su padre e inmediatamente fue abordado por treinta y cinco individuos, entre familiares y aldeanos, exigiendo saber por qué se había convertido al cristianismo. Él les dijo: "Jesús es el único camino por el cual puedo ser salvo de mis pecados y tener vida eterna".

Día 152

La multitud se enojó, y Ezequías trató de razonar con ellos. Al final, lo agarraron por el cabello y comenzaron a pegarle en el rostro hasta que quedó inconsciente.

Un amigo de Ezequías lo llevó a su casa donde permaneció en cama por cuatro días recuperándose de los golpes. Ezequías nunca pudo regresar a la casa de su padre, pero continúa viajando de aldea en aldea en Laos llevando las Buenas Nuevas de salvación.

Desde este primer incidente, a Ezequías lo han golpeado en diez ocasiones diferentes, algunas veces prefiriendo morir a seguir con el continuo sufrimiento. Testifica: "A medida que he madurado en mi andar con Cristo, tengo más fe para resistir estas dificultades. Las pruebas por las que he pasado han servido para fortalecer mi fe y veo la fidelidad de Dios en librarme. Le doy gracias a Dios que he podido llevar a treinta personas al conocimiento de Jesús como su Salvador".

Si somos infieles, él sigue siendo fiel, ya que no puede negarse a sí mismo.

2 Timoteo 2:13

La lealtad de Dios para sus hijos no se basa en la reciprocidad. Si así fuera, a todos nos habría abandonado desde hace largo tiempo. En lugar de eso, Dios es muy consciente de nuestras flaquezas y elige amarnos de todos modos. Debemos procurar leer las historias de los mártires cristianos a la luz de la lealtad de Dios por sus hijos. Los mártires serían los primeros en recordarnos que su historia no se trata de ellos. ¡Se trata de Dios! Aunque leemos acerca de muchos creyentes que soportaron voluntariamente azotes en lugar de rechazar a Cristo, la asombrosa conclusión no es la lealtad extrema de una persona, sino la fidelidad extrema del Dios de gloria. La lealtad de usted hacia Dios podría flaquear, pero la firme fidelidad de Él con usted nunca termina. Tome el tiempo hoy de darle gracias a Dios por su lealtad.

entorno extremo

La joven doctora judía estaba muy triste. Una noche, Sabina Wurmbrand trató de ofrecerle un poco de consuelo: "Dios le prometió a Abraham que el pueblo judío tendría un futuro brillante. Serían como la arena a la orilla del mar y las estrellas del cielo".

Día 153

La doctora la miró con lágrimas en sus ojos y dijo: "Como la arena a la orilla del mar, así somos pisoteados por esos guardias comunistas. No me hable más acerca de su Dios".

Unos días más tarde, Sabina estaba muy enferma. Mientras yacía a punto de morir en el hospital de la prisión, llegó el director de la cárcel. "Nosotros los comunistas tenemos medicina y hospitales, y somos más fuertes que su Dios —dijo—. En este hospital usted no puede mencionar el nombre de Dios".

Solo Sabina se atrevía a hablar de la existencia de Dios. Las otras mujeres estaban eufóricas de que alguien hubiera desafiado al director.

Sin embargo, en todo esto somos más que vencedores por medio de aquel que nos amó.

Romanos 8:37

Al siguiente día, Sabina fue forzada a regresar al trabajo. De manera milagrosa, Dios tocó su cuerpo y ella sanó por completo. La noticia se difundió a través de la cárcel y no escapó a los oídos de la joven doctora.

Esa noche, la doctora se acercó a Sabina y le dijo: "Si tu Dios es capaz de restaurar tu cuerpo y darte tanta paz en este abismo del infierno, entonces tengo que creer que Él es real. Ningún otro lograría esto. ¿Cómo puedo ser salva?".

Cuando sentimos que nuestras vidas están en un abismo, podemos estar seguros de que la gente nos está observando para ver cómo saldremos de allí. El cristianismo parece atraer a espectadores interesados, en especial cuando luchamos. Las personas observan nuestra fe a distancia para determinar cómo es Dios. Observan con gran interés cuando experimentamos una crisis. No obstante, si vivimos por fe durante tiempos de pruebas, las personas serán incapaces de negar la evidencia que ven en nuestras vidas. ¿Qué ven las personas en la manera que usted vive? Su reacción a las circunstancias de la vida, ¿qué les dice a los demás acerca de Dios? Si siente que su vida está en un abismo, recuerde que las personas lo observan para ver cómo la manejará.

Día 154

"A pesar de las reflexiones y los recuerdos dolorosos, no tengo tiempo para la amargura. Mi vida está llena de muchísima felicidad, de muchísimas personas amorosas y bondadosas como para permitirme ser devorado por el cáncer del odio. Me regocijo, canto, río, celebro, pues sé que mi Dios reina soberanamente sobre todas las fuerzas de maldad y destrucción que Satanás ha concebido. Y lo mejor de todo, ¡mi Dios reina soberanamente en mí!"

PASTOR NOBLE ALEXANDER, ENCARCELADO EN CUBA POR VEINTIDÓS AÑOS: YO MORIRÉ LIBRE

petición extrema

Día 155

Zhang Rongliang es el líder de uno de los grupos más grandes de casas-iglesia en China, tiene unos diez millones de creyentes chinos asistiendo a servicios cada semana. En 1998, Zhang y otros líderes de casas-iglesia, representando a quince millones de creyentes clandestinos, firmaron un documento titulado "Confesión de Fe de la Casa-Iglesia" solicitando públicamente al gobierno comunista que detuviera sus hostigamientos hacia las casas-iglesia no registradas.

El Señor ama la justicia y el derecho; llena está la tierra de su amor.

Salmo 33:5

Pocos meses después de hacer público el documento, Zhang y los otros firmantes fueron arrestados y encarcelados. Más tarde, pusieron en libertad a Zhang con la condición de que se "comportara" por los siguientes siete años. Zhang ahora viaja para ministrar a varias de sus congregaciones. Como no se está "comportando" como quisiera el gobierno, Zhang nunca duerme en la misma cama más de unas pocas noches seguidas.

Cuando Pablo escribió en Romanos 13 que debemos someternos a nuestros gobernantes, él más que nadie debió haber sabido los riesgos. Sin embargo, aunque los romanos lo persiguieron, fue a través de una apelación a sus leyes que llevó el Evangelio a la misma Roma. Su petición de que lo juzgaran como ciudadano romano le permitió promover el Evangelio en Roma, aunque aquel fuera su último viaje.

Como Pablo, Zhang corrió un riesgo extremo cuando hizo su petición formal. Sin embargo, las consecuencias de haberse arriesgado han permitido que muchos conozcan de Cristo.

Como Pablo, los líderes de iglesias en China saben que Dios establece a los gobernantes. Aun así también saben que Dios no pasará por alto las injusticias de una autoridad maligna. La tradición nos dice que los romanos decapitaron a Pablo. De manera similar, los creyentes en China, bajo el régimen de su actual gobierno, sufren grandes injusticias a causa de Cristo. Si es necesario arriesgar la vida para llevar justicia a China, entonces pastores como este están dispuestos a morir. ¿Qué tan fuerte es nuestro deseo de ver que se haga justicia? ¿Cuánto valoramos el derecho a predicar con libertad la Palabra de Dios? Ore hoy por los creyentes en China que nos inspiran a buscar la justicia de Dios para sus opresores. Pídale a Dios que le muestre maneras en que pueda apoyar su obra a fin de promover el reino de Dios.

profecía extrema

Por tercera vez, Jesús le preguntó a Pedro: "Simón, hijo de Jonás, ¿me amas?".

Pedro estaba muy triste. Tres veces negó a Cristo; ahora Jesús cuestionaba su amor tres veces. Esta vez respondió con lentitud, como si en su corazón evaluara el significado de cada palabra: "Señor, tú lo sabes todo; tú sabes que te amo".

Día 156

"Apacienta mis ovejas", repitió Jesús por tercera vez, y luego añadió, "Cuando eras joven, te vestías tú mismo e ibas adonde querías; pero cuando seas viejo, otro te vestirá, y te llevará adonde no quieras ir". Y después Jesús dijo: "¡Sígueme!" (Juan 21:15-19, parafraseado).

Nerón persiguió a Pedro cuando este tenía setenta años de edad. De acuerdo con la historia popular, los amigos de Pedro y sus compañeros creyentes le alentaron a huir de Roma. Al principio se negó, pero al final lo persuadieron a escapar. Cuando se acercaba a la puerta de la ciudad para irse, vio una visión de Jesús entrando a la ciudad. Cayó de rodillas, adorándole. "Señor, ¿adónde vas?", le preguntó.

Esto dijo Jesús para dar a entender la clase de muerte con que Pedro glorificaría a Dios. Después de eso añadió: "¡Sígueme!"

Juan 21:19

"Regresé para ser crucificado de nuevo. ¡Sígueme!".

Entonces Pedro se volteó y lo siguió a donde "él no quería ir" y regresó a enfrentarse con Nerón. Cuando las autoridades lo arrestaron, pidió que lo crucificaran con la cabeza hacia abajo ya que no se consideraba digno de que lo crucificaran de la misma manera que su Señor.

El propósito de este relato no es decir que Jesús en verdad fue crucificado por segunda vez. Jesús murió y resucitó una vez y para siempre. Más bien, este relato nos recuerda que Jesús se identifica tanto con nuestro dolor y nuestros sufrimientos como si él mismo pasara por ellos. En el caso de Pedro, la Biblia dice que la profecía anterior de Jesús se refería a la crucifixión de Pedro. ¿Quién más, sino Jesús, se identificaría con la experiencia tortuosa de Pedro? Jesús es experto en sufrimiento, lo conoce bien y desea ir a nuestro lado. Si hay dolor en su vida, Jesús comprende; si se siente herido, Jesús también ha estado en esa situación. Permita que Él tome sus cargas y sus penas hoy en oración.

esposa de pastor extrema

RUMANIA: SABINA WURMBRAND

Existía un claro contraste entre el bello campo rumano y los sufrimientos que los cristianos y los judíos experimentaban a manos de los invasores nazis y los comunistas. Para Sabina Wurmbrand, los problemas eran tres: ella era cristiana, al igual que judía, y también era la esposa de un renombrado pastor.

Un día se enteró que su madre, su padre, tres hermanas menores y su hermano de nueve años de edad habían sido asesinados brutalmente en un campo de concentración. Ese día su fe se hizo viva y real.

Llena de la gracia de Dios, Sabina dijo: "No mostraré un rostro triste. Le debo a Dios ser una creyente gozosa; a la iglesia, un ejemplo de valentía; y a mi esposo, una esposa serena".

Sabina nunca permitió que su dolor y su agonía personal le impidieran motivar públicamente a los que la rodeaban. En su mente, no tenía opción. La muerte y el sufrimiento predominaban entre los miembros de la iglesia clandestina. Muchos ojos estaban puestos en ella por ser la esposa del pastor. Si perdía la esperanza, ¿qué esperanza tendrían ellos?

Más adelante, Sabina pasó tres años en la cárcel y en campamentos de trabajo forzado, donde, de entre todos los prisioneros, las mujeres se enfrentaban a los actos más humillantes y crueles.. Y aun en la cárcel, ella era conocida como la "amiga de todas" y siempre tenía una palabra amable.

Antes de salir de Rumania, Dios le dio a Sabina su recompensa: ¡Ella y su esposo Richard, guiaron al asesino de su familia a Cristo!

Día 157

Así que les enviamos a Timoteo, hermano nuestro y colaborador de Dios en el evangelio de Cristo, con el fin de afianzarlos y animarlos en la fe.

1 Tesalonicenses 3:2

El pastorado es una colaboración entre el pastor y su cónyuge. Uno no está completo sin el ministerio y el apoyo del otro. Dios no llama a ningún cristiano a trabajar y vivir en aislamiento, nos llama a una comunidad. Necesitamos que otros cristianos nos acompañen en nuestros ministerios y nos den sabiduría y ánimos de vez en cuando. No se espera que lo hagamos solos, ni lo debemos intentar. Piense en su propio círculo de influencia. ¿Quién es su compañero en el ministerio? ¿Quién ora por usted de modo que sea un testigo real en su trabajo, en su hogar o en la escuela? Pídale a Dios que lo guíe hacia un compañero cristiano que lo alentará y lo fortalecerá cuando lo necesite.

fortaleza extrema

Día 158

Fritz sentía cada golpe intenso en su cabeza y oraba por fortaleza. Los musulmanes que lo atacaban lo rodearon y se turnaban para pegarle en el rostro. Uno de los atacantes musulmanes empuñó un gran cuchillo pensando que así podrían finalmente deshacerse del pastor cristiano. La primera vez que el cuchillo penetró en Fritz, todo lo que él logró hacer fue gritar: "¡Jesús!". Lo apuñalaron repetidamente, y cada vez gritaba: "¡Jesús!". ¡Los atacantes estaban frustrados pues el pastor se resistía a morir!

Los musulmanes radicales procedieron a sacar las sillas y el púlpito de la iglesia y les prendieron fuego. Dos de los musulmanes tomaron a Fritz y lo arrojaron sobre la madera ardiendo. Satisfechos con su ataque, huyeron. Fritz no recuerda mucho después de eso, pero él sabe una cosa: No se quemó ni un solo cabello de su cabeza.

Poco después del ataque, Fritz fue llevado al hospital más grande en esa área de Indonesia, pero se negaron a darle tratamiento cuando se enteraron que era cristiano. Lo llevaron a otro hospital, pero el médico que lo atendió dijo que si lograba pasar la noche, tendría daño cerebral permanente.

Después de una larga recuperación, Fritz está ahora predicando otra vez en una iglesia nueva. Para su sorpresa, uno de los musulmanes que lo atacó comenzó a buscarlo, solo para hacerle una pregunta: "¿Quién es ese Jesús?"

Estén siempre preparados para responder a todo el que les pida razón de la esperanza que hay en ustedes.

1 Pedro 3:15

¿Quién no disfruta de que lo consideren como el "experto"? Es posible que sea en mecánica, matemáticas, herramientas, carpintería, arte, filatelia o deportes; cada persona se puede considerar experta en al menos un área. Nos encanta responder preguntas de un asunto que conocemos muy bien. No obstante, si alguien nos preguntara: "¿Quién es ese Jesús?", ¿estaríamos tan preparados como lo está un "experto"? No todos los cristianos son en sí evangelistas. Aun así, todo cristiano puede evangelizar declarando el plan de salvación cuando se presenta la oportunidad. Si un amigo no creyente le hiciera esa misma pregunta, ¿cómo la contestaría? Si no está seguro, hable con alguien que sepa la respuesta.

grupo de jóvenes extremo

RUSIA: EL PASTOR SEREBRENNIKOV

Los periódicos locales describieron la escena como "salvaje". No era la escena de un asesinato, ni un accidente automovilístico; era un estudio bíblico.

La historia apareció en un periódico ruso comunista alrededor de 1960. En parte, decía: "Jovencitos y jovencitas cantan himnos espirituales. Reciben el bautismo y siguen la perversa y traicionera enseñanza del amor hacia los enemigos". La historia continuó dando a conocer la espantosa realidad de que muchos jóvenes en la Organización de Jóvenes Comunistas eran cristianos secretos.

"Debemos creer en nuestro Salvador como lo hicieron los primeros cristianos —le dijo el pastor Serebrennikov a su grupo de jóvenes—. Para nosotros, la ley principal es la Biblia. No reconocemos nada más. Debemos apresurarnos a salvar a los hombres del pecado, en especial a los jóvenes".

Al pastor lo echaron en la cárcel cuando los comunistas descubrieron una carta escrita por una creyente de su grupo. La adolescente había escrito: "Le envío bendiciones de nuestro amado Señor. ¡Cuánto me ama!".

Las editoriales de los periódicos se preguntaban cómo era que los estudiantes comunistas optaban por seguir a Cristo y cómo es que acusaban a la escuela comunista de ser "débil" y "privada de luz". Decían que el cristianismo podía "arrebatar a sus discípulos de las narices de sus indiferentes maestros".

No fue la indiferencia de los maestros, fue el llamado del amor de Cristo tal como lo presentó el pastor Serebrennikov y los miembros de su grupo de jóvenes: cristianos que permitían que su luz brillara en una tierra en tinieblas.

Día 159

Ustedes son la luz del mundo. Una ciudad en lo alto de una colina no puede esconderse. Ni se enciende una lámpara para cubrirla con un cajón. Por el contrario, se pone en la repisa para que alumbre a todos los que están en la casa.

Mateo 5:14,15

"Esta pequeña luz, la dejaré brillar…". Esta conocida canción infantil tiene una melodía sencilla con pocas palabras para recordar; se le puede quedar en la mente por varios días después de que la escuche. Los niños pequeños encuentran la canción fácil de aprender, pero es mucho más difícil vivirla, sobre todo a medida que envejecemos. ¿Cuántas oportunidades tenemos en un día para permitir que nuestras luces brillen y honren a Dios? ¿Una o dos? ¿Diez? ¿Veinte? El número exacto no importa. Lo que importa es nuestra respuesta a los eventos que enfrentamos cada día. ¿Quién sabe? Es posible que su luz sea exactamente lo que otros necesitan para encontrar su camino a casa.

"venta" extrema

RUMANIA: SABINA WURMBRAND

La repetición era enloquecedora y los nervios de Sabina estaban a punto de estallar. Sin embargo, el agente era implacable. "Tenemos métodos para hacerla hablar que no le gustarán. No trate de pasarse de lista con nosotros. Nos hace perder el tiempo".

Las preguntas estaban dirigidas a hacer que revelara los nombres de otros cristianos; aquellos para los que fue una madre en la fe y a quienes alentó a ser fuertes frente a la persecución. Ahora le tocaba a ella ser fuerte, pero no creía que lograría soportar otra de esas sesiones de interrogatorio.

La siguiente sesión se realizó con un enfoque más sutil, más astuto. El interrogador estaba solo y sonriendo.

—Estimada mujer, apenas tiene treinta y seis años de edad y una vida entera por delante. Solo dígame los nombres de los traidores.

Sabina se mantuvo en silencio.

—Vamos a ser prácticos. Todo el mundo tiene su precio, ¿por qué no me dice el suyo? Solo dígame lo que desea. ¿Libertad para usted y su esposo? ¿Un buen hogar y una iglesia? Cuidaremos bien de su familia.

—Gracias, pero ya estoy vendida —respondió Sabina con una ardiente convicción.

—¿Lo está? —interrumpió el interrogador—. ¿Por cuánto y a quién?

—Al Hijo de Dios lo torturaron y Él dio su vida por mí. A través de Él puedo alcanzar el cielo. ¿Podría usted pagar un precio más alto que ese?

Día 160

Ustedes fueron comprados por un precio; no se vuelvan esclavos de nadie.

1 Corintios 7:23

Llamamos "remordimiento del comprador" a la sensación de que el producto no vale lo que se pagó por él. También se le conoce como "remordimiento del vendedor" al sentimiento de que lo que se recibió por pago no se compara con el valor del producto. Todos sentimos algunas veces el dolor de "haber sido comprados" por algo o alguien cuando nos vemos tentados a poner en riesgo nuestros valores. Después de haber cerrado el trato, nos sentimos estafados, tontos. Nos sentimos indignos cuando hemos traicionado nuestra autoestima. Sin embargo, Cristo pagó el precio máximo para ganar nuestro amor. Si todo el mundo tiene un precio, Él ya lo dio por nosotros de una vez y para siempre. Su compra de sangre nos hace incalculables para Él. Usted ya fue comprado y pagado por precio, así que no se venda por menos. Recuerde eso hoy.

Día 161

"*Una iglesia que no recuerda a sus hermanos perseguidos no es una iglesia en lo absoluto*".

<small>PASTOR LUTERANO QUE SOPORTÓ UNA HORRIBLE TORTURA A FIN DE
PROTEGER A MIEMBROS DE LA IGLESIA CLANDESTINA</small>

instrumentos extremos

NACIONES RESTRINGIDAS: CRISTIANOS PERSEGUIDOS

El humo del accidente del tren era denso, así como los gritos de agonía que venían del mar de cuerpos heridos y sangrantes de los pasajeros que yacían entre los vagones destrozados. Entre los heridos y los moribundos, caminaba un cirujano que resultó ileso en la colisión. Sin embargo, su equipaje se había perdido en el accidente y él clamaba: "¡Mis instrumentos! ¡Mis instrumentos! ¡Si solo tuviera mis instrumentos!".

Día 162

Con instrumentos médicos, el hombre pudo haber salvado muchas vidas. Contando solo con sus propias manos, estaba casi impotente, observando cómo muchas personas morían.

La iglesia perseguida de hoy en día es como ese cirujano. Tienen el conocimiento y la disponibilidad para salvar muchas vidas atrapadas sin Cristo entre los escombros del comunismo o el islam. Lo que necesitan son los instrumentos.

"¡Escuchen los lamentos de sus hermanos y hermanas en los países cautivos!", escribió el pastor Richard Wurmbrand la primera vez que llegó a los Estados Unidos. "Ellos no piden huir; no piden seguridad ni una vida fácil. Solo piden los instrumentos para contrarrestar el envenenamiento de sus jóvenes (la siguiente generación) con el ateísmo. Piden Biblias. ¿Cómo pueden propagar la Palabra de Dios si no la tienen?".

Los cristianos en los países restringidos no pueden suministrarse a sí mismos esos instrumentos. Cuentan con los cristianos en los países libres para que los ayuden. "Entréguennos los instrumentos que necesitamos", nos dijo un cristiano, "¡y nosotros pagaremos el precio por utilizarlos!".

Ahora bien, ¿cómo invocarán a aquel en quien no han creído? ¿Y cómo creerán en aquel de quien no han oído? ¿Y cómo oirán si no hay quien les predique?

Romanos 10:14

Una pizarra para un maestro, jeringas para una enfermera, paciencia para un padre y un tractor para un campesino. Cada persona, sin importar su llamado, utiliza instrumentos. Pueden ser tan complicados como una computadora o tan primitivos como un martillo, pero nuestras vidas cambian drásticamente con esos instrumentos. Como cristianos, conocemos nuestros instrumentos espirituales porque leemos acerca de ellos en la Palabra de Dios, la Biblia. Sin embargo, ¿qué me dice de los que nunca han leído sobre los instrumentos de compasión, perdón, amor, compartir y todos los dones y talentos que ofrece Dios? Usted no puede guardar esas verdades espirituales para sí mismo, escondiéndolas como un avaro que acumula oro. Comparta sus instrumentos con libertad y de buena gana con quienes están en necesidad.

viajes extremos

VIETNAM: JOVEN PLANTADORA DE IGLESIAS

Cada movimiento de las ruedas del tren hacía rebotar con dolor el frágil cuerpo de la cristiana vietnamita sobre el duro asiento de madera. Pero ella tenía una misión.

Necesitaba alimento espiritual para los cristianos que guiaba en Vietnam del Norte. Tres congregaciones de personas oraban para que su líder tuviera éxito en llevarles valiosos ejemplares de la Biblia.

Día 163

Su trabajo de regreso en casa era agotador. Era la única cristiana madura en la región, y había establecido las tres iglesias de la nada, ganando un alma tras otra a través de su testimonio personal. No tenía auto y ni siquiera una bicicleta. Ella caminaba o remaba en una pequeña barca de madera para asistir a las reuniones de sus iglesias.

Había enfrentado amenazas, acoso policial y la consternación de sus padres budistas a causa de su fe. Ahora viajaba en tren, recorriendo cerca de mil trescientos kilómetros durante tres días consecutivos, esperando encontrar un creyente que pudiera ayudarla. Al final, llegó a Ciudad Ho Chi Minh.

Allí se reunió con cristianos occidentales que estaban de visita y le dieron Biblias para los cristianos en el norte. También le dieron una bicicleta para ayudarla a ministrar las tres congregaciones. Antes de retirarse, oraron juntos, pidiendo las bendiciones de Dios sobre su viaje y su ministerio.

Sé diligente en estos asuntos; entrégate de lleno a ellos, de modo que todos puedan ver que estás progresando.

1 Timoteo 4:15

—¿Qué edad tiene usted? —preguntó uno de ellos cuando estaban a punto de retirarse.

—Tengo veintidós años de edad —susurró la mujer separando su cabello negro de su rostro.

Los niños prodigios tienen habilidades especiales que van más allá de su edad. Pudiéramos saber de alguien que terminó la universidad a los quince años de edad o que escribió una sinfonía antes de cumplir doce años o que sobresalió en los deportes a los dieciséis años de edad. Nuestra respuesta a menudo es de envidia; deseamos poder haber hecho algo grande en nuestra juventud y también recibir reconocimiento por ello. La cristiana vietnamita hizo exactamente eso, pero es probable que no tuviera ninguna habilidad superior a la de otros jóvenes de la misma edad. Sin embargo, tenía el deseo de seguir a Jesús y llevarlo a las personas de su país. Cristo lo llama a usted también para que sea diligente para Él. Expresar el amor de Dios es tan sencillo que no requiere habilidades especiales, solo su disponibilidad.

instrucción extrema

FRANCIA: FRANZ RAVENNAS Y MARTÍN GUILLABERT

"Al escuchar la sentencia de muerte, usted la recibirá como la invitación del Rey de gloria, invitándolo a su fiesta de bodas".

Las instrucciones eran difíciles, pero claras. Los autores franceses Franz Ravennas y Martín Guillabert escribieron un manual de instrucciones para cristianos que se enfrentaban a la amenaza de muerte. Su "oficina de publicaciones" era su celda en la cárcel durante la Revolución Francesa. Veían su celda como la "antesala al paraíso".

Día 164

"Cuando terminen de leer su sentencia", continuaba el manual, "usted dirá lo mismo que muchos mártires que partieron antes que usted: 'Gracias Dios'. Entone cantos de gozo. Cuando aten sus manos, diga las palabras de San Pablo: 'Por el nombre del Señor Jesús estoy dispuesto no solo a ser atado, sino también a morir'.

De camino a la ejecución, hábleles a los guardias acerca de las Escrituras y sobre el deleite de sufrir y morir por Cristo. '¿Quién nos apartará del amor de Cristo?' (Romanos 8:35).

Cuando encuentre al verdugo, recuerde las palabras del gran mártir Ignacio: '¿Cuándo vendrá el feliz momento en el que seré masacrado por mi Salvador? ¿Cuánto debo esperar?'. Recuerde también hacer una oración por sus perseguidores".

A Ravennas y Guillabert los decapitaron. Sus palabras son más de lo que imaginan la mayoría de los cristianos en los países libres, pero se aplican, aun hoy en día, en los países restringidos.

> Pues estoy convencido de que ni la muerte ni la vida, ni los ángeles ni los demonios, ni lo presente ni lo por venir, ni los poderes, ni lo alto ni lo profundo, ni cosa alguna en toda la creación, podrá apartarnos del amor que Dios nos ha manifestado en Cristo Jesús nuestro Señor.
>
> **Romanos 8:38,39**

Cada día que vivimos debería venir con una advertencia: ¡Cuídese! la tragedia es una clara posibilidad en todo momento. Ya sea si vamos en un vehículo, cruzando una calle o solo desempeñando nuestro trabajo cotidiano; no estamos exentos de un accidente, una enfermedad, o un acto de violencia intencional. Aunque no podemos vivir protegidos de la maldad de este mundo, podemos vivir con la promesa que Dios nos da: nada, absolutamente nada puede separarnos del amor que tenemos en Jesús. Aunque usted quizá nunca muera por su fe, se puede enfrentar al rechazo y otras persecuciones dolorosas. El amor de Dios lo instruirá y lo ayudará a enfrentarse a todo lo que venga contra usted hoy.

pruebas extremas

"Nosotros somos el barro, Él es el alfarero".

Un creyente estaba de pie junto a la ventana, observando las calles a medianoche por algún movimiento que indicara que la policía se acercaba a los adoradores. Los cristianos se reunían en secreto en la parte sur de Irán. El visitante extranjero añadía peligro a la situación porque la policía iraní estaría furiosa si se enteraba que los cristianos estaban reunidos con un extranjero.

Día 165

Hacía poco que habían liberado de la custodia policial a un creyente y los moretones en su cuerpo mostraban los tratos recibidos. Aunque la policía lo vigilaba de cerca y sabía de su obra cristiana, él continuaba ministrando tanto como podía cuando no estaba bajo arresto.

Hablaba con pasión y alentaba a todos los creyentes reunidos a crecer y ser más como Cristo, sin importar el costo. Sabían que el precio podía ser alto, ya que todos conocían a cristianos que habían sido arrestados, golpeados o asesinados. Otros solo habían desaparecido.

El maravilloso servicio fue largo y lleno de adoración. Después, el asombrado visitante extranjero le preguntó al expositor acerca de sus experiencias en la cárcel y el sufrimiento que soportó. "¿Cómo mantiene usted tal espíritu de esperanza y alegría en medio de estas dificultades?", preguntó.

"Estas pruebas son solo 'instrumentos' en las manos de Dios —dijo el creyente iraní—. ¿Quién soy yo para criticar los instrumentos que Dios utiliza para hacerme más santo?".

A pesar de todo, Señor tú eres nuestro Padre; nosotros somos el barro, y tú el alfarero. Todos somos obra de tu mano.

Isaías 64:8

Los humanos tenemos una fascinación con el futuro. Por siglos, hemos consultado a astrólogos y a otros que afirman conocer nuestro futuro. Hemos escrito libros y hecho películas basadas en el concepto de viajar por el tiempo. Queremos saber lo que hay más adelante para nosotros en nuestro peregrinaje a través de la vida. Sin embargo, al igual que el barro no puede preguntarle al alfarero lo que va a ser, tampoco podemos preguntarle a nuestro Hacedor lo que vamos a ser. Aun así, podemos confiar en que Dios creará algo bello y santo con nuestras vidas. Sabemos por fe que somos el resultado de las manos de Dios. ¿De qué maneras usted confiará en que Dios, el Alfarero Maestro, lo está convirtiendo en una obra de arte?

amor extremo por la cruz

ROMA: ANDRÉS

—Si no renuncia a este Jesús, morirá en la cruz —dijo enfurecido el gobernador Egeas. Este cristiano lo había avergonzado personalmente ante los ojos de Roma al difundir el cristianismo a través de la provincia griega del gobernador, e incluso a su propia esposa.

Día 166

—Si le hubiera temido a la muerte de la cruz, no hubiera predicado la majestad y la gloria de la cruz de Cristo —contestó Andrés.

—Entonces la tendrá. ¡Crucifíquenlo!

Mientras Andrés se acercaba a la cruz, que tenía forma de X, proclamó con gozo: "¡Oh, amada cruz! Me regocijo de verte erigida aquí. Vengo a ti con la conciencia tranquila y con alegría, deseando que yo, que soy discípulo de aquel que murió en la cruz, sea también crucificado. Mientras más me acerco a la cruz, más me acerco a Dios".

Andrés permaneció colgado, atado a la cruz, durante tres días, predicando y exhortando a las personas ante él: "Manténganse firmes en la Palabra y en la doctrina que han recibido, instruyéndose unos a otros, a fin de que vivan con Dios en la eternidad y reciban el fruto de sus promesas".

Andrés declaró: "¡Oh Señor Jesucristo! No permitas que tu siervo que cuelga aquí en un madero a causa de tu nombre, sea puesto en libertad para vivir entre los hombres de nuevo; recíbeme en tu reino". Entonces, una vez terminada su súplica, entregó su espíritu a Dios.

Fijemos la mirada en Jesús, el iniciador y perfeccionador de nuestra fe, quien por el gozo que le esperaba, soportó la cruz, menospreciando la vergüenza que ella significaba, y ahora está sentado a la derecha del trono de Dios.

Hebreos 12:2

La cruz viene en una variedad de diseños hoy en día: en porcelana, plata fina, oro de veinticuatro quilates, aun platino. Se usa como joyería, adornos de pared, hasta decoraciones para el retrovisor. La cruz es omnipresente por toda su popularidad. Sin embargo, ¿cuántos cristianos se han detenido a pensar en lo que significa exhibir la cruz? Para unos, la cruz representa un instrumento de tortura, ¡imagínese tener una horca o una silla eléctrica exhibida en su casa! La cruz nos recuerda que Cristo tuvo una muerte dolorosa. Más allá de eso, representa un puente que se extiende sobre el pecado, el que por un tiempo separó a Dios de su pueblo. Jesús nos llevó de regreso a Dios a través de la cruz. En este momento, considere qué significado tiene la cruz para usted.

rescate extremo

En la Holanda del siglo dieciséis, a Dirk Willems lo llamaron "anabaptista" durante el gobierno de los españoles católicos y lo encarcelaron. Ahora estaba huyendo por su vida.

Había escapado por una pequeña ventana y había descendido por una soga hecha de trapos viejos. Cayendo en la laguna congelada junto a la pared de la cárcel, caminó con cautela sobre el hielo, preguntándose si caería a través de él. Sin embargo, los meses de hambre soportados en prisión ahora le servían bien. No pesaba más de cuarenta y seis kilos.

Día 167

Antes de llegar a la otra orilla de la laguna, un grito rompió el silencio de la noche. "¡Deténgase de inmediato!", gritó el guardia saliendo por la misma ventana por donde Dirk había escapado momentos antes. Dirk estaba muy cerca de la libertad y continuó su camino.

El guardia gritó de nuevo al poner los pies sobre el hielo. Enseguida, comenzó a perseguir a Dirk, pero en su tercer paso hubo una grieta, seguida de un gran salpicón de agua debido a que el guardia cayó a través del hielo. Sus gritos cambiaron a alaridos de frío y terror. "¡Ayúdeme, por favor! ¡Ayúdeme!".

Confía en el Señor de todo corazón, y no en tu propia inteligencia.

Proverbios 3:5

Dirk se detuvo, mirando hacia la libertad. Después se volteó y regresó con rapidez a la laguna de la prisión. Se acostó boca abajo y extendió su brazo para rescatar al guardia medio congelado. En gratitud sarcástica, el guardia agarró a Dirk y le ordenó que regresara a su celda.

A pesar de su heroísmo, a Dirk lo quemaron en la hoguera por su fe.

Los cristianos comprometidos no viven de acuerdo con el sentido común. Hacen lo inconcebible conociendo bien las consecuencias. Hacen lo imposible como si fuera algo común y corriente. Los creyentes viven de acuerdo con un llamado más alto. Sus acciones y sus reacciones son tan poco comunes que a menudo se malentienden. Para algunos, el rescate extremo de Dirk parece una opción poco natural. Hasta quizá un poco tonta. Dirk, sin embargo, creía que solo seguía las reglas básicas de la Biblia. Puso las necesidades de otro antes que las suyas. Cuando nos sacrificamos, puede que no siempre tenga sentido para el mundo, pero sabemos que desde una perspectiva celestial, estamos progresando. ¿Vive más a menudo según el sentido común? ¿O está comprometido a seguir los mandamientos de Dios a cualquier costo?

Día 168

"Odio el sistema comunista, pero amo a los hombres. Odio el pecado, pero amo al pecador. Amo a los comunistas con todo mi corazón. Los comunistas pueden matar a los cristianos, pero no pueden matar el amor de los cristianos incluso hacia quienes los matan. No tengo la menor amargura ni resentimiento contra los comunistas, ni contra mis torturadores".

EX PRISIONERO DE LA FE BAJO EL COMUNISMO

seguridad extrema

EGIPTO: AHMED

—¿Por qué pones en riesgo a tus hijos? —preguntó uno de los tres oficiales egipcios.

"Ahmed" había sido arrestado muchas veces por hablar de su fe y por distribuir material cristiano impreso. Sin embargo, veía cada interrogatorio como una oportunidad de dar testimonio de Cristo.

Día 169

—La seguridad de mis hijos no proviene de mí —le dijo con calma a los agentes—. Viene de Dios.

—¿Por qué no estás dispuesto a obedecer al Gobierno? —preguntó el agente principal.

—Yo no dejaré de hablar acerca de Jesús porque es el Camino de la Verdad —dijo Ahmed—. Jesús cambió mi corazón.

Los agentes lo cuestionaron acerca del material cristiano que se imprimió clandestinamente. También le preguntaron sobre cristianos específicos y sus actividades. En ambos casos, Ahmed guardó silencio.

—No les dije nada —dijo más tarde—. No seré un traidor del Cuerpo de Cristo.

Pónganse toda la armadura de Dios para que puedan hacer frente a las artimañas del diablo.

Efesios 6:11

Cuando le pidieron que espiara a otros cristianos y le reportara a la policía, les respondió:

—Ese no es mi trabajo.

En otra ocasión, la policía turca atrapó a Ahmed y lo interrogó por llevar bolsas llenas de material cristiano.

—Si no respondes a nuestras preguntas y nos ayudas, te encerraremos por causar problemas al gobierno turco —le aseguró la policía.

—Jesús no nos dice que causemos problemas a los gobiernos —respondió Ahmed—. Él quiere que testifiquemos acerca de Su amor y perdón.

Alborotadores, son los niños que no pueden dejar de hablar en clase, son los bravucones en el comedor de la escuela que roban a otros el dinero de su almuerzo, son los chismosos en la oficina calumniando a otros y diseminando rumores como si fuera una enfermedad. Los cristianos no tienen el llamado a ser alborotadores. Es más, Jesús nos llama a ser pacificadores. Sin embargo, esta regla tiene una excepción: debemos ser alborotadores en contra de Satanás y sus conspiraciones. No podemos permitir que el diablo nos ignore como simples e inofensivos para el reino. La oración es nuestra arma más eficaz. ¿Qué tan a menudo sus oraciones interrumpen la obra de Satanás? Ocúpese hoy de orar en el nombre de Jesús en contra de los planes de su adversario.

obediencia extrema

Al pastor lo interrogaron y golpearon muchas veces, pero hoy el guardia lo llevó a una habitación para hablar. —Tengo curiosidad por sus creencias y le pido que me diga los Diez Mandamientos —le dijo.

Asombrado, el pastor comenzó a nombrarle los mandamientos. Cuando llegó a "Honra a tu padre y a tu madre", el guardia lo interrumpió:

Día 170

—Deténgase aquí. Ustedes los cristianos creen que Dios escogió "Honra a tu padre y a tu madre" como un mandamiento muy importante. Por favor, mire en la esquina.

El pastor volteó para ver a una anciana encadenada y golpeada bajo un montón de trapos. Era la madre del pastor.

—Mire cuánto ha sufrido su madre —le dijo el guardia—. Si me dice los secretos de la iglesia clandestina, usted y su madre se podrán ir libres. Si ella muere por nuestras torturas, usted habrá fallado en obedecer el mandamiento de honrarla y su sangre caerá sobre su cabeza.

El pastor volteó hacia su madre que comenzaba a recobrar el conocimiento.

Al contrario, alégrense de tener parte en los sufrimientos de Cristo, para que también sea inmensa su alegría cuando se revele la gloria de Cristo.

1 Pedro 4:13

—Querida madre, ¿qué debo hacer?

—Desde que eras un niño pequeño —contestó ella con amor—, te he enseñado a amar a Cristo y a su iglesia. No traiciones a Dios. Estoy preparada para morir por el Santo Nombre.

El pastor miró de nuevo al guardia

—Usted tenía mucha razón, capitán. Antes que todo, un hombre debe obedecer a su madre —dijo con valor renovado.

"¿Por qué hay tanto sufrimiento en el mundo?", preguntan a menudo los escépticos cuando quieren rechazar al cristianismo. No logran conciliar un Dios amoroso que permite el sufrimiento de inocentes. Es más, pueden tratar de persuadir a los cristianos que experimentan sufrimiento de que las pruebas por las que están pasando, de alguna manera, dan a conocer que los planes de Dios salieron mal. ¿Es en verdad el sufrimiento parte del plan de Dios? En respuesta a esa pregunta, vea la vida de Jesús en la tierra. Su sufrimiento en la cruz fue el latido del corazón del plan de Dios, resultando en nuestra salvación y su gloria. Cuando usted sufre conforme al plan de Dios, camina hacia donde lo hizo Jesús: a la cruz, a la tumba y, por último, a los cielos. ¿Confiará en que Dios sabe lo que hace aun en su dolor?

ejemplos extremos

"En 1996, nuestra hija Sofía tuvo una larga convulsión que le causó daño cerebral permanente. Sufrió mucho por meses, llorando sin cesar por dos o tres días seguidos y retorciéndose de dolor. No nos reconocía ni respondía a nosotros.

Una enfermera no comprendía por qué nosotros no estábamos enojados con Dios por permitir que ocurriera esto. Traté de ayudarla a entender que somos sus siervos y no podemos negar el tremendo regalo que Dios nos ha dado en su Hijo. Cuatro meses después de su convulsión, Sofía murió.

Día 171

El día que murió, yo vi una foto en un artículo de La Voz de los Mártires acerca de una hermana sudanesa a la que le cortaron sus pechos mientras estaba sentada junto a su bebé. Sus perseguidores la torturaron al hacer esta horrible acción, forzándola a ver su niño morir de hambre. A miles de kilómetros de donde ella estaba, yo conocía su dolor y lloré, pensando que no me permitiría hundirme de la autocompasión.

Esa mujer, y otras como ella, no tenían el beneficio de la atención médica, el compañerismo, ni el amor de los hermanos que teníamos nosotros. Pero han soportado mucho, y yo, por la gracia de Dios, también puedo soportarlo.

Es evidente que ustedes son una carta de Cristo, expedida por nosotros, escrita no con tinta, sino con el Espíritu del Dios viviente; no en tablas de piedra, sino en tablas de carne, en los corazones.

2 Corintios 3:3

Necesito esas cartas vivas del Señor Jesucristo que expresan que es realidad que Jesús vive y que este mundo no es mi hogar".

Aunque la presencia de Dios siempre está cerca a través de la persona del Espíritu Santo, a menudo necesitamos de esos "animadores del alma", de carne y hueso para que nos ayuden en nuestra fe. Los mártires y otros creyentes a través de los siglos son personas reales cuyos verdaderos ejemplos de valentía nos inspiran a creer que quizá, solo quizá, pudiéramos responder de la misma manera. Aunque no pasemos por las mismas adversidades, podemos adoptar su espíritu de tenacidad y valentía para nuestras vidas cotidianas. Si se ha sentido inspirado por una historia de fe extrema, comuníquesela a otros, transmita el ejemplo, enseñe a otros a extraer fortaleza de quienes han pasado antes por ello, viviendo su fe como ejemplos para todos nosotros.

rechazo extremo

RUSIA: SERGEY MECHEN

"El cristianismo no es una enseñanza que uno puede obtener de libros y sermones", predicaba Sergey Mechen, líder de la Iglesia Maroseyka en Moscú. "Jesús dijo: 'Yo soy la verdad'. La verdad es un tipo de vida específico que uno alcanza siguiendo el ejemplo de Cristo".

Día 172

Y después de que ustedes hayan sufrido un poco de tiempo, Dios mismo, el Dios de toda gracia que los llamó a su gloria eterna en Cristo, los restaurará y los hará fuertes, firmes y estables.

1 Pedro 5:10

Era el año de 1923, y el nuevo gobierno comunista en Rusia había lanzado la llamada "Iglesia Viva", que no era nada más que el socialismo disfrazado de cristianismo. El pastor Sergey se negó rotundamente a leer las oraciones prescritas o predicar la idea diluida de Dios que aprobaban los comunistas. Siguió predicando la verdad a su congregación, sabiendo que era posible que sufriera por ello.

Sergey pasó cinco años en prisión y los comunistas cerraron su iglesia. Sin embargo, ese tiempo en la cárcel solo preparó más a fondo a Sergey para el ministerio. En cuanto lo pusieron en libertad, reanudó su obra con la iglesia clandestina. Ministró con fidelidad por largas horas cada día hasta que su antiguo pastor, un hombre que le dio la espalda a Dios, lo traicionó. El gobierno recompensó a ese pastor con un empleo como profesor.

Sergey había leído a menudo las palabras de Jesús que dicen que "el buen pastor da su vida por sus ovejas". Así que se comprometió a nunca traicionar a sus hermanos. Por sus firmes actividades cristianas, Sergey Mechen fue ejecutado por un pelotón de fusilamiento en 1941. Su vida ha pasado, pero su mensaje permanece: "La verdad no cambia con el fin de beneficiar las necesidades de cada persona".

Dios no viene en una caja. Viene en toda su gloria y plenitud, o no es Dios en lo absoluto. Algunos quizá digan con facilidad que no se oponen a Dios, siempre y cuando sea el dios apropiado del que quieren que se predique. Como si estuvieran en una cafetería espiritual, escogen lo que quieren, disfrutan la idea de Dios y descartan el resto como si fueran sobras. Sin embargo, el carácter y la naturaleza de Dios no cambian con los caprichos de la humanidad. Podemos tratar de moldear a Dios en otra forma, pero terminaremos fracasando. Rechace a todo aquel que no acepte el carácter completo y toda la naturaleza de Dios en algún aspecto. ¿Reconocería usted la herejía cuando la ve?

serenidad extrema

El pastor, su esposa y sus seis hijos pequeños acababan de leer el Salmo 23 mientras desayunaban. De repente, la policía irrumpió en su hogar para registrar la casa y arrestarlo a él.

—¿Tiene algo que decir? ¿No siente pena o remordimiento? —le preguntó la policía.

Día 173

—Usted es la respuesta a lo que oramos hoy —respondió con sumo cuidado el pastor—. Acabamos de leer en el Salmo 23 que menciona que Dios prepara ante nosotros un banquete en presencia de nuestros enemigos. Teníamos el banquete, pero no los enemigos. Ahora llegaron ustedes. Si desean comer cualquier cosa de lo que está en la mesa, me gustaría compartirla con ustedes. Ustedes han sido enviados por Dios.

—¿Cómo puede decir tantas estupideces? Lo llevaremos a la cárcel y morirá allí. Nunca volverá a ver a sus hijos.

—También leímos acerca de eso hoy —continuó con tranquilidad el pastor—. El mismo Salmo dice: "Aun si voy por valles tenebrosos, no temo peligro alguno".

—Todo el mundo le teme a la muerte —gritó el oficial—. Lo sé porque lo he visto en sus rostros.

—La sombra de un perro no muerde, y la sombra de la muerte no puede destruirnos. Es posible que nos mate o nos eche en la cárcel, pero nada malo nos sucederá. Estamos en Cristo y, si morimos, Él nos llevará a su mundo.

Al de carácter firme lo guardarás es perfecta paz, porque en ti confía.

Isaías 26:3

La paz se está volviendo tan cotizada como las acciones de la bolsa en la economía de inquietud y violencia de hoy en día. Por fortuna, todos los creyentes poseen de esas acciones como un regalo de Dios a través de Jesucristo. Aun así, muchas personas carecen de esta paz. Algunos toman medicamentos y se preocupan todo el tiempo, tratando de obtener paz estando separados de Dios. Cualquier bienestar que pudieran encontrar es solo temporal en el mejor de los casos, luego regresan a la preocupación y a la inquietud. En contraste, la paz de Dios permite a los creyentes triunfar con serenidad en sus sufrimientos. Ninguna prueba puede interferir con su confianza en Él. Como el amable pastor en esta historia, aunque la calamidad nos atacare sin previo aviso, usted estará preparado con la perfecta paz de Dios.

pensamientos extremos

"¡Muévase, príncipe! —se rió el guardia, agarrando el brazo del joven—. Veamos si le gusta su nuevo alojamiento".

Los guardias empujaron al príncipe Vladimir, de la casa real de Ghica, a la dura celda de la prisión. En una esquina, vio a los prisioneros que tomaban la ropa y las cobijas de un prisionero delgado que había muerto. En el fondo se escuchaban los gritos de un prisionero que estaba siendo torturado.

Día 174

Y la paz de Dios, que sobrepasa todo entendimiento, cuidará sus corazones y sus pensamientos en Cristo Jesús.

Filipenses 4:7

El lugar era muy diferente a la vida de lujo que había conocido en su casa. Aun así, el príncipe Vladimir sobrevivió las condiciones inhumanas de la cárcel manteniendo su fe en Cristo, quien lo consolaba y guiaba. Uno de sus compañeros de celda le dijo una vez: "En ningún lugar he escuchado oraciones tan puras, ni tantos pensamientos de valor eterno como en las cárceles comunistas".

Los pensamientos eternos de Vladimir durante este tiempo se publicaron en un poderoso libro. Él escribió: "Benditos son los que propagan el gozo que surge de su propio sufrimiento. Aquel que se niega a sí mismo por otros, se viste de Cristo. Busque a aquel que lo rechaza. Que mi gozo nunca venga del sufrimiento de otros, que mi sufrimiento traiga algo de gozo a otros".

¿Quién se imaginaría que tales "oraciones puras y pensamientos de valor eterno" vendrían de un príncipe destronado que sobrevivió a las mazmorras de la crueldad comunista?

Los pensamientos negativos logran afectarnos en lo más profundo. Si enfocamos nuestros pensamientos en nuestros sufrimientos, nos volvemos amargados y resentidos. No obstante, si elegimos pensar de forma positiva en medio de una crisis, nos elevamos por encima de nuestras circunstancias. No solo logramos evitar el desánimo y la desesperación, sino que también podemos ayudar a otros. Vladimir experimentó gozo en sus sufrimientos. ¿Es usted propenso a la negatividad cuando pasa a través de pruebas? Recuerde, usted no puede controlar lo que sucede en la vida, pero puede controlar su actitud. Niéguese a ser negativo. Pídale a Dios que le dé una perspectiva positiva durante sus pruebas y abra sus ojos para ayudar a otros.

Día 175

"Inquieto está el corazón hasta que descansa en ti".

San Agustín

santo extremo

ROMA: SAN NICOLÁS

—¡No lo haga! —gritó Nicolás mientras veía al verdugo levantar su espada para matar a otro prisionero—. No ha hecho nada para merecer esto.

A aquel hombre lo iban a ejecutar por su fe en Jesucristo. Con valentía, Nicolás agarró la espada del verdugo antes de que atravesara el cuerpo del prisionero.

Día 176

—Cómo usted diga, Nicolás... tengo muchos otros que matar hoy. —El verdugo escupió mientras se retiraba y continuaba sus deberes en otra parte.

Nicolás hablaba con denuedo a favor de Cristo en un tiempo difícil en la historia. En el año 303, el emperador Diocleciano comenzó una de las persecuciones más brutales de cristianos. Ejecutaban a tantos cristianos que los verdugos se encontraban exhaustos y se turnaban para hacer su trabajo.

A Nicolás lo marcaron con un hierro candente, sobrevivió terribles golpizas de los guardias, y soportó otras torturas también, solo por no negar que Jesús era el Hijo de Dios. ¿Cómo iba a negar a quien era tan real para él? Nicolás se mantuvo firme en medio de una gran injusticia.

Después de ser liberado de la cárcel, pasó el resto de su vida estableciendo orfanatos y protegiendo a los niños pobres. Estaba comprometido a promover el Evangelio de Cristo de maneras creativas. Incluso, en una ocasión arrojó dinero envuelto en un calcetín por la ventana de una casa donde vivían dos niñas muy pobres, para que no las vendieran a una casa de prostitución.

Amen al SEÑOR, todos sus fieles; él protege a los dignos de   confianza.

Salmo 31:23

Muchos años después de su muerte, a Nicolás se le llamó con afecto San Nicolás. Para muchos niños, la noche antes de Navidad es la más mágica del año mientras esperan la visita de Santa Claus (o papá Noel), una caricatura de San Nicolás. La verdadera historia de la vida de San Nicolás es mucho más heroica y amorosa que lo que la mayoría de los niños pudieran imaginar. Piense en la historia de su propia vida. ¿Conoce la gente la verdad acerca de su fe en Jesucristo? ¿O solo lo conocen a usted como una persona afectuosa y excepcionalmente moral? Aunque Santa Claus no es real, San Nicolás sí lo fue y usted también debe serlo. Es probable que usted no se sienta como un santo, pero el mundo necesita ejemplos reales de cristianos firmes. ¿Qué hará hoy para vivir su fe de una manera real?

disposición extrema

Día 177

"Aquí tienes a la sierva del Señor", contestó María. "Que Él haga conmigo como me has dicho".

Lucas 1:38

—Así no es como imaginaba tener a nuestro primer hijo —dijo la joven mujer entre una contracción y otra—. ¿Estás seguro de que esto se encuentra suficientemente limpio? —le preguntó a su esposo, José.

—No lo sé, amor —dijo él preocupado—, pero es lo que pudimos conseguir. Sabemos que Dios va a proteger a este bebé. Él debe tener algún plan para que el bebé nazca aquí.

Entonces vino otra contracción

—Trata de respirar mientras pasa el dolor —le aconsejó José mientras le limpiaba el rostro con un paño húmedo—. Aguanta... solo deben ser unos minutos más.

—Yo quería tener a este bebé en mi propia casa. Quería que mi madre estuviera ahí para ayudarme —dijo ella entre dientes.

—Yo estoy aquí para ayudarte —dijo José—, así que tenemos que hacerlo nosotros mismos. Y ambos sabemos que Dios también está aquí. Si necesitamos más ayuda, aquí al lado tenemos a las vacas y a las ovejas —le contestó bromeando ligeramente.

La contracción pasó y María le sonrió a José. En la siguiente contracción, María comenzó a pujar. Pronto, su hijo llegó al mundo. Le llamaron Jesús, tal como les indicó el ángel.

Algunas veces nos olvidamos de las dificultades que José y María soportaron para traer al mundo al Rey de reyes: un establo fue su sala de partos, fueron exiliados en Egipto, sufrieron pobreza y escándalo. Sin embargo, lo soportaron todo con gran disposición por su amor a Dios.

A medida que leemos la Biblia, podemos pensar que sería más fácil creer en las promesas de Dios si Él las marcara con alguna señal específica, como un mensajero angelical. Sin embargo, aun María, quien sí recibió tal señal, tenía sus dudas. Es probable que cuando el ángel Gabriel le anunciara a María que daría a luz al Hijo de Dios, le pareciera algo inimaginable. Le preguntó a Gabriel: "¿Cómo podrá suceder esto... puesto que soy virgen?". A pesar de sus inquietudes, María eligió creer en la promesa de Dios con gusto y estuvo dispuesta a obedecerlo. Su sencilla disposición trajo el plan de salvación de Dios para el mundo. ¿Está Dios llamándolo a estar disponible a pesar de sus dudas? Así como en María, es posible que su disposición a obedecer tenga un impacto eterno en el Reino de Dios.

poesía extrema

RUMANIA: DUMITRU BACU

Dumitru Bacu fue un prisionero cristiano durante las décadas de 1950 y 1960. Como muchos otros, su único crimen era ser cristiano. Dumitru utilizó sus veinte años en la cárcel para componer poesías de amor a Dios. Los poemas se escribieron con sumo cuidado en pequeñas barras de jabón o transmitido por golpeteos en las paredes usando clave Morse a fin de que otros los aprendieran y los pasaran de celda en celda.

"Las aflicciones que debilitaban nuestros cuerpos no lograron controlar nuestros corazones", dijo Bacu después de ser liberado. "En lugar de odio, cultivamos amor, entendimiento y sabiduría".

He aquí uno de sus poemas, compuesto mientras estaba incomunicado en una celda infestada de ratas, chinches y piojos:

> Anoche, se apareció en mi celda Jesús;
> Era alto; estaba triste, pero, ah, era la Luz.
> El atesorado rayo de luna de repente se fue,
> Mientras que, asombrado y feliz, a Él miré.
> Vino y se paró junto al tapete en que me acostaba,
> Y en silencio me mostró lo que su sufrimiento costaba.
> Todas las cicatrices ahí estaban: en sus pies y en sus manos,
> Y una herida donde su corazón latía, en un costado.
> Él sonrió y desapareció. Y yo sobre la roca caí
> Y clamé: 'Amado Jesús, no me dejes solo aquí'.
> Apretando los barrotes perforé mis palmas:
> Bendito es el regalo, benditas son las marcas.

He aprendido a estar satisfecho en cualquier situación en que me encuentre.

Filipenses 4:11

Por lo general, una sombría celda de la cárcel y la pérdida de libertades básicas no son la cuna de inspiración poética. Dumitru convirtió sus aflicciones en oportunidades para alabar a Dios e impactar las vidas de otras personas para Cristo. Sus sufrimientos le resultaban insignificantes cuando consideraba lo que Cristo sufrió por él. Al experimentar lo que Dumitru enfrentó, muchos creyentes se sentirían frustrados o insultados, mas no inspirados. Algunos dudarían que Dios estuviera preocupado por ellos, por lo que componer líneas de alabanza poética a Dios sería lo último en lo que pensarían. Sin embargo, Dumitru se enfocó en Cristo en lugar de enfocarse en su celda, y estaba lleno de alabanzas. ¿Usted cómo reacciona en tiempos de sufrimiento? Cuando sea su turno de sufrir, ¿verá los impedimentos de su felicidad o las oportunidades para alabar y servir a Dios?

apoyo extremo

RUMANIA: ANUTZA MOISE

Después que los comunistas soviéticos tomaron Rumania, cazaron a los alemanes por ser simpatizantes del nazismo. Anutza Moise decidió proporcionar un escondite para los mismos hombres que la odiaron por ser judía y cristiana. Cuando ofreció su ayuda para esconder a esos hombres del asecho de los comunistas, no creían que su oferta fuera genuina.

Día 179

Amen a sus enemigos, hagan bien a quienes los odian.

Lucas 6:27

—¿No recuerdas que nosotros fuimos los que te enviaron a la cárcel? —preguntó uno de ellos.

—Desde luego que lo recuerdo —dijo Anutza—. Pero yo soy cristiana y Dios no me permite guardar rencor. Ya los perdoné, y ahora tengo la oportunidad de ayudarlos. Jesús los ama y también yo los amaré.

Su amor los asombró y muchos fueron ganaron para Cristo gracias a su ejemplo. Ella junto con Richard y Sabina Wurmbrand, y otros, criaron a los niños cuyos padres judíos habían sido asesinados en los campos de exterminio nazis.

Más tarde, Anutza emigró a Noruega, donde estuvo activa en un ministerio para creyentes judíos. En este ministerio, recaudó diez mil dólares a fin de pagar por el rescate de su antiguo pastor, Richard Wurmbrand, obteniendo su liberación de Rumania. Anutza también realizó los preparativos para el viaje que llevaría a los Wurmbrand y su hijo, Mihai, al Occidente.

Sin el amor y el apoyo de Anutza a su favor, un influyente pastor y fundador de La Voz de los Mártires pudiera haber muerto en una cárcel comunista.

Cuando Dios nos llama a seguirlo y le respondemos afirmativamente, significa seguirlo a dondequiera y hacer cualquier cosa que pida. Debido a que Anutza tomó en serio este llamado, actuó con amor y perdón hacia sus enemigos. La labor de albergar a sus anteriores opresores debió haber parecido extraordinaria, pero Anutza fue capaz de hacerlo. Con obediencia escogió perdonar por encima de la amargura y la venganza, y siguió el ejemplo de amor de Cristo. ¿Qué le ha dicho Dios que haga? No pierda la oportunidad de hacer una obra con significado eterno.

anhelo extremo

"¡Algunas veces añoro esos días de persecución!"

Las palabras vinieron de un pastor iraní que escapó al Occidente. En Irán, el arresto y el acoso policíaco eran experiencias comunes. Incluso, perdió su casa y su trabajo a causa de su fe. Ahora era libre para vivir y adorar donde deseara. ¿Cómo podría añorar los días de persecución?

"Algunas veces añoro esos días", dijo, "porque yo estaba muy vivo. Cada día sentía que Jesús estaba conmigo".

Día 130

El pastor había establecido una iglesia cerca del frente de batalla entre Irán e Irak. Ganaba dinero conduciendo un taxi, e hizo crecer su iglesia hablándoles de Cristo a sus pasajeros. En dos años, había ganado almas de nueve grupos lingüísticos diferentes. Muchos soldados adoraban con ellos cada semana, y había bautizado a quince musulmanes que ahora creían en Cristo.

El pastor y su esposa dependían de Dios para todo. Cuando las bombas de la guerra caían a su alrededor, oraban por su protección. Cuando no había suficiente dinero, oraban por su provisión. Y cada día Dios les respondía.

Pues los sufrimientos ligeros y efímeros que ahora padecemos producen una gloria eterna que vale muchísimo más que todo sufrimiento.

2 Corintios 4:17

Su ministerio fue recompensado. Diez miembros de su iglesia se han hecho pastores. Aun ahora, el pastor puede ver el fruto de aquel tiempo cuando ministraba en el frente de batalla.

Si usted nunca ha estado enamorado, no comprende lo que es tener el corazón destrozado; si nunca ha perdido a un ser querido, no puede relacionarse sinceramente con los que están de luto. Usted no puede comprender un anhelo por algo que nunca ha experimentado. Los que han sufrido persecución por su fe describen un anhelo peculiar. No anhelan tanto la persecución, sino el sentido de compañerismo que les trajo la persecución. No añoran la tortura, sino lo que ésta les enseñó. El resultado final supera por mucho el sufrimiento. Si usted quiere experimentar un andar más íntimo con Jesús, usted tiene que estar dispuesto a sacrificarse de forma obediente por Él. Eso también es un tipo de sufrimiento.

declaración extrema

Pedro Siemens yacía en el mugriento piso de una cárcel rusa después de haber estado inconsciente por tres días. Lo habían arrestado por predicar el Evangelio a niños. Sus compañeros de celda lo golpearon horriblemente a cambio de la libertad condicional que les prometieron los guardias. Mientras lo atacaban, Pedro permaneció en silencio.

Día 181

Como naranjas de oro con incrustaciones de plata son las palabras dichas a tiempo.

Proverbios 25:11

—¿Por qué no gritabas mientras te golpeábamos? —preguntó uno de los prisioneros al ver que recobraba la conciencia.

—Yo me preguntaba si solo me pegaban por gusto propio, sin el consentimiento de los guardias —respondió Pedro con sus labios ensangrentados—, si fuera así y yo hubiera gritado, los habrían castigado por mala conducta en prisión. Yo no quería que ustedes sufrieran, porque Jesús los ama y yo también los amo.

La elocuente declaración de Pedro ganó los corazones de los despiadados criminales de su celda. Pasaron la voz rumorando de boca en boca entre los presos que nadie debía lastimarlo, sin importar a dónde los transfirieran ni qué incentivos les ofrecieran los guardias.

Los prisioneros que esperaban su ejecución en la cárcel escucharon la historia de Pedro y pidieron su ayuda. Pedro respondió y a través de guardias comprensivos compartió con ellos la historia del amor de Jesús. Es posible que, a causa del ministerio de Pedro, algunos de ellos aceptaran a Cristo antes de ser ejecutados. Su vivo ejemplo del amor de Cristo trajo una valiosa oportunidad a otros. Los que de otra manera nunca hubieran escuchado, recibieron el mensaje del Evangelio.

La palabra hablada puede ser poderosa. Una palabra de consejo, de amor o de aliento en el momento apropiado puede hacer mucho cuando alguien tiene necesidad. Pero ¿qué sucede con quienes tienen una necesidad espiritual? Las palabras de Pedro Siemens eran motivadas por su amor a Cristo. Ese amor lo habilitaba para hablar con valor del amor de Cristo a sus enemigos en el momento en que más necesitaban escucharlo. Pedro fue obediente a la dirección de Dios, y el Señor utilizó sus palabras para cambiar el destino eterno de muchos de sus compañeros de prisión. ¿Utilizó Dios las palabras de alguien para llevarlo a usted a Jesús? Cuando Dios lo llame para hablarle a otra persona de Jesús, ¿lo obedecerá en ese momento? Considere la diferencia eterna que su ejemplo y sus palabras son capaces de hacer.

Día 182

"La persecución no nos aparta de nuestro hogar. La persecución ayuda a enviarnos por el camino a nuestro verdadero 'hogar'".

PASTOR J. COLAW

desilusión extrema

"El adolescente nunca regresó".

El famoso evangelista habló tras los barrotes de la prisión. Un poderoso predicador, conocido a través de Europa Oriental, decía que no lograba encontrar paz. Este hombre había guiado a miles de personas a Cristo, así que los demás prisioneros cristianos no comprendían su sentimiento de fracaso.

Día 183

"Recientemente prediqué en una reunión evangelística", explicó él, "Vertí mi corazón y, al final, doscientas personas vinieron al frente para recibir a Cristo como su Salvador. Estaba muy alegre, pero también exhausto. Cuando me retiraba, un joven llegó a mí. 'Pastor, necesito hablar con usted', dijo. Le expliqué que estaba demasiado cansado y que quizá podría regresar en la mañana. El joven nunca volvió. Los comunistas me arrestaron más tarde esa misma noche. Me interrogaron sin cesar, día y noche durante cinco días. Contesté todas sus preguntas, lo hice porque le temía a las torturas, a las golpizas que recibiría si no lo hacía. Por temor a los comunistas, hablé cinco días y cinco noches sin parar.

Mientras sea de día, tenemos que llevar a cabo la obra del que me envió. Viene la noche cuando nadie puede trabajar.

Juan 9:4

Pero por amor a Dios, no pude hablar cinco minutos más a ese adolescente que buscaba el camino a la vida. ¿Cómo me voy a presentar ante Dios y rendir cuentas por llevar solo a doscientas personas a Cristo ese día cuando era posible que llevara doscientas una?"

Podemos elegir ignorar las oportunidades que Dios nos pone en frente para testificar de Cristo a otros, pensando que lo haremos más tarde o que habrá un mejor momento. Pero puede que quizá nunca tengamos otra oportunidad. Cuando decidimos ignorar una oportunidad divinamente establecida, nosotros, así como el evangelista, tal vez encontremos que el momento era fugaz: un regalo de una vez en la vida. Trágicamente puede que ese sea el único momento en que una persona pida escuchar sobre el regalo de Dios de la vida eterna a través de su Hijo, Jesús. En el cielo, Dios podría preguntarle por qué no le habló del Evangelio a alguien cuando tuvo la oportunidad de hacerlo. ¿Cómo respondería?

regalo extremo

Día 134

—Quiero hablarte acerca de un regalo inusual —dijo el padre chino a su bella hija de cabello negro. Ella sonrió con ilusión. Le encantaba cuando su sabio padre le impartía lecciones especiales acerca de Dios. Él amaba a Cristo y todos los que lo conocían se conmovían por su amabilidad y compasión.

Abrió una Biblia muy desgastada y comenzó.

—Este regalo se encuentra en Filipenses 1:29, y dice: "Porque a ustedes se les ha concedido no solo creer en Cristo, sino también sufrir por él". Algo que se nos da, es un "regalo". Los dos regalos en este versículo son creer y sufrir. El sufrimiento que resulta de nuestra fe en Dios es un valioso regalo, cuyo valor solo comprenderemos por completo en el cielo.

—Gracias, papá —dijo sonriendo la hija mientras extendía sus brazos para abrazarlo—. Yo comprendo.

La joven creció para convertirse en la esposa del pastor Li Dexian, a quien han arrestado más de diez veces y al que casi matan a golpes por su fe. Ella continúa la obra a lado de su esposo, perseverando, porque aprendió a temprana edad que el sufrimiento divino es un regalo. El pastor Li y su esposa han ganado innumerables almas para Cristo en China comunista, y continúan trabajando con la amenaza constante de ser arrestados.

Hermanos míos, considérense muy dichosos cuando tengan que enfrentarse con diversas pruebas.

Santiago 1:2

Los regalos de creer y sufrir vienen juntos. No solo son imposibles de separar, sino que cada regalo fortalece al otro. Si se nos dio el regalo de creer en Cristo, seguiremos a Cristo. Seguir a Cristo significa correr riesgos, ir en contra de las tendencias populares, ser malentendidos y aun soportar dolor físico y emocional. Creer, a menudo nos lleva al sufrimiento. A medida que experimentamos el mismo tipo de sufrimiento que Jesús vivió, llegamos a conocerlo de una manera más grande y profunda. El ciclo comienza de nuevo porque sufrir fortalece nuestra fe. En su vida, no espere poder filtrar el sufrimiento y dejarlo fuera, sin reducir su fe en Cristo.

autor extremo

—Ellos sencillamente no deben hacer esto —exclamó William—. ¿No se da cuenta de lo mal que está?

—Mire, la mayoría de la gente en esta ciudad piensa que esto es lo que se debe hacer —respondió exasperado el funcionario del gobierno—. Es parte de su religión.

—¿Cómo es que atar a una mujer viva a su esposo muerto y quemarlos juntos sea bueno? —preguntó William.

Día 135

—William —contestó el funcionario dándose por vencido—, un hombre solo no puede cambiar esto. Olvídelo y regrese a cuidar su rebaño.

Cuando su denominación dijo que "únicamente Dios" podría convertir a los impíos de los países paganos, William los ignoró y emprendió uno de los viajes misioneros de mayor éxito en la historia de la iglesia. Además, aprendió por sí mismo varios idiomas y publicó un libro que se convirtió en la fuente del movimiento misionero moderno. Tradujo también el Nuevo Testamento a treinta y cuatro idiomas y el Antiguo Testamento a ocho.

Por años, William Carey luchó contra la práctica en la India de quemar vivas a las esposas junto con sus esposos muertos. Al final, a pesar de la oposición gubernamental, tuvo éxito en lograr que se prohibiera esa práctica.

Jesús se acercó entonces a ellos y les dijo: "Se me ha dado toda autoridad en el cielo y en la tierra. Por tanto, vayan y hagan discípulos de todas las naciones".

Mateo 28:18,19

Carey pasó su vida como un innovador para Cristo, enfrentándose a dificultades para hacer la diferencia. Lo reconocieron por alentar a otros a: "Esperar grandes cosas de Dios y emprender grandes cosas para Dios" (según Isaías 54:2-3). William Carey hizo exactamente eso.

La mayoría de las personas se pueden clasificar en una de las siguientes categorías al declarar su fe: "vamos rápido", "vamos con lentitud" y "no vamos". Cuando Jesús llama a los cristianos a ir al mundo y hacer discípulos, algunos responden con gran fervor, como William Carey, van y continúan yendo a causa del Evangelio. Sin embargo, otros responden, pero con poco entusiasmo, reduciendo la velocidad por su edad o por lo ocupado de su agenda. Es triste, pero muchos creyentes son de los cristianos que no van, escuchan el llamado, pero piensan que otros lo harán. ¿Cuál de estas categorías describe mejor su respuesta al llamado de Dios a la evangelización? Pídale a Dios que renueve su deseo de expresar su fe a otros. Si está esperando grandes cosas de Su respuesta, entonces esté preparado para esforzarse por hacer grandes cosas en Su nombre.

mártires antiguos extremos

ROMA: CRISANTO

—Hijo, no puedes creer que este Jesús es real —dijo el padre de Crisanto.

—Sé que es cierto, padre —respondió Crisanto—, creo que Jesús vino al mundo para salvar a pecadores como tú y como yo. Es la luz del mundo. No hay esperanza en los ídolos que tú adoras.

Como castigo, su padre lo encerró en un sótano oscuro por varios días, pero aun así, escuchaba a su hijo que cantaba alabanzas a Dios.

Para apartar a Crisanto de la fe, su padre también trató de rodearlo de delicias mundanas y de mujeres, pero Crisanto se mantuvo firme. Entonces su padre trajo a casa a Daría, una mujer idólatra de gran belleza, a fin de hacerle olvidar a Cristo. En lugar de eso, Crisanto la llevó a la salvación y ella se bautizó.

Más tarde, Crisanto y Daría se casaron y disfrutaron de un maravilloso y milagroso ministerio llevando a otros a Cristo. Cuando los guardias romanos trataron de atarlos por testificar, las cuerdas cayeron de sus manos. El gobernador ordenó a los soldados que ataran a Crisanto a una columna y le pegaran con palos, pero los golpes no dejaron marca alguna en su cuerpo. Como resultado, los soldados y el gobernador cayeron a sus pies confesando el poder de Dios.

En una tierra que adoraba ídolos, Crisanto se destacaba porque confiaba en el Dios viviente, no en piedras ni en imágenes talladas. Gracias a su resistencia, muchos paganos vinieron a la fe.

Día 136

Pero tú, Señor, reinas eternamente; tu nombre perdura por todas las generaciones.

Salmo 102:12

El Evangelio de Cristo no es algo nuevo. Ha estado cambiando vidas por siglos y seguirá haciéndolo hasta que Cristo vuelva. Las historias antiguas son las de hoy en día. El mártir cristiano usando mantos cosidos a mano y sandalias, tiene el mismo corazón que el creyente moderno vistiendo "jeans" y que envía su testimonio por correo electrónico. No hay brecha generacional que separe a quienes dejaron un legado de fe de aquellos que llevan a cabo su legado hoy en día. ¿Dónde encaja usted en esta línea de tiempo? ¿Está dispuesto a alinear su testimonio con los santos antiguos? Viva totalmente para Cristo hoy y deje un legado para el mañana. Usted tiene la posibilidad de transformar un hogar, un lugar de trabajo, una comunidad o aun un país entero para Cristo.

discipulado extremo

La historia nos enseña que el hombre que iba a matar a Santiago se negó a hacerlo. Entonces el rey Herodes los decapitó a los dos. Quizá ocurrió de esta manera:

Día 187

La ejecución se iba a realizar en un viernes de Pascua, aproximadamente catorce años después de la crucifixión de Jesús. Santiago, el hijo de Zebedeo, fue escoltado hasta el salón de ejecución. Ya había un número de soldados en el salón. La luz de las lámparas de aceite reflejaba las manchas de sangre en el piso. ¿Cuántos seguidores de Jesús habían entrado a este mismo salón antes que él?

Santiago miró al guardia a los ojos, pero este volteó la vista, con el corazón profundamente perturbado. En numerosas ocasiones, Santiago le había hablado de Jesús a través de la ranura en la pesada puerta de la cárcel, y al parecer, el corazón del guardia se suavizaba. Ahora su "amigo" se había convertido en su verdugo.

Yo te mostraré la fe por mis obras.

Santiago 2:18

Santiago se arrodilló por voluntad propia. Cuando la espada alcanzó su punto más alto, el guardia se estremeció perceptiblemente con inseguridad, y luego arrojó la espada al suelo junto a Santiago, sin hacerle daño.
—¡No puedo! —gritó el verdugo—, ¡No lo mataré! Lo que dice acerca de Jesús es cierto y yo no puedo matar a Su siervo Santiago.

Con un gesto de Herodes, los soldados avanzaron y tomaron al verdugo, le ataron las manos a su espalda y lo obligaron a arrodillarse junto a Santiago.

Arrodillados juntos, ambos fueron decapitados.

Ser mentor de alguien es un tema popular tanto en ámbitos seculares como espirituales. Parece que cada vez más personas se dan cuenta del poder especial de una relación personal entre dos personas, una tiene algo que aprender y la otra tiene algo que enseñar; una tiene algo que ganar, la otra tiene algo que dar. Seguir el ejemplo de alguien que sigue a Cristo es la definición espiritual de ser un mentor. Un cristiano le muestra a la otra persona cómo continuar viviendo su fe de una manera práctica. ¿Quién diría usted que es un mentor en su vida? ¿Qué cualidades similares a Cristo ha visto en la vida de esa persona que tratará de desarrollar?

definición de la oración extrema

Esta interesante carta se sacó de contrabando de la China comunista:

"Yo soy un adolescente y un soldado de la Guardia Roja. Yo no creía que existiera Dios, ni cielo, ni infierno, ni salvador alguno; en nada en lo absoluto. Un día sintonicé por accidente su programa radial. Al principio estuve tentado a apagarlo. Los buenos comunistas no creen en Dios. Sin embargo, encontré el programa interesante, así que lo sintonicé una y otra vez. Ahora creo en Cristo, pero tengo dos preguntas:

Día 133

Por esto orará a ti todo santo.

Salmo 32:6

La primera: ¿Acepta Dios a cualquier persona de la China comunista? En su transmisión habla de la iglesia, pero yo estoy en China donde casi no tenemos iglesias. ¿Puede Dios aceptar a alguien que no asiste a una iglesia?".

Este joven soldado no sabía cuántas iglesias clandestinas existían en China, ni que todos los que aman a Cristo conforman la iglesia.

Entonces hizo su segunda pregunta: "Por favor, ¿me enseñaría a orar? Usted comienza cada programa de radio con una oración y termina con oración. Yo quisiera orar, pero no sé cómo".

El soldado nunca había estado en una iglesia, pero dijo que se imaginaba que la oración significaba: "Hablar durante todo el día de tal manera que después de todo lo que uno diga, se pudiera añadir 'Amén'".

Qué definición más bella de la oración.

Orar no es natural, a decir verdad, no le viene a ninguna persona de manera natural porque es una experiencia sobrenatural. Dios nos da un deseo espiritual de comunicarnos con Él. Así como las matemáticas o los idiomas, la oración es una habilidad que se aprende. Mientras más practicamos la oración, más natural se vuelve. El joven creyente en esta historia definió la oración como algo que afectaba cada aspecto de la vida, por ende, hace que toda la vida de una persona sea una oración a Dios. ¿Cómo crece usted en su propia experiencia con la oración? ¿Está fuera de práctica? Comenzando hoy, pídale a Dios que le dé un deseo sobrenatural de hablar con Él y haga de la oración una parte natural de cada día. Luego comience a practicar. Haga de su vida una oración.

Día 189

"*Antes de la prisión oíamos hablar acerca de Dios, pero en la prisión experimentamos a Dios*".

El pastor Sze, un líder de una casa-iglesia en China, quien fue encarceado por su fe. Sobrevivió al hambre, enfermedad y una explosión en la mina de carbón donde lo obligaron a trabajar.

contentamiento extremo

RUSIA: ANA CHERTOKOVA

La camisa de fuerza era una tortura para Ana Chertokova, odiaba tener sus manos cubiertas y atadas alrededor de su cuerpo. Para los empleados, ella valía menos que un animal y no merecía consideración.

Ana pasó diez años en un manicomio de Rusia. No estaba ni un poco loca. Un juez la envió allí porque era cristiana. Para el juez, su negativa de rechazar a Cristo era locura.

Rodeada de enfermos mentales, Ana algunas veces cuestionaba su propia cordura. En las largas noches clamaba a Dios en su mente, sin embargo, los que estaban a su alrededor gritaban de enojo o terror. A pesar de todo, ella nunca estuvo enojada. La fe que no quiso rechazar en el tribunal, tampoco la quiso rechazar en el manicomio. Incluso trató de ser un testimonio y un ejemplo del amor de Cristo para los que eran capaces de comprender.

"Los saludo a todos con amor en nuestro Señor Jesucristo", escribió Ana desde el manicomio, "Oro a Dios para que nos haga hermosos y perfectos en Cristo y que tome el control de todos nuestros problemas. Creo firmemente que el Dios que creó el corazón de todas las personas, y que examina cada asunto de los mortales, juzgará mi disputa con la "idolatría" del ateísmo y llevará a cabo su juicio y su justicia".

He aprendido a estar satisfecho en cualquier situación en que me encuentre.

Filipenses 4:11

Los cristianos podrían encontrarse alguna vez en situaciones locas que ponen a prueba su paciencia y su carácter: Una situación difícil en su vivienda, políticas laborales desconcertantes, un hijo rebelde. ¿Podemos seguir confiando en Dios sin importar nuestras circunstancias? Lo logramos si conocemos el secreto del contentamiento. La Biblia nos enseña que nuestro espíritu interno de contentamiento debe tomar control cuando nos enfrentamos a circunstancias externas. Nuestra actitud toma las indicaciones de Dios, no de nuestra situación. De otra manera, nos arriesgamos a confundirnos tanto como nuestras circunstancias. Tome una lección de Ana: en vez de sentir enojo, resentimiento o descontrol, pida a Dios que le enseñe el secreto de estar contento a pesar de sus circunstancias.

empleo extremo

RUMANIA: EL DOCTOR KARLO

El proceso de solicitud era largo y complicado. La verificación de antecedentes era extensa y la solicitud del doctor Karlo casi fracasa por los rumores de sus vínculos con "cristianos". Aun así, el doctor Karlo logró pasar a través del arduo proceso y se convirtió en médico de la Policía Secreta. Evitó comentarles que era cristiano.

Día 191

Me hice todo para todos, a fin de salvar a algunos por todos los medios posibles.

1 Corintios 9:22

La familia del doctor Karlo se puso en su contra porque pensaban que se había convertido en comunista. Uno por uno, la familia de su iglesia y todos sus allegados le dieron la espalda. Ninguno conocía su misión: encontrar al pastor.

En su desempeño como médico de la Policía Secreta, podía ir y venir a la cárcel sin que le hicieran preguntas. Tenía acceso a todas las celdas, y finalmente, encontró al pastor encerrado.

Karlo pasó la información a otros cristianos, quienes a su vez pasaron la información al mundo exterior. Les habían dicho que el pastor estaba muerto, pero ahora tenían pruebas de que el pastor Richard Wurmbrand vivía. Durante las conversaciones entre Kruschev y Eisenhower en 1956, los cristianos alrededor del mundo clamaron por la libertad de Wurmbrand. Posteriormente, lo dejaron en libertad pagando un rescate de diez mil dólares.

"Si no hubiera sido por este médico", escribió Wurmbrand más tarde, "que se unió a la Policía Secreta solo para encontrarme, nunca me hubieran puesto en libertad. Seguiría preso…o preso en una tumba".

Los agentes secretos son las estrellas de las películas. Sus misiones involucran una aventura tras otra en servicio a las órdenes un cuartel general. De la misma manera, creyentes extremos en países restringidos llevan vidas arriesgadas. Sus historias causan un efecto eterno para muchos. No se atreven a publicar su misión, pero siempre están preparados para aprovechar al máximo cada oportunidad de declarar las Buenas Nuevas de Cristo. Sin importar la geografía ni la situación, Dios nos llama a cada uno de nosotros a ser sus agentes espirituales, reportando al cuartel general celestial. Estamos en una misión de expresar el amor y el perdón de Dios todos los días. Dios no nos garantiza nuestra seguridad con esta asignación de trabajo, pero promete recompensas eternas.

martirio extremo

Policarpo fue un discípulo del apóstol Juan, pero fue un fugitivo en los últimos años de su vida. Mientras viajaba, un niño lo reconoció y enseguida se lo informó a los soldados. Cuando lo encontraron, él estaba comiendo, así que les compartió de su comida a los soldados que lo arrestaban.

Día 192

Hermanos, siempre debemos dar gracias a Dios por ustedes, como es justo, porque su fe se acrecienta cada vez más.

2 Tesalonicenses 1:3 1:3

Después de comer juntos, Policarpo preguntó si era posible que le concedieran una hora para orar. Los soldados estuvieron de acuerdo, pero más tarde se arrepintieron de su decisión. Policarpo oró con tanto fervor que los mismos soldados se declararon pecadores.

Al final, llevaron a Policarpo ante el gobernador, quien lo sentenció a ser quemado en el mercado. El gobernador le dio la oportunidad de salvar su vida si negaba a Jesús. Policarpo la rechazó diciendo: "Durante ochenta y seis años le he servido, ¿cómo entonces voy a blasfemar de mi Rey que me ha salvado?".

Entonces ataron a Policarpo a una hoguera y prendieron fuego a la leña que lo rodeaba. Las llamas se elevaron alrededor del valiente creyente, pero de manera milagrosa, no se quemó ni un cabello de su cuerpo. El gobernador estaba furioso. Le ordenó a un soldado que atravesara el costado del cristiano. De ese modo lograron matar a Policarpo, más no fueron capaces de matar su fe y su espíritu triunfante.

La última oración registrada de Policarpo fue esta: "Señor, te alabo por hacerme digno de ser recibido entre el número de mártires en este día y en esta hora, a fin de participar de la copa del sufrimiento de Cristo para luego alcanzar la resurrección de mi alma".

Policarpo le da un nuevo significado a la frase "jubilación activa". Un hombre santo y maduro de casi noventa años de edad, vivió suficiente tiempo para no importarle lo que pensaba su oposición en cuanto a su fe en Cristo. Al lado opuesto de esta actitud, jóvenes fanáticos se enfrentan al enemigo sin saber que les conviene. La mayoría de los creyentes están en algún punto intermedio entre los dos. Añoramos el fanatismo de nuestro compromiso juvenil, pero no hemos vivido lo suficiente para descartar las opiniones que otros tienen de nuestra fe. Gracias a Dios, Jesús nos acepta tal como somos y no de la manera que deberíamos ser. Tome la determinación de darle a Dios todo el compromiso que sea capaz de darle hoy y permita que Él lo haga crecer hacia una mayor fe mañana.

siervo extremo

"¡Repita estos versículos!", le ordenaron a Zeba.

"Yo no repetiré los versículos. Soy cristiana. Siempre seré cristiana".

Con su familia en la pobreza, a Zeba la obligaron a trabajar como sirvienta para una adinerada familia musulmana. Mientras trabajaba, el jefe de familia trató de enseñarle acerca del islam y obligarla a memorizar versículos del Corán. Zeba se negó en tres ocasiones diferentes, diciendo "Yo soy cristiana". Cada vez que se negaba, la golpeaban.

Día 193

Entonces los patrones de Zeba hicieron que la arrestaran, acusándola falsamente de robarle a la familia. Después de lograr que pusieran a su hija en libertad, la madre de Zeba visitó a la familia musulmana para defender a su hija. No fue bien recibida.

Uno de los miembros de la familia gritó: "¡Usted es una infiel! Tanto usted como su hija son infieles y no merecen vivir". Así que arrojaron gasolina sobre la madre de Zeba y encendieron un fósforo, Zeba nunca más volvió a ver a su madre. A pesar de la tragedia, Zeba continuó su andar con Cristo y fue bautizada.

Hoy en día en Pakistán se ha establecido una escuela de costura, a fin de que las jóvenes cristianas como Zeba no tengan que buscar empleo como sirvientas y con ello ayudar a mantener a sus familias. A pesar de su dolor, Zeba no guarda rencor y sueña con hablar de su fe a otros en su país. Quiere convertirse en una maestra de la Biblia.

> Al contrario, el que quiera hacerse grande entre ustedes deberá ser su servidor.
>
> **Mateo 20:26**

El reino de Dios está al derecho solo cuando se encuentra al revés. Su jerarquía de importancia se encuentra al revés, comparada con la forma en que el mundo estructura a las personas en la sociedad. En lugar de tener a los talentosos, a los bellos y a los ricos en lo más alto de la lista, son los siervos humildes los que alcanzan los titulares del cielo. Zeba es insignificante a los ojos del mundo, pero ella está haciendo una gran obra para el reino. En el mundo, un siervo quizá no tenga un talento especial, pero en el Reino de Dios un siervo está disponible para trabajar. Aquí, un siervo tal vez no valga mucho ante los demás, pero para Dios, un siervo es invaluable en Su servicio. ¿Qué significa vivir diferente al resto del mundo? Si usted se entrega a Dios como un siervo, sabrá por experiencia propia lo qué se siente. ¿Está dispuesto a humillarse para desempeñarse como un siervo y hacer lo que sea necesario para difundir las Buenas Nuevas de Dios?

giro extremo

Antes de su conversión, Chang Shen era conocido como un jugador, un mujeriego y un ladrón. Cuando quedó ciego a la mitad de su vida, los vecinos dijeron que era el juicio de los dioses por sus maldades.

Día 194

En 1886, Chang viajó cientos de kilómetros hasta un hospital misionero donde las personas estaban recobrando la vista. Recobró en parte la vista y también escuchó acerca de Cristo por primera vez. "Nunca habíamos tenido un paciente que recibiera el Evangelio con tanto gozo", reportó el médico.

Cuando Chang pidió que lo bautizaran, el misionero James Webster le contestó: "Regrese a casa y dígales a sus vecinos que ha cambiado. Si después, cuando yo lo visite, usted todavía sigue a Jesús, entonces lo bautizaré". Cinco meses más tarde, Webster llegó y encontró a cientos de creyentes. Y bautizó al nuevo evangelista con gran gozo.

Más tarde, un torpe médico local le quitó a Chang la poca vista que tenía, pero Chang continuó sus viajes a diferentes aldeas. Aunque algunos lo escupían y lo rechazaban, siguió ganando más almas para Cristo.

Cuando se levantó la "Rebelión Bóxer", los cristianos llevaron a Chang a una cueva en las montañas para ponerlo a salvo. Los bóxers acorralaron a cincuenta cristianos para ejecutarlos en una ciudad cercana, pero prometieron perdonarlos a todos si Chang se entregaba. Cuando Chang se enteró de las noticias, dijo: "Yo con gusto moriré por ellos".

Tres días más tarde decapitaron a Chang y perdonaron a los cristianos locales restantes.

Con respecto a la vida que antes llevaban, se les enseñó que debían quitarse el ropaje de la vieja naturaleza, la cual está corrompida por los deseos engañosos; ser renovados en la actitud de su mente; y ponerse el ropaje de la nueva naturaleza, creada a imagen de Dios, en verdadera justicia y santidad.

Efesios 4:22–24

El mensaje central del gran Evangelio es "El gran intercambio". Jesús ofrece la oportunidad de intercambiar nuestra vieja vida por una nueva. Observe cómo Dios cambió a Chang, de una persona que vivía para sí misma, a una persona entregada por completo a Cristo. Sin importar cuánto daño hayamos causado en nuestra vida anterior, podemos ser restaurados a una buena relación con Dios. Es por eso que nuestro testimonio personal es tan poderoso. Una vida cambiada presenta una poderosa evidencia de la verdad de la salvación: dejamos de hablar como acostumbrábamos y también dejamos de caminar como lo hacíamos antes. ¿Quién necesita escuchar sobre de la diferencia que Cristo ha hecho en su vida?

carga extrema

Ni las drogas ni la guerra civil logran detener la propagación del Evangelio en Colombia.

Juan y su esposa María, son misioneros entre los indígenas al norte de Cali, Colombia. Las Fuerzas Armadas Revolucionarias de Colombia (FARC), un grupo de guerrilleros izquierdistas, controlan Cali. Muchos pastores y misioneros colombianos han encontrado oposición de las FARC y han huido del área. Sin embargo, hace tres años, cuando Juan se encontró con un grupo de cincuenta guerrilleros de las FARC, veinte de ellos recibieron a Cristo. Como él dice: "Nosotros cambiamos pistolas por epístolas".

Día 195

Ahora, el Ejército de Liberación Nacional (ELN) ha estado atacando iglesias cristianas en la región. Hace poco se cerraron más de veinte iglesias y muchos pastores huyeron para salvar sus vidas. Los guerrilleros vienen a menudo a las iglesias y exigen todos los diezmos y ofrendas a cambio de la vida del pastor. Ahora Juan es el único pastor que queda en la zona y no recibe apoyo externo alguno.

Porque mi yugo es suave y mi carga es liviana.

Mateo 11:30

Aun así, Juan y su esposa tomaron la decisión de permanecer y continuar ministrando a la gente. "Si vamos a morir por predicar la Palabra de Dios —afirman— preferimos morir que abandonar a la iglesia".

Juan no condena a los pastores que se fueron, ni habla acerca de las dificultades que ellos han enfrentado. Prefiere declarar lo que Dios hace y su carga por el ministerio. Su mente está preocupada, no por el peligro que los rodea, sino por alcanzar al pueblo de Colombia para Cristo.

Jesús describe una imagen de un animal de trabajo llevando su carga. Sin embargo, el animal no batalla por la carga que transporta, pues no es muy pesada. Tener la carga del Evangelio no es lo mismo que estar agobiado por las preocupaciones terrenales. La carga del Evangelio sencillamente significa ser conscientes de las necesidades espirituales de los demás. Juan tiene una "carga", pero es ligera. Siguiendo el ejemplo de Cristo, debemos tener una carga por las personas perdidas. Esta carga es ligera porque siempre la estamos regalando. No se supone que guardemos estas Buenas Nuevas solo para nosotros. ¿Lo han rechazado cuando comparte de Cristo? Quizá ha considerado ceder ante la oposición. Permita que la carga de Jesús por los perdidos lo motive a seguir adelante otro día más.

Día 196

"Si nosotros, los cristianos, no continuamos predicando el Evangelio y no lo extendemos más allá de lo normalmente aceptado, se encerrará en nosotros. Si mantenemos un 'testimonio silencioso', no habrá testigos y el cristianismo morirá en Estados Unidos".

RAY THORNE, MISIONERO A LA IGLESIA PERSEGUIDA

evangelista extremo

CHINA: EL PASTOR LI DEXIAN

"Predicaré hasta que muera".

El pastor Li Dexian había predicado unos pocos minutos cuando oficiales del Departamento de Seguridad Pública irrumpieron en la casa. Arrastraron al pastor Li afuera y lo golpearon, al igual que a otros de esa congregación china.

En la estación de policía, el evangelista fue golpeado de nuevo hasta que vomitó sangre. Los oficiales lo golpearon en el rostro con su propia Biblia, dejándolo sangrando y casi inconsciente en el piso de concreto de la celda.

Siete horas más tarde lo pusieron en libertad y él continuó su ministerio. La siguiente vez que predicó un mensaje en esa iglesia, siete oficiales del Departamento de Seguridad Pública entraron vociferando acusaciones contra el evangelista. Se retiraron al darse cuenta de que había visitantes occidentales con él, pero regresaron quince minutos más tarde con refuerzos. Li fue golpeado con varillas y pateado mientras sostenía su Biblia como escudo para proteger sus costillas.

> Con tal de que se mantengan firmes en la fe, bien cimentados y estables, sin abandonar la esperanza que ofrece el evangelio.
>
> **Colosenses 1:23**

"¿Por qué tienen que pegarle? —gritó uno de los extranjeros—. ¿Dónde está la 'libertad religiosa' que dicen tener en China?".

El Departamento de Seguridad Pública llevó a los extranjeros a la estación de policía local, al igual que a la mujer dueña de la casa donde se llevó a cabo la reunión. Su hijo fue quien dio aviso al Departamento de Seguridad Pública acerca de la reunión.

Desde el ataque, se acabaron las grandes reuniones en la aldea, pero la iglesia no se ha detenido. Ahora se congregan en más de cuarenta reuniones más pequeñas y nuevas personas encuentran a Cristo cada semana.

Cuando la oposición trata de mantener a la iglesia a su alcance, esta sencillamente se divide en unidades cada vez más pequeñas igual que las gotas de mercurio. Las iglesias en los países restringidos quizá nunca experimenten el concepto occidental de la mega-iglesia con instalaciones de veinte hectáreas; sin embargo, la asistencia a ellas continúa en aumento. Es más, una iglesia cristiana en Corea tiene una asistencia mucho mayor que la de varias mega-iglesias occidentales juntas. Aun así, al igual que la estrategia en China, la congregación coreana está compuesta de miles de reuniones pequeñas en casas, o "células". Lo que pudiéramos percibir como obstáculos para evangelizar son solo oportunidades disfrazadas. Cuando se enfrenta a la oposición, ¿se da por vencido fácilmente? ¿O persevera y encuentra otra manera para que el mensaje del Evangelio se propague?

fuerza extrema

"Si Abu quería ser cristiano, tendría que serlo en otro lugar. Rodeamos su casa, listos para obligarlo a salir y quemarla".

"Conforme nos acercábamos, lo escuchábamos hablar. *¿Había reunido a otros para que le ayudaran?*, nos preguntamos. ¡Entonces pudimos escuchar que estaba orando por toda la aldea, y que le pedía a Jesús que nos perdonara por lo que íbamos a hacer! Eso nos enojó aun más, así que veinticinco de nosotros corrimos hacia su casa para arrestarlo. Pero había una fuerza invisible que no permitía que ninguno de nosotros entrara a su casa, eso nos asustó y huimos.

Día 198

Cuando llegué a mi casa, no pude dormir. Seguía pensando en la oración de Abu. Finalmente, a las tres de la mañana, regresé a la casa de Abu. Le pedí que me hablara de Jesús. Después de conversar con Abu durante tres horas, le pedí a Jesús que me perdonara y le entregué mi vida. Corrí a mi casa, le conté a mi esposa lo ocurrido y ella también se hizo cristiana, al igual que mis hijos".

Días más tarde, Idris Miah, el creyente de Bangladesh que contó esta historia, se enfrentó a una prueba. Lo despidieron de su empleo y a sus hijos los expulsaron de la escuela. A pesar de todo, él dice que todavía tiene gozo porque tiene a Jesús en su corazón.

Responde a mi clamor, Dios mío y defensor mío. Dame alivio cuando esté angustiado.

Salmo 4:1

A menudo no podemos elegir el contexto de nuestra vida, pero tenemos la posibilidad de decidir nuestra actitud y nuestra respuesta. Siempre podemos hacer esas elecciones, a pesar de las circunstancias. Así que cuando estamos al borde del desastre, como en el caso de Abu, ¿elegiremos responder con oración, así como Cristo; o cederemos al pánico y a la desesperación? Es imposible para otros hacer que nos enojemos o que nos agobiemos a pesar de sus mejores esfuerzos, esas son nuestras elecciones. Asimismo, podemos optar por imitar a Cristo como respuesta a la oposición. ¿Quién sabe cuál será el resultado? Pídale a Dios que le ayude hoy a elegir la respuesta apropiada a cualquier situación de prueba.

"esclavo" extremo

ISLAS VÍRGENES: LEONARD DOBER

Leonard Dober se preguntaba si Jesús había pensado mucho acerca de la cruz; luego recordó que la oración de Jesús en el huerto terminó: "Pero no sea lo que yo quiero, sino lo que quieres tú [Padre]". La tarea de Leonard parecía imposible, pero buscaba la voluntad de Dios y no la suya.

Día 199

Si estamos locos, es por Dios; y si estamos cuerdos, es por ustedes.

2 Corintios 5:13

Leonard Dober determinó que el llamado de Dios para él era alcanzar a los esclavos en las Islas Vírgenes. Planeaba alcanzar a esos hombres y mujeres vendiéndose a sí mismo como esclavo y trabajando al lado de otros cada día mientras les hablaba del amor de Cristo. Pensar en ser esclavo lo atemorizaba y lo hacía sentirse enfermo. Le daba pavor el trato que recibiría. "Pero Cristo estuvo dispuesto a morir en la cruz por mí", pensó, "Ningún precio es demasiado alto para servirle".

No fueron los amos de los esclavos los que persiguieron a Dober con más crueldad, sino más bien sus compañeros cristianos. Ellos cuestionaron su llamado a ministrar a los esclavos y se burlaron por lo tonto de su plan. Sin embargo, a Dober no lo harían cambiar de opinión. Llegó a las Islas Vírgenes a finales de los años de 1730.

Cuando se convirtió en sirviente en la casa del gobernador, temía que su posición estuviera muy distante de los esclavos a los cuales había ido a ministrar. Así que dejó esa posición y se cambió de la casa del gobernador a una choza de fango donde pudiera trabajar con los esclavos uno a uno.

En tan solo tres años, el ministerio de Dober incluyó a más de trece mil nuevos creyentes.

Locos por Jesús. Así es como el mundo llama a quienes, al parecer, tienen una fe un poco radical, rara, extremista. Dober era un "loco por Jesús" del siglo dieciocho; un hombre libre que eligió vivir como esclavo para ganar a otros para Jesús. Estuvo dispuesto a hacer cualquier cosa que fuera necesaria para extraer la última gota de devoción de su corazón en servicio a Cristo. Para Dober, eso significaba un plan específico que no tenía sentido para nadie más que para él. ¿Lo han desechado por su locura al negarse a estar de acuerdo con la mayoría? Si Dios lo llamó a hacer algo radical por Él en su familia, en su iglesia o en su comunidad, usted debe obedecer. Deje que los otros lo llamen loco, pero permita que Jesús lo encuentre comprometido.

adoración extrema

Desde su ventana escuchó el decreto: "Durante los próximos treinta días, cualquiera que suplique a alguien que no sea el rey, será arrojado a los leones".

Daniel abrió las cortinas. En la azotea frente a él, dos de los consejeros del rey que lo odiaban permanecían mirando con intensidad. Daniel hizo un gesto cordial con la cabeza cuando se encontró con sus ojos, y ellos también saludaron con la cabeza, mientras sonrisas falsas aparecían en sus rostros.

Daniel fue a cada ventana en su aposento y las abrió por completo. Parecía que en cada ventana había observadores. Luego se fue al centro de la habitación, donde todos lo podían ver, se arrodilló y comenzó a adorar a Dios.

El rey se abatió cuando los guardias llevaron a Daniel ante él. Lo habían engañado. A pesar de que pasó todo el día tratando de encontrar una manera de liberar a Daniel, a quien consideraba un buen hombre, su decreto no podía ser revocado.

"Llévenselo", dijo el rey Darío a los guardias. Entonces miró a Daniel a los ojos y le dijo: "¡Que tu Dios, a quien siempre sirves, te salve!" (Daniel 6:16). Los soldados llevaron a Daniel al foso, con el rey siguiéndolos de cerca. Daniel no dijo una sola palabra, pero se inclinó ante el rey y entró con los leones. La entrada del foso se selló con una gran piedra.

Daniel fue al centro del foso, se arrodilló y comenzó a adorar a Dios.

Día 200

Allí el rey animaba a Daniel: "¡Que tu Dios, a quien siempre sirves, se digne salvarte!"

Daniel 6:16

La adoración extrema no es una manera de alabar, no es un método específico ni una tradición en particular. No es definida al debatir si se utiliza música de órgano o alabanza contemporánea. Es más, tiene muy poco que ver con la manera en que alabamos a Dios. La adoración extrema se define por cuándo y dónde adoramos. Cuando nos sentimos atraídos a adorar durante nuestros momentos más estresantes, es cuando practicamos la adoración extrema. Así como Daniel, no debemos permitir que nuestras circunstancias dicten cuándo y dónde adoramos a Dios. Debemos estar preparados a fin de poner nuestra fe en acción en cualquier momento, en cualquier lugar. ¿Está dispuesto a servir a Dios hoy en adoración extrema?

rechazo extremo

COREA DEL NORTE

"Me suplicaban una y otra vez, pero no podía dársela", dijo el hombre. "Sé que se supone que los cristianos deben compartir, pero no podía deshacerme de ella". Extendió su mano con tristeza para que su oyente viera su valiosa posesión.

Día 201

Pues amo tus mandamientos, y en ellos me regocijo.

Salmo 119:47

"Yo en verdad quería, pero no podía. Vea usted, las personas en Corea del Norte me dijeron que habían estado orando durante cincuenta años para tener una Biblia. Pero no les di la mía porque yo había estado orando por veinte años y acababa de obtenerla de un pastor de Corea del Sur".

Suspiró profundo y su mente se enfocó en los creyentes necesitados en Corea del Norte que oraban con desesperación por un ejemplar de la Biblia. Sostenía su Biblia contra su pecho. Había escapado del cautiverio de un país comunista y ahora vivía en libertad en Corea del Sur.

Las Biblias en Corea del Norte son poco comunes. Debido a la oposición de los comunistas, los creyentes las consideran más valiosas que el oro. A un hombre lo mataron a golpes con una barra de hierro en la frontera con China cuando lo atraparon llevando Biblias a Corea del Norte. Tristemente, casos como este son reportados una y otra vez.

"No logro olvidar a esas personas", dijo suspirando. "No puedo olvidar la mirada de envidia en sus rostros cuando les mostré mi Biblia. Me sentí muy mal por ellos".

Sirven como portavasos para bebidas o como un lugar conveniente para poner el control remoto; sus fuertes cubiertas sirven de apoyo para escribir una carta con el papel del hotel o para atrapar las cenizas que caen de un cigarrillo; adornan con indiferencia la mesa de centro, junto al dulcero y la guía de programas de televisión. Aunque este libro continúa siendo el libro de mayor éxito en ventas año tras año, al parecer nadie lo lee mucho. Se trata de la Biblia. La Biblia se usa mal y se descuida fuera de esos lugares en los que su verdadero valor se conoce muy bien. ¡Qué tan diferente trataríamos nuestras Biblias si tuviéramos que orar durante veinte años para obtener una! ¿Qué puede hacer usted para revivir su pasión por la valiosa Palabra de Dios?

visión extrema

Liuba Ganevskaya había sido golpeada repetidamente en la prisión rusa. Sin embargo, cuando miró a su torturador que sostenía el látigo sobre su espalda, sonrió.

—¿Por qué sonríes? —preguntó asombrado el torturador.

—En este momento yo no lo veo como un espejo lo mostraría —dijo Liuba—. Lo veo como sin duda ha sido, como un bello niño inocente. Tenemos la misma edad, pudiéramos haber sido compañeros de juegos.

Día 202

Dios abrió los ojos de Liuba para ver al hombre de una manera diferente. Veía su agotamiento; estaba tan cansado de azotarla, como ella de que la azotaran. Se sentía frustrado por no lograr que revelara las actividades de otros creyentes.

"Él se parece mucho a ti", le dijo Dios al corazón de Liuba. "Ambos están atrapados en el mismo drama de la vida. Tú y tus torturadores pasan a través del mismo valle de lágrimas".

Viendo al hombre a través de los ojos de Dios, la actitud de Liuba cambió. Así que le siguió hablando.

—También lo veo como espero que algún día sea. Una vez vivió un perseguidor peor que usted, Saulo de Tarso, y él se convirtió en un apóstol y un santo. Liuba le preguntó al calmado hombre cual era esa carga tan pesada que llevaba sobre él, que lo orilló a la insensatez de golpear a una persona que no le hizo ningún daño.

A través de su amorosa preocupación, Liuba llevó a su torturador al reino de Cristo.

Yo, el Señor, te he llamado en justicia para abrir los ojos de los ciegos.

Isaías 42:6,7

La visión física a menudo se obstruye con diversas dolencias: astigmatismo, miopía, glaucoma y otras. Al igual que los lentes correctivos ayudan su visión, los ojos de su corazón se benefician con la intervención espiritual. Si nos guiamos por nuestra naturaleza humana, solo vemos lo malo en otros y no lo bueno. No obstante, Dios le concede una visión espiritual a quienes quieren ver la vida desde una perspectiva celestial. Podemos comenzar a ver a un jefe intolerante, o a alguien que nos insulta, como un individuo herido que necesita amor. Podemos ver detrás de la máscara intimidante de un adolescente rebelde a la chica o al chico atemorizado que clama por aceptación. ¿Ve a otros con los ojos del cielo? ¿Qué diferencia haría en su vida tener visión espiritual?

Día 203

"*Preferiría que me ahorquen antes que traicionar a mi Señor*".

SALEEMA, UNA CRISTIANA DE DIECINUEVE AÑOS DE EDAD EN PAKISTÁN,
A QUIEN HAN PERSEGUIDO SEVERAMENTE POR SU FE.

honor extremo

Valerio Gafencu y su familia acababan de perder a su padre y habían sufrido muchísimo a manos de los torturadores comunistas. Aun así, él no tenía algo malo que decir sobre los comunistas que habían causado tanto dolor a su familia. ¿Cómo podía soportar tanto y no hablar en contra de sus torturadores?

Día 204

Él nos dio la respuesta: "Cuando el Rey David estuvo en un gran aprieto, Simei le arrojó piedras, lo maldijo y lo acusó de crímenes que no había cometido (2 Samuel 16). Uno de los soldados de David estaba listo para matar a Simei, pero David lo detuvo. Permitió que Simei lo maldijera porque el Señor se lo había ordenado. David sabía que era inocente de la acusación de Simei, pero también reconocía que era culpable de otros pecados que Simei desconocía".

"Los comunistas nos llaman bandidos y enemigos del pueblo, lo cual no somos. No obstante, todos somos culpables de no ser personas santas y ejemplares creciendo para asemejarnos más a Cristo. Nuestra respuesta a las fechorías de los comunistas no debe ser el odio, sino la renovación interior. Los rayos de santidad que emanan de nosotros destruirán el mal".

No juzguen, y no se les juzgará. No condenen, y no se les condenará. Perdonen, y se les perdonará.

Lucas 6:37

El testimonio de Gafencu en la cárcel llevó a muchos a Cristo. Y hasta el día en que murió, se negó a decir una palabra en contra de quienes le causaron dolor.

¿Merece un enemigo ser honrado? Quizá es difícil pensar de esa manera. Sin embargo, podemos aprender de la iglesia perseguida que Dios puede utilizar aun a nuestros enemigos para acercarnos más a Él. Desde este punto de vista, podemos honrar el papel que desempeñan nuestros enemigos en nuestras vidas. Si insultamos a nuestros enemigos, podemos estar mostrando desprecio por el plan maestro de Dios. Si usted está ocupado maldiciendo a sus enemigos por la manera que lo han tratado, deténgase a pensar por qué Dios ha permitido esa situación en su vida. ¿Está haciendo más fácil o más difícil el que Dios le enseñe algo a través de esto? Si no ha aprendido lo que Dios le quiere mostrar, sin duda lo enfrentará de nuevo hasta que aprenda.

rumor extremo

"Hemos escuchado el rumor de que las personas en Occidente dicen que en China no hay persecución de cristianos", comenzó la carta de un grupo de creyentes chinos.

Día 205

Acuérdense de los presos, como si ustedes fueran sus compañeros de cárcel, y también de los que son maltratados, como si fueran ustedes mismos los que sufren.

Hebreos 13:3

"Más de cien hermanos están encarcelados aquí y muchos cristianos jóvenes menores de dieciocho años de edad están bajo una fuerte presión policiaca. A algunos los arrojaron en pozos de estiércol; a otros los golpearon con varas electrificadas; a otros los golpearon tanto que no podían ponerse de pie, solo arrastrarse".

"Algunos no pudieron soportar esto y revelaron los nombres y las direcciones de sus compañeros de trabajo a la policía. A estos los sentenciaron, mientras que los que no dijeron nada, finalmente fueron liberados por falta de pruebas".

"La persecución es normal para nosotros. En muchos casos, nos liberan después del interrogatorio. Luego regresamos a nuestro lugar a predicar".

"Algunos adolescentes quieren servir a Dios de tiempo completo. Al ser expulsados de sus hogares, están dispuestos a pasar toda la vida en este peligroso peregrinaje como evangelistas. Vemos esto con temor y temblor, imaginando que después de que prediquemos el Evangelio, nos eliminarán".

"Hemos pagado un gran precio por el Evangelio: mucha sangre y sudor, muchas lágrimas derramadas, muchas vidas sacrificadas, desafiando el viento y la lluvia".

Los rumores de que la persecución de los cristianos en China ha terminado son completamente falsos. Es más, esos rumores quizá sean las herramientas que el enemigo utiliza para reducir las oraciones y el apoyo que necesitan estos creyentes perseguidos. A menudo sentimos que si nos decimos que algo no existe, quizá en realidad no exista. Si creamos una barrera a nuestro alrededor para no conocer los informes de persecuciones y las historias de absoluta supervivencia, es posible que comencemos a creer que la opresión no existe. Sin embargo, no podemos esconder ni negar la realidad por mucho tiempo con el fin de que esta cambie. Hoy en día, nuestros hermanos y hermanas en los países restringidos están siendo perseguidos. Sabiendo esto, ¿cuál es su respuesta? ¿Orará? ¿Servirá? ¿Dará? Dedique algo de tiempo para pensar y orar en cómo reaccionará.

pregunta extrema

"¿Eres cristiano?" Tres veces se hizo la pregunta, y tres veces la respuesta fue: "Sí". Como consecuencia, tres cristianos fueron martirizados. En el año 150 d.C., el gobernador romano Urbico no tenía tolerancia con los cristianos.

Día 206

A Tolomeo lo acusaron de enseñar que la salvación solo viene a través de la fe en Jesucristo. Odiaba el engaño y el ateísmo de la época. Por lo tanto, cuando Urbico le preguntó si era cristiano, no podía mentir. Tenía que tomar una postura firme a favor de la justicia y respondió con audacia: "Sí". Por esto fue encadenado y golpeado muchas veces.

Nuevamente fue llevado ante Urbico. Y una vez más le hicieron una única pregunta: "¿Eres cristiano?" El dolor y el sufrimiento no cambiaban la realidad. "Sí", respondió de nuevo Tolomeo. Esta vez fue sentenciado a muerte.

Después de enterarse del arresto de Tolomeo, un anciano se acercó a Urbico y rogó por su alma.

—¿Por qué va a ejecutar a un maestro tan bueno? ¿Qué beneficio le traería a usted o al emperador? Él no ha violado ninguna ley. Él únicamente confesó ser cristiano.

Intrigado por la defensa de aquel hombre, Urbico le hizo una única pregunta.

—¿Eres también cristiano?

—Sí, lo soy —dijo el anciano con valentía y firmeza.

—Entonces puedes reunirte con el maestro.

Como si esto no bastara, otro hombre se presentó con la misma protesta. De nuevo se hizo la pregunta:

—¿Eres cristiano?

Los tres hijos de Dios fueron ejecutados por contestar "Sí".

> Ustedes son la sal de la tierra. Pero si la sal se vuelve insípida, ¿cómo recobrará su sabor?
>
> **Mateo 5:13**

La pregunta es bastante sencilla: "¿Eres cristiano?". Es directa, personal, apunta a la verdad con un simple "sí" o "no". Entonces, ¿por qué es difícil la respuesta? El problema no es que los cristianos no sepamos cómo contestar. El problema es que la gente no nos hace la pregunta tan a menudo. No vivimos de una manera tan diferente para que alguien reflexione en preguntarnos qué hace que nuestra vida sea diferente. Debemos reconocer que muy pocas personas nos hacen la pregunta que le hicieron a Tolomeo, ese es el verdadero problema. ¿Cuándo fue la última vez que su estilo de vida despertó el interés en su compañero de trabajo, su amigo o su vecino, lo suficiente para preguntarle acerca de su fe? Ya sabe la respuesta; ahora viva de tal manera que otros le hagan la pregunta.

sonrisa extrema

RUMANIA: MILÁN HAIMOVICI

La celda fría y oscura de la cárcel estaba llena de cristianos rumanos decididos a llevar la luz de Jesús a las tinieblas. Uno de esos prisioneros era un creyente judío llamado Milán Haimovici.

Un día, Milán comenzó una discusión con otro compañero de celda que era un gran científico, pero ateo. Milán no estaba en el mismo nivel intelectual ni cultural de este profesor, pero le habló de Jesús. El profesor lo menospreció.

Día 207

—Usted es un gran mentiroso. Jesús vivió hace dos mil años. ¿Cómo puede decir que camina y habla con él?

—Es cierto que murió hace dos mil años —respondió Milán—, pero también resucitó y vive aun ahora.

Entonces el profesor retó a Milán:

—Bueno, dice que habla con usted. ¿Cuál es la expresión en su rostro?

—Algunas veces me sonríe —contestó Milán.

—Eso es una mentira —se rió el profesor—. Muéstreme cómo sonríe.

Milán accedió con gusto. Estaba rapado y era solo piel y huesos, con grandes círculos oscuros alrededor de los ojos. Le faltaban dientes y tenía puesto un uniforme de prisionero, pero apareció una sonrisa muy bella en sus labios. Su sucio rostro resplandeció. Había mucha paz, contentamiento y gozo en su rostro.

El profesor ateo inclinó su cabeza y reconoció:

—Señor, usted ha visto a Jesús.

Alégrense en la esperanza, muestren paciencia en el sufrimiento, perseveren en la oración.

Romanos 12:12

La sonrisa es una expresión natural humana de confianza, paz y contentamiento. Una sonrisa durante el dolor, el sufrimiento, e incluso la agonía, ofrece una evidencia sobrenatural de Dios. Si Jesucristo, el mismísimo Hijo de Dios, vive en verdad en nuestros corazones, entonces ¡algunos de nosotros necesitamos informarle a nuestro rostro las Buenas Nuevas! En la iglesia, algunas veces cantamos himnos como si fueran cantos fúnebres; nuestros pensamientos están muy distantes de nuestras palabras. ¿Qué revela su rostro sobre su relación con Jesús? ¿Es usted un testigo para otros que caminan a su lado por la calle? ¿Da usted fe del contentamiento de Cristo en su corazón? ¿O trae su frente arrugada por la preocupación y sus labios están siempre fruncidos? Pídale a Dios que lo ayude a ser consciente de su mensaje no verbal y que lo llene de Su gozo.

reto extremo

Día 208

El Señor Jesucristo utilizó una estrategia en particular cuando le dio de comer a cinco mil personas que lo seguían a pie desde los pueblos cercanos. Era cerca del anochecer y los discípulos fueron a verlo, pidiéndole que despidiera a la multitud porque se acercaba la noche. Sin embargo, Jesús tenía un plan diferente. Hizo que las personas se sentaran en filas de manera ordenada en el pasto. Después de que Jesús tomó la comida y dio gracias, los discípulos comenzaron a darle a cada persona una porción comenzando por un extremo de la primera fila y continuaron por la misma.

El predicador y escritor, J. Oswald Smith hace una extraña pregunta en este momento: "¿Regresaron los discípulos por esa primera fila de nuevo pidiéndoles a todos que tomaran una segunda porción?".

"¡No! Si hubieran hecho eso, los que estaban en las últimas filas se hubieran levantado y protestado vigorosamente. Habrían dicho: 'Vengan acá al fondo, dennos una porción. ¿Por qué deberían las personas de las primeras filas tener una segunda porción antes de que nosotros tengamos la primera?'".

"Y hubieran tenido razón. Nosotros hablamos de la segunda venida de Cristo, pero muchos no han escuchado todavía acerca de la primera venida. ¿Por qué debería alguien escuchar el Evangelio dos veces antes de que todos en el mundo lo hayan escuchado una sola vez? Ni una sola persona en toda esa multitud de cinco mil personas tomó una segunda porción hasta que todos tuvieron la primera".

Porque tanto amó Dios al mundo, que dio a su Hijo unigénito, para que todo el que cree en él no se pierda, sino que tenga vida eterna.

Juan 3:16

Muchos cristianos temen ir a países donde ningún misionero ha puesto su pie antes. Es mucho más fácil permanecer en territorio conocido. Sin embargo, Jesús ordenó a los creyentes que fueran a "todas las naciones" y encontraran nuevos lugares en los que el nombre de Cristo nunca se ha proclamado. La interpretación realista de Smith sobre la alimentación de los cinco mil reta nuestra metodología con respecto a la evangelización. ¿Por qué es que la mayoría de los recursos humanos y financieros son designados y dirigidos hacia personas que ya escucharon el Evangelio? A decir verdad, muchos de esos países están en peligro de tener demasiadas iglesias, mientras que otros grupos de personas carecen de una Biblia traducida a su propio idioma. ¿Puede su apoyo ayudar a crear un balance más apropiado? ¿Puede su vida efectuar un cambio en el esfuerzo evangelístico de mañana?

rehén extremo

Bill y John estaban cerca de los muelles en el sur de Inglaterra cuando vieron la bandera rumana en la popa del barco. Era durante los años del gobierno comunista extremista de Rumania.

Sin decir mucho, reconocieron el campo misionero ante ellos, desataron sus cajas de Biblias y subieron a bordo. Entraron al comedor, donde se había reunido toda la tripulación del barco compuesta por treinta y cinco personas. Bill y John explicaron el porqué de su visita y comenzaron a sacar las Biblias rumanas. De inmediato, la tripulación les prestó toda la atención. La mayoría de ellos jamás había escuchado acerca de Dios y su Hijo, Jesús.

Cuando Bill y John descubrieron que no tenían suficientes Biblias rumanas, dos fornidos marineros agarraron a Bill por los brazos y cuidadosamente, pero con firmeza, lo sentaron en una silla. Le explicaron con mucha diplomacia, en su deficiente inglés, que Bill permanecería allí hasta que John regresara con Biblias para todos ellos.

"Tomaron un rehén por Biblias", John no sabía si reír o llorar, pero era la única manera que los rumanos podían asegurar el regreso de John. En un país comunista lleno de promesas rotas, no confiaban en nadie.

John corrió a la oficina y llenó su maletín con Biblias rumanas. En una hora, estaba de regreso en el comedor, donde la tripulación agradecida recibió las Biblias y puso en libertad a su "rehén".

Día 209

Así que la fe viene como resultado de oír el mensaje, y el mensaje que se oye es la palabra de Cristo.

Romanos 10:17

"Declárenlo a otros", es lo que Jesús dijo que debíamos hacer con el mensaje del Evangelio. De cualquier manera que podamos, a dondequiera que vamos, en cualquier cosa que hagamos, debemos estar ocupados proclamando el mensaje de Cristo. Nuestro compromiso quizá nos lleve a los muelles o tan solo a la mesa de la cocina de nuestros vecinos no creyentes. En cualquier caso, debemos estar preparados para declarar la Palabra de Dios a los que perecen espiritualmente. ¿Está usted motivado a proclamar el mensaje de Cristo? ¿Está consciente del tiempo limitado que tal vez tenga para completar su misión? No pierda otro momento pensando que alguna otra persona hará su parte. ¿Qué puede hacer hoy para esparcir las Buenas Nuevas?

Día 210

"Oramos por el gobierno de Sudán, y también le damos gracias a Dios por él. Gracias a su política y a su guerra contra los cristianos —al terror, las amenazas, los encarcelamientos— mire cómo ha crecido la iglesia. ¡Mire lo que Dios nos ha permitido hacer aquí en medio de esto! Mire cuántos están recibiendo a Cristo".

UN CRISTIANO SUDANÉS

impresora extrema

CHINA: KATI LI

Los visitantes llegaron en secreto y silenciosamente a la casa de la anciana china. Los escoltaron hasta detrás de una cortina y después se arrastraron por más de cien metros a través de un largo y oscuro túnel que los llevó a dos pequeñas habitaciones que parecían cuevas.

Día 211

Estoy convencido de esto: el que comenzó tan buena obra en ustedes la irá perfeccionando hasta el día de Cristo Jesús.

Filipenses 1:6

En una de las habitaciones, una joven cristiana de diecinueve años llamada Kati Li operaba una pequeña y primitiva imprenta. Kati Li trabajaba en esta cueva durante meses seguidos, imprimiendo libros ilegales y otros materiales cristianos. Si la descubrían, no podría mostrar más su verdadera identidad en público.

A medida que la imprenta secreta producía más libros y panfletos, al Departamento de Seguridad Pública le parecía sospechoso y comenzó a interrogar a los aldeanos. Aquellos que conocían la existencia de la imprenta no estaban dispuestos a cooperar.

Finalmente, enojados por la falta de cooperación, el Departamento de Seguridad Pública comenzó a utilizar dinamita y explotar cada casa en la aldea hasta que por fin llegaron a la casa de la anciana. Descubrieron la cueva y confiscaron la imprenta. Sin embargo, los obreros huyeron con antelación y sin daño.

Hasta este día, Kati Li y los otros obreros permanecen escondidos. Si los encontraran, los encarcelarían de inmediato y quizá hasta serían ejecutados. Nunca más podrían ver a sus amigos y familiares. A pesar de todo, el trabajo y el testimonio de Kati Li continúan viviendo a través de los libros y panfletos que ella produjo. Hasta este día son leídos por miles de cristianos chinos.

Es posible que se interrumpa, que lo desvíen, quizá sea suspendido temporalmente, sin embargo, el Reino de Dios avanza sin cesar, nunca se puede detener. Cristo puso el Reino en movimiento cuando les dio la Gran Comisión a sus discípulos. Desde ese día, todos los que se añaden al Reino continúan creciendo a toda marcha a pesar de la oposición del enemigo. Sin duda, muchos han tratado de detener por completo al Evangelio, pero han fracasado. ¿Ha experimentado una interrupción en su ministerio? ¿Ha estado preocupado porque su parte ha terminado a causa de circunstancias imprevistas? Recuerde, Dios no ha terminado con usted todavía. El impacto que usted hace con el Evangelio continuará mientras permanezca fiel a Él.

"riquezas" extremas

SUDESTE ASIÁTICO: CRISTIANOS HMONG

"Apuñalaron a un creyente por la boca con un cuchillo largo y vertieron agua hirviendo en la garganta de otro que atraparon con una Biblia. Una familia entera fue ahogada".

Los creyentes en la tribu hmong en el Sudeste asiático estuvieron de acuerdo en grabar su testimonio en una cinta de vídeo. Querían animar a los cristianos en el Occidente.

Día 212

Un cristiano hmong testificó: "Las autoridades comunistas se sienten amenazadas porque muchas personas de la tribu hmong se han convertido en cristianos. Golpean a los cristianos para tratar de obligarlos a regresar a la adoración de espíritus malignos".

"La policía local nos prohibió convertirnos en cristianos. Nos amenazaron con encarcelarnos, e incluso matarnos", añadió una mujer. "Pero, si tenemos que morir por la causa de Cristo, estamos dispuestos".

Estos creyentes están dispuestos a ponerse en un peligro aun mayor al permitir que el mundo sepa que ellos se mantienen firmes frente a la persecución. La tribu hmong es la mayor del Sudeste asiático y está experimentando el mayor crecimiento del cristianismo. Es también uno de los grupos más perseguidos.

Otra mujer dijo: "Agradezco a Dios que hemos permanecido fuertes. Creo que la persecución es solo una prueba de nuestra fe en Cristo. Extrae las verdaderas riquezas. Extrae la plata y el oro. Solo oren para que seamos fieles hasta el fin".

El oro, aunque perecedero, se purifica al fuego. Así también la fe de ustedes, que vale mucho más que el oro, al ser purificada por las pruebas demostrará que es digna de aprobación, gloria y honor cuando Jesucristo se revele.

1 Pedro 1:7

El acero se endurece a través de un proceso de templado: calentado a altas temperaturas, golpeado para darle forma y después enfriado. Luego este proceso se repite una y otra vez: se calienta, se golpea con el propósito de sacar las impurezas y después se enfría a fin de que el metal se una. Un proceso similar de templado fortalece nuestra fe. Cuando somos calentados por el odio de otros, golpeados por la persecución y después enfriados con la sutil seguridad de la presencia de Dios, nuestras impurezas son desechadas y se fortalece nuestra fe. ¿Ha reconocido el proceso de templado en su vida? No resista a ninguna parte de este proceso, aprenda de sus hermanos y hermanas en la tribu hmong, sus enemigos no se dan cuenta que usted será más fuerte a causa de su odio.

limitación extrema

EUROPA ORIENTAL: MIHAI

La camioneta Volkswagen de Mihai se acercó poco a poco al puesto de control fronterizo. Y preocupado, susurró una pequeña oración: "Querido Jesús, por favor protege tu Palabra para que no la encuentren los guardias de la frontera ni la confisquen".

Los guardias le ordenaron de manera brusca y metódica que saliera de la camioneta y comenzaron su lista de preguntas. "¿A qué viene a nuestro país? ¿Va a visitar a alguien aquí? Si es así, ¿a quién? ¿Trae consigo armas?".

Día 213

Mihai contestó cada pregunta con sumo cuidado, pero su corazón latió intensamente mientras que, con el rabillo del ojo, veía a uno de los guardias mirando debajo de cada asiento de la camioneta. Mihai comenzó a cansarse de estar de pie por tanto tiempo. Satisfecho con las respuestas de Mihai, los guardias al fin le permitieron entrar a su país, con sus valiosos bienes eficazmente escondidos de su vista.

Por años, este valiente joven mensajero ha pasado de contrabando materiales impresos sobre el Evangelio a los países comunistas de Europa Oriental, su cargamento secreto nunca ha sido descubierto. Mihai era un hombre común y corriente, cuya extraordinaria visión le era un enorme reto. No tenía piernas, se las habían amputado casi desde las caderas, pero estaba decidido a no permitir que esta discapacidad se interpusiera en su camino.

Pero tenemos este tesoro en vasijas de barro para que se vea que tan sublime poder viene de Dios y no de nosotros.

2 Corintios 4:7

Como el apóstol Pablo, Mihai sabía que el poder de Cristo se perfeccionaría en sus debilidades físicas. Después de que le pusieron extremidades metálicas, podía llenar los huecos en cada una de sus piernas con el material impreso y después comenzar con entusiasmo sus viajes.

Dios es un jefe que da las mismas oportunidades a quienes vienen a Su servicio. Mihai vio su limitación personal como una gran manera de unirse a Dios en un trabajo creativo. Cada problema puede ser una oportunidad para un ministerio en particular. Por ejemplo, alguien que ha pasado por la tragedia de una familia desintegrada por un divorcio, puede ministrar a otros en situaciones similares en maneras que a otras personas no les son posibles. ¿Qué ha considerado usted como desventaja en su persona que pueda ser de utilidad en el reino de Dios? Piense en esas desventajas desde el punto de vista de Dios. Entonces ofrézcaselas y vea cómo Él las utiliza para su gloria y provecho.

tesoro extremo

Era domingo, y la congregación de la Iglesia "Gracia Sunmin" en Dushanbe, Tayikistán, se había reunido para su servicio de adoración semanal. Aunque su país ahora estaba libre del gobierno opresivo comunista, los musulmanes radicales aún se oponían abiertamente a la iglesia protestante. La opresión solo había cambiado de manos, de una autoridad terrorista a otra.

Día 214

Justo cuando el pastor visitante terminaba su sermón, una fuerte explosión al fondo de la iglesia estremeció el edificio: una bomba. En un instante, los creyentes pasaron de adorar a Dios a correr desesperadamente para salvar sus vidas. Trataron de salir a través de la recepción de la iglesia, pero otra bomba explotó en su ruta de escape. Había cuerpos y sangre por todas partes en la iglesia que una vez fue llamada "santuario".

Una anciana yacía en el suelo sin poder moverse. La Biblia que había estado estudiando momentos antes en el culto de adoración, cayó junto a ella, manchada por su sangre. Estaba abierta en una página donde había marcado tres versículos algún tiempo antes del ataque a su iglesia. "Pero tenemos este tesoro en vasijas de barro para que se vea que tan sublime poder viene de Dios y no de nosotros. Nos vemos atribulados en todo, pero no abatidos; perplejos, pero no desesperados; perseguidos, pero no abandonados; derribados, pero no destruidos" (2 Corintios 4:7-9).

Siempre llevamos en nuestro cuerpo la muerte de Jesús, para que también su vida se manifieste en nuestro cuerpo. Pues a nosotros, los que vivimos, siempre se nos entrega a la muerte por causa de Jesús, para que también su vida se manifieste en nuestro cuerpo mortal.

2 Corintios 4:10,11

Los musulmanes radicales consideraban a esos inocentes cristianos como utensilios al servicio de su causa. Sin embargo, las muertes de los creyentes brillaban a manera de joyas como testimonio de la fidelidad de Dios. El enemigo quizá había destruido el cuerpo de la anciana, su "vasija de barro", pero su tesoro interior fue revelado cuando su espíritu ascendió al cielo momentos después del ataque. Ahora somos más conscientes de que la muerte puede venir de repente a manos de nuestro enemigo. Aun así, usted no tiene que temer a la muerte. Después de todo, lo peor que nuestro enemigo puede hacernos es matar nuestro cuerpo mortal. Su cuerpo físico no es el verdadero "usted". Consuélese hoy, sabiendo que el tesoro de su alma no puede ser tocado.

comienzos extremos

Día 215

En un precioso día de otoño de 1967, la pareja estaba sentada frente a su antigua máquina de escribir colocada sobre la pequeña mesa de la cocina en su nuevo hogar: los Estados Unidos. No había pasado mucho tiempo desde que el pastor Richard Wurmbrand estuviera sentado en una celda fría y oscura de una cárcel rumana por su trabajo en la iglesia clandestina. Su esposa, Sabina, había sido sentenciada a trabajos forzados en un campo de prisioneros.

Ahora la pareja meditaba en el mensaje que Dios les había dado. Querían comunicar las pruebas y los triunfos a los que se enfrentaban los cristianos perseguidos en los países comunistas alrededor del mundo. La policía secreta rumana había amenazado a la pareja para que no hablaran en contra del comunismo, pero la intimidación no los detendría. Se sentían obligados a hacer escuchar la voz del cuerpo de Cristo que sufre; una voz que había sido ignorada y olvidada por muchos en el mundo libre.

Las palabras fluían con facilidad hacia las páginas, y al poco tiempo tenían su primera edición del boletín de "La Voz de los Mártires". Comenzaron con solo cien dólares y unos pocos cientos de nombres y direcciones de cristianos que estaban interesados en ayudar.

La visión que nació en una celda solitaria de la cárcel, ahora ha crecido hasta ser una organización mundial dedicada a servir a la iglesia perseguida. Millones de boletines sucesivos a ese primer ejemplar de "La Voz de los Mártires" se han distribuido alrededor del mundo en más de una docena de idiomas.

> Compórtense sabiamente con los que no creen en Cristo, aprovechando al máximo cada momento oportuno.
>
> **Colosenses 4:5**

Comience en alguna parte. Es ahí donde comienzan las buenas ideas para el servicio de Dios: en alguna parte. Servir a Cristo significa que no importa dónde, ni cuándo, ni cómo va a comenzar, siempre y cuando comience. Muchas personas continúan postergando sus sueños en lugar de comenzar en alguna parte. Nos decimos que serviremos a Cristo algún día: cuando los niños hayan crecido y se hayan ido de casa; cuando al fin logremos pagar todas las deudas y podamos diezmar. Cada vez que decimos que comenzaremos a servir a Cristo después de terminar alguna otra cosa, no hemos comprendido el propósito de nuestro llamado. ¿A qué lo está llamando Dios? No se trata de "cuándo" Él lo está llamando a hacerlo, sino ¿"qué" es lo que Él quiere que usted haga? ¿Qué está haciendo usted ahora para comenzar a cumplir con Su llamado?

hijo extremo

GRECIA: TIMOTEO

Aunque Timoteo era joven, Pablo lo alentó a ser un ejemplo para todos. Timoteo probó que podía vivir de acuerdo con esas instrucciones.

Timoteo era de Listra, una de las ciudades que Pablo visitó durante su primer viaje misionero. El padre de Timoteo era griego, y su madre y su abuela eran cristianas judías que influyeron muchísimo en el joven Timoteo. Es más, la Biblia señala que ellas eran ejemplo de Timoteo en la fe.

Día 216

Pablo debió haber notado el potencial de Timoteo para convertirse en un fiel creyente. Cuando Pablo pasó de nuevo, en su segundo viaje misionero con Silas y Lucas, Timoteo se les unió y viajaron a Macedonia.

Pablo consideraba a Timoteo como su hijo en la fe. Cuando la iglesia en Éfeso necesitó un pastor, Pablo dejó allí a Timoteo para enseñar y alentar a los creyentes en esa ciudad. Timoteo compartió la vida y el ministerio de Pablo. Es posible que hasta estuviera con Pablo el día en que lo decapitaron en Roma, ya que Pablo le había pedido que fuera para una visita final.

Pero tú, permanece firme en lo que has aprendido y de lo cual estás convencido, pues sabes de quiénes lo aprendiste.

2 Timoteo 3:14

Después de la muerte de Pablo, Timoteo regresó a Éfeso para dirigir la iglesia allí. Continuó condenando la adoración a ídolos, que enriquecía a muchos en la ciudad de Éfeso. Cuando Domiciano ratificó la segunda gran persecución romana a los cristianos, los idólatras cobraron fuerzas. A Timoteo lo apedrearon hasta matarlo alrededor del año 98 d.C. Fue fiel hasta el final, como Pablo le enseñó a ser.

No se espera ni se alienta a alguien para que lleve la vida cristiana solo. A decir verdad, es imposible hacerlo de esa manera. Del mismo modo en que Pablo fue mentor de Timoteo, nosotros necesitamos a alguien que nos muestre el camino y que crea en nuestro potencial para efectuar un cambio a favor de Cristo. Crecemos al observar a otros que guían con el ejemplo en nuestra iglesia, en nuestra comunidad, en nuestras familias y en nuestras escuelas. A medida que comenzamos a asumir nuestros propios papeles de influencia, necesitamos seguidores en las gradas, animándonos hacia un compromiso mayor. ¿Quién es su ejemplo en la fe? ¿Quién es responsable de enseñarle cómo vivir para Cristo? Es posible que sea un familiar cercano, un amigo o un pastor. Agradézcale a Dios por esa influencia en su vida.

Día 217

"He llegado a creer que Dios, en su sabiduría,
permite el martirio en cada generación, en parte
porque, sin ellos [los mártires], la realidad de la
muerte de Cristo se vuelve para nosotros cada
vez más borrosa... A medida que observamos [a
los mártires], la niebla que algunas veces cubre
el Gólgota del primer siglo, se disipa y entonces
vemos... al Señor clavado en la cruz".

MARK GALLI

rostros extremos

RUMANIA: UN PASTOR ENCARCELADO

Día 218

"Es asombroso cómo es que se puede ver a Jesús en los rostros de otros creyentes. Sus rostros resplandecen y es un gran logro que la gloria de Dios brille en el rostro de un cristiano en las cárceles comunistas. A nosotros no nos permitían bañarnos; yo tenía tres años que no me aseaba, pero la gloria de Dios resplandecía aun detrás de la costra de suciedad. Y ellos siempre tenían sonrisas triunfantes en sus rostros", escribió un pastor encarcelado.

"Sé de otros cristianos que fueron liberados de las cárceles comunistas, al igual que yo. Como a ellos, las personas me detuvieron varias veces en la calle para preguntarme: 'Señor, ¿qué hay en usted? Parece ser un hombre muy feliz. ¿Cuál es la fuente de su felicidad?'. Yo les decía que provenía de muchos años en cárceles comunistas sufriendo por mi Salvador".

Ellos no comprendían esto porque no podían pensar más allá de las dificultades de sus propias vidas. No habían aprendido a caminar en el Espíritu ni a experimentar la presencia de Dios. Muchos pensarían: 'Si usted supiera la vida que tengo: un esposo que me golpea, una esposa que se queja demasiado e hijos que destrozan mi corazón'. Hay muchas dificultades materiales y tempestades en su alma. ¿Y qué? ¿Cómo pueden compararse con el gozo de conocer a Jesús?".

Se alegrarán, y nadie les va a quitar esa alegría.

Juan 16:22

Lo que Jesús da, nadie lo puede quitar. Nos da gozo en la presencia del Espíritu Santo que habita en nosotros. Y aunque nuestras circunstancias quizá se tornen confusas y oscuras, nuestro gozo aún resplandece. Aun la suciedad más oscura de tres años en una cárcel comunista es incapaz de ocultar el gozo cristiano. Realmente no estamos gozosos por nuestra aflicción, ni estamos contentos por nuestras penas; sino que permanecemos gozosos porque la presencia de Cristo nos acompaña durante nuestras tristezas. ¿Ha perdido su sentido de gozo? Reconozca que nadie le puede quitar su gozo. Si no hay gozo en su vida, es porque voluntariamente renunció a él debido a sus circunstancias. Pídale a Dios que restaure hoy su gozo en Él.

sanidad extrema

Día 219

La pierna de Asif se le fracturó cuando un auto lo atropelló en una calle de Pakistán. En medio del dolor, sintió una mano en su pierna. Levantó la vista y escuchó a una mujer orando para que Jesús lo sanara. Asif comenzó a enojarse porque él era musulmán. Entonces una energía extraña comenzó a correr a través de su cuerpo. Su pierna se enderezó y el hueso regresó a su lugar. Al final, Asif se fue caminando hasta su casa desde el lugar del accidente.

Hambriento de conocer más acerca de este "Jesús" que lo sanó, Asif leyó acerca de los otros milagros de Jesús en la Biblia que le dio la mujer. Después, llevó sus preguntas al maulvi (líder religioso) en su mezquita.

"¿Por qué estás hablando de Jesús?", dijo el maulvi con desprecio.

"¿Cómo no voy a estar interesado en Él? —preguntó Asif—. Él me sanó".

El maulvi, y otros que se encontraban en la mezquita, encerraron a Asif en una habitación y lo obligaron a tomar veneno, pensando que si moría antes de confiar en Cristo, lograría llegar al paraíso. Sin embargo, Asif despertó y clamó a Jesús.

De repente, una luz brillante llenó la sucia habitación. En ese instante Asif prometió: "Mi vida es para ti. Mientras esté en la tierra, trabajaré para ti".

Desde entonces, la familia de Asif lo ha repudiado y en repetidas ocasiones lo han golpeado porque se niega a dejar de hablarle a la gente sobre su nuevo amigo Jesucristo.

De oídas había oído hablar de ti, pero ahora te veo con mis propios ojos.

Job 42:5

Algunas veces tenemos que experimentar el poder de Dios antes de creer en él. En realidad, muchos no creyentes prefieren debatir a distancia sobre religión, antes que tener que lidiar con un encuentro espiritual personal. Nadie puede discutir con una experiencia propia. El protagonista del encuentro es el único experto en ese asunto. Encontrarse con Dios es experimentar Su poder y sentir Su presencia. La Biblia proporciona muchos ejemplos de no creyentes que encontraron el poder de Dios: algunos respondieron con adoración, otros resistieron su poder y sufrieron las consecuencias. De cualquier manera, una persona nunca es la misma después de una experiencia con Dios. Es como si Dios le estuviera diciendo a un corazón que ha decidido dudar: "Yo soy real. Enfréntate a esto". ¿De qué manera le ha mostrado Dios que es real? ¿A quién puede compartirle su experiencia?

globos extremos

"Abuela, ¡mira lo que encontré!", la chica de Corea del Norte estaba muy emocionada. Sostenía algo nunca antes visto. La abuela lo observó con su débil vista, pero no lograba percibir los detalles. Así que llamó a la madre de la chica. "Por favor, ven y dime qué es lo que se encontró esta niña".

Día 220

La hija de la anciana entró a la habitación y tomó el objeto de la arrugada mano de su madre. Su hija comenzó a leer las palabras impresas en el globo de plástico tan bien construido: "El Señor Jesús te ama. Tus hermanos y hermanas no te han olvidado. Porque tanto amó Dios al mundo, que dio a su Hijo unigénito".

"¡Son las Escrituras! —exclamó la abuela—. ¡Nos han enviado versículos bíblicos en un globo! Por favor, sigue leyendo".

El globo de plástico tenía palabras de ánimo para las tres generaciones de Corea del Norte. Contenía un mensaje de parte de los cristianos en el Occidente y más de seiscientos versículos bíblicos que llevaban al lector desde la creación, pasando por la cruz y hasta la segunda venida de Jesucristo. En la última década, más de cien mil de estos "globos con Escrituras" han flotado hacia Corea del Norte.

El ministerio de La Voz de los Mártires encontró una particular manera de alcanzar con la Palabra de Dios y el Evangelio a esas personas oprimidas. Salmo 19:1 dice: "Los cielos cuentan la gloria de Dios, el firmamento proclama la obra de sus manos".

Toda la Escritura es inspirada por Dios y útil para enseñar, para reprender, para corregir y para instruir en la justicia, a fin de que el siervo de Dios esté enteramente capacitado para toda buena obra.

2 Timoteo 3:16,17

Así como los globos en esta historia, Dios desea hacer llegar Escrituras de aliento flotando a través de nuestras mentes y de nuestros corazones justo en el momento que más las necesitamos. Sin embargo, no puede recordarnos pasajes de las Escrituras que nunca estuvieron allí en primer lugar. Irónicamente, a pesar de que vivimos en una sociedad libre, a menudo actuamos como si estuviéramos en un país restringido como lo es Corea del Norte, sin tener acceso a la Palabra de Dios. Nuestra lectura bíblica es esporádica y poco frecuente, como si no tuviéramos un ejemplar de las Escrituras. Quizá este es el momento de pedirle a Dios que haga "flotar" su Palabra a través de las fronteras de su mente cerrada. Dedique un tiempo en su agenda para leer la Biblia cada día, y pídale a Él que renueve el deseo por su Palabra.

confianza extrema

"Yo oraba día y noche pidiéndole a mi Jesús: 'Tú eres mi todo, yo no tengo un padre, hermano o hermana… por favor, envíame un ángel que pueda liberarme de esta atadura' — Azra Bibi contó—. Y después de siete meses, Dios contestó mis oraciones".

Día 221

El Dios al que servimos puede librarnos de las manos de Su Majestad. Pero aun si nuestro Dios no lo hace así, sepa usted que no honraremos a sus dioses ni adoraremos a su estatua.

Daniel 3:17,18

Azra Bibi, de 22 años de edad, había nacido en la única familia Cristiana contratada en la fábrica de ladrillos de Malik Saleem. Ella aprendió a amar y a adorar al Señor por su madre, quien trabajaba muchas horas rompiéndose la espalda haciendo ladrillos, ganando solo un dólar con catorce centavos al día.

"El propietario del horno no nos permitía ir a la iglesia", dijo Azra. Ellas se escabullían cuando podían para asistir a la iglesia y escuchar acerca de los milagros de Jesús.

Un día, Azra y su madre fueron golpeadas por una mujer musulmana que las llamó "perros". Otros hombres llevaron arrastrando a Azra y a su madre hasta la oficina del propietario del horno, quien se encontraba furioso, les dijo cosas vulgares y las encerró en un cuarto. Más tarde esa noche, él sacó a la madre de Azra del cuarto. Diez días después, una amiga de su madre le dijo a Azra: "Tu madre ya no está en este mundo. El propietario del horno la violó, cortó su cuerpo en pedazos y lo quemó en el horno". El asistente del dueño del horno, un hombre de setenta y dos años llamado Muhammad Akram, se acercó a Azra y la violó. Él intentó obligarla a casarse con él y que se convirtiera al islamismo.

Finalmente, un grupo de creyentes pudo asegurar la liberación de Azra pagando por ella mil cien dólares al dueño del horno. "¡Qué momento!", dijo, "Yo lloré frente a mi Señor… mis ojos se llenaron de lágrimas… porque extrañaba a mi madre". Uno de los hermanos en Cristo la llevó a su casa y le proveyó comida, ropa y suplió sus necesidades básicas. Azra ahora está reconstruyendo su vida.

Es muy difícil conservar la confianza, especialmente cuando se ha experimentado una situación como la que atravesó Azra. A pesar de que sabía las posibles consecuencias de permanecer fiel a su fe, ella no negó a Cristo, ni se desanimó. Ella continuó confiando en el Señor, derramando su corazón a Él en oración. A menudo nosotros no nos enfrentamos a circunstancias tan extremas como esta, pero tenemos la misma obligación de confiar en Dios no importando lo que pueda suceder. ¿En qué circunstancias Dios le está pidiendo que confíe en Él, sin importar cual sea el resultado?

certeza extrema

—Si usted es azotado o decapitado como un criminal, ¿cree que aun así ascenderá al cielo? —preguntó Rústico, el funcionario de la ciudad.

—Creo que si soporto estas cosas, tendré lo que Jesús me prometió —dijo Justino—. Pues sé que su regalo de vida perdura en aquellos que permanecen en Él, incluso hasta el fin del mundo.

Día 222

—¿Piensa entonces que recibirá alguna recompensa allá?

—No lo pienso, lo sé. Estoy seguro de ello.

—Usted debe estar de acuerdo en ofrecer un sacrificio a los dioses —dijo Rústico recargándose en su silla con impaciencia.

—Ninguna persona en su sano juicio deshonra la comunión con Dios uniéndose a los paganos —contestó Justino con tono indiferente.

Rústico había tenido suficiente.

—A no ser que obedezca, lo ejecutarán sin misericordia.

—Sé que no tengo que temer si muero por testificar de Dios. Considero que la muerte por ese motivo nos da nuestra salvación y confianza ante Cristo —contestó Justino.

—Haga lo que tenga que hacer, pues somos cristianos y no ofrecemos sacrificios a los ídolos —dijeron los otros creyentes que estaban con Justino.

Entonces Rústico pronunció la sentencia sobre los cristianos que rechazaron sus demandas: "¡Estas personas, las que se negaron a ofrecer sacrificios a los dioses y que no obedecen los dictámenes del emperador, serán azotadas y decapitadas de acuerdo con la ley!".

> No teman a los que matan el cuerpo pero no pueden matar el alma. Teman más bien al que puede destruir alma y cuerpo en el infierno.
>
> **Mateo 10:28**

Cuando Justino les dijo a sus verdugos: "Ustedes pueden matarnos, pero no nos pueden hacer verdadero daño", ¿eran esas las palabras de un loco? ¿Estaba confundido mientras contemplaba la certeza de su propia muerte? No, solo estaba seguro de una cosa: del regalo de Jesucristo de la vida eterna. Mientras contemplaba el final de su existencia terrenal, Justino casi podía ver la belleza de su hogar celestial. ¿Se encuentra usted más temeroso de perder su vida en la tierra, o se encuentra seguro de tener una vida eterna en el cielo? Cuando llega la muerte no hay tiempo para dudas. Afírmese en su fe mientras está aún vivo y bien. Reciba el regalo de Dios de la vida eterna a través de depositar su confianza en Jesucristo.

autor extremo

John Foxe, un joven maestro en la Universidad de Magdalen, rogaba en oración: "Ellos se hacen llamar sacerdotes y ministros tuyos, pero se adoran a sí mismos y a su poder político. Ayúdales a darse cuenta de que no hay necesidad de otro mediador entre Dios y el hombre, sino Jesucristo y Su Palabra".

Día 223

Alguien escuchó a John y lo reportó de inmediato a la administración de la universidad. Lo acusaron de mantener creencias de rebelión contra el Gobierno y la iglesia del Estado. Cuando se negó a rechazar sus convicciones, el Concejo lo expulsó de la universidad.

A causa de esto, John tuvo gran dificultad para encontrar trabajo como maestro. Un día, exhausto y con hambre, se sentó a orar en una iglesia. Un hombre, a quien John nunca había visto, apareció de repente y puso una cantidad de dinero en su mano. "Anímese", dijo él. "En unos pocos días se le presentará un nuevo trabajo". Pocos días más tarde lo contrataron como tutor.

Bajo el reinado de Enrique VIII, se toleraban a los cristianos como John. Sin embargo, cuando María I llegó al poder, ejecutó a cualquiera que desafiara los edictos religiosos del Estado. Trescientas personas murieron durante su reinado de cinco años. John y su esposa, que estaba embarazada, huyeron de Inglaterra hacia Bélgica, escapando cuando estuvieron a punto de ser detenidos.

En defensa de los que murieron por su fe, John escribió el *Libro de los Mártires de Foxe*.

> Porque a nosotros, lo mismo que a ellos, se nos ha anunciado la buena noticia; pero el mensaje que escucharon no les sirvió de nada, porque no se unieron en la fe a los que habían prestado atención a ese mensaje.
>
> **Hebreos 4:2**

Una cosa es leer sobre la persecución, y otra muy diferente es experimentarla. De la misma manera, muchas personas leen acerca de las vidas de cristianos comprometidos y admiran su valentía desde lejos. Sin embargo, no tienen una experiencia personal de fe que pudieran llamar como propia. Mientras exaltan el valor de los mártires, no se relacionan con el origen de éste: una relación personal con Jesucristo. Es posible que lean el mensaje del Evangelio, pero no responden en fe. Los mártires vivieron y murieron invitando a otros, aun a sus opresores, a creer en Cristo. ¿Estarán llamándolo a usted hacia un compromiso cristiano aun ahora mientras lee sus historias? No solo exalte la fe de ellos cuando está siendo invitado a experimentarla de manera personal.

Día 224

"La cárcel no es obstáculo para una vida cristiana útil".

EL PASTOR RICHARD WURMBRAND

castigo extremo

INGLATERRA: JOHN WYCLIFFE

En una fría mañana inglesa de 1428, unos hombres rondaban sin reverencia por un cementerio. Uno de ellos, finamente vestido con túnicas religiosas, dijo: "¡Aquí está! ¡Desentiérrenlo, vamos a terminar con esto!".

Día 225

Y no solo en esto, sino también en nuestros sufrimientos, porque sabemos que el sufrimiento produce perseverancia; la perseverancia, entereza de carácter; la entereza de carácter, esperanza.

Romanos 5:3,4

Cuando las palas al fin dieron con algo sólido, el hombre en las ropas elegantes aguardaba y observaba pasivamente. —¡Abran el ataúd! —dijo.

—Pero señor, ¡hace cincuenta años que está enterrado! —respondió uno de los excavadores—. ¡No puede quedar mucho!

El líder religioso se estremeció y después se encogió de hombros. —¡Entonces saquen el ataúd, lo quemaremos todo!

¿Qué pudiera haber enojado tanto a este hombre? ¿Por qué habría que desenterrar el cuerpo de alguien cincuenta años después de su muerte para quemarlo como a un hereje?

Cerca de 1376, John Wycliffe publicó la doctrina de "La autoridad fundada en la gracia". Este controversial mensaje declara que: "El Evangelio por sí solo es suficiente para regir las vidas de los cristianos en cualquier lugar".

Wycliffe también había comenzado a traducir la Biblia Vulgata Latina al inglés, y a distribuirla en secreto en panfletos y libros. Continuó con este trabajo hasta su muerte en 1384, ciento treinta y tres años antes de la Reforma.

—¡Echen las cenizas al río! —ordenó el hombre cuando se apagó el fuego—. ¡Esto debe ser lo último que escuchemos sobre John Wycliffe y sus enseñanzas!

Tuvieron que pasar cien años para que fuera legal leer una Biblia en inglés.

Los funcionarios religiosos se esforzaron por acabar con "los restos" de John Wycliffe. En vez de eso, parece que cada partícula del cuerpo quemado de John llevó una nueva sed por la Palabra de Dios a través de Europa. Sus esfuerzos no solo fallaron en alcanzar su objetivo, sino que ayudaron a la causa de Cristo. De igual manera, pudiéramos ver que Satanás hace grandes esfuerzos por destruir el cristianismo. Sin embargo, sus esfuerzos alcanzan un resultado opuesto. Dios permite la persecución para inspirar a los creyentes e impulsarlos hacia un mayor compromiso. ¿Está usted permitiendo que la persecución que está viviendo se realice de acuerdo con el plan de Dios? Es posible que en poco tiempo vea que la oposición de sus perseguidores lo fortalece y que sus maldiciones traen las bendiciones de Dios.

martirio extremo: primera parte

—Mi primer nombre y el título que elijo es Cristiano. En el mundo me llaman Carpo.

—Ya conoces los decretos del emperador —declaró el procónsul—. Debes adorar a los dioses todopoderosos de Roma. Por lo tanto, te aconsejo que te presentes y les ofrezcas sacrificios.

—Yo soy cristiano, yo honro a Cristo, el Hijo de Dios, que vino no hace mucho tiempo para salvarnos y nos ha liberado de las locuras del diablo. No ofreceré sacrificios a esos ídolos. En el mejor de los casos, representan fantasmas, pero en realidad son demonios. Me resulta imposible ofrecerles sacrificios.

—Tienes que ofrecer sacrificios, César lo ordenó.

—Los vivos no le sacrifican a los muertos.

—¿Crees que los dioses están muertos?

—Ellos nunca fueron hombres, ni jamás vivieron para que pudieran morir. Quienes los adoran están envueltos en un gran engaño.

—Te he dejado decir demasiadas tonterías y ahora te permití blasfemar a los dioses y a su majestad, el emperador. Tienes que terminar con esto ahora o será demasiado tarde. ¡Ofrecerás sacrificios o morirás!

—Yo no puedo hacer esos sacrificios. Nunca he sacrificado a ídolos y no comenzaré ahora.

El procónsul ordenó que lo colgaran y lo desollaran con instrumentos de tortura, mientras él clamaba: "¡Yo soy cristiano! ¡Yo soy cristiano! ¡Yo soy cristiano!".

Como al procónsul en esta historia, el mensaje de la cruz le parece una locura a quienes no lo comprenden. Y sienten que deben oponerse a lo que no comprenden. Quizá ellos temen lo que no logran comprender. Tal vez su orgullo les impide aceptar con humildad el Evangelio de Dios por fe. Por cualquier razón, prefieren perecer que confiar en el mensaje de la cruz. Debemos darnos cuenta que los que discuten en contra del cristianismo, a menudo lo hacen porque no aceptan la verdad por medio de la fe. ¿Está usted orando por aquellos que atacan el Evangelio? Mientras ora por los que persiguen a otros, pídale al Espíritu Santo que los ayude a comprender el mensaje de la cruz.

Día 226

El mensaje de la cruz es una locura para los que se pierden; en cambio, para los que se salvan, es decir, para nosotros, este mensaje es el poder de Dios.

1 Corintios 1:18

martirio extremo: segunda parte

ROMA: PAPILO

El procónsul enfocó su atención en Papilo, no muy lejos de donde Carpo colgaba sangrando. —¿Tienes hijos? —preguntó el procónsul.

—Ah, sí, por medio de Dios yo tengo muchos hijos.

—Él quiere decir que tiene hijos gracias a su fe cristiana —gritó alguien en la multitud que los rodeaba.

Escuchando esto, el procónsul se enojó aun más. —¿Por qué me mientes diciendo que tienes hijos? —gritó él.

—Le digo la verdad. En cada distrito y ciudad tengo hijos en Dios.

El enojo del procónsul no se aplacó. —¡Usted hará sacrificios a estos dioses o sufrirá el mismo destino que Carpo! ¿Qué me dice ahora?

—Yo he servido a Dios desde que era joven —contestó Papilo con firmeza—. Nunca he sacrificado a ídolos. Yo soy cristiano. No hay nada que pueda decir que sea mayor o más maravilloso que decir que soy cristiano.

El procónsul ordenó que lo colgaran junto a Carpo y lo desollaran con instrumentos de tortura hechos de hierro. Papilo no emitió sonido alguno, sino que soportó el dolor como un valiente luchador.

Cuando el procónsul vio la excepcional resolución de ambos, ordenó que quemaran vivos a Carpo y Papilo. Los dos descendieron por sí solos al anfiteatro, satisfechos de que pronto serían liberados de este mundo. A Papilo lo clavaron a la hoguera. Cuando las llamas ascendieron, oró tranquilamente y entregó su alma.

Día 227

Yo mismo, hermanos, cuando fui a anunciarles el testimonio de Dios, no lo hice con gran elocuencia o sabiduría.

1 Corintios 2:1

A menudo los cristianos se preocupan por lo que van a decir cuando los llamen a defender su fe. Cuando llega la oportunidad, nos comportamos como un estudiante universitario que ha ensayado mentalmente las preguntas para un examen a medio semestre. "¿Y qué si me piden que defienda la Trinidad?", "¿qué digo si me preguntan sobre el destino de los que nunca escucharon el Evangelio?", "¿y cómo defiendo el nacimiento virginal?". En realidad, no podemos encontrar mejores ni más verdaderas palabras que nuestro propio testimonio de fe en Cristo. No hay otra palabra que pueda decir que sea mayor o más maravillosa que decir "yo soy cristiano". Los ensayos no podrán convencer a un incrédulo más que la disposición que usted tenga para compartir con sinceridad su amor por Jesús.

martirio extremo: tercera parte

ROMA: AGATÓNICA

A Carpo lo clavaron en la hoguera, y mientras era envuelto por las llamas, oraba con gozo: "¡La alabanza sea a ti, oh Señor, Jesucristo, Hijo de Dios, que me consideraste a mí también, un pecador, digno de morir como un mártir como tú lo has hecho!". Entonces entregó su alma al cielo.

Día 228

Mientras Carpo oraba, Agatónica vio la gloria de Dios desplegarse delante de él. Los cielos se abrieron para revelar el banquete de las bodas del Cordero de Dios con mesas majestuosas extendidas delante de ella y a Jesús mismo, de pie a la cabecera de la mesa. Su corazón saltó y ella reconoció un llamado del cielo.

De un salto se puso de pie y gritó: —Este banquete también se ha preparado para mí. Debo recibir el banquete de la gloria.

—¡Compadécete de tu niño, tu hijo! —se oyó un grito desde las gradas.

—Él tiene a Dios para que lo cuide —respondió Agatónica—, pues Dios es el proveedor de todos. En cuanto a mí, yo iré y estaré con él.

Avívanos, e invocaremos tu nombre.

Salmo 80:18

Entonces saltó al anfiteatro, se quitó su túnica exterior y con júbilo permitió que la clavaran en la hoguera.

Los espectadores comenzaron a llorar y gritaban: "¡Esta sentencia es cruel e injusta!".

En medio de las llamas ella clamo: "¡Señor, Señor, Señor, ayúdame, corro hacia ti!" Entonces ella entregó su alma y se unió a su Señor. Fue en el año 165 d.C.

El efecto inesperado que una vida tiene sobre otra se conoce como una reacción en cadena, es algo inexplicable y no planeado. Comenzó con Carpo, que mostró el camino del valor a Papilo, y mientras ambos eran torturados por su fe, una observadora, inspirada por los increíbles resultados de su martirio, se arrojó hacia la fe muriendo voluntariamente en la hoguera. Hoy en día vemos la reacción en cadena de la fe en los avivamientos de la iglesia y en las universidades. La vemos en aldeas, pueblos y comunidades a través de varios continentes donde una vida motiva a otra, y aun a otra, hacia un mayor compromiso. ¿Cuánto tiempo ha pasado desde que experimentó una reacción en cadena de compromiso en su iglesia o en su comunidad? Ore para que el avivamiento comience en usted, el eslabón más importante en la cadena.

fugitiva extrema

CHINA: LO LIEU

Lo Lieu caminaba con cautela por la calle atestada de gente en China, mirando discretamente hacia atrás para asegurarse de que no la estuvieran siguiendo, o que la reconocieran. Pasó junto a otro cartel que mostraba su rostro y que ofrecía una recompensa de casi seiscientos dólares por su arresto.

Día 229

Cuando Lieu tenía tan solo diecisiete años de edad, abandonó su hogar para ser sierva de Dios. Fundó una organización que ayudaba a establecer casas-iglesias no registradas, ilegales a los ojos del gobierno comunista. Su trabajo la ponía en contacto con cristianos extranjeros que pasaban Biblias de contrabando hacia su país.

Después de casi diez años en el ministerio, la policía la arrestó. Lieu soportó un intenso interrogatorio. Una vez fue golpeada con tanta fuerza que cayó inconsciente por varias horas. Aun así, se negó a dar información a las autoridades sobre los creyentes con los que trabajaba, ni acerca de sus actividades.

Así que cada uno de nosotros tendrá que dar cuentas de sí a Dios.

Romanos 14:12

Meses más tarde, la pusieron en libertad sin haber dado información a la policía acerca de su trabajo, pero todavía se encontraba bajo vigilancia. Pocos años más tarde, la arrestaron junto con otras cinco personas y confiscaron todas sus pertenencias. Esta vez la sentenciaron a tres años en un campo de trabajos forzosos.

Después de cumplir su sentencia, la pusieron en libertad, pero aún es blanco de la policía. A pesar de las amenazas de volver a ser arrestada, Lieu continúa viviendo como una fugitiva para Cristo, cometiendo el "crimen" de amar a Jesús y de compartir ese amor con otros.

Piense en esto: Si hubiera una orden de arresto en contra de todos los cristianos comprometidos, ¿quién lo delataría a usted con la policía? ¿Su espíritu bondadoso y su saludo sincero al empleado de la tienda local delatarían su identidad? Los otros padres de familia que también esperan en la fila para recoger a sus hijos en auto, ¿lo identificarían como un creyente potencial por el modo cortés y paciente con que espera su turno? ¿Pudieran algunos en su trabajo debatir si delatarlo o no, pues tienen evidencias concretas de su fe en Cristo? ¿Su propia familia batallaría con la decisión de llamar a la policía? ¿O se convencerían que su actitud y sus acciones en realidad no estaban de acuerdo con la descripción de un "cristiano comprometido"? ¿Qué piensa? ¿Qué debería hacer?

fruto extremo

Safeena es una chica tranquila, encantadora. Al crecer en Pakistán, aprendió que como mujer y cristiana, sus oportunidades en la vida serían limitadas y deficientes.

Así que cuando consiguió el empleo cocinando y limpiando para una familia musulmana rica, estaba gozosa porque ganaría algún dinero y ayudaría a su pobre familia.

Día 230

Al final, la belleza y el comportamiento dulce de Safeena atrajeron al hijo de su patrón. Él les planteó a sus padres la posibilidad de tomarla como esposa, pero ella era cristiana. Ellos la presionaron a que se convirtiera al islam, pero Safeena rechazó con valentía y determinación el renunciar a su Señor. Después de semanas de presión, ella quería irse de ese hogar, pero sabía que su familia necesitaba el dinero con urgencia.

Finalmente, el joven se dio por vencido de tratar de convencer a Safeena que fuera su esposa y tomó una cruel decisión. Arrastró brutalmente a Safeena a una de las habitaciones y la violó.

Safeena estaba destrozada. De inmediato dejó su empleo, pero antes que pudiera presentar una denuncia, la familia se volvió en su contra y le dijo a la policía que ella les había robado. Safeena fue arrestada inmediatamente y sufrió más violaciones en la cárcel.

Por sus frutos los conocerán. ¿Acaso se recogen uvas de los espinos, o higos de los cardos? Del mismo modo, todo árbol bueno da fruto bueno, pero el árbol malo da fruto malo.

Mateo 7:16,17

Safeena no se arrepiente de haberse mantenido firme a favor de Cristo, pero aún batalla con la vergüenza de lo ocurrido. Se aferra con valentía a las promesas de Dios para su sanidad física y emocional en medio de su lucha por perdonar a su abusador.

Aprendemos mucho de una religión examinando los resultados en las vidas de sus seguidores. Esta es la historia de una familia que siguió al dios equivocado por el camino equivocado. La religión de esa familia los presionó para actuar con manipulación, inmoralidad sexual, mentira e injusticia. En contraste, el Dios de Safeena, el Dios de amor, la guió a ser trabajadora, sacrificada y decidida. Un día, Dios ayudará a Safeena a perdonar a aquellos que le hicieron daño. Tenga cuidado cuando escuche a otros decir que todas las religiones son básicamente lo mismo. Tenemos el llamado a ser inspectores de frutos, examinando con cuidado el fruto en las vidas de las personas para revelar sus motivos. No se deje engañar por lo que lea acerca de cualquier religión. Observe con detenimiento los resultados en las vidas de sus seguidores.

Día 231

"Mientras más duro pegue el diablo, más disfrutaremos su derrota. ¡Que venga!"

Un cristiano en Sudán

refugios extremos

BANGLADESH: ANDRÉS

En su ministerio, Andrés vio en Bangladesh el bautismo de setecientos cuarenta y nueve musulmanes conversos. Además, el ministerio participó en la distribución de más de tres mil Biblias y Nuevos Testamentos y más de ciento treinta y siete mil folletos evangelísticos.

Día 232

"La cosecha es abundante, pero son pocos los obreros", les dijo a sus discípulos. "Pídanle, por tanto, al Señor de la cosecha que envíe obreros a su campo".

Mateo 9:37,38

Sin embargo, Andrés vio los peligros de muchos musulmanes conversos y estableció un asilo que sirve como casa-refugio clandestino. Familias cristianas o individuos de todo el país llegan al refugio secreto, pero no para tener descanso y seguridad. A los nuevos cristianos se les instruye en el discipulado y la evangelización desde el amanecer hasta el anochecer.

Después de graduarse del programa, son enviados a otra aldea en donde nadie los conozca. ¡Esta aldea se convierte en su nuevo campo misionero! Estos cristianos llegan al refugio para escapar del peligro, solo para ser preparados para una situación aun más peligrosa. Y saben que no están solos; cientos de sus hermanos y hermanas salieron antes que ellos con la finalidad de llevar el Evangelio de Jesucristo a través de Bangladesh.

El trabajo de Andrés es arriesgado. Ha sido arrestado y detenido por la policía en repetidas ocasiones y ha sido golpeado por los musulmanes radicales quienes temen los alcances de su ministerio. Su familia y su hogar también han sido amenazados continuamente.

El ministerio de Andrés se dedica a proporcionar refugios clandestinos a los musulmanes conversos, pero su labor es poco segura. Implica un riesgo diario para su familia y para los que participan en su ministerio; sin embargo, sus estudiantes reciben la vida eterna y se gradúan para darles a otros la misma oportunidad.

Imagínese a un campesino tratando de recoger una gran cosecha solo. No importa con cuanta diligencia trabaje el campesino, no tendría el tiempo suficiente para completar la labor. Jesús comparó a la gente perdida con un campo de almas listas para ser cosechadas. Esa obra requiere demasiado trabajo para que lo realice una sola persona. Por consiguiente, tenemos el llamado de utilizar una estrategia similar al método de Andrés con los refugios clandestinos de Bangladesh. Debemos enseñar a los demás cómo hablarles a otros acerca de Cristo. No basta con ganar personas que crean en Cristo, debemos ganar discípulos que, a su vez, aprendan a hacer discípulos. ¿Es usted el campesino que batalla solo? ¿O les enseña a otros cómo trabajar en el campo?

perseverancia extrema

AZERBAIYÁN: EL PASTOR ROMÁN ABRAMOV

El pastor Román Abramov y su esposa trabajaron con diligencia durante tres años para establecer una iglesia en Ismailly, Azerbaiyán. Sin embargo, antes de cumplir un año de haberse mudado a la aldea, agentes policiales los arrestaron tratando de forzarlos a salir del pueblo.

Día 233

Y la constancia debe llevar a feliz término la obra, para que sean perfectos e íntegros, sin que les falte nada.

Santiago 1:4

La mayoría de las semanas, la iglesia tenía una asistencia de menos de diez miembros, pero siguieron predicando el Evangelio de Jesucristo. A causa de la presión que ejercen las autoridades locales sobre los arrendadores potenciales, los Abramov tuvieron problemas para rentar una casa, así que lograron construir una en donde pudieran vivir y tener reuniones de acuerdo con la ley.

Cuando los Abramov comenzaron a celebrar reuniones de iglesia en su nuevo hogar, la asistencia acostumbrada comenzó a aumentar poco a poco. Entonces, en diciembre pasado, algunos *mulahs* (líderes religiosos musulmanes) llegaron a su casa y les dijeron que no tenían derecho a celebrar servicios cristianos.

El pastor Abramov defendió su iglesia e invitó a los mulahs a los cultos. Uno de ellos aceptó la invitación y desde entonces viene con regularidad. Sin embargo, otro mulah acusó a los cristianos de pisotear un ejemplar del Corán, e hizo una petición al gobierno regional para que cerraran la iglesia. Entonces, las autoridades locales comenzaron a visitar los hogares de los miembros de la iglesia, acosándolos, interrogándolos y sentenciando a algunos a diez días de cárcel.

A pesar de la censura y el temor de muchos de los miembros de la iglesia, el pastor Román ora confiadamente por la llegada de un avivamiento. Su hogar permanece abierto a todos los que quieran venir y asistir a sus reuniones.

Hay algunas cosas en la vida que desearíamos no tener, las pruebas son una de ellas. ¿Por qué la vida a menudo parece ser un problema tras otro? Sin embargo, la Biblia nos enseña que no se supone que la vida carezca de problemas. Cuando éramos niños, a menudo nos dábamos por vencidos si una tarea nos parecía muy difícil, desistíamos frente a las dificultades; pero a medida que maduramos, aprendimos a perseverar, a mantenernos firmes y lograr el objetivo. Del mismo modo, a medida que maduramos en nuestra fe, aprendemos el valor de la perseverancia. ¿Es usted aún inmaduro, se desilusiona con facilidad y se siente tentado a darse por vencido? Dígale a Dios que está preparado para "crecer".

afeitada extrema

ESTADOS UNIDOS: PARK GILLESPIE

Las personas a menudo están dispuestas a dar muchísimo para ayudar a sus hermanos y hermanas perseguidos alrededor del mundo. Es posible que el profesor de ciencias y estudios sociales de séptimo grado, Park Gillespie, ¡sea el primero en dar su cabello!

Día 234

Al ver a las multitudes, tuvo compasión de ellas.

Mateo 9:36

Después de escuchar lo que los obreros cristianos hablaban a su clase acerca de Sudán, los estudiantes del profesor Park tomaron una visión para ayudar a los refugiados perseguidos por su fe. La compasión ferviente de los estudiantes sorprendió incluso a sus maestros.

Lo que comenzó entre los estudiantes de séptimo grado como una campaña de recolección de cobijas para los sudaneses que sufrían, pronto se extendió a toda la escuela y por último, a la comunidad. Gillespie se comunicó con la estación de televisión WBTV en Charlotte, Carolina del Norte, y les habló acerca de lo que los chicos estaban haciendo para aliviar el sufrimiento en Sudán.

Las frazadas ya comenzaban a llenar las aulas, pero el problema de los costos de envío no se había considerado. Cuando el reportero de WBTV llegó para hacer el reportaje de la historia, Gillespie le mencionó que hasta se afeitaría la cabeza si la gente les ayudaba con los gastos del envío. Poco después de que la historia salió al aire, los fondos comenzaron a llegar.

Así que, a causa de su amor por personas que nunca había conocido, Gillespie se afeitó la cabeza. Todos los estudiantes se reunieron para presenciar ese acto, y el reportero de WBTV filmó el acontecimiento.

Los estadounidenses a menudo sienten que pueden hacer poco para ayudar a los cristianos perseguidos en otros países. Park Gillespie probó lo contrario.

Park Gillespie y sus estudiantes nos enseñan el proceso de cómo la compasión lleva a la creatividad, al compromiso y, por último, a un precio. Park y sus estudiantes estaban contentos por pagar el precio, ¡incluyendo hasta el último cabello de su cabeza! La compasión es una respuesta natural al sufrimiento, pero no basta por sí sola. Debemos activar esa compasión dando soluciones creativas a los problemas. Después, debemos comprometernos a poner en marcha las soluciones y estar dispuestos a pagar el precio. ¿Dónde está usted en el proceso? ¿Ha puesto su compasión a trabajar acompañada de algún pensamiento creativo? ¿Ha hecho el compromiso de ayudar a causar una diferencia? ¿Está listo para pagar el precio ahora?

muerte extrema

PAKISTÁN: AYUB MASIH

"Esta celda no me impedirá amar a mi Señor, Jesucristo", escribió Ayub Masih, quien ha cumplido más de cinco años en la cárcel por acusaciones falsas.

Los cristianos en Pakistán a menudo son acusados falsamente de blasfemar contra Mahoma, el fundador del islam. Según las reglas musulmanas, la blasfemia es un crimen que lleva a una sentencia de muerte. Ayub se encontraba hablando de manera informal con un amigo musulmán, con quien a menudo discutía y bromeaba sobre temas controversiales; la conversación los llevó al libro "Versos satánicos", un polémico libro que habla en contra del islam. Ambos fueron escuchados, y por presión de otros, el "amigo" de Ayub presentó una denuncia en su contra.

A Ayub lo arrestaron y lo sentenciaron a muerte por blasfemar contra Mahoma. Poco tiempo después, su aldea fue saqueada y las doce familias cristianas que vivían allí fueron expulsadas de sus hogares. Ayub se declaró inocente de los cargos y apeló la sentencia del tribunal. Pasó más de cinco años en la cárcel esperando por una respuesta del tribunal.

El sabía que, aun después de ser puesto en libertad, la vida de su esposa seguirá estando en peligro, y que también él podría poner en riesgo a otros en su familia o en su comunidad. Él tenía razón. Hubo un atentado en su contra, y un mulah islámico (líder religioso) ofreció una recompensa de diez mil dólares a cualquiera que matara a Ayub.

Día 235

> Porque la paga del pecado es muerte, mientras que la dádiva de Dios es vida eterna en Cristo Jesús, nuestro Señor.
>
> **Romanos 6:23**

En los países musulmanes hoy en día, hablar sobre un tema religioso considerado contrario al islam, puede significar la muerte. Es irónico, pero hasta los mismos adoradores musulmanes se enfrentan a una pena de muerte. La Biblia enseña que la paga del pecado es muerte espiritual. Fuera de Cristo, todo el mundo se enfrenta a una muerte eterna. Sin embargo, gracias a Dios, Cristo pagó la pena de muerte de todos los que creen, aun la de los musulmanes. Jesucristo ocupó nuestro lugar en manos del verdugo al ser crucificado en una cruz. Su muerte nos permite tener vida eterna con Dios en el cielo. Agradézcale a Dios hoy que su sentencia de muerte ha sido absuelta y que ha recibido el perdón. Ore por los países musulmanes que pueden matar a cristianos en la tierra, pero que sin Cristo, se enfrentan a su propia muerte eterna.

lógica extrema

SUDÁN: UN SOLDADO CRISTIANO

"¡Entone esta canción [un credo musulmán] o morirá!", gritó el soldado del norte de Sudán. El cristiano capturado veía el odio en sus ojos y se preguntó cuántas vidas había eliminado antes. El soldado presionó un gran cuchillo contra el cuello del cristiano.

Día 236

Su lógica le decía: *"¡Canta! Dios sabe que estás bajo presión. ¿Por qué has de entregar tu vida solo por no decir unas pocas palabras que de todos modos no crees?".* Por otra parte, él sabía que la Biblia enseña que las palabras de una persona tienen poder. Recordó que la confesión de Cristo, hecha por la boca de cada persona, es poderosa.

"¿Sería poderosa también una confesión blasfema?", se preguntaba. *"¿Aun si no creyera en ella?".* Las preguntas en su mente parecían batallar una contra otra. Su lógica peleaba en contra de su amor por Cristo.

Los cristianos en Sudán a menudo se enfrentan a tales decisiones, y han visto a muchos de sus amigos y familiares morir por creer en Cristo. Los mártires optaron por no cantar un credo musulmán, no querían contaminar sus espíritus con cantos blasfemos y arriesgarse a quebrantar el corazón de Dios.

Su defensa contra los argumentos lógicos es que el Cristo que mora en ellos, no entonaría tal canto. Por lo tanto, tenían que enfrentarse a las consecuencias. Este mismo Cristo, que moraba en ellos y que no cantaría ese credo, no temía a las amenazas de muerte. Estos creyentes se consideraban ya muertos en Cristo. Nadie lograría dañar al Cristo que habitaba en ellos.

He sido crucificado con Cristo, y ya no vivo yo, sino que Cristo vive en mí. Lo que ahora vivo en el cuerpo, lo vivo por la fe en el Hijo de Dios, quien me amó y dio su vida por mí.

Gálatas 2:20

Cada día nos enfrentamos a un conflicto entre nuestra lógica y nuestra fe. La lógica nos dice que sigamos con la corriente, la fe nos dice que vayamos en contra de la corriente de lo popular. Es posible que cuando escuchemos a nuestra lógica, pongamos a un lado nuestras convicciones para hacer lo que otra persona desea. ¿Qué tan a menudo entonamos la canción de otras personas con la finalidad de evitar una confrontación? Pudiera tratarse de un trabajo que requiere prácticas engañosas. La lógica le dice que mantenga su boca cerrada para proteger su empleo. Si siente que pudiera haber escuchado por demasiado tiempo la voz de la razón, pídale a Dios que lo ayude a enfocarse en Él en lugar de enfocarse en la razón. Pídale la fe que necesita para hablar con sabiduría las cosas correctas durante cada momento ilógico.

236

contrabandistas extremos

UCRANIA: CRISTIANOS CLANDESTINOS

El guardia de la frontera rusa realizaba su patrullaje rutinario. Al terminar la Segunda Guerra Mundial, las fronteras se vigilaban exhaustivamente ante cualquier actividad sospechosa. Había dos amenazas de suma importancia: ciudadanos soviéticos tratando de escapar y contrabandistas tratando de introducir artículos ilegales, como Biblias.

Día 237

Los envío como ovejas en medio de lobos. Por tanto, sean astutos como serpientes y sencillos como palomas.

Mateo 10:16

Este guardia en particular había sido asignado a la frontera entre la República Socialista Soviética de Ucrania y Rumania. Caminaba con lentitud en el apacible frío, moviendo su linterna de un lado a otro sobre la nieve que acababa de caer.

De repente, su ensueño se rompió cuando su luz iluminó unas marcas en la nieve. ¡Pisadas! ¡Van hacia Rumania! Llevó el silbato a sus labios y sonó una alarma larga, continua y aguda.

Pronto, otros guardias lo rodearon. "¡Por aquí! ¡Por aquí!". Saltó y gritó, señalando los cuatro pares de pisadas. "¡No pueden estar lejos! ¡Quizá los alcancemos antes de que lleguen a Rumania!" El grupo salió en la noche tan rápido como pudo.

Al escuchar el sonido, cuatro cristianos rumanos se paralizaron en la oscuridad. Escucharon atentamente, mientras los gritos de los guardias y los ladridos se disipaban poco a poco en la lejanía. Se miraron unos a otros y sonrieron. A la señal de su líder, continuaron el viaje, caminando con cuidado de espaldas, con dirección a Ucrania, llevando su valioso cargamento de Biblias a sus hermanos y hermanas en la iglesia clandestina.

La Biblia dice que nuestro adversario espiritual utiliza intentos astutos para frustrar el cristianismo. En contraste, quienes llevamos el Evangelio de la paz parecemos presas inocentes para lobos. Mas Jesús nos instruye a reconocer los peligros de ser ovejas entre lobos y planear de acuerdo con eso. Debemos utilizar una estrategia precisa y tácticas sabias a fin de ser más listos que la oposición y superarla. Satanás tiene poder, pero Dios es todopoderoso. Él lo capacitará con el propósito de ganar la victoria sobre sus enemigos. Su trabajo es pedir sabiduría y valor para llevar a cabo los planes de victoria de Dios. ¿Se está enfrentando a algún problema en particular? ¿Ha orado y le ha pedido a Dios sabiduría mientras planea su próximo movimiento? Confíe en Él para saber cómo ser más listo que su enemigo, Él lo ha estado haciendo por años.

Día 238

"*Dado que Cristo ya no está en la tierra, quiere
que Su cuerpo, la iglesia, revele Su sufrimiento
en su sufrimiento. Como somos Su cuerpo,
nuestros sufrimientos son Sus sufrimientos*".

JOHN PIPER, *DESIRING GOD* [*DESEANDO A DIOS*]

impulso extremo

VIETNAM: LINH DAO

Mientras Linh Dao y su madre se acercaban a la cárcel, ella sabía lo que haría. Sin embargo, tendría que hacerlo parecer impetuoso, como la acción de una jovencita dominada por la emoción.

Día 239

El padre de Linh es un pastor clandestino en Vietnam. Un año antes, cuando tenía diez años de edad, cuatro agentes de la policía irrumpieron en su hogar y lo registraron de arriba abajo buscando Biblias, las cuales ella había escondido en su mochila de la escuela. A su padre lo arrestaron y sentenciaron a la reeducación a través de trabajo forzado.

Mientras llegaban a la cerca de alambre que las separaba del padre de Linh, ella vio su oportunidad. Pasó a través de un agujero en la cerca, corrió hacia su padre y lo abrazó con fuerza. Los guardias la observaron sorprendidos, pero la dejaron tranquila. Después de todo, ¿qué daño iba a causar una niñita?

Fue de esta forma que la familia de Linh pudo pasar de contrabando a su padre un pequeño bolígrafo con el cual él escribía las Escrituras y sermones en el papel de los cigarrillos. Estos "sermones de cigarrillos" circularon de celda en celda y llevaron a muchos prisioneros a Cristo.

Dame integridad de corazón para temer tu nombre.

Salmo 86:11

Linh Dao ahora es una adolescente impetuosa que no se preocupa por el riesgo que implica hacer lo que es bueno. Su deseo es seguir los pasos de su padre y ser una predicadora del Evangelio. Conoce personalmente los peligros de expresar su fe en la Vietnam comunista y sigue siendo "impulsiva" al obedecer a Cristo en lugar de a los humanos.

Una de las razones por las que los creyentes no son más "impulsivos" para testificar de Cristo es que escuchan dos voces cuando deberían escuchar solo una. La obediencia impulsiva nunca brota de una atención dividida. Escuchamos la voz de Dios en nuestros corazones que nos dice de inmediato lo que deberíamos hacer en una situación específica. "¡Dilo ahora, expresa tu fe!", nos dice la voz de Dios; no obstante, al mismo tiempo escuchamos nuestra propia voz que presenta toda clase de excusas: "Ahora no, más tarde. ¿Qué estás haciendo?". Dios nos ofrece un corazón sin divisiones que solo escucha Su Voz. Cuando maduramos en nuestra fe, aprendemos que la obediencia viene con más naturalidad, tan impulsiva como un reflejo. ¿A cuál voz escuchará usted hoy?

239

poder extremo

BANGLADESH: ABDULLAH

Desde que Abdullah aceptó a Jesús, su familia ha tratado por todos los medios de cambiar su forma de pensar. Después de todo, su padre era un hombre respetado en su aldea y en todo Bangladesh, habiendo construido una mezquita justo al lado de su propiedad.

Día 240

Pero cuando venga el Espíritu Santo sobre ustedes, recibirá poder.

Hechos 1:8

Cuando las palabras de que regresara al islam no convencieron a Abdullah, recurrieron a los golpes. Cuando esto no resultó, llamaron a otros para golpearlo con mayor intensidad. Nada dio resultados, Abdullah se aferró con tenacidad a su fe en Cristo. Al final, su madre, desesperada, dejó de alimentarlo, poniendo solo cenizas en su plato. Abdullah oró por la fortaleza de Dios y se mantuvo firme.

Como último recurso, la familia llamó al mulah (un líder religioso islámico) para que fuera a su casa y celebrara una ceremonia islámica que liberara al muchacho del "diablo" que había tomado control de su vida. El mulah fue a su hogar y recitó oraciones musulmanas sobre el muchacho, cantó, le impuso las manos, danzó y gritó. El Espíritu dentro de Abdullah se mantuvo firme. Después de cinco horas, el mulah se dio por vencido, exhausto.

"El 'Espíritu' de Abdullah es más poderoso que mi espíritu", le dijo al padre del muchacho cuando se retiró. A Abdullah no lograron disuadirlo, ni evitar que compartiera ese poderoso "Espíritu" con otros. ¡En unos pocos meses, había guiado a veintisiete musulmanes a creer en Cristo, y los dotó a todos con el "Espíritu" de Cristo!

En un intento de lidiar de manera creativa con una crisis energética potencial, los ingenieros modernos tratan de diseñar autos que se muevan en su totalidad con baterías. El problema es que los autos necesitan tener acceso a una fuente de energía que recargue sus baterías. Hasta ahora, el concepto es aún tan nuevo, que las estaciones con los cargadores de energía auxiliar son pocas y distantes unas de otras. Sin una fuente de energía, el auto no sirve. Del mismo modo, los cristianos que tratan de ser eficientes testigos apartados del poder del Espíritu Santo son igualmente inútiles. Además de aprender la Palabra de Dios, debemos depender del Espíritu Santo en sabiduría, protección y poder en nuestro testimonio. ¿Está usted tratando de hacer cosas por Jesús con su propio esfuerzo, en lugar de permitir que Su poder fluya a través de usted?

amor extremo por la palabra de Dios

INGLATERRA: UNA SIRVIENTA JOVEN

Día 241

Ábreme los ojos, para que contemple las maravillas de tu ley.

Salmo 119:18

En el siglo XVI, el rey Felipe II adoptó una postura firme en contra de los que trataban de interpretar por sí solos las Escrituras. Cualquier persona que se encontrara estudiando la Biblia durante este tiempo era ahorcada, quemada en la hoguera, ahogada, descuartizada o enterrada viva.

Los inquisidores del rey fueron enviados a inspeccionar la casa del alcalde de Brugge a fin de ver si allí se celebraban algunos estudios bíblicos. En su búsqueda, descubrieron una Biblia. Todos los presentes negaron saber algo acerca de ella. Entonces una joven sirvienta entró. Cuando le preguntaron acerca de la Biblia, declaró: "¡Yo la estoy leyendo!".

El alcalde trató de defenderla afirmando: "Ah, no, ella no sabe leer".

Sin embargo, la sirvienta no deseaba que la defendieran con una mentira. "Digo la verdad, este libro es mío. ¡Yo lo estoy leyendo, y es más valioso para mí que cualquier otra cosa!".

La sentenciaron a morir asfixiada, sellada en la pared de la ciudad. Un momento antes de su ejecución, le dijo un oficial: "Tan joven y bella, y ¿lista para morir?".

"Mi Salvador murió por mí, yo también moriré por él", respondió ella.

Cuando finalmente solo faltaba un ladrillo para terminar la pared, le dijeron de nuevo: "¡Arrepiéntete! ¡Di solo una palabra de arrepentimiento!".

En lugar de eso ella expresó su único deseo de estar con Jesús y añadió: "¡Oh Señor, perdona a mis asesinos!".

Para algunos es un simple libro... el libro de mayor éxito en ventas por años. Para otros es solo una tradición familiar que se obsequia en bodas, nacimientos y funerales. Y para otros, es la Palabra Santa e inspirada de Dios. Esos creyentes se aferran a la palabra de Dios como si fueran cartas de un ser amado, leyéndolas una y otra vez. ¿Qué es lo que ven en la verdad de la Palabra de Dios? ¿Qué los hace estar dispuestos a arriesgar la vida por leerla? Pídale a Dios la respuesta. Si las verdades permanecen como un misterio para usted, pídale a Dios que abra sus ojos para ver Sus palabras con mayor claridad. Sin Su ayuda, las palabras permanecerán como marcas en una página. Sin embargo, Dios hace que cobren vida.

testigo extremo

"¿Qué sucedió?", preguntó la madre en Corea del Norte cuando su hijo entró por la puerta principal con una mirada de consternación.

Día 242

"Hoy me encontraba con mi amigo cuando dos agentes de la policía nos detuvieron. Derribaron a mi amigo y lo acusaron de ser cristiano. Mi amigo no trató de defenderse. Incluso con una pistola apuntándole directamente, su rostro permanecía tranquilo.

Me miró a los ojos y sin que dijera una palabra, ya sabía lo que él me estaba diciendo. Quería que yo creyera lo mismo que él. Y entonces solo dijo 'Bendícelos'. Y lo ejecutaron delante de mí porque era cristiano. Yo ni siquiera sé qué es un cristiano. No comprendo nada de esto".

Después de haber contado lo sucedido, esta madre sostuvo la cabeza de su hijo en sus manos y dijo con sencillez: "Yo si lo comprendo". Entonces comenzó a compartir con su hijo la verdad acerca de Cristo, su Salvador. Le enseñó a su hijo acerca del nacimiento milagroso de Jesús, y la oportunidad de salvación que vino a través de su muerte en una cruz.

Aunque le dolía que nunca se hubiera atrevido a testificarle a su hijo porque le preocupaba su seguridad, agradecía que Dios les diera una segunda oportunidad. "En el momento en que esas balas atravesaron el corazón de tu amigo, Dios sembró una semilla de esperanza en el tuyo".

Actualmente, este joven se encuentra activo pasando Biblias de contrabando hacia Corea del Norte y estableciendo casas-iglesia.

Pues ustedes han nacido de nuevo, no de simiente perecedera, sino de simiente imperecedera, mediante la palabra de Dios que vive y permanece.

1 Pedro 1:23

La madre del niño le dio vida física cuando nació en su familia, pero ignoró la oportunidad de ayudarle a recibir vida eterna a través del nuevo nacimiento. La vida física desaparece, pero el regalo de Dios de vida eterna dura para siempre. Cuando declaramos la Palabra de Dios a los que nos rodean, Dios les ofrece vida eterna. ¿Ha perdido alguna oportunidad de presentar el plan de salvación a los que ama? Pídale a Dios que le dé una segunda oportunidad, así como se la dio a la madre de este muchacho. No espere a que llegue una tragedia antes de aprovechar esa oportunidad.

himno extremo

"Me siento tan vacía", lloraba con lágrimas Elizabeth Prentiss. La pérdida de dos hijos parecía abrumadora. Aunque había experimentado gran dolor en su vida al perder el uso de sus piernas, su fe en Cristo la mantuvo siempre sonriente con una habilidad singular para alentar a otros.

Esta vez, el dolor era más de lo que podía soportar. "Dios, por favor ministra a mi espíritu quebrantado", oraba.

Día 243

Dios contestó su oración. Una tarde, conmovida más allá de su profundo dolor, escribió la letra de este conocido himno inspirador:

Sentir más grande amor por ti, Señor;
Mi anhelo es mi oración que elevo hoy.
Dame esta bendición: sentir por ti, Señor,
más grande amor [...]
Busqué mundana paz y vil placer;
No quiero hoy nada más que tuyo ser [...]
Tu nombre, yo al morir, invocaré,
Contigo iré a morar, tu faz veré.
Y por la eternidad pensando en tu bondad,
Más te amaré, más te amaré.

Más bien, en todo nos acreditamos como servidores de Dios aparentemente tristes, pero siempre alegres.

2 Corintios 6:4,10

Elizabeth nunca supo del consuelo ni del impacto que su himno tendría sobre los cristianos posteriormente. En Corea del Norte, cuando el ya fallecido líder comunista Kim II Sung descubrió a treinta cristianos viviendo bajo tierra, los hizo sacar para ejecutarlos públicamente. Las últimas palabras cantadas por los cristianos mientras se enfrentaban a la muerte fueron las de su himno: "Sentir más grande amor".

Jesús no desconoce nuestra aflicción. Se da cuenta de que algunas veces solo tenemos que llorar. Aun así, nos ama demasiado para permitirnos que nos ahoguemos en nuestras lágrimas de aflicción. Él permite que nuestro lamento dure el tiempo suficiente para hacer su obra en nuestras vidas, haciéndonos crecer para ser más como Él. Entonces, en ese momento cuando pensamos que ya no podemos más, vemos un cambio positivo en nuestras vidas. Llegará el día en que nos sentiremos más fuertes, la carga parecerá más ligera. Como los cristianos de Corea del Norte esperando la ejecución, nosotros al fin sabremos lo que es regocijarnos incluso en el sufrimiento. ¿Ha experimentado la obra completa de la aflicción? ¿Ha sentido más amor hacia Cristo?

almacén extremo

El pastor Richard Wurmbrand abrió la pesada puerta de acero y entró en la gran habitación de concreto. Miró los libros amontonados en el suelo que había a su alrededor, y con una amplia sonrisa y lágrimas en los ojos, recogió uno y se lo mostró a su amigo. Era una Biblia para niños escrita en rumano.

Día 244

Después de calmarse, dijo: "Yo estuve aquí, donde ahora se encuentra este almacén. Estuve aquí mismo, diez metros bajo tierra e incomunicado por tres años. Durante ese tiempo nunca vi el sol ni la luna. Me golpeaban casi a diario. Y ahora hay Biblias y libros míos almacenados aquí. ¡Dios no pudo haberlo hecho mejor!".

Cuando cayó el comunismo en Rumania en 1989, algunos obreros de La Voz de los Mártires lograron comprar una librería y una gran imprenta a los comunistas caídos por un precio insignificante. Imprimieron miles de los libros de Richard Wurmbrand, así como Biblias; y necesitaban un lugar temporal para almacenarlos. El nuevo alcalde de Bucarest ofreció el almacén debajo del palacio de Ceausescu, ¡el lugar exacto donde Richard pasó años en prisión orando por un ministerio en su patria, Rumania!

Cuando Richard estuvo en la cárcel, los guardias le dijeron que nunca sería puesto en libertad, ni llevaría a cabo otra labor de utilidad para Dios. ¡Hoy en día, su lugar de tortura se ha convertido en un lugar de ministerio!

Ahora bien, sabemos que Dios dispone todas las cosas para el bien de quienes lo aman, los que han sido llamados de acuerdo con su propósito.

Romanos 8:28

Vainilla, mantequilla, azúcar, harina y cacao encabezan la lista de ingredientes para hacer un pastel de chocolate perfecto. Al mezclar todos esos ingredientes obtenemos un dulce postre. No obstante, si quitamos cualquiera de esos ingredientes, como la vainilla, el sabor ya no es tan dulce; de hecho, es algo amargo. De la misma manera, Dios es un experto cocinero, mezclando los ingredientes en nuestras vidas para hacer una ofrenda dulce a Él. Una sola de esas experiencias quizá sea amarga; pero mezclada con todo lo demás, nuestras vidas se convierten en una creación divina. ¿Está experimentando una prueba amarga ahora mismo? Espere a ver cómo Dios utilizará esa experiencia y traerá otros ingredientes a la mezcla. Confíe en Él, espere y vea.

Día 245

"La ayuda que usted pueda brindar a otros
será proporcional a cuánto usted haya sufrido.
Cuanto más alto sea el precio, más podrá ayudar
a otros; cuanto menor sea el precio, menos podrá
ayudar a otros. Mientras usted pasa a través
de grandes pruebas, tribulaciones, aflicciones,
persecuciones, conflictos; mientras permita que el
Espíritu Santo manifieste en usted la muerte de
Jesús, la vida fluirá hacia otros, y sobre todo, la
vida de Cristo".

EL CRISTIANO CHINO WATCHMAN NEE, ENCARCELADO EN CHINA POR
SU FE

lealtad extrema

RUMANIA: EL PASTOR RICHARD WURMBRAND

Los doce estudiantes estaban de pie con su pastor junto a la cerca. Del otro lado había una gran zanja, y más a lo lejos, estaba la entrada a una cueva artificial. Un gran león se movía de un lado a otro frente a la entrada de la cueva.

Su pastor dijo: "A sus antepasados los arrojaron ante tales bestias salvajes por su fe. Sepan que ustedes también tendrán que sufrir. Ustedes no serán arrojados a los leones, pero tendrán que sufrir a manos de hombres que tal vez sean mucho peor que estos animales. Decidan ahora mismo si desean prometer lealtad a Cristo".

Los estudiantes se miraron entre sí. Ante ellos estaba su pastor, Richard Wurmbrand, un hombre que había pasado catorce años en la cárcel por su trabajo en la iglesia clandestina. Esta era la última semana del pastor en Rumania, ya que se había pagado un rescate para que él y su familia salieran de su patria en unos pocos días.

Richard no sabía si sus alumnos de la escuela dominical sufrirían bajo la cruel mano de los comunistas ateos, pero quería implantarles una fe que sobreviviera a las pruebas más rigurosas. Así que llevó a los alumnos al zoológico local para ver los leones.

Aunque eran jóvenes, los estudiantes comprendieron todo lo que su pastor les quería decir. Con lágrimas, contestaron decididos: "Prometemos nuestra lealtad a Cristo".

Día 246

Dios es el que nos mantiene firmes en Cristo, tanto a nosotros como a ustedes.

2 Corintios 1:21

La lección de Richard a estos jóvenes era oportuna. Aunque a lo mejor no comprendieran todas las implicaciones del martirio hasta después y quizá nunca tuvieran que enfrentarse a ello, esa ilustración los ayudó a tomar una decisión importante. Aseguraron su lealtad a Cristo con anticipación. Una decisión tomada previamente es la clave del éxito durante la oposición. Nosotros debemos establecer quién tiene nuestra lealtad mucho antes de que esta se ponga a prueba. Cuando nos encontramos en esos momentos de gran presión no hay tiempo para evaluar nuestras opciones y decidir nuestras convicciones. Es el momento de poner en acción las convicciones que teníamos preestablecidas. ¿Ha establecido sus convicciones antes de que llegue la tentación para que ningún jefe, cónyuge, familiar, gobierno u otra autoridad logre cambiar su forma de pensar?

246

testimonio extremo

ARMENIA: BARTOLOMÉ

El rey Astiages le gritaba con rabia: "¡Pervertiste a mi propio hermano, a mi esposa y a algunos de mis hijos! ¡Perturbaste la adoración de nuestros dioses! ¡Los sacerdotes de Astarot claman por tu sangre! ¡Si no dejas de predicar a este Jesús y ofreces sacrificio a nuestros dioses, morirás con mucho dolor!".

Día 247

Después de que los apóstoles se separaron, Bartolomé viajó con el Evangelio a través de Laconia, Siria, el norte de Asia y hacia la India. Luego fue a la capital de Armenia, donde muchos aceptaron a Cristo. Ahí llevaron a Bartolomé ante el rey para que lo sentenciara.

"Yo no los he pervertido —respondió Bartolomé—, sino que los he convertido a la verdad. No ofreceré sacrificio a sus falsos dioses. ¡Yo solo he predicado la adoración al único Dios verdadero y prefiero sellar este testimonio con mi propia sangre que sufrir la más mínima destrucción de mi fe o de mi conciencia!".

El rey estaba furioso. Para callar a Bartolomé, ordenó que le pegaran con varas y lo torturaran. Sin embargo, Bartolomé alentó a otros a que se aferraran a la verdad. Entonces lo colgaron de cabeza en una cruz y lo desollaron vivo con cuchillos. A pesar de eso, llamó a todos a acercarse al único Dios verdadero y a su Hijo, Jesucristo. Al final, el rey ordenó que decapitaran a Bartolomé con un hacha, silenciando así su clamor, pero preservando su testimonio y sellando su destino en Jesucristo.

Ellos lo han vencido por medio de la sangre del Cordero y por el mensaje del cual dieron testimonio; no valoraron tanto su vida como para evitar la muerte.

Apocalipsis 12:11

Quizá algunos que escuchan las historias de los mártires leen acerca de sus vidas con un sentimiento de derrota. Después de todo, igual que Bartolomé, al final murieron a manos de sus enemigos. Incluso, en el caso de Jesús, algunos han llegado a pensar de la misma manera. Aquellos que rechazan su resurrección, piensan que Jesús era un maravilloso maestro, cuyo ministerio quedó trágicamente incompleto debido a Su muerte prematura. ¿La muerte es en realidad una señal de la victoria de Satanás? No en el caso de Jesús. Es más, la muerte de Jesús fue la victoria final de Dios sobre el pecado. En el caso de los mártires cristianos, el testimonio proporcionado a través de sus valerosas muertes llevó a muchos más a la fe de lo que jamás pudieron hacer en vida. Es posible honrar a Dios con su muerte al igual que con su vida.

declaraciones extremas

Pablo le escribió a Timoteo: "Pelea la buena batalla de la fe; haz tuya la vida eterna, a la que fuiste llamado" (1 Timoteo 6:12). Pablo estaba familiarizado con las batallas.

Día 248

Pablo describió algunas de sus experiencias a los corintios: "En todo y con mucha paciencia... en sufrimientos, privaciones y angustias; en azotes, cárceles y tumultos; en trabajos pesados, desvelos y hambre... como moribundos, pero aún con vida; golpeados, pero no muertos; aparentemente tristes, pero siempre alegres; pobres en apariencia, pero enriqueciendo a muchos; como si no tuviéramos nada; pero poseyéndolo todo" (2 Corintios 6:4-5; 9-10).

Mientras estuvo en la cárcel sentenciado a muerte, Pablo le escribió a los filipenses: "Porque para mí el vivir es Cristo y el morir es ganancia. Ahora bien, si seguir viviendo en este mundo representa para mí un trabajo fructífero... me siento presionado por dos posibilidades: deseo partir y estar con Cristo, que es muchísimo mejor, pero por el bien de ustedes es preferible que yo permanezca en este mundo. Convencido de esto, sé que permaneceré y continuaré con todos ustedes para contribuir a su jubiloso avance en la fe" (Filipenses 1:21-25).

Sin embargo, algunos años más tarde, le escribió a Timoteo: "He peleado la buena batalla, he terminado la carrera, me he mantenido en la fe" (2 Timoteo 4:7). En Roma, a los sesenta y cuatro años de edad, decapitaron a Pablo por orden del emperador Nerón y pasó a estar con Jesús.

> Sin embargo, considero que mi vida carece de valor para mí mismo, con tal que termine mi carrera y lleve a cabo el servicio que me ha encomendado el Señor Jesús, que es el de dar testimonio del evangelio de la gracia de Dios.
>
> **Hechos 20:24**

Si alguna vez necesitamos inspiración para continuar adelante en medio del sufrimiento, no necesitamos buscar más lejos que viendo la vida de Pablo. Su carrera de resistencia comenzó con problemas desde el principio. Pasó a través de innumerables experiencias espeluznantes registradas en el libro de los Hechos. Aun así, consideró que todo lo que soportó no podía compararse con conocer a Jesús y hacer que otros lo conocieran. ¿Puede usted decir lo mismo que Pablo cuando se aproxima un sufrimiento? ¿Existe algo capaz de desviarlo de su meta de conocer a Cristo y hacer que otros lo conozcan? Si usted teme encontrarse en su última etapa de servicio fiel, preste atención a las palabras de aliento de Pablo y recobre sus fuerzas.

"bautista" extremo

Día 249

Juan el Bautista nunca cesó de hablar a favor de la justicia. Cuando el rey Herodes Antipas repudió a su esposa para tomar la esposa de su hermano, Juan lo reprendió. Le dijo a Herodes que desobedecería las leyes de Dios si hacía eso. Herodes llegó a odiar a Juan por reprenderlo, pero también le temía porque el pueblo lo consideraba un profeta. Herodes quería matar a Juan, pero no se atrevía a ponerle una mano encima y arriesgarse a la violenta reacción del pueblo. Sin embargo, bajo presión de su nueva esposa, Herodías, hizo la segunda mejor opción en lugar de matarlo: lo echó a la cárcel.

A él le toca crecer, y a mí menguar.

Jua 3:30

Mientras estuvo en la cárcel, Juan envió mensajeros a Jesús para verificar si él era Aquel que esperaban y del cual había profetizado. Con la garantía de Jesús, de que Él era Aquel, Juan descansó en el conocimiento de que la misión de su vida estaba completa. El Mesías había venido. Juan sabía que lo que le ocurriera ahora no tenía importancia. Todo lo que importaba era Jesús.

En el cumpleaños del rey Herodes, la reina Herodías envió a su hija a bailar ante él. Cuando Herodes hizo una impetuosa promesa bajo juramento de darle a la chica cualquier cosa que quisiera, ella con astucia pidió la cabeza de Juan en una bandeja. Herodes, avergonzado frente a sus invitados, no tuvo el valor de rehusar esta escandalosa petición, así que ordenó que decapitaran a Juan.

Muchos admiran su valor y exaltan su valentía, pero los mártires no vivieron y murieron para que los admiraran. Es posible que se llegue a honrar tanto sus historias que perdamos de vista el propósito de sus vidas. Los que murieron por su fe lo hicieron para exaltar a Jesús, no para opacarlo. Nuestra respuesta a sus vidas debería ser una mayor admiración por el Señor, no el reverenciar a la gente de carne y hueso. Su mayor sentido de compromiso no se encuentra en las acciones que le traerán elogios. Su devoción no depende de lo que haga para que se escriba su nombre en la galería de los cristianos famosos. Su compromiso debe glorificar a Jesús y solo a Él.

"expediente" extremo

UNA CÁRCEL COMUNISTA: FLORICA

Florica estaba escéptica y se resistía a tener esperanza. Hacía varias semanas que veían a mujeres abandonar la prisión. Nadie sabía a dónde las llevaban cuando las llamaban por su nombre y las reunían en el patio de la cárcel. Quizá sí las liberaban.

Y así, cuando escuchó que mencionaban su nombre, se resignó a aceptar la voluntad de Dios, fuera lo que fuera.

Día 250

El comandante detrás del escritorio dijo: "Debes saber que en este lugar yo soy más poderoso que Dios. Al menos, hasta este momento tu Dios no ha intervenido a tu favor. Pero ¿en verdad has reconocido esto? Quiero decir, ya te habrás dado cuenta que en una sociedad comunista no se necesita un dios. Y tú tampoco deberías necesitar uno. Si alguna vez te liberan de esta prisión, verás por ti misma los asombrosos logros que hemos alcanzado en los últimos años, ¡y solo estamos comenzando!".

Florica vio los documentos en su escritorio y respondió: "Ya veo que usted es poderoso. Y estoy segura de que usted tiene aquí documentos sobre mí que nunca he visto y que pueden decidir mi destino. Sin embargo, Dios también mantiene sus expedientes. Ninguno de nosotros tendría vida sin Él. Así que si Él me deja aquí o me pone en libertad, yo lo aceptaré como lo mejor para mí".

Para que todo el mundo se calle la boca y quede convicto delante de Dios.

Romanos 3:19

Tres días más tarde, Florica fue puesta en libertad.

Cuando los niños están en la escuela, aprenden rápidamente el poder de la pizarra. Desde la perspectiva de un niño, que el maestro escriba un nombre en la pizarra significa la máxima advertencia para los estudiantes rebeldes. Cuando éramos niños, ansiábamos que los que nos causaban problemas tuvieran sus nombres escritos en la pizarra. Estábamos seguros de que el castigo sería rápido y seguro. ¿Hemos perdido un poco de esa confianza infantil? ¿Estamos tan cansados por la proliferación de la maldad en el mundo actual, que ya no creemos que Dios sigue "escribiendo nombres"? La Biblia nos enseña que el mundo entero tiene responsabilidad ante Dios. Así que no se desanime cuando parezca que la maldad no tiene castigo. A la postre, Dios llevará a todos a la justicia.

revolucionarios extremos

ROMA: PRIMEROS CRISTIANOS

Día 251

Los primeros cristianos eran revolucionarios espirituales. En una sociedad que adoraba ídolos y llamaba "ateos" a quienes se negaban a hacerlo, los cristianos eran una fuerza radical que amenazaba la continuidad de Roma. Iban en contra del gobierno mayoritario, así que llegaron a percibirlos como una amenaza para la autoridad romana. Los odiaban tanto, que sus muertes no solo eran numerosas, sino que las llevaban a cabo con terribles métodos.

Los primeros cristianos eran revolucionarios que proclamaban el último juicio y la futura transformación del mundo a través del regreso de Cristo para que muchos se salvaran. Promovían a Jesucristo como la autoridad superior, mayor que el emperador romano. Por lo tanto, los emperadores romanos emitieron decretos que manifestaban que cualquiera que profesara ser cristiano se sentenciaba a morir sin entablar un proceso legal. A estos "rebeldes" que se atrevían a desafiar la autoridad del emperador no se les proporcionaban derechos legales. El imperialismo romano respaldó diez períodos de persecución extrema, cada uno peor que el anterior.

Los revolucionarios llegaron a conocerse por el nombre de "mártires". Lo adoptaron por ser esos testigos que seguían declarando su fe ante jueces y emperadores con la misma determinación que tienen los soldados bien disciplinados. Los llamaron mártires o "confesores", incluso si no morían bajo investigación. Sencillamente no cambiarían su forma de pensar. El martirio significa ser testigo de su fe en Cristo, a pesar de rigurosas circunstancias. Todo testigo de Cristo es un revolucionario moderno.

Haz tuya la vida eterna, a la que fuiste llamado y por la cual hiciste aquella admirable declaración de fe delante de muchos testigos.

1 Timoteo 6:12

Los mártires en la historia eran como nosotros lo somos hoy en día: soldados en una guerra espiritual. La batalla comenzó cuando Jesús derrotó los poderes del maligno muriendo en la cruz. En su muerte, desarmó al infierno y a sus demonios. Los mártires continúan Su batalla, mas no pelean con armas físicas, sino con armas espirituales. Su confesión es el arma elegida. Ellos marchan al territorio enemigo, como a los países restringidos, y proclaman sin temor la victoria de Cristo sobre Satanás. Su valiosa posesión no es su vida misma, sino su testimonio. Es por eso que están dispuestos a entregar su vida a fin de mantener su fe. ¿En dónde se unirá usted a la batalla? ¿Está dispuesto a empuñar el arma de su confesión?

La Comisión

Le pedí al Señor que ayudara a mi vecino,
Y llevara el Evangelio a tierras lejanas,
Y que consolara al enfermo, pero Él me dijo:
"Si me amas, sé mis manos".

Día 252

Le pedí al Señor que fuera a los moribundos,
Y al huérfano en la calle
Y que visitara al preso, pero Él me dijo:
"Si me amas, sé mis pies".

Le pedí al Señor que mirara al pobre,
Y cuidara a cada bebé que llora,
Y que viera la necesidad de cada hombre,
pero Él me dijo:
"Si me amas, sé mis ojos".

Le dije al Señor, "yo quiero servirte,
Pero no sé dónde comenzar".
"Amar es la respuesta", el me dijo:
"Si me amas, sé mi corazón".

G. Shirie Westfall

resistencia extrema

PATMOS: EL APÓSTOL JUAN

¿Qué hace usted con alguien que es hervido en aceite, pero no muere?

Se dice que el emperador romano Domiciano ordenó que al apóstol Juan lo hirvieran en aceite hasta morir, pero Juan continuaba predicando desde el interior de la olla. En otra ocasión, a Juan lo obligaron a beber veneno, pero como se promete en Marcos 16:18, no le hizo daño. Por lo tanto, a Juan, quien era la cabeza de la iglesia de Éfeso en ese tiempo, lo desterraron a Patmos en el año 97 d.C.

Día 253

Juan sobrevivió todo esto porque Dios aún no había terminado con él. Todavía tenía que recibir una "revelación".

Mientras estaba en una cueva en la isla de Patmos, Juan recibió una visión. La visión se convirtió en el libro de Apocalipsis, el libro que actuaría como la fuerza impulsora para la evangelización en la era de la iglesia. Esa visión profetizaba los eventos que enmarcarían el regreso de Cristo. Juan escribió acerca de la segunda venida de Cristo y la esperaba con ansias. Aun hoy en día, sus escrituras inspiran a los creyentes a esperar el glorioso regreso de Cristo.

Dos años después del exilio de Juan, el emperador Domiciano murió y Juan regresó a la iglesia de Éfeso. El más joven de los discípulos vivió para ser también el más viejo, murió en paz en Éfeso a los ochenta años de edad, después de más de medio siglo de servicio constante a la iglesia de Jesús.

Yo, Juan, hermano de ustedes y compañero en el sufrimiento, en el reino y en la perseverancia que tenemos en unión con Jesús, estaba en la isla de Patmos por causa de la palabra de Dios y del testimonio de Jesús.

Apocalipsis 1:9

Es imposible retirarse del servicio de Dios. Solo pregúntele a Juan. En una época en que el promedio de vida era mucho menor, Juan vivió hasta llegar a los ochenta años de edad, sirviendo con fidelidad todo ese tiempo. Quizá usted ha estado batallando con su propia responsabilidad en el servicio de Dios. Quizá se siente demasiado viejo y se encuentra pensando que Dios pudiera utilizar a alguien más joven en su lugar. O quizá es joven y soltero, y se pregunta si una pareja casada se acercaría más a lo que Dios tiene en mente. En lugar de permitirle renunciar a causa de sus propias excusas, Dios quiere desarrollar en usted una resistencia espiritual que no se desilusiona con facilidad. Comience pidiéndole a Dios hoy que le revele sus próximos pasos en el servicio a Él.

desobediencia extrema

JERICÓ: RAHAB

Cuando Josué envió dos espías a explorar la tierra de Jericó, se escondieron en la casa de Rahab, la prostituta. La casa de Rahab estaba construida sobre la muralla de Jericó, un muro que impedía el paso ilegal de visitantes no deseados. Cuando el rey se enteró que los espías israelitas estaban en la ciudad, envió de inmediato un mensaje a Rahab. Le ordenó que le llevara a los espías que habían entrado en su casa.

Día 254

No hay autoridad que Dios no haya dispuesto.

Romanos 13:1

Rahab desobedeció la orden de su rey y escondió a los espías, incluso mintió para proteger su paradero. Más tarde esa noche, secretamente sacó a los espías de la ciudad, bajándolos con una larga soga a través de la ventana de su casa por la muralla.

Rahab había oído las poderosas hazañas del Dios de Israel, creía que Él era el Dios del cielo y de la tierra, y estaba preparada para ayudar a Su pueblo. Ella desobedeció a sus autoridades paganas e incluso puso su vida en peligro. Como resultado, se le perdonó la vida.

Un acto similar de "contrabando" se encuentra en Hechos 9:25. Poco después de su conversión, Pablo pasó varios días con los discípulos en Damasco, predicando y enseñando en las sinagogas. Los judíos estaban tan confundidos por el cambio de Pablo que lo consideraron una amenaza. Así que los discípulos lo bajaron por una muralla para salir de las puertas de la ciudad y salvar su vida de los judíos que conspiraban para matarlo.

Algunos cristianos creen que desobedecer a las autoridades gubernamentales en los países restringidos justifica la persecución. Los cristianos chinos que rehúsan inscribirse a la iglesia oficial, ¿merecen las palizas que soportan? En los países islámicos, ¿merecen los musulmanes que se convierten al cristianismo que los apedreen hasta la muerte? Mientras que ciertos pasajes quizá se interpreten de manera diferente, todos los cristianos estamos de acuerdo en que no debemos permitir que el gobierno nos obligue a desobedecer las leyes de Dios. Desde luego, esto no les permite a los cristianos llevar a cabo venganzas personales en contra del Estado. La desobediencia solo se justifica cuando nos obligan a decidir entre la lealtad a Cristo y la lealtad a las leyes del Gobierno. ¿Cuál es su postura en este asunto? Estudie las Escrituras y decida por sí mismo.

decepción extrema

COREA DEL NORTE: UNA ANCIANA

"Un día la maestra nos dijo que íbamos a jugar un juego especial. Nos habló en voz baja sobre un libro especial que nuestros padres quizá tuvieran escondido en la casa. Debíamos esperar a que nuestros padres se durmieran, buscar este libro y traerlo secretamente a la escuela al día siguiente para recibir una sorpresa especial. Yo fui a casa y enseguida comencé a buscar el libro.

Al otro día, yo fui una de los catorce niños que llevaron el libro negro a clase, una Biblia. Nos dieron como premio unas bufandas de color rojo brillante y los otros niños aplaudieron mientras la maestra nos hacía marchar alrededor del aula.

Yo corrí a casa esa tarde porque estaba muy emocionada por contarle a mi madre cómo me había ganado la bufanda roja. Ella no estaba en la casa ni en el granero. Yo esperé, pero ni ella ni mi padre llegaron a casa, y comencé a sentir temor. Tenía hambre y estaba oscureciendo. Comencé a sentirme mal por dentro y me quedé dormida en una silla.

Al día siguiente, agentes de la policía vinieron y me informaron que yo estaba ahora bajo la custodia del Gobierno. Nunca volví a ver a mis padres".

Una anciana de Corea del Norte contó esta historia. Nunca más supo de sus padres y todavía batalla por encontrar el perdón. Ella es solo una de muchas personas que pasaron a través de pruebas parecidas.

Día 255

Y no es de extrañar, ya que Satanás mismo se disfraza de ángel de luz. Por eso no es de sorprenderse que sus servidores se disfracen de servidores de la justicia.

2 Corintios 11:14, 15

Contrario a la caricatura popular, el diablo no se aparece con un traje rojo, ni con un tridente. Reconoceríamos con facilidad una insinuación tan obvia de la maldad. Sin embargo, como la niña en esta historia, con frecuencia nos encontramos con él de una manera distinta. Los representantes del enemigo a menudo son personas impresionantes en posiciones altas. Considere la influencia de un socio de negocios convincente. O imagínese el poder que un profesor universitario ejerce en nombre de la enseñanza. Como lo descubrió la niña en esta historia, el enemigo juega sucio. Debemos echar a un lado la ingenuidad y estar en guardia contra el enemigo donde sea que nos encontremos con él o con sus representantes. ¿Es usted una presa fácil para el enemigo? ¿O lo encontrará alerta y en guardia?

prisionero extremo

VIETNAM: TO DINH TRUNG

To Dinh Trung ha viajado cientos de kilómetros en su bicicleta a través de caminos de tierra llenos de baches para ministrar a la tribu K'Ho. Esta es una de las sesenta tribus en Vietnam que el gobierno prohíbe que los visitantes evangelicen. Cuando entró en la aldea el 4 de abril de 1995, la policía lo bajó de repente de su bicicleta y comenzó a golpearlo. Lo grabaron en vídeo y lo ridiculizaron frente a los aldeanos.

Día 256

Lo llevaron a la cárcel y estuvo detenido durante seis meses antes de su juicio. Cuando entonó una canción infantil llamada "Ama al Señor de día y de noche", fue sentenciado a pasar aun más tiempo en la cárcel.

Finalmente, debido a la presión que ejercieron las organizaciones de ayuda cristiana sobre el Gobierno, a Trung le ofrecieron ponerlo en libertad seis meses antes de tiempo. Sin embargo, aunque tenía una esposa fiel y dos hijos pequeños que lo esperaban, el evangelista no estaba listo para irse. Vio esto como otra oportunidad divina de predicarles a los perdidos. ¿Qué más podrían hacerle? ¡Ya estaba en la cárcel!

Gracias a los esfuerzos de Trung en la cárcel cerca de Quang Ngai, muchos se entregaron a Cristo. Al saber que muchos cristianos estaban orando e intercediendo por él, ¿cómo iba a desperdiciar esta oportunidad de servir de ejemplo al renunciar a su vida por el reino de Dios? Trung rehusó su liberación anticipada y optó por permanecer en la cárcel y continuar su labor como evangelista.

Yo, Pablo, prisionero de Cristo Jesús por el bien de ustedes los gentiles.

Efesios 3:1

Trung fue prisionero del Estado y fue sometido a maltrato y tortura. Pero cuando decidió permanecer en la cárcel hasta el término de su sentencia, se convirtió en un prisionero de Jesucristo. El Estado trató de quebrantarlo. Su nuevo Amo, Jesús, lo restauró. El Estado trató de callar su mensaje, más Jesús transmitió Su mensaje a cada celda de la cárcel, haciendo de Trung el doble de eficiente como evangelista que antes de su sentencia. Trung nos recuerda lo que es disfrutar la libertad bajo el gobierno de Cristo, aun en medio de sentirse esclavizado por las preocupaciones y aflicciones de esta vida. Usted pudiera sentirse como prisionero de una situación deprimente similar. Permita que Jesús lo libere dejando que Él se convierta en el verdadero Amo de su vida.

pastor extremo

El pastor Luke se enfrentaba a las difíciles despedidas de cada uno de sus cinco hijos y de su esposa antes de emprender el recorrido hacia el campamento de refugiados y regresar a su ministerio en el sur de Sudán. Pasarían tres meses antes de volver a ver a su familia, pues su ministerio se encontraba en una de las zonas más afectadas por la guerra civil y los ataques del Gobierno islámico.

Día 257

¿Quién nos apartará del amor de Cristo?

Romanos 8:35

La congregación del pastor Luke no tiene edificio, porque la guerra civil de casi dos décadas en Sudán ha destruido muchos edificios. Se reúnen cada semana a la sombra de un gran árbol en el cual se ha grabado una cruz. Los miembros se sientan en el suelo o permanecen de pie durante los cultos, mientras el pastor Luke se sitúa cerca de la cruz y predica.

Si el pastor Luke se quedara en casa con su familia, tendría tiempo para estar con ellos cada día. Desde luego, los trabajadores humanitarios continuarían proporcionando comida para los sudaneses desplazados, cuidando de sus necesidades físicas. Sin embargo, Dios llamó a Luke a que cuidara de las necesidades espirituales de las personas. ¿Quién ocuparía su lugar si él no fuera?

Luke ministra en una región que no había tenido una iglesia en funcionamiento antes. Está obedeciendo el mandato de Dios de ser sal y luz en una zona destruida por la guerra. Para el pastor Luke, dejar a su familia es difícil, y algunas veces angustiante. Mas Dios ha recompensado su sacrificio con la "iglesia del árbol", la cual está creciendo y se encuentra llena de vida.

La obra de Dios a veces nos separa de los que amamos. Jesús mismo dejó todo lo conocido en su pueblo natal, así como a su familia a los treinta años de edad para comenzar su ministerio. Si vamos a seguir los planes de Dios para nuestras vidas, ese camino nos llevará a menudo lejos de lo familiar y hacia lo desconocido. Mientras que nuestro peregrinaje tal vez nos separe de nuestros seres queridos, de nuestro hogar, nuestra comodidad y nuestra seguridad, nunca estamos separados del amor de Cristo. Su amor es nuestra constante compañía, y por ello nunca estamos solos en verdad. ¿Está añorando su hogar? ¿Su familia? ¿Sus amigos? Si está seguro de que sigue la voluntad de Dios para su vida, debe apegarse al plan. Cristo será su constante compañía.

predicador de televisión extremo

VIETNAM: EL HERMANO K'BE

La primera vez que los hijos del hermano K'Be lo vieron en la televisión vietnamita, estaban emocionados. Su emoción desapareció cuando escucharon al conductor decir que su padre era un criminal. Argumentaban que era culpable de muchos "crímenes" en contra el gobierno vietnamita.

Día 258

Los "crímenes" del hermano K'Be eran predicar el Evangelio en reuniones de casas-iglesia que no estaban registradas oficialmente como iglesia. El gobierno puso su rostro en televisión a fin de avergonzarlo y advertirles a otros que se cuidaran de él. También transmitieron a través de la televisión y la radio los interrogatorios que le hizo la policía, pero esto solo ayudó a diseminar aun más el mensaje del Evangelio, le dio una plataforma para alcanzar a muchas más personas para Cristo. Los que lo vieron en televisión preguntaban sobre su fe y él pudo hablarles de Cristo.

"Pusieron mi rostro en televisión para que las personas me identificaran", explicó. "Mis vecinos dicen: '¿Por qué dejas sola a tu familia?'. Yo les digo que Dios se ocupará de eso. Yo debo ir. La cosecha está lista y hay pocos obreros".

Al ver que la vergüenza pública no desalentó el ministerio de K'Be, la policía amenazó con arrestarlo la próxima vez que lo encuentren predicando. "Mi esposa se regocija que nuestros nombres están en el libro de la vida y que mi rostro es un testimonio en televisión. La policía está ayudando a diseminar el Evangelio. Pueden cerrar la iglesia, pero no nuestro testimonio".

Este es mi evangelio, por el que sufro al extremo de llevar cadenas como un criminal. Pero la Palabra de Dios no está encadenada.

2 Timoteo 2:8,9

Los creyentes pudieran ser clavados a un poste, encadenados en una celda en prisión o encerrados en una cerca. Los creyentes incluso pudieran morir. No obstante, el Evangelio sigue vivo. K'Be nos recuerda que el Evangelio no se trata del edificio de una iglesia, de una reunión, ni de un creyente en particular. El edificio de una iglesia lo pueden clausurar, una reunión se puede disolver, y a un creyente se le puede encarcelar o matar. ¿Su entendimiento del cristianismo se encuentra atado a cierto pastor o al edificio de una iglesia o actividad? ¿Florecería su fe (como ocurre en los países restringidos), si todas estas formas externas se eliminaran? La Palabra de Dios permanecería a pesar de estas restricciones. ¿Seguiría encontrando una forma, como lo hizo K'Be, de continuar viviendo su fe?

Día 259

"No puedes matar a un cristiano, lo único que puedes hacer es cambiar su lugar de residencia".

PASTOR DUKE DOWNS

médico extremo

En la Rumania comunista, cada cárcel contaba con un médico que a menudo estaba presente durante las sesiones de interrogatorio y guiaba al torturador para aplicar los mejores métodos de inducir dolor sin causar la muerte. Sin embargo, algunos médicos tomaban su juramento en serio y odiaban lo que hacían los comunistas.

Día 260

Me presentaré ante el rey, por más que vaya en contra de la ley. ¡Y si perezco, que perezca!

Ester 4:16

Uno de esos médicos era una bella mujer cristiana llamada Margarita Pescaru. A todo el personal médico lo registraban al entrar a la cárcel, pero la doctora Pescaru, con gran riesgo para ella, pudo pasar medicina de contrabando varias veces. Sus esfuerzos desinteresados salvaron muchas vidas.

En una ocasión la asignaron a un hospital de la cárcel que estaba designado únicamente para pacientes con tuberculosis. Durante este tiempo, los comunistas asignaron hombres para ser "reeducadores", ellos podían utilizar cualquier medio necesario a fin de convencer a una persona a que denunciara a todas sus creencias y que jurara total lealtad al comunismo.

Esos reeducadores eran despiadados y muchos cristianos murieron bajo su tortura. Cuando la doctora Pescaru escuchó las noticias de que ellos habían llegado al hospital de la cárcel para comenzar su trabajo destructivo en los pacientes con tuberculosis, hizo lo inconcebible. Se dirigió con los oficiales de más alto nivel de todas las cárceles y defendió la situación de los prisioneros indefensos. Nadie sabe cómo, pero la doctora Pescaru ganó el favor de los oficiales.

Por un tiempo, dentro del comunismo rumano, cesó la tortura de inocentes a manos de los "reeducadores", gracias a los audaces esfuerzos de la doctora Pescaru.

Intentar, *es lo que marca la diferencia entre avanzar o detenerse.*
Intentando, *es lo que los cristianos están comprometidos a hacer cuando están enfocados en el Evangelio de Cristo. Intentó, decir que al menos una vez 'lo intentó', es el único método en el que los creyentes están de acuerdo de cómo hacer frente al fracaso. Es cierto, nunca sabremos lo que sucederá si no lo intentamos. Quizá abandonamos con mucha rapidez las ideas creativas que vienen a nosotros con respecto a promover el mensaje del Evangelio en el trabajo, en el hogar o en nuestra comunidad. Pensamos que nunca darán resultados. Nos convencemos de que la oposición podría ser demasiado fuerte. Aun así, no lo sabremos con seguridad a no ser que lo intentemos. ¿Está usted dispuesto a intentar obedecer a Cristo a cualquier precio comenzando hoy?*

papel tapiz extremo

COREA: ROBERT J. THOMAS

Día 261

Yo sembré, Apolos regó, pero Dios ha dado el crecimiento. Así que no cuenta ni el que siembra ni el que riega, sino solo Dios, quien es el que hace crecer.

1 Corintios 3:6,7

Robert J. Thomas y su esposa salieron de su hogar para ser los primeros misioneros en Corea en julio de 1863. Su esposa murió poco después de su llegada. En 1866, después de evangelizar por unos pocos meses en Corea y aprender el idioma, Thomas viajó en el barco estadounidense, el *General Sherman*, a lo largo del río Taedong al lugar en el que se encuentra la capital de Corea del Norte hoy en día. El *General Sherman* encalló en un banco de arena. Los soldados coreanos que se encontraban en la orilla lo vieron sospechoso y sintieron temor, así que abordaron el barco empuñando largos y brillantes cuchillos.

Cuando Thomas vio que lo iban a matar, levantó hacia ellos la Biblia coreana que traía diciendo: "Jesús, Jesús". Y fue decapitado.

Veinticinco años después de la muerte de Thomas, alguien descubrió una pequeña casa de huéspedes en esta área con un extraño papel tapiz. El papel tenía caracteres coreanos impresos en él. El dueño de la casa explicó que había pegado las páginas de este libro en la pared para preservar el texto. El dueño y muchos de los huéspedes venían y se quedaban a "leer las paredes". Esta era la Biblia que Thomas les había dado a sus asesinos.

Aunque los comunistas gobiernan esa región hoy en día, la iglesia vive. El trabajo de Robert J. Thomas, llamado el "misionero temporal", continúa en Corea del Norte, donde ahora la Palabra de Dios no solo está pegada en sus paredes, sino también está escondida en sus corazones.

Imagínese sembrando un huerto detrás de su casa en la primavera solo para luego irse a vivir a otra casa en el verano. Todo el tiempo y el esfuerzo invertido en sembrar, desyerbar y regar las semillas para los tomates, pimientos y melones parecen desperdiciados. Lo mismo se puede decir de nuestro testimonio por Cristo. Aquí lo que está en juego es mucho mayor que una cesta de tomates. Puede ser doloroso confiar en que nuestro duro trabajo se apreciará y respetará cuando no podremos ver el fruto de nuestros esfuerzos. Recuerde, Dios es el que hace que todas las cosas crezcan. Podemos confiar que Dios continuará la obra que hemos comenzado, aun cuando nos mueva a otra cosa. ¿Qué huerto necesita dejar usted para que otro lo haga crecer?

resistencia extrema

Blandina era una sierva que estaba tan llena del poder de Dios que quienes se turnaban para torturarla día y noche al final se dieron por vencidos. De hecho, la tortura parecía fortalecer más su fe. Proclamaba con denuedo su fe diciendo: "Yo soy cristiana, no seremos avergonzados".

Día 262

A Blandina la persiguieron durante el reinado del emperador romano Marco Aurelio Antonino (161–170 d.C.). Durante este tiempo los cristianos llevaban registros exactos de sus sufrimientos. Con ello pretendían alentar a otros creyentes con verdaderas historias de resistencia.

A Blandina la colgaron de un poste, pero ella resistió, esto alentó a quienes presenciaron su tortura. Después la llevaron a una arena con leones junto con un joven cristiano de quince años llamado Póntico, quien se sintió alentado con su ejemplo. Blandina no mostró desesperación, sino que se "regocijaba y se alegraba con su partida como si fuera una invitada a un banquete de boda".

A Blandina la echaron dos veces ante leones hambrientos que no la tocaban. Por lo tanto, regresó ilesa a la cárcel. Al final, fue "desgarrada por leones, azotada, puesta en una red para ser embestida por un toro salvaje, y sentada desnuda en una silla de hierro caliente al rojo vivo". Aun así, vivió y alentó a quienes estaban cerca de ella a permanecer firmes en su fe. Finalmente, murió atravesada por una espada después de que sus torturadores no pudieron hacerla negar su fe.

Así perseverarán con paciencia en toda situación, dando gracias con alegría al Padre. Él los ha facultado para participar de la herencia de los santos en el reino de la luz.

Colosenses 1:11,12

Aunque no son testimonios cristianos, hay situaciones que al parecer no podemos eludir y que son un reto doloroso: criar a un niño difícil en la casa, trabajar junto a un compañero conflictivo, soportar condiciones de vida estresantes... Hay momentos cuando pensamos que no podemos soportar más la presión y sentimos la tentación de renunciar. Sin importar las circunstancias, Dios nos da la resistencia y la fortaleza para hacer cualquier cosa que nos llama a hacer. Dios le pidió a Blandina que resistiera la tortura. Quizá nos empuje a buscar ayuda para la crianza de nuestros hijos, a enfrentar a nuestro compañero de trabajo o a llevar a cabo alguna otra labor al parecer imposible. Presentando el nombre de Jesús, podemos ser sus testigos. Sin importar nuestra situación, Dios está con nosotros, dándonos paciencia y aun gozo. ¿En qué áreas necesita esta resistencia extrema que solo viene de nuestro benévolo Dios?

ladrón extremo: primera parte

RUSIA: NIKOLAI KHAMARA

A Nikolai Khamara lo arrestaron por robo y lo encarcelaron por diez años. Khamara observaba a los cristianos en prisión y se preguntaba qué clase de seres eran. Eran hombres comúnes, pero mostraban gozo a pesar de sus sufrimientos y cantaban en momentos muy tenebrosos. Cuando tenían un pedazo de pan, lo compartían con alguien que no tenía. Sus rostros resplandecían mientras hablaban con alguien que Khamara no podía ver.

Día 263

Un día dos cristianos se sentaron con Khamara y le preguntaron acerca de su historia. Khamara les contó su triste historia. "Soy un hombre perdido", terminó diciendo.

Uno de los cristianos, sonriendo, le preguntó: "Si alguien pierde un anillo de oro, ¿cuál es el valor de ese anillo al estar perdido?".

"¡Qué pregunta tan tonta! Un anillo de oro es un anillo de oro. Alguien lo perdió, pero alguien más lo tiene".

> Pero Dios demuestra su amor por nosotros en esto: en que cuando todavía éramos pecadores, Cristo murió por nosotros.
>
> **Romanos 5:8**

"Muy buena respuesta —dijo el cristiano—. Ahora dime, ¿cuál es el valor de un hombre perdido? Un hombre perdido, así sea un ladrón, un adúltero o un asesino, tiene todo el valor de un hombre. Tiene tanto valor, que el Hijo de Dios abandonó el cielo por él y murió en la cruz para salvarlo. Es posible que hayas estado perdido, pero el amor de Dios te puede encontrar".

Al escuchar esto, Khamara entregó su vida a Cristo.

¿Cómo se mide el valor de las cosas? Por lo general mediante el tiempo, dinero o emoción que invierte una persona en dicho objeto. O sea, la forma en que una persona trata una posesión, una actividad o inclusive una relación, revela cuánto esa persona lo valora. Considere, por ejemplo, la diferencia en cómo trata la ropa de trabajo vieja y cómo trata un traje nuevo. O el contraste entre el cuidado a un vaso desechable y a una copa de cristal. Y cuando se pierde una posesión preciada o se hiere a un ser querido, ¡oh, cuántas lágrimas son vertidas! Así que, ¿cuánto valor tienen las personas... o cuánto vale usted? Así como el cristiano le dijo a Khamara: las personas son tan valiosas que Jesús abandonó el cielo y murió en una cruz por sus criaturas perdidas y rebeldes. Dios las ama demasiado. Usted es amado, es valioso. Regocíjese y proclame estas Buenas Nuevas a los otros "amados" que tiene cerca.

ladrón extremo: Segunda parte

RUSIA: NIKOLAI KHAMARA

Nikolai Khamara entró a prisión como ladrón y salió siendo cristiano. Después de ser puesto en libertad, se unió a la iglesia clandestina en Rusia.

Tiempo después, el pastor de la iglesia de Khamara fue arrestado. Las autoridades lo torturaron esperando que traicionara a su iglesia, pero no dijo nada. Entonces arrestaron a Nikolai Khamara. Lo llevaron ante el pastor y le dijeron: "Si no nos dices todos los secretos de tu iglesia, torturaremos a Khamara frente a ti".

El pastor no podía soportar ver a otra persona sufriendo por su causa. Sin embargo, Khamara le dijo: "Sea fiel a Cristo y no lo traicione. Yo estoy contento de sufrir por el Nombre de Cristo". Entonces los oficiales amenazaron con sacarle los ojos a Khamara.

"¿Cómo podré soportar ver esto? ¡Estarás ciego por siempre!", le gritó el pastor a Khamara sin poder soportarlo.

"Cuando me quiten mis ojos, yo veré las cosas con mayor belleza que como las veo con estos ojos. Yo veré al Salvador. Usted debe permanecer fiel a Cristo hasta el final", respondió Khamara.

Cuando los interrogadores le dijeron al pastor que le cortarían la lengua a Khamara, este dijo: "¡Alabado sea el Señor Jesucristo! Ahora sí, ya he dicho las palabras más sublimes que pueden ser expresadas. Si así lo desean, ya me pueden cortar la lengua".

El antiguo ladrón les quitó a los oficiales la oportunidad de robarle su fe. Padeció una muerte de mártir.

Día 264

El ladrón no viene más que a robar, matar y destruir; yo he venido para que tengan vida, y la tengan en abundancia.

Juan 10:10

La historia de Khamara es una lección de contrastes entre el reino de Dios y el reino del diablo. La Biblia nos enseña a reconocer a los que roban, matan y destruyen como miembros del reino del diablo. En el caso de Khamara, el enemigo le robó la vista, destruyó su facultad de hablar y al final lo mató. En contraste, el reino de Jesús trata acerca de la vida, vida al extremo. Como tal, Jesús le dio a Khamara una nueva vida y restauró a un antiguo ladrón a la justicia. Los dos reinos están en conflicto y nuestras vidas son el botín. Khamara "desertó" del reino del diablo cuando dos creyentes le mostraron cómo unirse al Reino de Dios. ¿Qué hace usted para llevar a otros al Reino de Dios?

posesión extrema

Seis hombres y una viuda fueron llevados frente al tribunal por cometer un crimen extremo contra la Iglesia de Inglaterra. Les habían enseñado a sus hijos el Padrenuestro y los Diez Mandamientos en el idioma inglés.

Día 265

En 1519, el latín era el único idioma permitido para la instrucción bíblica en Inglaterra. Pero la gente común y corriente solo hablaba inglés. Los creyentes traducían en secreto partes de las Escrituras al inglés y pasaban con cautela las traducciones de casa en casa. Sin embargo, ahora los habían sorprendido y los iban a atar a postes para ser quemados públicamente.

De entre los siete prisioneros, la misericordia del tribunal solo le sonrió a la viuda y le permitieron irse libremente. Nadie protestó porque no tenía marido y tenía hijos que cuidar en su hogar.

Un guardia llamado Simón Mourton generosamente se ofreció a acompañar a la viuda perdonada hasta su casa. Mientras Simón la guiaba llevándola del brazo, escuchó un ruido dentro de la manga de su abrigo. Él sacó del abrigo de la viuda las traducciones al inglés, era el material que habían estado enseñando a sus hijos. Y aunque acababa de escapar de una sentencia de muerte, ella se negó a separarse de las traducciones creyendo que sus hijos todavía necesitaban saber la verdad de la Palabra de Dios. Ahora su destino estaba sellado.

Poco después, los seis hombres y la valiente viuda fueron atados a tres postes de madera y los quemaron vivos.

Para mí es más valiosa tu enseñanza que millares de monedas de oro y plata.
Salmo 119:72

Vivimos en una era digital de sistemas de alarmas para el hogar que compiten con la complejidad de las alarmas de muchos bancos. Está claro lo que valoramos: nuestros hogares y nuestras posesiones son demasiado valiosas para correr el riesgo de que se pierdan. Sin embargo, para los cristianos que vivían en el siglo dieciséis, las Escrituras eran su posesión más valiosa. Como la tenaz viuda de esta historia, ellos consideraron que tan solo unas porciones de la Biblia valían el precio de sus vidas. Mientras que los tiempos pudieran haber cambiado, el valor de la Palabra de Dios no ha cambiado. Nuestras vidas todavía deben demostrar a otros que la Palabra de Dios es valiosa, aunque no es probable que muramos por demostrarlo. ¿Saben otros qué tanto o qué tan poco atesora usted las Escrituras? ¿Pueden los demás notar el valor personal que la Palabra de Dios tiene en su vida?

Día 266

"*Los misioneros cristianos deben ser denunciados y descubiertos sin excepción porque son lobos astutos que sirven como herramienta del imperialismo*".

<small>Una abierta advertencia, emitida por el gobierno de Corea del Norte a su pueblo</small>

traducciones extremas

—Pero, maestro Tyndale, debe admitirlo —se burló el erudito doctor de teología—, ¡los hombres están mejor con las leyes de la iglesia que sí logran comprender, que con la propia ley de Dios que se encuentra en la Biblia!

William Tyndale se enfureció con esto. —¡Yo desafío a los sacerdotes y a sus leyes! ¡Si Dios me permite vivir, no va a pasar mucho tiempo antes de que cualquier muchacho que use un arado conozca las Escrituras mejor que ellos!

Día 267

Su comentario causó una división entre Tyndale y la iglesia establecida y pronto huyó de Inglaterra hacia el continente, donde produjo su versión "prohibida" del Nuevo Testamento en inglés.

Durante años, los pequeños Nuevos Testamentos de Tyndale se pasaron de contrabando en bultos de algodón a bordo de barcos alemanes y por cualquier otro lugar por el que pudieran entrar secretamente a Inglaterra. Sin embargo, Tyndale fue traicionado por un "amigo", Henry Philips, y después lo procesaron por herejía.

Por ti yo he sufrido insultos.

Salmo 69:7

Mientras que Tyndale permaneció en la cárcel por más de un año esperando su ejecución, se cree que terminó la traducción del Antiguo Testamento al inglés. Sus últimas palabras antes de morir en la hoguera en octubre de 1536 fueron: "¡Señor, abre los ojos del rey de Inglaterra!".

Dios lo hizo. Pocos años después del martirio de Tyndale, la monarquía permitió que la primera Biblia en inglés se imprimiera de forma legal. La versión autorizada King James apareció setenta y cinco años más tarde. En la actualidad, se estima que esta versión concuerda palabra por palabra en un noventa por ciento con el trabajo realizado por Tyndale.

La oposición no es lo mismo que fracaso. Algunas veces significa todo lo contrario. Los más bien intencionados colegas pudieran algunas veces oponerse a nuestra visión por causa del ministerio. Es posible que hasta nos confundamos por su crítica y comencemos a cuestionar nuestro llamado. Cuando Dios nos da una visión para el ministerio, como se la dio a Tyndale, debemos ser fieles a la tarea a pesar de las probabilidades. La crítica no debe apagar nuestro entusiasmo; debe hacernos más comprometidos a mejorar nuestra visión. ¿Le ha dado Dios una visión para el ministerio? Es posible que, igual que Tyndale, no vea los resultados de su labor por algún tiempo, si es que los llega a ver. Y a lo mejor lo censuren en el proceso. Aun así, manténgase firme en su misión y Dios se encargará de la crítica.

niños de valentía extrema

Los comunistas les dicen a los niños de Corea del Norte que sufrirán un destino horrible si llegan a ser atrapados en China. Aun así, los niños también saben que si son lo bastante afortunados para escapar, deben buscar un edificio con una imagen en forma de cruz en él para encontrar ayuda. Dos niños de Corea del Norte que lograron llegar a una iglesia china contaron sus historias al pastor.

Día 268

"Mi nombre es Cheng Lee. Mi hermana y yo vimos a nuestros padres morir de hambre. Logramos cruzar el río Yalu caminando sobre él mientras estaba aún congelado. En cuanto llegamos al otro lado, mi hermana mayor dijo: 'Quédense aquí. Yo tengo que ir sola un poco más adelante'. Pero ella nunca regresó". Cheng solo tiene seis años de edad.

Hong Jun, un niño de once años, dijo: "Yo quiero regresar a Corea del Norte y hablarles a otros de Cristo". Entonces lloró mientras cantaba:

Ah, Señor, danos la voz del Evangelio,
Por nuestros amados hermanos que el Señor amó tanto antes.
¿A dónde se han ido todos esos? El Señor está buscándolos.

Oh, Señor, envíanos a ellos, a nuestros amados hermanos coreanos,
Oh, Señor, envíanos a ellos, a nuestros amados hermanos coreanos.
Dondequiera que estén, permíteles retoñar como flores.

Unos meses más tarde, Hong Jun fue secuestrado de la aldea y obligado a regresar a Corea del Norte. Quizá ahora se encuentre testificando a sus secuestradores.

Al ver la osadía con que hablaban Pedro y Juan quedaron asombrados y reconocieron que habían estado con Jesús.

Hechos 4:13

El valor es una de esas cosas que las personas no saben que tienen hasta que una situación lo exige. Cuando llega el momento crucial en que se necesita, o bien lo tienen o no lo tienen. Lo mismo se puede decir del carácter, ciertas situaciones revelarán de forma definitiva si lo tenemos o no. Como resultado, el carácter y el valor son dos cosas que son difíciles de fingir. Afortunadamente, Jesucristo nos da un valor irreversible y un carácter innegable para los momentos en que más los necesitamos. Pudiéramos dar la apariencia de ser valerosos, pero solo Jesús nos puede hacer valientes. Pudiéramos tener una reputación pública impecable, pero solo Jesús nos puede dar el carácter para aquellos momentos en donde nadie nos está mirando. ¿Dónde ve usted el carácter y el valor actuando en su vida?

anulación extrema

Zahid era un sacerdote musulmán pakistaní que les tendía emboscadas a los cristianos y quemaba sus Biblias. Una vez se quedó con una de las Biblias y comenzó a estudiarla para probar que el cristianismo era una mentira.

Día 269

"Yo leí la Biblia, buscando contradicciones que pudiera utilizar en contra de la fe cristiana", declaró Zahid. "De repente, una gran luz apareció en mi habitación y escuché una voz que me llamaba por nombre. La luz iluminaba toda la habitación.

'Zahid, ¿por qué me persigues?', preguntó la voz.

Yo tenía miedo. No sabía qué hacer. Pregunté: '¿Quién eres?'

'Yo soy el Camino, la Verdad y la Vida'. Por las tres noches siguientes, la luz y la voz regresaron. En la cuarta noche, me arrodillé y acepté a Jesús como mi Salvador".

Después de convertirse al cristianismo, a Zahid lo arrestaron y encarcelaron como un traidor al islam. Fue torturado en prisión durante dos años y al final lo sentenciaron a muerte. Cuando le pusieron la soga alrededor del cuello, Zahid les dijo a sus verdugos que Jesús era "el Camino, la Verdad y la Vida". Quería que su último suspiro se utilizara para salvar a sus compatriotas.

De improviso, los guardias entraron y dijeron que había habido un aplazamiento de la sentencia y liberaron a Zahid. Nadie sabe por qué se revocó la sentencia de Zahid, pero hoy en día él continúa viajando a través de Pakistán como evangelista.

"Yo soy el camino, la verdad y la vida", le contestó Jesús. "Nadie llega al Padre, sino por mí".

Juan 14:6

Las personas que han experimentado el estar al borde de la muerte casi siempre dicen la misma cosa, concluyen que Dios debe haber tenido un propósito para extender sus vidas. Es lamentable, pero las entrevistas de televisión pocas veces regresan con esas personas para ver cuál fue el resultado de ese propósito. ¿Lograron descubrir el propósito de Dios para sus vidas, o no? En realidad, Dios tiene el mismo propósito para cada una de nuestras vidas. Él quiere que lo conozcamos y que hagamos que otros lo conozcan. Algunos, así como Zahid, pueden vivir esas experiencias excepcionales de llegar a esos lugares específicos para hacer que Dios sea conocido. Sin embargo, nuestra misión sigue siendo la misma. ¿Ha sentido alguna vez que Dios lo tiene en esta tierra por una razón específica? Sí, la tiene. Esa razón es conocerlo y hacer que lo conozcan.

poder extremo

Las sogas en sus muñecas y en sus tobillos se estiraron aún más, hasta que Vincent, el cristiano romano, sintió que sus brazos se zafaban de sus hombros y su cadera se dislocaba.

Decio, el emperador romano, estaba de pie junto al potro de tormento donde estaba atado Vincent. —Morirás en medio de un terrible dolor —le dijo al joven cristiano.

Día 270

—Ninguna muerte es más honorable que la de un mártir —le respondió Vincent al emperador con convicción—. Yo veo el cielo y aborrezco a sus ídolos.

Furioso, el emperador ordenó que el ahora cristiano inválido fuera torturado aun más. Sin embargo, no lograban quitarle la sonrisa a Vincent.

—Usted solo destruye mi cuerpo, el cual tendrá que perecer de todos modos —le dijo Vincent en medio de su dolor—. Dentro de mí vive otro Vincent y sobre él usted no tiene poder. A ese Vincent no lo pueden torturar, ni lo pueden matar. Así, Vincent acogió la muerte con una sonrisa.

Al final, los soldados romanos lo quitaron del potro de tormento, pero sus torturadores no estaban satisfechos. Le quitaron la ropa y lo arrojaron en una celda donde el piso estaba cubierto de vidrios rotos. Incapaz de ponerse de pie, Vincent fue forzado a acostarse sobre los pedazos de vidrio. Aun ahí, la paz de Dios estaba con él. Los guardias después le informaron al emperador que Vincent descansaba sobre los vidrios rotos "como si fuera una cama de flores".

Y ser fortalecidos en todo sentido con su glorioso poder. Así perseverarán con paciencia en toda situación.

Colosenses 1:11

En la cultura moderna, la idea del poder se vincula a la autoridad y a cierto cargo. El poder está reservado para los que son importantes en apariencia, para personas cultas y refinadas. Sin embargo, la historia muestra que las personas que solo tienen un puesto de poder son ineficaces sin esa fortaleza interior para llevar a cabo sus deberes. En contraste, Dios se enfoca en nuestra fortaleza interior a través de la presencia del Espíritu Santo. El sufrimiento es su escuela, es donde nos enseña cómo es ser fuerte. Somos capaces de soportar más de lo que nos imaginamos. Somos audaces más allá de nuestros propios medios. Usted pudiera sentir que sus sufrimientos lo han hecho débil. Pídale a Dios que le muestre cómo, en sí, sus sufrimientos pueden hacerlo más fuerte. Flexione sus músculos. Verá que usted es más fuerte de lo que piensa.

soldados extremos

El emperador Constantino legalizó el cristianismo en el Imperio Romano en el año 320 d.C. Sin embargo, Licinio, que controlaba la mitad oriental del imperio, rompió su lealtad con el Occidente y continuó reprimiendo el cristianismo.

Día 271

Cuando Licinio exigió que cada soldado bajo su mando ofreciera sacrificios a los dioses romanos, los cuarenta hombres cristianos de la "Legión del Trueno" se negaron. Su general, Lisias, hizo que los azotaran, desgarrando su piel con ganchos para después encarcelarlos encadenados. Cuando siguieron negándose a doblegarse y abandonar la adoración de Dios, ordenó que les quitaran la ropa y los dejaran en medio de un lago congelado hasta que se rindieran.

Un baño caliente estaba preparado para cualquiera que abandonara sus convicciones. Los hombres oraron juntos a fin de que el número de su grupo no disminuyera. Sin embargo, cuando oscureció, uno de ellos no pudo soportar más el frío y corrió al baño caliente.

Uno de los guardias que había observado a los cuarenta valientes soldados cantarle a Cristo se enojó porque uno se rindió a las órdenes de Lisias. Su enojo se convirtió en convicción, y después su convicción se convirtió en fe. Entonces se despojó de sus ropas y corrió hacia el lago congelado, cumpliendo la promesa de los soldados de ser "¡cuarenta soldados valientes por Cristo!".

Los cuarenta murieron juntos ese día. Y el que negó su fe a cambio de un baño caliente también murió.

Comparte nuestros sufrimientos, como buen soldado de Cristo Jesús.

2 Timoteo 2:3

Una comunidad cristiana está compuesta por varios individuos comprometidos que actúan en común acuerdo. Ya sea una universidad cristiana, un ministerio cristiano, una iglesia o una familia; el grupo de hermanas y hermanos es una fuerza que hay que tener en cuenta. Siempre nos mantenemos más firmes cuando permanecemos juntos. A través de las Escrituras, Dios nos exhorta a unirnos en una comunidad de compromiso, a ser una familia de fe. Más que el principio de fortaleza en números, una comunidad cristiana alienta la fe de sus miembros. Como en esta historia, los fuertes compensan a los que son débiles. ¿Ha identificado usted su comunidad cristiana? ¿Le ha asegurado a su iglesia, familia o a otro grupo, su amor y lealtad sin importar el costo que tenga?

belleza extrema

"En la cárcel, la cosa más difícil era vivir sin una Biblia".

Aida Skripnikova era una mujer joven y bella. Sin tener aún veinticinco años de edad, se paraba en una esquina de las calles de Leningrado y distribuía poemas declarando su amor por Jesús y su gozo por conocerle como Señor y Salvador. Fue arrestada poco después, pero demostró ser firme en sus convicciones, aunque la sentenciaron a un año de cárcel.

Día 272

A los veintisiete años, se enfrentó a su cuarto encarcelamiento a causa de su determinación de defender el Evangelio. Fue franca al decir en una publicación: "No podemos callar lo que constituye todo el significado de nuestra vida: Cristo".

Su cuarto encarcelamiento resultó ser el más difícil. Los guardias trataron sin cesar de corromper su fe sin importar los medios: desde el abuso hasta ofrecerle chocolate. Aun así, lo más duro para ella fue vivir sin la Palabra de Dios. Le confiscaron su ejemplar de las Escrituras. Y como castigo, pasó diez días incomunicada en una celda solitaria. Más tarde, recibió un Nuevo Testamento y lo protegió como algo más valioso que su propia vida.

Cuando al fin la pusieron en libertad, Aida estaba casi irreconocible, su deslumbrante belleza había desaparecido, y parecía veinte años mayor. No obstante, el amor de Dios brillaba a través de su sonrisa, restaurando la belleza incomparable que había en su interior.

Que la belleza de ustedes... sea... la que procede de lo íntimo del corazón y consiste en un espíritu suave y apacible. Esta sí que tiene mucho valor delante de Dios.

1 Pedro 3:3,4

En muchas tiendas de comestibles existen más cremas de belleza que vegetales enlatados. Los estantes de cosméticos están llenos de fórmulas que prometen renovar y restaurar nuestra apariencia externa. ¡Si tan solo nos preocupáramos más por nuestro carácter interior como lo hacemos por nuestra apariencia externa! Los mártires nos enseñan a valorar la renovación de lo que en realidad somos en nuestro interior. Nuestro ser interior. Esta es la persona que ninguna cantidad de torturas logra abatir. Este es quien se está transformando en la imagen de Cristo. Es posible que usted desee impresionar a otros según las normas del mundo. Sin embargo, Dios piensa que su ser interior es mucho más bello. ¿Está usted igual de enfocado en su carácter interior como en su apariencia externa? ¿De qué maneras se embellece más su ser interior a medida que envejece?

Día 273

"Yo pedí fortaleza,
y Dios me dio dificultades para hacerme fuerte.

Yo pedí sabiduría,
y Dios me dio problemas para resolver.

Yo pedí prosperidad,
y Dios me dio mente y músculos para trabajar.

Yo pedí valor,
y Dios me dio peligros que vencer.

Yo pedí amor,
y Dios me dio oportunidades.

No recibí nada de lo que quería;
recibí todo lo que necesitaba.

Mi oración ha sido contestada".

De la familia de Michael Job, un estudiante de medicina
cristiano indio que mataron en junio de 1999 a causa de las
actividades evangelísticas de su padre.

enseñanza extrema -primera parte:

INGLATERRA: EL DOCTOR ROWLAND TAYLOR

Las personas de Hadley le rogaron al doctor Rowland Taylor que no fuera a ver al obispo y al señor canciller de Winchester. Sabían que el obispo estaba furioso por las enseñanzas del doctor Taylor.

Por casi veinte años, la Biblia en inglés se había distribuido de forma legal en Inglaterra. El doctor Taylor simplemente había enseñado a todos en su iglesia a leer la Biblia y a seguir sus enseñanzas. En contraste, los líderes religiosos bajo el cruel mandato de la reina María I ordenaron una sujeción estricta a las costumbres de la iglesia católica romana.

Día 274

Después que el obispo lo insultó y acusó, Rowland contestó: "Yo soy un hombre cristiano, no he blasfemado en contra de la Iglesia. Es más, por su propia acusación, usted es el hereje. Cristo murió una sola vez y para siempre por los pecados de la humanidad. Es suficiente. Usted y sus tradiciones no pueden ofrecer nada más".

El doctor Taylor estuvo preso por los siguientes dos años. Cuando supo que sería quemado en la hoguera a las afueras de Hadley, se regocijó. No le preocupaba su seguridad. Sino que le alegraba pensar que viajaría a través de Hadley y vería otra vez a sus hermanos y hermanas en la fe.

Al Doctor Rowland Taylor lo martirizaron en el invierno de 1555.

Le contestó Jesús: "El que me ama, obedecerá mi palabra".

Juan 14:23

El amor se expresa en muchos idiomas diferentes. Las personas necesitan escuchar el amor en su propio idioma para reconocerlo. Algunos esposos le sirven el desayuno en la cama a su esposa para demostrar su amor. Otras esposas necesitan un regalo atento para escuchar un "te amo" con claridad. Las compañías de tarjetas de felicitación esperan que lo digamos con palabras. Sin embargo, Jesús dice que su lenguaje de amor es la obediencia. De esa manera le expresamos nuestro amor. Cuando le obedecemos, demostramos que le amamos. A Taylor lo martirizaron por enseñar a sus seguidores a expresar el lenguaje de amor de Jesús. Les enseñó a leer la Biblia y obedecer sus enseñanzas. Muéstrele a Jesús que lo ama y honre hoy la memoria del Doctor Taylor.

enseñanza extrema - segunda parte:

INGLATERRA: EL DOCTOR ROWLAND TAYLOR

Antes de morir en la hoguera por enseñar la Biblia, el Doctor Rowland Taylor escribió estas bellas palabras:

"Yo le dije a mi esposa y a mis hijos: 'El Señor me los dio a ustedes y el Señor me quita de ustedes y a ustedes de mí; ¡Bendito sea el nombre del Señor! Yo he encontrado que Él es más fiel y más favorable que cualquier esposo o padre. Confíen en Él por medio de su amado Salvador: crean en Él, ámenlo, témanle y obedézcanlo. Oren a Él porque ha prometido ayudar. No me consideren muerto porque yo viviré para siempre y nunca moriré. Yo voy primero y ustedes me seguirán después a nuestro hogar eterno.

Yo les digo a mis queridos amigos de Hadley, y a todos los que me han escuchado predicar, que parto de aquí con una conciencia tranquila en cuanto a mi enseñanza, por la cual pido que ustedes den gracias a Dios conmigo. Puesto que yo, conforme a mi poco talento, he declarado a otros las lecciones que extraje del libro de Dios, la bendita Biblia. Por lo tanto, si yo o un ángel del cielo les predicaran otro Evangelio distinto a aquel que ustedes han recibido, ¡la gran maldición de Dios esté sobre ese predicador!

Partiendo de aquí con una esperanza segura, sin ninguna duda de nuestra salvación eterna, le doy gracias a Dios mi Padre celestial a través de Jesucristo, mi seguro Salvador".

Rowland Taylor

¿Puede recordar al más memorable maestro de su niñez? Quizá era el perfume que usaba, quizá era la manera particular en que se frotaba la parte calva de su cabeza; algo sobre esa persona permanece en su mente. Sin embargo, conforme pasa el tiempo, valoramos a los maestros por razones diferentes. Recordamos lo que nos enseñaron, lecciones que nunca olvidaremos. Siempre recordaremos a aquel que nos enseñó la Palabra de Dios por primera vez. No podemos permitirnos olvidar las verdades básicas que nuestros maestros nos enseñaron acerca del amor de Dios y su salvación. Cuando alguien más se acerque a usted con ideologías en nombre de la cultura o la ciencia, las verdades de Dios lo protegerán y lo ayudarán a reconocer la falsedad; esas verdades son más que simples recuerdos, son su posesión más valiosa.

Día 275

Cumple con mis mandatos y vivirás; cuida mis enseñanzas como a la niña de tus ojos.

Proverbios 7:2

familia extrema

CAMBOYA: HAIM Y SU FAMILIA

En la selva de Camboya, a Haim y a su familia les dieron palas y les dijeron que cavaran sus propias tumbas. Eran rehenes del "Jemer Rojo", quienes consideraban a los cristianos "enemigos de la gloriosa revolución".

Los soldados permitieron que Haim y su familia se arrodillaran, se tomaran de las manos y oraran. Entonces Haim exhortó a los soldados para que se arrepintieran y aceptaran a Jesús como Señor y Salvador. Los soldados estaban confusos por la compasión que había en su voz cuando se encontraba tan cerca de la muerte.

Día 276

Mientras hablaba, uno de sus hijos se levantó de un salto y corrió al bosque. Los soldados comenzaron a correr tras él, pero Haim los detuvo. Su calma convenció a los comunistas a que esperaran para ver lo que el niño haría.

Mientras su familia estaba arrodillada, con los rifles de los soldados apuntándoles, Haim caminó hasta el borde del bosque. "Hijo, ¿puede compararse obtener unos pocos días de vida huyendo por el bosque, a unirte con tu familia aquí, alrededor de una tumba, pero sabiendo que pronto serás libre para siempre en el paraíso con Cristo?". Después de un momento, hubo un movimiento entre los arbustos, mientras el hijo de Haim, con lágrimas en los ojos, salía y se arrodillaba junto a su padre.

Cualquiera que hace la voluntad de Dios es mi hermano, mi hermana y mi madre.

Marcos 3:35

Haim miró a los soldados: "Ahora ya estamos listos para partir".

Sin embargo, ninguno de los soldados podía apretar el gatillo. No obstante, en esos momentos llegó un oficial que no había presenciado el regreso del niño, regañó a los soldados por cobardes y mató a los cristianos.

Algunas familias son conocidas por ser muy unidas, otras se enorgullecen de ser ricas en extremo, incluso otras familias señalan como algo significativo sus excesivas ocupaciones. Aunque Dios puede utilizar esas otras cosas, su idea de "influencia" es muy diferente. ¿Qué es lo que hace a una familia útil para el reino de Dios? Es la obediencia extrema. No es el tamaño de la camioneta de la familia lo que importa, es el compromiso de todos sus miembros con Cristo. Dios diseñó la familia como un lugar en el que los padres guían con su ejemplo a fin de que los hijos aprendan cómo obedecer a Cristo. Aunque la situación de Haim era excepcional, nosotros podemos ser también obedientes en nuestras situaciones. ¿Cómo calificaría usted el compromiso de su propia familia? ¿Qué familia conoce que sea ejemplo de una familia extrema?

cambio extremo

El profesor ateo sonrió a la foto de Lenin colgada junto a la puerta y luego se acercó a la jarra de agua que estaba en la mesa. Sacó un paquete de polvo y a medida que lo vertía poco a poco en la jarra, el agua se volvía roja.

—Este es todo el milagro —comenzó su lección—. Jesús tenía escondido en sus mangas un polvo como este, y luego simuló haber cambiado el agua en vino de una manera maravillosa. Sin embargo, yo puedo hacerlo todavía mejor que Jesús, puedo volver a cambiar el vino en agua.

Día 277

El profesor sacó otro paquete de polvo y lo vertió en el líquido rojo. Se hizo transparente. Con otro paquete se volvió rojo de nuevo.

Uno de los estudiantes se sentó en su escritorio moviendo la cabeza, mostrándose poco impresionado. Al final, retó al profesor: —Usted nos ha asombrado, camarada profesor. Solo le pedimos una cosa más: ¡Tómese su vino!

—No puedo hacer eso —dijo el profesor riendo—. El polvo es venenoso.

Cambiaron la verdad de Dios por la mentira.

Romanos 1:25

—He ahí la gran diferencia entre usted y Jesús —respondió el cristiano—. Él, con su vino, nos ha dado gozo, mientras que usted nos envenena con su vino.

El profesor salió enojado del aula e hizo que arrestaran y echaran en la cárcel al estudiante. No obstante, las noticias del incidente se propagaron muy lejos y fortalecieron a muchos en su fe.

La promesa del enemigo de un cambio sencillo es una mentira. La mayoría de las tiendas departamentales, o grandes almacenes, tienen un método de devolución amistoso que les permite a los clientes cambiar sus compras para quedar satisfechos. Las personas hacen una fila para cambiar su artículo por una talla más pequeña, o por una más grande, por cambiar un color por otro; esperando que eso les haga lucir más delgadas, más bonitas o sencillamente más contentas. De la misma manera, muchas personas en la vida se forman con la verdad de Dios en la mano, alguien les ha dicho que pueden canjear la verdad de Dios por cualquier cosa y los hará "clientes satisfechos", pero al final, siempre terminan desilusionados. Dios quiere que usted pueda identificar las mentiras del enemigo. Aférrese a la verdad de Dios, a cualquier costo.

ruego extremo

INDONESIA: DELORES

Día 278

El cuerpo envejecido de Delores estaba agotado por correr y se puso a llorar: "¡Dios, por favor ten misericordia de nosotros, tus hijos!". Delores huía para salvar su vida acompañada de otros creyentes, mientras que los atacantes disparaban a quemarropa en su aldea. Utilizando un tosco bastón, subió paso a paso una empinada cordillera de montañas hasta que pudo llegar a un lugar seguro. Se estableció en un campamento improvisado para refugiarse, junto con cientos de personas que habían sido desplazadas con violencia de sus hogares.

Gritaban a gran voz: "¿Hasta cuándo, Soberano Señor, santo y veraz, seguirás sin juzgar a los habitantes de la tierra y sin vengar nuestra muerte?".

Apocalipsis 6:10

Delores es una de los millones de cristianos que viven en Indonesia, una nación compuesta de más de trece mil islas. Indonesia también es el país musulmán más poblado del mundo. Aun así, los musulmanes y los cristianos han compartido el mismo territorio por años, viviendo juntos en paz por generaciones. Pero se enfrentan a un nuevo enemigo: grupos de fanáticos musulmanes han incitado recientemente a muchas yihads (guerras santas) en las islas.

Actualmente no existe paz entre los musulmanes y los cristianos.

En una ciudad, los cristianos se reunieron y cantaron "Yo me rindo a Él" en la oficina del gobernador, en una demostración pacífica de la causa de Cristo. Hicieron una petición al gobierno para que reconociera el número de cristianos masacrados a manos de militantes musulmanes. Incluso, mientras éste tranquilo grupo de creyentes continuaba cantando, las fuerzas musulmanas estaban atacando otra aldea y saqueándola. Muchas comunidades que antes florecían, ahora solo son montones de ceniza y escombros.

Delores es solo una en la multitud de creyentes perseguidos en Indonesia que claman a Dios por liberación. El libro de Apocalipsis habla de una multitud de mártires que anhelan el juicio y la justicia de Dios. Sin embargo, no deben clamar a Dios solos. Nosotros, que estamos vivos, debemos unir nuestras voces junto con sus fervientes súplicas. Aunque quizá estemos a un mundo de distancia en la comodidad de nuestros hogares, nuestro apoyo sincero solo se encuentra tan distante como lo pudiera estar una oración. Cuando ofrecemos nuestras oraciones por seguridad y liberación, unimos nuestros corazones con los que sufren. ¿Orará hoy por Delores y otros creyentes en Indonesia? ¿Le pedirá a Dios que los proteja en su peregrinaje y que escuche nuestras oraciones por su liberación?

oración extrema

SUIZA: MICHAEL SATTLER

A Michael Sattler no le sorprendió su sentencia: cortarle la lengua y después quemarlo por hereje. Era el siglo XVI y Michael era un anabaptista, un movimiento de creyentes que querían retornar al modelo de iglesia descrita en el Nuevo Testamento. Sin embargo, las instituciones religiosas y sociales de Europa veían a los anabaptistas como una amenaza.

Día 279

Una multitud de espectadores comenzó a reunirse en el centro de la plaza. Uno de ellos era Klaus von Grafeneck, de veinticinco años de edad, él se encontraba parado cerca del convicto observando cómo se preparaba el verdugo para la inminente muerte de Michael.

A pesar de sus dificultades de expresión y pronunciación, Michael comenzó a orar: "Querido Señor, abre los ojos de este joven..."

De repente, Klaus dio un salto hacia atrás, ¡estaba asombrado por que este criminal estuviera orando por él!

Cuando el verdugo ató a Michael, el prisionero se volteó a la multitud y en un confuso lenguaje dijo: "¡Conviértanse!" Luego, cerró sus ojos y oró: "Dios Eterno y Todopoderoso... yo testificaré... en este día de la verdad y la sellaré con mi sangre".

Con eso, el verdugo echó a Michael en el fuego. Cuando las sogas que ataban sus manos se quemaron por completo, él las levantó y oró: "Padre, encomiendo mi espíritu en tus manos".

Klaus estaba tan afectado con este hombre condenado que oraba a favor suyo, que registró la muerte de Sattler como un tributo. Lo concluyó escribiendo: "Que Dios nos permita testificar de Él con tanta valentía y paciencia".

Oren en el Espíritu en todo momento, con peticiones y ruegos.

Efesios 6:18

La oración es el arma secreta del cristiano. Hace una declaración silenciosa o una insinuación abierta de nuestra fe en Cristo. Cuando Klaus escuchó orar a un hombre condenado, lo hizo detenerse y pensar. De la misma manera, cuando los demás en un restaurante nos ven bendecir nuestros alimentos antes de comer, también pudiéramos causarles que se detengan y consideren a Dios. Incluso, si atrajéramos los pensamientos de las personas que nos rodean tan solo por un instante y los conducimos hacia Cristo, hemos cumplido con nuestra responsabilidad. Como Michael lo probó con Klaus, la oración cambia vidas e inspira compromiso. Sin embargo, Dios no puede utilizar las oraciones que no le ofrecen. Tome algún tiempo para ofrecer una oración silenciosa a favor de alguien con quien se encuentre hoy. Nunca sabrá lo que sucederá como resultado.

"La palabra 'misionero' no se encuentra en la Biblia; la palabra 'testigo' sí está".

JIM ELLIOTT, MISIONERO A ECUADOR QUE FUE MARTIRIZADO MIENTRAS TRATABA DE LLEVAR EL EVANGELIO A LA TRIBU INDIA AUCA. CITADO POR ELIZABETH ELLIOT EN THE SAVAGE, MY KINSMAN [EL SALVAJE, MI PARIENTE]

manuscrito extremo

"La Gran Persecución" comenzó en Roma en el año 303 d.C. bajo Diocleciano. Él publicó edictos oficiales contra el cristianismo en un esfuerzo por destruir la fe. Entre las resoluciones estaban las siguientes órdenes:

Día 281

Los cristianos que tuvieran cargos públicos perderán su trabajo.
Toda acusación contra los cristianos será bien recibida.
Los cristianos serán torturados a causa de su fe.
Las Escrituras se confiscarán y quemarán de inmediato.
Los edificios de las iglesias serán destruidos.
Los derechos civiles de los cristianos se negarán por la fuerza, y
Presidentes, obispos y líderes de iglesias serán arrestados para que ofrezcan sacrificios a los dioses.

Durante este tiempo, un joven escritor llamado Eusebio documentó las atrocidades cometidas en contra de la iglesia primitiva. Un líder de la iglesia y teólogo llamado Pánfilo lo inspiró en gran medida. A Pánfilo lo arrestaron y torturaron en el año 308 d.C., pero no antes de causar gran impacto en la vida de Eusebio.

A un pueblo que aún no ha nacido se le dirá que Dios hizo justicia.

Salmo 22:31

Eusebio escribió: "Vimos cómo eran destruidas las casas de oración hasta sus cimientos [...] y las Escrituras inspiradas y sagradas echadas al fuego [...] y los pastores de las iglesias, algunos escondiéndose de manera vergonzosa por doquier".

La ejecución de Pánfilo en el año 309 d.C. no disuadió a Eusebio de escribir el manuscrito *Historia de la iglesia*.

Eusebio fue arrestado más tarde por su contribución a la causa cristiana. Sin embargo, le perdonaron la vida. Dios lo protegió para que continuara escribiendo su mensaje a la futura iglesia. Sus escritos abrieron los ojos de las siguientes generaciones a las tribulaciones que enfrentó la iglesia primitiva. Su registro de la vida y muerte de un legado de líderes cristianos nos recuerda la gran herencia de los héroes cristianos. Si hoy logramos aprender de la valerosa fe y el amor eterno de nuestros ancestros perseguidos, sus escritos y sufrimientos no fueron en vano. ¿Qué hace usted hoy para inspirar a la siguiente generación hacia un compromiso mayor? Pídale a Dios que le ayude a dejar su propio legado.

encubrimiento extremo

ARABIA SAUDITA: UN ESPOSO Y ESPOSA

Un hombre y su esposa llegaron a la nación rica en petróleo de Arabia Saudita desde otro país.

Vivían y trabajaban en este país musulmán al que llamaban su nuevo hogar. Eventualmente, conocieron y adoraron con otros trabajadores extranjeros que tenían su misma fe: el cristianismo. No obstante, practicar el cristianismo en la capital espiritual de Mahoma no solo es mal visto, también es ilegal. Aun así, la pareja aceptó los riesgos de llegar a ser encarcelados, deportados y posiblemente asesinados por continuar fielmente su adoración a Dios.

Día 282

Por muchos años vivieron en paz. Pero un día, miembros de la policía saudí invadieron su hogar. Los llevaron a la estación de policía para interrogarlos sobre su orientación religiosa. Confiscaron su computadora, que para ese entonces contenía información de cómo contactar a muchos otros cristianos locales. Ellos temían que otros sufrieran el mismo castigo.

El esposo permaneció preso, pero retiraron los cargos en contra de su esposa y la pusieron en libertad. Ella ha hecho varias apelaciones a gobiernos extranjeros a fin de que la ayuden a limpiar el nombre de su esposo y que lo pongan en libertad. Confió en los países que estaban a favor de la libertad. A pesar de eso, algunos países no estuvieron dispuestos a intervenir en su situación. El esposo no sabe si volverá a ver a su esposa de nuevo. Su caso es una de las muchas persecuciones secretas en contra de los cristianos en el país musulmán de Arabia Saudita. No obstante, la verdad se sabrá algún día.

> No hay nada escondido que no llegue a descubrirse, ni nada oculto que no llegue a conocerse públicamente.
>
> **Lucas 8:17**

Arabia Saudita es un país en el que se reporta uno de los más altos índices de ejecuciones en el mundo. En 1999, Arabia Saudita gastó más de un millón de dólares en compañías de relaciones públicas para mantener en secreto sus abusos a los derechos humanos, pero ellos no pueden mantener sus secretos para siempre. Debemos orar para que las voces de los cristianos en las cárceles sauditas se escuchen y sean contestadas en el transcurso de nuestra vida. Sabemos que cuando Cristo vuelva, ninguna compañía de relaciones públicas logrará protegerlos de su juicio, pero ¿qué estamos haciendo en la actualidad? La oración es el primer paso para hacer la diferencia. No es secreto que la oposición es poderosa. Sin embargo, Dios es más poderoso. ¿Qué hace usted para convocar Su poder a favor de los que están en la cárcel?

insubordinación extrema

EL IMPERIO ROMANO: LA LEGIÓN TEBANA

En el año 286 d.C., el emperador Máximo les ordenó a los seis mil seiscientos sesenta y seis hombres de la Legión Tebana que marcharan a Galia y lo ayudaran a pelear contra los rebeldes en Borgoña. Cada miembro de esta división era un cristiano devoto.

Después de viajar por una difícil ruta a través de los Alpes, Máximo ordenó ofrecer un sacrificio general antes de entrar a la batalla. Cada hombre de la Legión Tebana rehusó deshonrar a Dios. El emperador estaba enojado por su insubordinación, así que trató de persuadirlos haciendo que mataran a uno de cada diez hombres a filo de espada. Sin embargo, los legionarios no dudaron en mantenerse firmes en su decisión. El emperador trató de cambiar su opinión haciendo que los soldados pasaran de nuevo frente a ellos, matando a cada décimo hombre en la formación. Estos hombres murieron con gran dignidad y convicción como si estuvieran en batalla. Aun así, la segunda masacre no fue más eficaz que la primera.

A decir verdad, los soldados restantes estaban más resueltos que nunca a resistir después de la masacre de sus compañeros. No deseando morir, y a la dirección de sus oficiales, redactaron un artículo de lealtad al emperador. Declararon que su fe y dedicación a Dios solo los hacía más leales al emperador. Esperaban que esto apaciguara al emperador, pero tuvo el efecto contrario. Enfurecido, el emperador ordenó que mataran al resto de la Legión Tebana.

Día 283

Pero Pedro y Juan replicaron: "¿Es justo delante de Dios obedecerlos a ustedes en vez de obedecerlo a él? ¡Júzguenlo ustedes mismos!"

Hechos 4:19

La insubordinación es la mayor ofensa militar. A pesar de eso, la Legión Tebana no tenía otra opción, pues desobedecer a Dios hubiera sido un crimen aun mayor. Los humanos gobiernan con autoridad, sin embargo, solo Dios otorga autoridad. La Biblia nos da ejemplos de cómo el pueblo de Dios eligió invalidar la autoridad humana cuando estaba en conflicto con los mandamientos de Dios. Considere a las parteras hebreas y también a los padres de Moisés que desobedecieron las órdenes del faraón. Considere a Daniel y a sus compañeros, que rehusaron servir a dioses ajenos. Sus ejemplos y el ejemplo de estos valientes soldados nos recuerdan que tenemos la obligación de reconocer la autoridad humana. No obstante, debemos respetar la autoridad de Dios por encima de todo. Cuando las órdenes humanas se encuentran en conflicto directo con los mandamientos de Dios, debe considerar el riesgo de insubordinarse.

restricción extrema

Sebastián caminaba todos los días por los pasillos del palacio. Había trabajado duro para obtener su puesto en la guardia real, pero una vez que llegó a Roma, se abstuvo del estilo de vida idólatra de la Roma imperial. Él solo quería servir a Cristo de todo corazón.

Día 234

Aparto mis pies de toda mala senda para cumplir con tu palabra.

Salmo 119:101

Cuando el emperador Diocleciano escuchó de su reserva, mostró poco interés un su historial de servicio, lo enfrentó y descubrió su fe. Entonces, ordenó que sacaran a Sebastián fuera de la ciudad y le dispararan flechas hasta matarlo. Los soldados hicieron su trabajo y abandonaron ahí su cuerpo para que se pudriera. Poco tiempo después, un grupo de cristianos llegó para darle al cuerpo una sepultura apropiada.

Mientras lo levantaban, uno de ellos exclamó: "¡Se mueve!".

"¡Silencio!", advirtió otro. "Vamos a llevarlo a un lugar seguro". A Sebastián lo llevaron a una casa donde fue atendido y se recuperó de sus heridas. En cuanto estuvo suficientemente bien, se presentó de nuevo ante el emperador. Una vez que probó la esperanza del cielo, los placeres de este mundo resultaban menos atractivos para él.

Por supuesto que el emperador estaba asombrado de ver a Sebastián, quien parecía haber regresado de la muerte. Entonces ordenó que lo apresaran, lo mataran a golpes y arrojaran su cuerpo en la alcantarilla. Los cristianos recuperaron de nuevo su cuerpo y lo enterraron en las catacumbas.

Muchos cristianos pueden ser identificados con solo observar lo que no hacen: inmoralidad sexual, lenguaje indecoroso, robar, mentir, estafar.... Sin duda, hay toda una serie de actividades que Dios le prohíbe practicar a su pueblo. Sin embargo, las restricciones no son provechosas por sí solas. Sebastián no fue martirizado solo por su abstinencia; de lo contrario lo habrían matado solo por ser una buena persona. Lo martirizaron por su fe sincera. De la misma manera, debemos restringirnos o retenernos del mal, a fin de abrazar por completo los mandamientos de Dios. Obedecer, adorar, amar, servir. Defina su fe por lo que hace, no por lo que no hace. ¿Usted es conocido por ser solo una buena persona, o por ser una buena persona con una fe franca y abierta?

libertad extrema

Pablo Glock estaba en un aprieto. Estaba encarcelado por sus creencias anabaptistas y su carcelero le había dado algunas libertades a cambio de que prometiera no escapar. Se le permitía buscar leña, reparar zapatos, hacer pequeños trabajos y diligencias, pero tenía que ocultarse cuando se acercaba algún extraño a fin de que los líderes religiosos no se enteraran de su libertad.

Día 285

Pablo estaba desconcertado por su libertad. Su carcelero, Klaus von Grafeneck, había presenciado el martirio de su compañero anabaptista Michael Sattler en 1527. Siendo un simple espectador, Klaus se sintió abrumado cuando el sentenciado oró por él momentos antes de su ejecución. Eso había ocurrido veinticinco años antes, y quizá Klaus tenía una debilidad en su corazón por los anabaptistas injustamente perseguidos.

Pablo no tenía qué perder. Su esposa e hijo ya estaban muertos, solo tenía a sus hermanos en Cristo en Moravia. Sin embargo, Pablo no sucumbiría a la tentación de huir. Si escapaba, Klaus, que había sido tan bueno con él, estaría en un tremendo problema legal y los próximos anabaptistas encarcelados en esa área estarían sujetos a estricta vigilancia. Pablo decidió ser una persona que cumple su palabra.

Tiempo después, Dios honró la decisión de Pablo. En 1576, se produjo un incendio en el castillo donde estaba encarcelado. Él y su compañero de prisión ayudaron a apagar las llamas, ganando así su libertad antes de que los líderes religiosos, que se oponían con firmeza a Pablo, pudieran evitarlo.

> El carcelero los llevó [a Pablo y Silas] a su casa, les sirvió comida y se alegró mucho junto con toda su familia por haber creído en Dios.
>
> **Hechos 16:34**

Las historias de los encarcelamientos de mártires no son buen material para las películas de Hollywood, donde los ingeniosos personajes cavan túneles y hacen puertas de escape secretas. La trama no giraría en torno a la manera en que el prisionero logre escapar del peligro. Es más, así como Pablo Glock, los mártires no escaparon, aun cuando tuvieron la oportunidad de hacerlo. Sus historias tratan sobre considerar toda situación para la gloria de Dios, sin importar sus circunstancias. Considere cómo Pablo y Silas guiaron a su carcelero y a su familia a Cristo porque decidieron no escapar de la cárcel. ¿Está usted preocupado por encontrar una manera de salir de sus problemas? ¿Y qué si usted se encuentra exactamente en dónde Dios desea que esté? Quizá Dios quiere que persista en lugar de escapar.

testigo extremo

PAKISTÁN: SHERAZ

El poder de la carta no provenía de su única línea de palabras: "Dejen de predicar a los musulmanes". Su método de entrega fue lo que provocó mayor impacto: estaba adherida al cuerpo ensangrentado de un estudiante de la escuela bíblica llamado Sheraz. La carta y el cuerpo de Sheraz fueron arrojados en la puerta principal de su iglesia, cerca de Lahore, Pakistán.

Día 236

Nosotros no podemos dejar de hablar de lo que hemos visto y oído.

Hechos 4:20

Sheraz no había seguido la advertencia de la carta. Predicaba por dondequiera que iba sobre el amor de un Salvador que murió por sus pecados. Había predicado a los trabajadores de la fábrica donde trabajaba, a los estudiantes de su escuela bíblica y a su propia familia.

Una semana antes, Sheraz estaba trabajando en la fábrica para sostener a sus padres y a sus tres hermanas cuando participó en una discusión con algunos compañeros de trabajo musulmanes. Ellos se enojaron y otros trabajadores reportaron que hubo una discusión acalorada.

Esa fue la última vez que Sheraz fue visto con vida.

Sheraz conocía el riesgo. Muchos otros en Pakistán habían sido asesinados por hablar de su fe. A otros los acusaron de blasfemia y fueron encarcelados. Pero el mensaje del Evangelio era demasiado bueno y Sheraz no podía guardárselo para sí mismo.

Los miembros de su iglesia tampoco harían caso a la advertencia de la carta. Continuarían predicando a los musulmanes, ofreciendo el amor de Jesús a aquellos esclavizados por el odio y el temor del islam. Ellos también conocían los riesgos, pero han continuado y continuarán, aun si deben seguir el ejemplo de Sheraz.

El testimonio más eficaz es el sincero. No tenemos que memorizar el significado teológico de la expiación para decirles a otros que Jesús hace una diferencia en sus vidas. Todo lo que Jesús pide es que testifiquemos de lo que hemos visto y oído con nuestros propios ojos y oídos. Nuestra experiencia personal es el argumento más poderoso de fe en Jesucristo. Nadie puede disputarla porque nos ocurrió a nosotros. ¿Titubea usted al hablar de su fe? ¿Tiene temor de decir algo equivocado o estar atorado por la pregunta de alguien? Solo diga lo que sabe que es cierto. Su experiencia personal lo hace un "testigo clave en el caso" a favor del cristianismo.

Día 287

"*Jesús me dijo que fuera. Él nunca dijo que yo regresaría. ¿No es así la vida de todo Cristiano?*".

CELSO, EVANGELISTA COLOMBIANO

eliminación extrema

ARABIA SAUDITA: CRISTIANOS PERSEGUIDOS

"¿Está mi nombre en la lista?". La pregunta estaba en la mente de todos los cristianos en Yeda, Arabia Saudita, después de que la policía religiosa invadió la casa de un cristiano y confiscó una computadora personal con información sobre los cristianos en la región. **"¿Será mi puerta la próxima que toquen?"**, se preguntaban.

Día 288

Jamás borraré su nombre del libro de la vida, sino que reconoceré su nombre delante de mi Padre y delante de sus ángeles.

Apocalipsis 3:5

Prabhu Isaac fue el primero en recibir una visita de la "mutawa", o policía religiosa. Él era ciudadano de la India, pero en Arabia Saudita es ilegal promover cualquier fe, excepto el islam. Incluso exponer una cruz es considerado un crimen. La "mutawa" estaba preocupada por los reportes de ciudadanos sauditas interactuando con cristianos. No permitieron que Isaac tuviera acceso al consulado de su país, a pesar de las disposiciones del Derecho Internacional. La policía también interrogó a su esposa y le advirtió que no tuviera contacto con el exterior.

Eskinder Menghis fue arrestado después de que encontraron su nombre en la computadora de Isaac. Wilfredo Caliuag fue el siguiente. Poco después de su arresto, enviaron a Caliuag al hospital, para recibir tratamiento contra un supuesto "golpe de calor". Sin embargo, quienes lo visitaron dijeron que el cuerpo de Caliuag estaba amoratado y golpeado, como si la policía lo hubiera maltratado.

Arabia Saudita está cerrada al Evangelio, pero cristianos valientes que han tomado empleos en este país musulmán, han comenzado a sembrar semillas de fe en sus amigos y compañeros de trabajo. La obra es difícil y los riesgos son grandes. Sin embargo, las Buenas Nuevas están haciendo que el Reino de Dios avance.

Los cristianos en Arabia Saudita temen que sus nombres se encuentren en la lista de las personas próximas a ser eliminadas por la policía religiosa. Aun así, antes de que sus computadoras fueran confiscadas y antes de que sus nombres estuvieran registrados como "objetivos", sus nombres aparecieron en una lista diferente y más importante. La Biblia nos enseña que en el cielo hay un "Libro de la Vida" en el que se registra el nombre de los creyentes. Quienes tengan su nombre escrito en el Libro de la Vida se salvarán. Aquellos que no se encuentren registrados en el libro se perderán por toda la eternidad. Si usted aceptó a Jesucristo como su Salvador, permita que su nombre sea señalado por cualquier forma de oposición sin sentir temor. ¿Está usted registrado en la lista con Cristo antes que en cualquier otra lista?

288

castigo extremo

El talibán, el nombre del gobierno islámico radical de Afganistán es conocido ahora en todo el mundo. En este opresivo país, gobernado por el régimen talibán, siempre ha sido un crimen practicar el cristianismo.

Día 289

El gobierno de Afganistán decidió que no querían a los niños. A estos, al parecer, les enseñaban sobre el cristianismo y más tarde eran arrestados por el gobierno de Afganistán. Grupos extranjeros a quienes se les permitía entrar en el país para distribuir ayuda humanitaria también trajeron libros y materiales cristianos. En muchos países, la ayuda humanitaria es la única puerta abierta al Evangelio. Sin embargo, el gobierno confiscó rápidamente esos materiales.

El gobierno decidió que los niños no eran culpables por ser expuestos a las enseñanzas cristianas, sino que los padres eran los que habían fracasado en guiar y cuidar a sus hijos. "Los arrestos les enseñarán a esos padres que deben vigilar a sus hijos y saber lo que hacen", dijo el Vice-ministro del talibán para la Promoción de Virtudes y la Prevención del Vicio.

Sobre él recayó el castigo, precio de nuestra paz.

Isaías 53:5

Las declaraciones oficiales se hicieron después del arresto de ocho trabajadores de ayuda internacional en agosto de 2001, junto con numerosos afganos que trabajaban para organizaciones cristianas. Para noviembre de 2001, los extranjeros estaban siendo juzgados por predicar de Jesucristo a los musulmanes, un cargo que pudo llevar a una sentencia de muerte. Los trabajadores afganos tuvieron la oportunidad de regresar al islam, pero hubieran sido juzgados por apóstatas si se negaban a hacerlo. Es posible que también se enfrentaran a la pena de muerte.

Al menos dos de esos trabajadores son cristianos estadounidenses, cuyas historias de castigos injustos se ven como un desastre en potencia. Sin embargo, lo que parece una tragedia, puede de hecho, convertirse en un gran propósito de Dios. Tan solo observe la vida de Jesús: aparentemente la muerte de Jesús parecía ser lo peor que pudiera ocurrir, su ministerio parecía haber terminado. Sin embargo, Dios utilizó su injusto castigo para traernos salvación. De la misma manera, el hecho de que estos trabajadores estuvieran dispuestos a soportar la pena de muerte por llevar a otros las Buenas Nuevas se ha escuchado alrededor del mundo, llevando a muchos a creer en Cristo e inspirando a otros creyentes. ¿Está usted sufriendo bajo circunstancias injustas? Esa es la especialidad de Dios.

dificultad extrema

RUMANIA: SHENIA KOMAROV

El perro apareció tirando de su correa y mostrando sus terribles dientes. "¡Ataca!", gritó su amo, el capitán Nudnii, guardia de la cárcel.

"¡Señor, ten misericordia!", clamó Shernia Komarov, el prisionero cristiano. Sabía que los feroces perros guardianes habían matado a muchos prisioneros, y él oró para que Dios lo salvara.

El gran pastor alemán corrió hacia él, pero se detuvo de repente. Se encogió de miedo rehusando morder al cristiano. Nudnii le ordenó al perro que avanzara e incluso le pegó, pero no atacó a Komarov.

A los prisioneros no les daban casi nada de comer, y cuando Komarov pidió humildemente un poco más de comida, había provocado la ira de Nudnii.

Días más tarde, Komarov oró: "Señor, ya no puedo más con el hambre, el desprecio y la pena. Por favor, termínalo todo. Permite que muera y encuentre descanso, o si no, haz un milagro como hiciste con Elías".

De inmediato, Nudnii se acercó rápidamente, aunque esta vez sin su perro. Komarov pensó que Dios había contestado su oración y que pronto moriría. En lugar de eso, el jefe de los guardias llevó al cristiano hasta la cocina y ahí le dio sopa y pan para comer. También les proporcionó comida a los otros prisioneros cristianos.

"Perdóname por enviar al perro a atacarte", le dijo Nudnii al cristiano. "Eso me atormenta ahora".

Komarov perdonó al guardia y le dio gracias a Dios por su milagro.

Día 290

Mi Dios envió a su ángel y les cerró la boca a los leones. No me han hecho ningún daño, porque Dios bien sabe que soy inocente.

Daniel 6:22

Muchas personas se identifican con la historia de Daniel en el foso de los leones. Sus circunstancias más difíciles se parecen al destino tortuoso que aparentemente Daniel iba a sufrir a manos de la maldad. La historia de Daniel es de victoria. Él se elevó por encima de sus desesperadas circunstancias porque confió en Dios para salvarlo. De la misma manera, quizá nos veamos en circunstancias que están fuera de nuestro control y donde incluso peligra nuestra vida. Dios puede rescatarnos de nuestra aterradora realidad y darnos Su paz. Solo debemos confiar en que Él va a lidiar con nuestro "foso" de problemas. ¿A qué situación intimidante se enfrenta usted? Pídale a Dios que le permita sentir Su presencia protectora. Confíe en Él para llevarlo a salvo a través de sus pruebas.

cambio extremo

INDONESIA: UNA JOVENCITA CRISTIANA

Lanzaron agua fría sobre la multitud que se encontraba reunida frente a la mezquita de una aldea de Indonesia. Guerrilleros de la yihad, portando rifles y vestidos de blanco, rodeaban el lugar. El ritual de lavamiento era una preparación obligatoria para que el grupo se convirtiera al islam. La multitud sabía que debía convertirse o serían baleados o decapitados en ese lugar.

Día 291

La jovencita lloraba a causa de su fe, pues se imaginaba que el ritual de lavamiento revertiría su fe. Ella no sabía que su fe en Cristo estaba en su alma, sin importar lo que pasara con su cuerpo. También lloraba por temor, pues sabía que la circuncidarían, igual que a todos los hombres, mujeres y niños en el grupo. La circuncisión obligatoria era el acto final de obtener una nueva religión. Ella no quería una nueva religión y clamó a Dios.

Antes, Indonesia solía ser un refugio de tolerancia. Aunque este país es el hogar de más musulmanes que cualquier otro en el mundo, había un pequeño problema. Los musulmanes, cristianos y budistas, vivían uno junto al otro, trabajando juntos con algo de antipatía.

Eso ha cambiado. Los musulmanes radicales han arrastrado al país a una yihad, o guerra santa, y todo cristiano es un objetivo. Muchos recitan el credo musulmán solo para salvar sus vidas; pero en sus corazones claman a Dios sabiendo que solo Él puede ofrecer salvación.

Entonces dijo: "Les aseguro que al menos que ustedes cambien... no entrarán en el reino de los cielos".

Mateo 18:3

Las personas tratan de cambiarnos de afuera hacia adentro, pero solo Dios es capaz de cambiarnos de adentro hacia afuera. Antes de acercarnos a Cristo, a menudo tratamos de encajar en las normas que el mundo tiene para nuestras vidas y perdemos de vista nuestro verdadero ser. Nos obligan a convertirnos en personas que nunca estábamos destinados a ser. Sin embargo, una vez que Dios transforma a las personas de adentro hacia afuera, éstas son cambiadas para siempre. No nos pueden cambiar. No pueden hacer que regresemos a lo que éramos antes. Como descubrió la niña de esta historia, otros pueden influir y ejercer algún control en nosotros. Sin embargo, ya no pueden cambiarnos como lo hizo Cristo. ¿Ha experimentado usted el "cambio" que enseña la Biblia?

cortesía extrema

En el camino a Emaús, el Salvador resucitado caminó con dos discípulos, estuvo hablando con ellos acerca de los recientes acontecimientos en Jerusalén. Aunque no lo reconocieron, habló con ellos sobre el plan de Dios para el Mesías. Cuando llegaron a su pueblo, Jesús actuó como si tuviera que continuar su camino. ¿Por qué? ¿No quería quedarse y continuar la conversación?

Día 292

Para Piott, un creyente ruso, las acciones de Jesús mostraban cortesía. No quería quedarse con los discípulos a no ser que en verdad ellos lo quisieran. Piott había visto a los comunistas apoderarse de su país. La policía irrumpía en los hogares de las personas cada vez que querían. Finalmente, un cristiano le contó a Piott la historia de un Salvador que tocaba con sutileza en su corazón esperando que le permitieran entrar. Piott se impresionó con este cortés Jesús y de buena voluntad le abrió la puerta de su corazón. Jesús se convirtió en el Salvador y Señor de Piott.

Piott sabía el significado de la conversión. Él había cambiado. Dios lo envió como obrero a la iglesia clandestina. Ahí aprendió a través del ejemplo de otros. Los cristianos más maduros le mostraron cómo desarrollar su testimonio y poner en práctica su fe. Muy pronto, Piott comenzó a hacer innumerables viajes pasando de contrabando material cristiano impreso a Rusia. Cada vez era más audaz. Fue motivado a ser más que un discípulo, debía ser un hacedor de discípulos llevando a otros a Cristo.

Finalmente fue arrestado y encarcelado. Nadie sabe qué pasó con él.

Más bien, crezcan en la gracia y en el conocimiento de nuestro Señor y Salvador Jesucristo.

2 Pedro 3:18

El pastor rumano Richard Wurmbrand dijo una vez: "Nunca debemos detenernos cuando ganamos un alma para Cristo. Con esto solo hacemos la mitad del trabajo. Toda alma ganada para Cristo debe convertirse en un alma ganadora de almas. Los rusos no solo se convirtieron, sino que se transformaron en "misioneros" de la iglesia clandestina. Eran temerarios y atrevidos para Cristo". ¿Cómo es que madura una persona como Piott, que pasa de haber sido salvado a salvar a otros? Al igual que alguien le mostró a Piott cómo convertirse en cristiano, alguien le enseñó a madurar en su fe. A las personas se les debe enseñar cómo ser más como Cristo. ¿Es su fe creciente un ejemplo para otros? Dios lo llama a ser un discípulo al igual que un hacedor de discípulos.

perdón extremo

Día 293

Este no era precisamente el mensaje que los reporteros reunidos, con sus grabadoras de audio y cámaras de video, quisieran escuchar. Tres hombres cristianos habían sido asesinados en las oficinas de una casa editorial cristiana en Malatya, Turquía. Los 5 jóvenes arrestados por el crimen dijeron que ellos estaban protegiendo a su nación y su religión (islam). Y ahora, dos viudas se encontraban hablando de pie frente a las cámaras de los reporteros.

El mensaje de las mujeres no era de ira o venganza. En lugar de eso, era un mensaje de perdón. "Perdonamos a los asesinos", declararon a la prensa convocada. Incluso, se podía escuchar el "eco" de las palabras de Cristo en la cruz: "Padre, perdónalos porque no saben lo que hacen".

Se transmitió por televisión a nivel nacional a través de este país comunista, irradiando un vivo ejemplo del poder del Evangelio a innumerables hogares turcos. Y fue efectivo.

Pero, si no perdonan a otros sus ofensas, tampoco su Padre les perdonará a ustedes las suyas.

Mateo 6:15

Un reportero turco, siendo musulmán, escribió sobre el ejemplo que dieron las viudas cristianas: "Los asesinos querían entorpecer las actividades de los misioneros. Pero lo que estas mujeres han propiciado en pocos días a través de sus declaraciones [de perdón], es algo que miles de misioneros no podrían haber hecho en miles de años".

Ante la persecución, el sufrimiento, y las pérdidas, no existe explicación humana para ofrecer el perdón. Es un acto sobrenatural que se logra con el poder de Dios obrando en sus hijos y gracias a esto, se convierte en un increíble testimonio de Cristo. El perdón hace que las personas se pregunten acerca sus creencias y su dios. "¿Qué hubiera hecho usted en esa situación? ¿Hubiera sido capaz de perdonar?" Si su respuesta es no, entonces busque a Dios, pídale que le recuerde la gran deuda que Él pagó por usted en la cruz. ¿Hay alguien a quien usted deba perdonar hoy? Pídale a Dios que le dé Su fuerza para perdonar.

Día 294

"¡Más persecución: más crecimiento!"

LA CITA FAVORITA DE SAMUEL LAMB, LÍDER DE UNA CASA-IGLESIA
CHINA, QUIEN HA PASADO VEINTE AÑOS EN LA CÁRCEL POR SU FE

heridas extremas

INDIA: AMY CARMICHAEL

El 24 de octubre de 1931, Amy Carmichael oró: "Dios, por favor haz conmigo lo que tú desees. Haz cualquier cosa que me ayude a servirte mejor". Como misionera en la India y madre de los muchos niños que rescató de la prostitución en los templos paganos, Amy estaba acostumbrada a orar y a confiar en la respuesta que Dios daría.

Día 295

Más tarde ese mismo día, se cayó, se dislocó un tobillo y se fracturó una pierna. A causa de las complicaciones, Amy quedó inválida por completo y pasó la mayor parte de los siguientes veinte años en su habitación.

Sin embargo, Amy no perdió tiempo lamentando su condición. Reorientó sus energías para escribir y alentar a los santos alrededor del mundo. Envió miles de cartas desde su cama, fue la autora de trece libros y escribió bellas poesías.

A los que sufren, Dios los libra mediante el sufrimiento; en su aflicción, los consuela.

Job 36:15

> ¿No tienes heridas?
> ¿Ni heridas? ¿Ni cicatrices?
> Como el Maestro, así el servidor será,
> Perforados han de estar los pies que me han de seguir;
> Pero los tuyos están sin ningún daño:
> ¿Habrá llegado lejos quien no tiene heridas ni cicatrices?

Extracto de *Mountain Breezes [Brisas montañosas]* por Amy Carmichael, Copyright © 1999, The Dohnavur Fellowship. Publicado por Christian Literature Crusade, Fort Washington, PA. Utilizado con permiso.

Amy quedó inválida, pero sus heridas la acercaron más a Dios. Anduvo en dulce compañerismo con el Salvador, a quien llegó a comprender mejor a causa de su cicatriz. Las personas que pasan por tragedias similares se identifican unas con otras y sienten un lazo instantáneo. Los que vienen de una familia divorciada se identifican con otros que han pasado por lo mismo de una manera que otros no pueden. Sucede lo mismo con Cristo. Cuando sufrimos, comenzamos a identificarnos con Jesús en un nivel completamente diferente. Sentimos que Él conoce nuestras heridas y de alguna manera tenemos un mayor sentido de las suyas. ¿Qué le enseñan sus heridas sobre Jesús? ¿Permite que estas lo acerquen a tener una relación más íntima con Él?

código extremo

Aislado en una celda bajo tierra, el pastor se quejaba con Dios: "Tú dices que das el sol y la lluvia tanto a buenos como a malos. Así que, ¿a cuál pertenezco? ¿Soy bueno o malo?".

Dios le dijo esto a su corazón: "Tú eres algo completamente diferente: eres un hijo de Dios. Un hijo de Dios no espera el sol ni la lluvia. Debe proveer de sol a los demás. Tú eres la luz en un mundo oscuro, así que da luz. En lugar de quejarte por lo que no tienes, ¿por qué no das? Hay muchísimas almas a tu alrededor en las otras celdas".

El pastor Wurmbrand oró: "¿Cómo se supone que voy a llevarle a alguien la salvación, cuando estoy solo en una celda?".

"Piensa en esto por ti mismo".

Richard Wurmbrand tuvo entonces una idea y dio golpes en las paredes. Cuando estuvo seguro de escuchar golpes como respuesta, procedió a enseñarles a los prisioneros de ambos lados el código Morse. Al final, lograron comunicarse eficazmente y Richard comenzó a predicar el Evangelio. Otros, a su vez, hicieron lo mismo con los que estaban junto a sus celdas.

Su nueva actitud permitió que Dios cambiara una situación aparentemente sin esperanza, en un método eficaz para extender el Evangelio a través de la cárcel.

Años más tarde, Richard escuchó a alguien testificar que en una cárcel rumana, un prisionero en una celda junto a la suya lo guió a Cristo dando golpes en la pared.

Día 296

Por tanto, ya que Cristo sufrió en el cuerpo, asuman también ustedes la misma actitud.

1 Pedro 4:1

Enfrentarse a la realidad quizá sea una labor difícil. Cuando el pastor Wurmbrand evaluó su situación, la realidad no parecía buena. Sin embargo, sus sufrimientos lo guiaron a un nuevo descubrimiento. Se dio cuenta que la actitud de una persona es más importante que su realidad. Armado de una renovada actitud de esperanza, comenzó a reevaluar su situación. No podía hablar con otros, pero podía tocar en código Morse con ellos. Podía incluso predicar el Evangelio: su verdadero amor. Cuando descubrimos que nuestras circunstancias están en contra de nosotros, debemos prestar atención a nuestras actitudes. Deberíamos estar preparados para sufrir, como lo estuvo Cristo. Pero debemos determinar que no nos derrotarán. Sobreviviremos. ¿Le pone usted más atención a la realidad? ¿O es una persona de fe?

trabajo extremo

Día 297

El hermano Da era un miembro fiel del Partido Comunista en el norte de Vietnam cuando escuchó por primera vez los programas cristianos en su radio de onda corta. Al principio, rechazó las ideas que transmitía el programa, lo creía una superstición tonta, pero después de escucharlo por dos meses, ya no podía resistirse a Cristo. Se emocionaba con su amor por Dios y parecía que tanto amor desbordaba su corazón. En poco tiempo, llevó a muchos de sus vecinos a Cristo.

Sin embargo, su emoción duró poco tiempo. El 29 de diciembre de 1998, la policía vietnamita, enojada por las actividades evangelísticas de Da, invadieron su casa y lo sacaron apuntándole con una pistola. Su esposa y sus cuatro hijos solo pudieron observar cómo era llevado a un campo de prisioneros.

En el campo de trabajos forzosos construido toscamente, Da fue obligado a trabajar en la fábrica de ladrillos. Cada día estaba destinado a cargar dos mil ladrillos, si Da no cumplía con su cuota, lo golpeaban con brutalidad. Justo cuando pensaba que ya no podía más con la carga de trabajo, lo pusieron en libertad el 15 de octubre de 2000.

Aún bajo arresto domiciliario, le ordenaron de nuevo a Da que cesara de hablar de su fe. Le dijeron: "Usted acaba de regresar de un campo de trabajos forzosos. ¿Quiere regresar? Piénselo bien".

Aun así, Da estaba comprometido con un "trabajo de amor" por Dios y continuó con su tarea de predicar a Cristo a los que lo rodeaban. Ningún trabajo físico, incluso cargando dos mil ladrillos al día, lograría disuadirlo.

> Los recordamos constantemente delante de nuestro Dios y Padre a causa de la obra realizada por su fe, el trabajo motivado por su amor, y la constancia sostenida por su esperanza en nuestro Señor Jesucristo.
>
> **1 Tesalonicenses 1:3**

Pocas personas admitirían que les encanta ir a trabajar cada día. Para algunos, el trabajo es un mal necesario. Sin embargo, quienes trabajan y al mismo tiempo son testigos de Dios, tienen un punto de vista completamente diferente. La obra de Dios nunca es un trabajo pesado. De modo que estamos siempre puntuales, trabajando sin cesar a fin de que el Evangelio avance en todas partes. Dios nos da energía para la cumplir con la tarea que traemos entre manos, así como resistencia cuando las cosas se ponen difíciles. ¿Por qué trabajan tan duro los cristianos? ¿Es por el sueldo? ¿Es por los bonos, los incentivos u otros beneficios? No, el amor nos motiva a darnos completamente al servicio de Dios. Si usted ama a Cristo, trabajará gustosamente para Él. ¿A qué lo ha llamado Dios hoy para servirle?

petición extrema

COREA DEL NORTE: UN MISIONERO VISITANTE

Día 298

Cuando finalmente el niño en el hotel notó al "hombre de negocios" que se encontraba de visita, corrió hacia él y agarró su mano. El sorprendido visitante trató de retirar su mano, pero pronto se dio cuenta de que, en silencio, el niño le hacía la señal de la cruz con su dedo en la palma de su mano. El hombre, un misionero que había orado para poder tener contacto con la iglesia, miró el rostro esquelético del niño y de inmediato comprendió el mensaje: "¡La iglesia está viva en Corea del Norte!".

Al siguiente día, el misionero se reunió en secreto con el niño. Se enteró que su padre era un cristiano al que habían encarcelado años antes. La familia del niño había sufrido mucho bajo el cruel gobierno y tenía que mendigar comida para sobrevivir. Ahora, a causa de la sequía, muchas personas morían debido a una severa desnutrición.

Cuando el misionero preguntó qué podía hacer, pensó que sin duda el niño pediría comida para su familia. Sin embargo, el niño solo pidió cuatro cosas: que tomara el diezmo que había guardado durante muchos años, que lo bautizara, que le diera la Santa Cena y que le diera una mejor Biblia.

El hombre se conmovió hasta las lágrimas al darse cuenta de la sabiduría del niño. La ayuda física solo le serviría por uno o dos días, y después estaría nuevamente en el mismo aprieto. La ayuda espiritual lo prepararía para la eternidad.

> Así que mi Dios les proveerá de todo lo que necesiten, conforme a las gloriosas riquezas que tiene en Cristo Jesús.
>
> **Filipenses 4:19**

Querer algo y necesitar algo son dos cosas completamente diferentes para la mayoría de las personas. Lo que quieren no es lo que necesitan. Pero lo que más necesitan no es lo que quieren. Es por eso que se frustran tantas personas. El niño de esta historia nos enseña lo que sucede cuando todo lo que queremos está de acuerdo con todas nuestras necesidades. Él tenía razón, quería exactamente lo que más necesitaba: a Jesucristo. Cuando todo lo que usted quiere es todo lo que necesita, encontrará gran satisfacción. Probablemente usted diga que "quiere" tener dinero, pero pronto se dará cuenta que ese dinero solamente satisface sus muchas "necesidades". Quizá usted diga que "necesita" dinero, pero pronto "querrá" otras cosas también. Solo Jesús logra satisfacer sus deseos y sus necesidades al mismo tiempo.

postura extrema

"Yo no huiré, estoy lista para defender mi postura".

Día 299

Saratu Turundu tenía treinta y cinco años de edad y era soltera. Amaba muchísimo a los niños y estaba desesperada por tener los suyos, pero Dios no había contestado su oración.

Saratu decidió dedicarse a Dios y a su iglesia. Amaba a su familia de la iglesia con todo su corazón y en especial le encantaba enseñar en la escuelita bíblica dominical. Interactuar con los niños y tener la oportunidad de mostrarles el camino a Cristo llenaba a Saratu con un gozo increíble. Sabía que nunca sería feliz sin Cristo.

Sin embargo, los musulmanes fanáticos que dominaban su ciudad de Kaduna, Nigeria, comenzaron a perseguir a los cristianos. Ella había escuchado historias de cristianos que eran perseguidos en otras aldeas, a quienes les quemaban sus casas y sus posesiones. Algunos incluso fueron golpeados y asesinados.

Y se mantendrá en pie, porque el Señor tiene poder para sostenerlo.

Romanos 14:4

Así que cuando las turbas vinieron a atacar a los cristianos en Kaduna, Saratu ya había decidido quedarse y sufrir por Cristo. Los hermanos de Saratu le rogaron que huyera al bosque con ellos, pero aun mientras observaba a la multitud quemar su amada iglesia hasta dejarla reducida a cenizas, ella no se iría. Se arrodilló en el piso de su apartamento y oró mientras los musulmanes le echaban gasolina al edificio y le prendían fuego.

Su familia y sus amigos la recuerdan como una persona bondadosa y compasiva que mostró amor a todo el mundo. Murió amando a su Salvador.

Las historias de fortaleza sobrehumana son tan inspiradoras como sorprendentes. Nos asombramos al escuchar historias de madres levantando autos ardiendo en llamas para rescatar a sus hijos en terribles accidentes. Impulsado por la adrenalina, el cuerpo humano es capaz de proezas sorprendentes. De la misma manera que la adrenalina afecta los músculos humanos, nuestra fe capacita a nuestros músculos espirituales para hacer lo que nunca hubiéramos pensado que fuera posible. Saratu ejercitó sus músculos espirituales cuando decidió mantenerse firme a favor de Cristo en su comunidad. Es probable que antes de ese momento ella no supiera que tenía la fortaleza para hacerlo. Sin embargo, Dios la habilitó para hacerlo. ¿Alguna vez usted ha hecho algo que pensaba que nunca sería capaz de hacer? Agradézcale a Dios hoy por su fidelidad para hacerlo tomar una firme decisión.

venganza extrema

"Yo le ruego que tome venganza..."

Los lectores de la carta del mártir español Bartolomé Márquez estaban asombrados de ver un llamado a la venganza en su última carta. Entonces vieron que su llamado no era por derramamiento de sangre humana para vengarse por él, sino para que más personas vinieran bajo la sangre de Jesús.

Día 300

"Yo les ruego que tomen una venganza cristiana tratando de hacer bien a los que me hicieron daño", retaba Márquez a otros creyentes. "Espero verlos donde yo estaré pronto, en el cielo".

Los comunistas españoles mataron a Márquez, junto con muchos otros pastores, en 1939. Su última carta era una epístola de gozo a su esposa y a sus hermanos y hermanas cristianos.

"En unas pocas horas, conoceré el gozo inexpresable de los benditos. ¡Qué fácil es la muerte de los perseguidos por la causa de Cristo! Dios me da un privilegio inmerecido: morir disfrutando de Su gracia".

"Mientras mi corazón palpite", le escribió a su esposa, "latirá con amor por ti. Cuando me sentenciaron por defender los altos ideales de la religión, la patria y la familia, las puertas del cielo se abrieron para mí. En recuerdo de nuestro amor, que es aun más intenso ahora, por favor considera la salvación de tu alma como tu obligación suprema. De esa manera estaremos unidos por la eternidad en el cielo. Allí nadie nos separará".

Muy pronto el Dios de paz aplastará a Satanás bajo los pies de ustedes.
Romanos 16:20

Los que sufren por Cristo deben tener la habilidad de ver el cuadro más grande. La Biblia está llena de historias que nos enseñan sobre vidas específicas. Esas vidas, sin embargo, encajan en un plan mayor: la batalla entre Dios y el mal. El cuadro más grande nos permite ver cómo Satanás está detrás de la opresión y el sufrimiento; por lo tanto, no necesitamos tomar venganza contra nuestros opresores. Ellos son solo instrumentos en el plan de Satanás. Los mártires cristianos como Márquez nos recuerdan que no hay mejor venganza para los ataques de Satanás contra los cristianos, que cuando los atacantes son guiados a Cristo. Ore por los líderes de gobiernos y regímenes opresivos. Apoye a los misioneros y a otros que están en una posición estratégica para predicarles el Evangelio.

Día 301

"*La iglesia siempre ha sido y siempre será perseguida. Todo el mundo nos observa. Si morimos en fe, esperanza y amor, esto puede cambiar la historia de las naciones. Si fallamos en defender con amor y esperanza nuestra fe, las naciones pueden a menudo rechazar a Cristo*".

DE PARTE UN MISIONERO QUE TRABAJA EN CHINA Y EN COREA DEL NORTE

intervención extrema

RUMANIA: JOANA MINDRUTZ

Joana Mindrutz sorprendió a muchos con su acción. Se acercó valientemente a un agente de la policía y declaró: "Seis discípulos de Cristo, del pueblo escogido de Dios, sufren aquí. Yo quiero sufrir con ellos". En poco tiempo, ella se encontró encarcelada y cantando con los acusados que habían sido arrestados unas horas antes ese día: un pastor cristiano judío, su esposa y otros cuatro cristianos.

Desde que el gobierno rumano hizo alianza con la Alemania nazi, persiguió y asesinó a judíos con una frecuencia alarmante. Pero esta pareja cristiana-judía en particular era muy conocida y amada por toda Rumania: el pastor Richard Wurmbrand y su esposa Sabina.

El día del juicio, varios reconocidos líderes religiosos vinieron en defensa de los Wurmbrand esperando que su intervención ayudara a que los pusieran en libertad. No obstante, los cielos se llenaron repentinamente de aviones de guerra rusos y todos, incluyendo los prisioneros, fueron conducidos rápidamente a los refugios antiaéreos.

Allí, el pastor Wurmbrand tuvo la oportunidad de orar por el grupo, incluyendo los jueces. Su oración era en realidad un llamado disfrazado a la fe y al arrepentimiento, y cuando pasó el peligro y retomaron el juicio, ocurrió un milagro. Dios se había movido en los corazones de los jueces durante esa crisis, ¡y los Wurmbrand fueron declarados inocentes! Un juez añadió: "La policía arrestó a seis personas, pero aquí hay siete de pie frente a mí. Es obvio que hubo una equivocación. ¡Caso cerrado!".

A decir verdad, ese fue el único caso, durante ese tiempo, en el que los judíos acusados fueron declarados inocentes.

Día 302

Me diste vida, me favoreciste con tu amor, y tus cuidados me han infundido aliento.

Job 10:12

Es inexplicable, increíble. Siempre que Dios entra a nuestra realidad, sus pisadas son inconfundibles. Algunas veces las cosas ocurren de tal manera que aun los que son observadores no creyentes admiten que alguien, o algo, nos está cuidando. Es posible que se refieran a Él como "el Hombre allá arriba" que nos cuida, o lo llamen "ángel de la guarda". Como cristianos, sin embargo, sabemos que nuestro Padre celestial es poderoso y lo suficiente amoroso para hacer un milagro por nosotros cuando lo necesitamos. ¿Ha tenido el privilegio de observar la intervención de Dios en su vida o en la vida de un ser amado? Pase algún tiempo hoy dándole gracias a Dios por intervenir en su vida.

protección extrema

Ya habían enviado innumerables cristianos de la ciudad de Ucrania a los campos de trabajos forzosos en Siberia a causa de su fe. Ahora le tocaba a Vera Yakovlena. La reputación de esos campos era muy conocida y ella estaba segura de que no sobreviviría.

Día 303

Cuando un guardia la encontró testificando de Cristo, su castigo fue pararse descalza sobre el hielo por horas. Cuando no logró alcanzar su cuota de trabajo, la golpearon y le negaron el caldo aguado al que llamaban cena.

Una noche, deprimida y llorando, Vera salió al patio de la prisión para estar sola. En su tristeza no notó que había cruzado a la zona prohibida, donde les disparaban a los prisioneros de forma automática.

De repente, una voz áspera gritó: —Oye, ¿tu madre es cristiana?

Vera, aturdida y atemorizada, porque, de hecho, había estado pensando en su madre en ese momento, respondió:

—¿Por qué lo pregunta?

Él cuida el sendero de los justos y protege el camino de sus fieles.

Proverbios 2:8

—Porque hace diez minutos que te observo, pero no he podido dispararte —dijo el guardia—. No puedo mover mi brazo. Es un brazo sano, lo he estado moviendo todo el día. Así que me imagino que debes tener una madre que está orando por ti. ¡Regrésate corriendo! Yo miraré en otra dirección.

Al día siguiente, Vera vio al guardia. Él le sonrió y levantó su brazo diciendo:

—Ahora lo puedo mover de nuevo.

No nos gusta correr riesgos, preferimos la seguridad más que la aventura; preferimos la comodidad que el reto. Cuando se presenta la ocasión, queremos proteger nuestras vidas de tanta duda y temor como sea posible. Sin embargo, nos hemos olvidado de que Dios nos ofrece su protección en los momentos en que estamos a su servicio en el frente de batalla. La protección de Dios se asemeja más a un escudo en batalla que a una frazada de seguridad que nos ofrece comodidad en el hogar. ¿Cuándo fue la última vez que usted dio tantos pasos de fe, que sencillamente tuvo que confiar en la protección de Dios? ¿Está usted tan ocupado protegiendo su vida que se ha olvidado de cómo confiar en Dios? ¿Es usted tan precavido que nunca corre riesgos por Dios? Sin importar el resultado, ser testigo de Cristo no es un simple "riesgo". Es fe en acción.

decisión extrema

No era demasiado tarde para huir del país, miles de personas aún podían comprar su salida. El pastor y su esposa batallaron en tomar la decisión de irse o quedarse. "Si vamos a la cárcel, quizá sea por años. ¿Qué sucederá con nuestro hijo?".

Día 304

Sin embargo, no querían abandonar su iglesia. Sus miembros contaban con ellos para obtener fortaleza y apoyo, y la pareja se sentía culpable por sentir la tentación de irse. Un amigo les recordó las palabras del ángel a Lot: "¡Escapa por tu vida! No mires hacia atrás".

El pastor se preguntó: "¿Fue eso un mensaje de Dios? ¿Debemos escapar para salvar nuestras vidas?".

Su esposa leyó otro versículo. "Porque el que quiera salvar su vida, la perderá; pero el que pierda su vida por mi causa y por el Evangelio, la salvará" (Marcos 8:35).

Así que el debate continuó hasta una noche, en una reunión secreta de una casa-iglesia, donde cincuenta creyentes se habían reunido para una vigilia nocturna. Alrededor de medianoche, una mujer arrodillada con el resto de ellos clamó: "Y usted, aquel que está pensando en irse, recuerde que el Buen Pastor no abandonó su rebaño. Permaneció hasta el final".

Porque el que quiera salvar su vida, la perderá; pero el que pierda su vida por mi causa y por el evangelio, la salvará.

Marcos 8:35

Esta preciosa mujer no sabía nada del conflicto del pastor y su esposa, pero para ellos el mensaje estaba claro, se quedaron y eligieron servir a su congregación, y después sufrieron con ellos en la cárcel.

Igual que hicieron los Wurmbrand, nosotros debemos orar al tomar nuestras decisiones, escudriñar la Biblia y escuchar el consejo de otros. E igual que los Wurmbrand, debemos comprometernos a obedecer la respuesta de Dios antes de recibirla. Esa es la clave. Es como si comenzáramos nuestras oraciones con un firme "Sí", aun antes de preguntar lo que debemos hacer. Debemos estar dispuestos a soltar nuestras propias vidas y abandonar todo sentimiento de pertenencia. Solo entonces encontraremos nuestra verdadera vida y aceptaremos la total voluntad de Dios para nuestras vidas. ¿Ejerce usted tanto control sobre su propia vida, que si Dios quisiera que cambiara de opinión sobre cierta decisión, de ningún modo permitiría que Dios lo hiciera?

fiestas de cumpleaños extremas

RUSIA: CREYENTES

—¿Es hoy mi cumpleaños o el tuyo? —preguntó la joven cristiana con un brillo en sus ojos.

—Hoy es el tuyo —dijo su padre—. El mío fue la semana pasada.

Para los cristianos en los países comunistas, los cumpleaños eran una gran excusa para reunirse con otros creyentes. Algunas familias se reunían cada semana para celebrar una supuesta fiesta de cumpleaños, cuando en realidad era una reunión de la iglesia clandestina.

Día 305

Los jóvenes utilizaban estas "fiestas" para fortalecer su compromiso con el Evangelio. En Rusia, en 1966, arrestaron a tres jóvenes y a cuatro señoritas por cantar un himno en el vagón de un tren.

En el juzgado, los siete jovencitos se pusieron de rodillas. "Nos entregamos en manos de Dios", dijeron frente al juez y a los testigos ahí reunidos. "Te damos gracias, Señor, porque tú nos has permitido sufrir por causa de la fe".

Después de su confesión, otros cristianos que se encontraban en el juzgado comenzaron a cantar el mismo himno por el que esos jóvenes fueron arrestados. Ellos dijeron: "Vamos a dedicar nuestra juventud a Cristo".

Y después de que ustedes hayan sufrido un poco de tiempo, Dios mismo, el Dios de toda gracia que los llamó a su gloria eterna en Cristo, los restaurará y los hará fuertes, firmes y estables.

1 Pedro 5:10

Los comunistas no lograron impedir que la iglesia se reuniera y creciera. Un periódico ruso informó de un pastor que había sido enviado a prisión en tres ocasiones. Cada vez que lo ponían en libertad, acudía inmediatamente a la iglesia y celebraba reuniones de la escuela bíblica dominical.

Esos creyentes utilizaron cualquier medio posible para expresar su lealtad a Dios. Arriesgaron sus vidas y sufrieron la condena de su país en servicio a la iglesia de Dios.

Para que nuestros músculos físicos se fortalezcan, primero se tienen que romper y estirar a través del ejercicio y el trabajo duro. Asimismo, la fe es un músculo que crece únicamente cuando es tensionado. El sufrimiento tensa el músculo de nuestra fe. Los tiempos de pruebas nos estiran y "quebrantan" ante Dios. Y como resultado nos fortalecemos más. Las iglesias en los países restringidos muestran gran fortaleza a causa de sus sufrimientos. ¿Se podría decir lo mismo de nuestra fe en los países abiertos al Evangelio? El ejercicio nos agota, no queremos sentirnos así. De igual manera, el pensar en el sufrimiento quizá lo pudiera molestar. Sin embargo, usted no puede crecer si no ejercita su fe.

manifiesto extremo

La viuda se puso de pie cerca del cuerpo de su esposo martirizado, tomada de las manos de dos de sus cuatro hijos. Su esposo había muerto en la cárcel y las marcas en su cuerpo mostraban con claridad que la muerte había venido lenta y dolorosamente.

Los demás creyentes sabían que este quizá también sería su destino, y aún así, cientos de ellos asistieron a su funeral. Había muerto a causa de su fe tan solo tres meses después de su conversión y ahora lloraban su muerte.

Día 306

Las personas se amontonaban alrededor de la casa donde se celebraba el funeral y muchos fueron inspirados con su ejemplo. En ese mismo día, ochenta personas aceptaron públicamente a Cristo, incluyendo a muchos jóvenes que habían sido miembros de la Organización de Jóvenes Comunistas.

Los cristianos caminaron a través de toda la ciudad hasta el río, donde bautizaron a los nuevos creyentes. La multitud había crecido a más de mil quinientas personas.

Imiten a Dios.
Efesios 5:1

En poco tiempo, llegaron patrullas llenas de policías. Se proponían arrestar solo a los líderes del culto ya que no podían arrestar a todos los que allí se encontraban reunidos. Los cristianos se arrodillaron inmediatamente para orar, pidiéndole a Dios que les permitiera terminar el culto. Entonces se pusieron de pie, hombro con hombro, impidiendo el avance de la policía mientras continuaban los bautizos. La multitud se dispersó solo hasta que se bautizaron todos y cada uno de los nuevos creyentes, permitiendo a la policía que avanzara.

Mil personas se inspiraron gracias al ejemplo de sacrificio de un nuevo creyente.

Manifestar: *verbo transitivo. Declarar, dar a conocer; descubrir, poner a la vista / El significado de la palabra está claro. Sin embargo, ¿es igual de obvia la manifestación de nuestra fe? El hombre en esta historia imitó a Jesús. Así de sencillo, y como resultado de su claro ejemplo, una multitud se sintió impulsada a seguir ese mismo ejemplo con su propia manifestación de fe. Así también nuestras vidas deben mostrar claramente nuestra fe en Cristo, a fin de que todos la vean. ¿Sabrían las personas que lo rodean, cómo seguir a Cristo solo con observar el ejemplo que usted da? Mejor aún, ¿se sentirían impulsados a imitar su fe? Cuídese de no opacar la manifestación de su fe con retórica confusa u otras distracciones religiosas. Simplemente sea como Jesús y otros lo seguirán.*

versículos extremos

"Los versículos bíblicos siguen siendo ciertos, aun si son citados por el diablo".

En un principio, la idea era ridiculizar la Biblia cristiana, hacer tal burla de ella que nadie respetable la creyera. Para llevar a cabo el plan, se imprimieron millones de libros, incluyendo *La Biblia Cómica* y *La Biblia para creyentes y no creyentes.*

Día 307

Los libros se burlaban de Jesús, cuestionaban sus milagros y ridiculizaban otros aspectos de la fe cristiana. Pero las críticas eran tan extravagantes que nadie las tomó en serio. Numerosos versículos de las Escrituras fueron insertados en el texto como "prueba" (según las mentes de los comunistas) de la falsedad del libro.

Tan pronto como se imprimían estos libros "cómicos", los miembros de la iglesia clandestina se apoderaban de todas las copias. Los versículos citados en los libros eran un banquete de delicias para los que tenían hambre espiritual. Y todo era legal, impreso por el mismo sistema de gobierno que odiaba a Dios. Al igual que los cuervos le dieron de comer a Elías cuando tuvo hambre, Dios utilizó las imprentas del gobierno para alimentar a sus hijos hambrientos en los países comunistas.

¡Cuán dulces son a mi paladar tus palabras! ¡Son más dulces que la miel a mi boca!

Salmo 119:103

Los editores estaban contentos de recibir miles de cartas pidiendo que se imprimieran más de esos libros. De inmediato, echaron a andar las prensas para imprimir más ejemplares. No sabían que esas cartas provenían de creyentes que deseaban distribuir esos valiosos libros llenos de las palabras de Dios a otros miembros de la iglesia clandestina.

¿Es tan importante enviar Biblias a los países restringidos? Lea las historias de los mártires y decida. En un país donde se ofrecen Biblias como objetos usados a cambio de unos pocos pesos, no apreciamos en verdad la experiencia de quienes están en una hambruna espiritual. Mientras que nosotros pudiéramos poner Biblias, una encima de la otra, en la mesa de centro como si fuera una exhibición, otros creyentes claman por tener tan solo un ejemplar para compartir con toda una iglesia. ¿Es justo para los países con muchísimas iglesias tener varias Biblias en casi todas las casas mientras que un país restringido no tiene al menos una? ¡Dios, revive nuestra propia hambre por las Escrituras y por llevar la Palabra a quienes ya están hambrientos! Considere cómo pudiera usted ayudar hoy a contribuir en la distribución de Biblias dentro de los países restringidos.

"*La amistad con Jesús es costosa. La fe salva por sí sola, pero la fe salvadora nunca está sola. Siempre viene acompañada de grandes sacrificios por la causa de Cristo.*"

EL PASTOR RICHARD WURMBRAND

testimonio extremo

SUDÁN: KUWA BASHIR

"Si muero, estaré muy contento porque, en mi funeral, dejaré a otros cristianos un ejemplo a seguir".

Kuwa Bashir, un pastor de jóvenes sudanés, estaba ocupado estudiando para su próxima clase de Biblia cuando escuchó las terribles, pero esperadas noticias. Era el año de1987, y las fuerzas musulmanas del gobierno de Sudán acababan de capturar el área del Nilo Azul en Sudán.

Día 309

Las fuerzas musulmanas pronto arrestaron a Bashir, estaban resueltas a convertir a todos al islam. A Bashir lo golpearon y torturaron durante siete días antes de ponerlo en libertad, pero se negó a convertirse al islam. Le ordenaron que nunca organizara actividades para jóvenes ni asistiera de nuevo a la iglesia, pero Bashir rechazó ser intimidado. El sabía que las fuerzas islámicas no podían tocar su alma.

Cuando fue arrestado por segunda vez, Bashir testificó: "Moriré con gusto y sin temor, así como Jesús lo hizo en la cruz". Él continuó hablando a sus captores acerca de Dios, por lo cual el agente a cargo amenazó con dispararle. Pero en lugar de eso, decidieron derramar ácido en las manos de Bashir como un recuerdo constante de haber rechazado convertirse al islam.

Pero si alguien sufre por ser cristiano, que no se avergüence, sino que alabe a Dios por llevar el nombre de Cristo.

1 Pedro 4:16

A pesar de todo, la fe de Bashir ha permanecido fuerte y hoy en día sus manos, quemadas e inútiles, se han convertido en un vivo testimonio a los jóvenes del campamento de refugiados de Bonga, donde trabaja a lo largo de la frontera entre Sudán y Etiopía.

Necesitamos proclamar, durante toda nuestra vida, el mensaje que los mártires hablan a través de sus dramáticas muertes. Debemos ser un testimonio vivo de la gracia de Dios. Quizá nunca nos clasifiquemos al mismo nivel entre los mártires, muriendo por nuestra fe en Cristo. Sin embargo, diariamente tenemos oportunidad de vivir para Él. Se ha dicho que "lo que no nos mata, nos hace más fuertes". Sobrevivimos sufrimientos a fin de que logremos vivir para hablarles a otros de la gracia de Dios. ¿Está marcada su vida por los sufrimientos? No se avergüence. Permita que sus cicatrices sean su testimonio. Permita que esas cicatrices cuenten su historia a todos los que ven su inconmovible fe.

oportunidad extrema

RUMANIA: NIÑOS MISIONEROS

Aunque los invasores soviéticos aterrorizaban su país, los niños rumanos caminaban con paso seguro hacia los soldados rusos con sonrisas cálidas y de confianza en sus rostros.

Los soldados los saludaron con amabilidad, dándoles palmaditas en sus cabezas. Cada soldado pensaba en sus propios hijos, los cuales se vieron obligados a abandonar en Rusia.

—Tomen un dulce —dijo uno de los oficiales, mientras ofrecía un puñado de chocolates a los pequeños, quienes tomaron con entusiasmo las golosinas tan difíciles de encontrar.

—Gracias señor —dijeron los niños—, nosotros también tenemos regalos para ustedes. Ellos buscaron en sus bolsillos y sacaron panfletos del Evangelio, así como Nuevos Testamentos en ruso.

—¿Qué es esto? —preguntaron los soldados.

—Es un libro de Buenas Noticias —dijeron los niños con sus bocas llenas de chocolate. Los soldados hojearon los panfletos. Un oficial reconoció los panfletos, identificándolos como religiosos y conocía los peligros. Con una profunda preocupación en sus ojos, miró a los niños. *"Si unos adultos les hubieran dado este material, los tendrían que arrestar. Pero ¿qué daño podrían hacer estos niños?"*, pensó.

Lo que el oficial no sabía era que esos niños ya habían distribuido cientos de panfletos y Nuevos Testamentos, ayudando a que muchos hombres del ejército ruso encontraran a Dios. En realidad esos niños estaban enlistados en otro "ejército" con una "batalla" eterna.

Los niños pasaron por una puerta completamente abierta, llevando el Evangelio a un lugar donde los adultos no podían ministrar con seguridad.

Pidan, y se les dará; busquen, y encontrarán; llamen, y se les abrirá.

Mateo 7:7

La diferencia entre un pesimista y un optimista es un "no puedo" y un "sí puedo". Sin duda, los creyentes encuentran puertas cerradas tanto en países con restricción religiosa, como en países con libertad religiosa. En algunos países, poseer una Biblia significa ser sentenciado a prisión. En varios países, la "separación entre la Iglesia y el Estado" a menudo se lleva a los extremos. Algunas veces nos concentramos tanto en las cosas que no debemos hacer como cristianos, que perdemos las oportunidades que nos da Dios. Vemos con mayor facilidad las puertas cerradas que las abiertas. Por ejemplo, mientras que los misioneros no pueden entrar a las naciones restringidas como lo que son, entonces buscan ser reclutados como "profesionales". También podemos apoyar a los trabajadores cristianos nacionales que viven allí. La puerta está abierta, pase a través de ella.

compromiso extremo

SUDÁN: NIÑOS ESCOLARES

Sentados en troncos bajo la sombra de un árbol, los doscientos treinta estudiantes cristianos acababan de comenzar su lección de inglés cuando escucharon los terribles sonidos sobre sus cabezas. Un avión surcaba ruidosamente el cielo sobre el patio de la escuela. En cuestión de minutos, el ejército islámico había dejado caer cinco bombas de fabricación rusa.

Día 311

Aterrorizados y gritando, los niños comenzaron a correr. Dos bombas cayeron en las trincheras secas que rodeaban la aldea y una tercera no explotó.

Pero desafortunadamente, otras dos bombas llenas de clavos para causar más destrucción cayeron justo en medio de los aterrorizados estudiantes. La explosión fue tremenda y el daño inconcebible.

Para las nueve y quince de la mañana el bombardero ya se había ido y la horrible realidad comenzó a observarse. Los estudiantes deambulaban aturdidos alrededor del patio de la escuela, llorando y sangrando. Doce de sus compañeros de clase, de nueve a dieciséis años de edad, no sobrevivieron a la explosión. Su amada y joven maestra, Roda Ismail, también yacía muerta entre los escombros.

"Señor", contestó Simón Pedro: "¿A quién iremos? Tú tienes palabras de vida eterna".

Juan 6:68

Otros siete estudiantes perdieron la batalla por sobrevivir en los días posteriores al ataque y a tres tuvieron que amputarles algunas de sus extremidades.

Al día siguiente del ataque, los niños fueron a la escuela como de costumbre. El director, exhausto y abatido, les dijo que se fueran a casa. "No puedo decirles cuándo abriremos o si algún día se van a reanudar las clases".

Entonces, un niño de diez años de edad se le acercó y le dijo: "Por favor, permítanos continuar. Queremos aprender, y si es la voluntad de Dios, no moriremos hoy".

Vivir en una encrucijada. Todos hemos estado allí, titubeando entre darnos por vencidos y seguir adelante. Al igual que el niño de esta escuela, las multitudes que seguían a Jesús se dieron cuenta un día que el camino por el que iban estaba lleno de peligro. E igual que el abatido director, muchos en la multitud regresaron a casa, incapaces de decidir si continuarían siguiendo a Cristo o cuándo lo harían. Sin embargo, Pedro y los otros discípulos se quedaron. La solemne petición del niño suena igual que la respuesta de Pedro: "Permítanos continuar". Cuando sintamos la tentación de darnos por vencidos, continuemos. Cuando parezca que seguir a Cristo es demasiado difícil, continuemos. ¿Se enfrenta usted a la encrucijada del compromiso? Pídale a Dios que le dé la fortaleza para continuar en lugar de darse por vencido.

sobreviviente extremo

COREA DEL NORTE: UN TESTIGO SOLITARIO

A medida que lentamente volvía en sí, sus ojos se ajustaron al humo. Clamó por su pastor, pero nadie contestó. Horrorizado, rápidamente comenzó escarbar para abrirse paso fuera de ese montón de carne y escombros.

Esa mañana había estado entre un grupo de ciento noventa creyentes de Corea del Norte cuando la policía irrumpió, los acorraló y los llevó con mucha crueldad al centro de la ciudad.

Día 312

El líder de su país, Kim II Sung, estaba parado frente a ellos. El despiadado dictador caminó hasta el centro de la plaza y trazó una línea en la tierra, ordenándoles a los que quisieran vivir que negaran a Cristo y cruzaran esa línea.

Nadie dio un paso al frente. Enfurecido, Kim II Sung ordenó que arrojaran al grupo en el túnel de una mina con cartuchos de dinamita.

Lo último que recordaba el creyente que sobrevivió era a su pastor consolando y alentando al grupo. Al darse cuenta de que él era el único sobreviviente, clamó: "¿Por qué, Dios? ¿Por qué no me permitiste morir con los otros?".

De inmediato, Dios llenó su corazón de paz y él supo que alguien debía sobrevivir para ser testigo de la fe de todos los que habían muerto ese día. Este fue el primero de muchos y crueles ataques de Kim II Sung, en su forma de comunismo y adoración llamada *Juche*. La noticia de este heroico acontecimiento se difundió con rapidez entre los cristianos y aún se cuenta hoy en día en Corea del Norte.

Este mensaje es digno de crédito y merece ser aceptado por todos: que Cristo Jesús vino al mundo a salvar a los pecadores.

1 Timoteo 1:15

Igual que el creyente en esta historia, los bomberos que sobrevivieron al ataque terrorista a las torres gemelas del "World Trade Center" no son testigos silenciosos. Aunque no logran explicar por qué ellos si sobrevivieron y sus compañeros no, son patriotas francos que saben que alguien debía sobrevivir para contar las historias de los que murieron salvando la vida de otros. Como cristiano, usted tiene que contar una historia de sobrevivencia aún mayor. Jesús no sobrevivió a la cruz, la conquistó. Él no solo sobrevivió a Su calvario; sino que triunfó sobre él. Regresó en su cuerpo resucitado para llevar las noticias a Sus discípulos, los cuales, pronto le dirían al mundo que Jesús había muerto salvándolos para que ellos pudieran vivir. Y ahora está vivo, ha regresado de la muerte, ofreciendo así la salvación al mundo.

hija extrema

"Munira, tienes cinco minutos antes de que te mate. ¿A quién escogerás, a tu familia o a Jesús?".

Durante meses, Munira había tratado de mantener su fe en secreto, amaba mucho a su familia y no deseaba herirlos. Sin embargo, cuando su padre hizo arreglos para que Munira se casara, ella les habló de su amor por Cristo.

Día 313

Munira dependía de su última gota de fe. Le contestó a su padre: "Debo escoger a Jesús". Su padre estaba tan enfurecido de que su hermosa hija se rebelara contra su familia al apartarse de su crianza islámica en Tayikistán, que la golpeó durante dos horas.

Sin embargo, Dios intervino. Un amigo cristiano la llevó a un lugar seguro durante algún un tiempo. Munira dijo: "Durante el tiempo que estuve apartada, Dios me reveló su fidelidad, y después de mucha oración, supe que era tiempo de reconciliarme con mi amada familia".

Cuando regresó a casa, todos estaban contentos, excepto su padre. Sus primeras palabras fueron: "¡Te odio! ¡Lárgate! ¡Mi hija murió hace tres meses!".

Por lo tanto, no se angustien por el mañana, el cual tendrá sus propios afanes. Cada día tiene ya sus problemas.

Mateo 6:34

Devastada, Munira lloró a los pies de su padre diciendo: "Mi Dios me dijo que regresara a ti. Nunca te dejaré, aun si me golpeas y me matas".

Su padre se echó a llorar y abrazó a Munira. Pronto se resignó a la nueva fe de de su hija y hasta estuvo de acuerdo en permitirle que asistiera a un Instituto Bíblico.

Algunos lectores se envuelven tanto en una historia de un libro, que omiten unas cuantas hojas y leen mucho más adelante para saber qué es lo que sucederá. Se saltan todo un capítulo o quizá lean el final del libro. Solo necesitan saber si el héroe ganará al final, necesitan saber si todo resultará según lo planeado. Desafortunadamente, usted no puede leer lo que sucederá más adelante en la historia de su vida. Al igual que Munira, tiene que vivir su vida capítulo por capítulo, un día a la vez. Al igual que ella, usted no se desilusionará con los resultados. ¿Se encuentra ansioso por ver adónde lo llevará su obediencia? ¿Quisiera descubrir lo siguiente que Dios tiene planeado para usted? Lo mejor que puede hacer es obedecerlo hoy y dejar el mañana en manos de Dios.

aliado extremo

"Quemaron nuestras posesiones, pero no pueden sacar a Jesús de nuestros corazones".

Orígenes no era el típico joven de dieciocho años de edad. Era un maestro en el Egipto del siglo II. Mientras que la iglesia de su época sufría una fuerte persecución, Orígenes no dedicaba su tiempo buscando chicas ni tratando de impresionar a sus compañeros.

Día 314

En lugar de huir del terror que mató hasta a su propio padre, Orígenes decidió convertirse en un compañero de la iglesia perseguida. Pasaba su tiempo alentando a los cristianos que eran llevados ante los tribunales. Cuando eran conducidos a la muerte, él se les acercaba y los fortalecía. Incluso visitaba las cárceles para consolar a los creyentes.

Sin embargo, Orígenes pronto se encontró en grave peligro a causa de su compasión por los creyentes condenados. Poco tiempo después, los soldados empezaron a vigilar su casa a causa de su influencia sobre la iglesia. Él tenía muchos enemigos y el enojo en su contra era cada vez más intenso.

Finalmente, fue obligado a irse de la ciudad. Se mudó de casa en casa a causa de tantas amenazas en contra de su vida. Solamente impulsado por los ejemplos de fe en el libro de Hebreos, continuó siendo un compañero de los perseguidos. Incluso empleó a varias personas para escribir a mano copias adicionales de las Escrituras.

Con el tiempo, su sorprendente actitud atrajo a algunos de sus enemigos a Cristo. Sin embargo, al final lo encarcelaron, torturaron y mataron por esa misma actitud.

Yo, Juan, hermano de ustedes y compañero en el sufrimiento, en el reino y en la perseverancia que tenemos en unión con Jesús.

Apocalipsis 1:9

¿Qué significa ser un compañero de los perseguidos? Las personas no son necesariamente "compañeros" porque pasan a través del mismísimo sufrimiento. Es posible que nos encontremos en situaciones completamente diferentes a las de nuestros hermanos y hermanas en los países restringidos, pero aun así, podemos ser sus compañeros. La distancia física no nos hace "almas gemelas", la devoción personal sí lo hace. El apoyo constante, la oración y el interés, unen nuestros corazones y nuestras vidas. Así como Orígenes, ¿estamos dispuestos a aliarnos con quienes sufren por el Evangelio? No debemos avergonzarnos de nuestras amistades ni ignorar los riesgos consecuentes. Cuando escuchemos la voz de los mártires llamándonos en nuestras oraciones, ¿prestaremos atención a sus peticiones como verdaderos compañeros?

Día 315

"Con Él, mi amado Maestro, se está bien en todas partes. Con Él tenemos luz en la más oscura mazmorra. Yo le he pedido que yo pueda estar donde sea necesitado. No donde sea mejor para el hombre externo, sino donde yo pueda dar fruto. Ese es mi llamado".

EL PASTOR RUSO P. RUMATCHIK (EXTRACTO DE UNA CARTA ESCRITA CUANDO SE ENCONTRABA ENCARCELADO POR QUINTA VEZ)

defensor extremo

ALEMANIA: DIETRICH BONHOEFFER

Cuando Dietrich Bonhoeffer, de catorce años de edad, anunció su deseo de ser pastor, su adinerada familia criticó a la iglesia. Dietrich les dijo que él la mejoraría.

A los veintiún años de edad, su disertación *La comunión de los santos* se elogió como un "milagro teológico". Como pastor, profesor de teología y autor, Bonhoeffer pasó su vida investigando los asuntos de la iglesia.

Día 316

Cuando Adolfo Hitler ascendió al poder en Alemania, en 1933, la iglesia adoptó una de las cláusulas de Hitler, negándole a la iglesia el derecho de ordenar pastores que fueran de descendencia judía. Solo Bonhoeffer habló de forma abierta contra esa decisión y se comprometió a hacer que la revocaran.

A través de conferencias y artículos publicados, Bonhoeffer se opuso a los malvados nazis y reprendió a la iglesia por no haber "alzado la voz a favor de las víctimas y [...] por no encontrar maneras para acelerar su ayuda".

En abril de 1943, Bonhoeffer fue arrestado en Berlín por "subversión a las fuerzas armadas". Pero mientras estuvo en la cárcel continuó escribiendo: "La iglesia estuvo silenciosa, cuando debió haber clamado".

En 1945 trasladaron a Bonhoeffer al campo de concentración de Flossenburg, donde lo ahorcaron junto a otras seis personas el 9 de abril. El médico del campamento que observó cómo se arrodillaba a orar antes de que lo llevaran a la horca dijo que "pocas veces había visto a un hombre morir con tanto sometimiento a la voluntad de Dios".

Todo el mundo los odiará por causa de mi nombre. Pero no se perderá ni un solo cabello de su cabeza. Si se mantienen firmes, se salvarán.

Lucas 21:17–19

Se ha dicho que si no defendemos con firmeza algo, de seguro tropezaremos con cualquier cosa. Ese fue el caso en la Alemania nazi. La iglesia en un país cristiano permaneció en silencio mientras que oleadas de maldad se estrellaban contra el litoral de la historia, apagando el solitario clamor de Bonhoeffer. ¿Podemos decir que somos defensores de la verdad si permanecemos callados ante este tipo de situaciones? ¿Es nuestro silencio en estas situaciones un consentimiento a las atrocidades cometidas en los países restringidos? Un defensor de la verdad debe ser claro en la fe. Al igual que Bonhoeffer, debemos estar dispuestos a soportar las consecuencias de nuestra postura. De otra manera, nos arriesgamos al peligro de "tropezar con cualquier cosa" mientras estamos ocupados en decidir si vamos a tomar una postura firme a favor de Cristo o no.

arma extrema

A las cinco de la mañana se escucharon golpes en la puerta y enseguida supieron que era una redada de la policía. El esposo de Sabina ya estaba en la cárcel, y ella se preocupó por el destino de su pequeño hijo si se la llevaban a ella también. Así que cuando la policía rumana irrumpió temprano esa mañana, gritando e intimidando a sus huéspedes, Sabina oró en silencio y puso a ella y su familia en las manos de Dios.

Día 317

Tomen el casco de la salvación y la espada del Espíritu, que es la palabra de Dios.

Efesios 6:17

—¿Sabina Wurmbrand? —exigieron—. Sabemos que estás escondiendo armas aquí. ¡Dinos dónde están!

Antes que pudiera contestar, ellos estaban abriendo baúles y armarios, y vaciando gavetas en el piso.

— ¡Ya que no nos mostrarás dónde se esconden las armas, destruiremos todo este lugar! —siguieron gritando.

—La única arma que tenemos en la casa está aquí —dijo Sabina con sencillez, batallando por permanecer tranquila y tomando una Biblia que se encontraba junto a sus pies.

—Si no me dices la verdad —respondió el agente—, tendrás que venir con nosotros para hacer una declaración completa acerca de esas armas.

—Por favor, permítanos orar por unos minutos y después yo iré con ustedes —respondió Sabina y colocó la Biblia sobre la mesa.

Cuando se llevaban a Sabina, ella lamentó la pérdida de su "arma", su Biblia, pero obtuvo fortaleza sabiendo que había guardado sus palabras en su corazón, donde no podrían confiscarlas.

En la descripción de lo que se conoce como la armadura de Dios, solo es nombrada un arma ofensiva. En la carta de Pablo a los Efesios, Pablo hace una lista de medidas defensivas en la fe de un cristiano, representadas por un casco, una coraza, un cinturón, un escudo y zapatos protectores. Sin embargo, solo exalta un arma ofensiva: la Palabra de Dios, esta es el arma elegida. Así como un soldado antiguo dependía de su espada, nosotros debemos depender del filo de las Escrituras para abrir el camino a nuestra seguridad. Tristemente, demasiados cristianos están indefensos en una batalla espiritual, pues no han memorizado la Biblia como Sabina y no pueden extraer su fortaleza. No sea otra víctima espiritual. Tome su espada hoy.

perdón extremo

RUMANIA: DIANA Y FLOAREA

Diana tenía apenas diecinueve años de edad cuando enviaron a su padre a prisión a causa de su fe. Ella y su hermana Floarea fueron puestas bajo custodia de su familia, pero pronto perdieron sus empleos en la fábrica debido al encarcelamiento de su padre.

Día 318

Con una madre enferma y cuatro hermanos menores en casa, Diana y Floarea estaban desesperadas. Así que cuando un joven las llamó y les dijo que le podía conseguir un permiso de trabajo a Diana, estaban muy emocionadas. Diana se reunió con él para cenar. Ahí, él le dio de tomar mucho vino y luego la sedujo. Después le dio algo de dinero y esto se convirtió en una rutina. Nunca volvió a mencionar algo acerca de un permiso de trabajo y Diana aceptaba el dinero porque estaba muy desesperada.

Diana continuó prostituyéndose a fin de mantener a su familia, aunque estaba llena de culpabilidad. Pronto su hermana se involucró y juntas escondieron su vergüenza.

Ahora, mientras miraban el rostro de su madre y le confesaban lo que habían hecho, decían: "¿Cómo puedes perdonarnos? Pensamos que estarías indignada".

Ella les habló con amor y consuelo. "Ustedes sienten vergüenza por lo que han hecho y así debe ser. Sin embargo, este sentimiento de vergüenza y culpabilidad las llevará a una justicia resplandeciente. Recuerden, los soldados no solo perforaron el costado de Jesús, sino que lo 'abrieron', de modo que los pecadores lograran entrar con facilidad en su corazón y encontrar el perdón".

> La tristeza que proviene de Dios produce el arrepentimiento que lleva a la salvación, de la cual no hay que arrepentirse, mientras que la tristeza del mundo produce la muerte.
>
> **2 Corintios 7:10**

Arrepentirnos del pecado y compadecernos de nosotros mismos son dos cosas muy diferentes. Muchas personas que pasan a través del sufrimiento se compadecen de sí mismas. Están demasiado dispuestas a culpar a otros por su desgracia. Qué tentador pudo haber sido para las chicas de esta historia culpar a su padre por sus errores: "Si no hubiera sido cristiano, no lo hubieran arrestado y no estaríamos en esta situación". No obstante, ellas se acercaron a su madre con verdadera vergüenza y arrepentimiento por su deliberada desobediencia y encontraron el perdón. No solo fueron perdonadas por su madre, sino también por Dios. La tristeza que proviene de Dios produce el arrepentimiento que lleva al perdón. ¿Se está compadeciendo de sí mismo en su sufrimiento? ¡Tenga cuidado! Esto puede llevarlo rápidamente a la desobediencia.

318

levantamiento extremo

Día 319

Era el criminal más buscado en toda Arabia Saudita. No lo buscaban por robo, ni asesinato, o violación. Lo buscaban por ser un pastor cristiano y por estar al frente de una gran iglesia clandestina en la capital de Arabia Saudita.

Sin una orden judicial, el pastor Wally, un obrero filipino, fue llevado desde su hogar a una habitación donde se encontraban tres hombres. Allí fue abofeteado, pateado y golpeado. La tortura más dolorosa fue la de los azotes en la planta de sus pies. Cuando terminaron de azotarlo, las palmas de sus manos y las plantas de sus pies estaban tan moradas como una berenjena.

En medio de ese dolor, los torturadores le ordenaron a Wally que se pusiera de pie. "No puedo", les dijo. Tenía dolor en cada centímetro de la planta de sus pies y no había forma de que soportaran su peso. "Por favor, solo permítanme arrodillarme". Los torturadores se rehusaron.

Mientras los tres hombres lo golpeaban, el pastor Wally oraba por ellos. Sus oraciones le recordaban un versículo. "Porque él mandará a sus ángeles [...]. Con sus propias manos te levantarán para que no tropieces con piedra alguna" (Salmo 91:11-12). A pesar del dolor en sus pies, Wally se puso de pie, erguido entre los hombres. Estaban asombrados de que se pudiera parar después de tal paliza.

"Yo estaba parado sobre las manos de los ángeles de Dios", dijo el pastor Wally más tarde. "Ellos no podían ver a los ángeles, pero sentí que estaban allí para ayudarme a ponerme de pie".

> Porque él ordenará que sus ángeles... con sus propias manos te levantarán para que no tropieces con piedra alguna.
>
> **Salmo 91:11,12**

Algunas personas parecen hacer que los ángeles que los guardan trabajen tiempo extra. Igual que el pastor Wally, se encuentran constantemente al límite de las situaciones por Cristo con un testimonio de fervorosa oración y un espíritu audaz. Sin embargo, pudiéramos imaginar que algunos ángeles tienen más tiempo libre en sus manos pues han sido asignados a cuidar de cristianos que nada hacen por impulsar el Reino de Dios. Mientras que la situación del pastor Wally era excepcional, su oración no debería serlo. Algunas veces nos tenemos que parar sobre las manos de los ángeles de Dios para ser fieles a Cristo. ¿Irradiamos ese tipo de deseo ferviente en nuestro lugar de trabajo? ¿En nuestro hogar? ¿En nuestra escuela? Si hoy considera que hay un lugar donde le sea difícil mantenerse firme por Cristo, pídale a Dios que envíe sus ángeles para levantarlo.

guía extrema

—Él me dijo que fuera a Macedonia y los ayudara —dijo Pablo.

—¿Entonces crees que fue un sueño de parte de Dios? —preguntó Silas.

—Sí lo creo.

—¡Entonces vamos a Macedonia con el favor de Dios! —respondió sonriendo Silas.

Cuando llegaron a Filipos, una importante mujer comerciante se convirtió a Cristo y una jovencita quedó libre de un demonio. Ciertamente habían escuchado la voz de Dios correctamente y seguían Su dirección.

"¡Ahí están!", gritó el hombre al frente de la multitud. Antes de que Pablo y Silas supieran lo que sucedía, fueron llevados ante los jueces de la ciudad y los acusaron de alterar el orden con su mensaje del Evangelio. Entonces el magistrado principal les arrancó la ropa y ordenó que los azotaran y echaran en la cárcel.

Esa noche, ensangrentados, amoratados y con sus pies encadenados, Pablo y Silas tenían todo el derecho de sentir que Dios los había guiado mal. Pero nunca expresaron la pregunta: "¿Cómo pudo permitir Dios que nos sucediera esto?". En lugar de eso, a medianoche seguían cantando y alabando a Dios. Confiaban en la dirección del Señor. Sabían que Él no los había abandonado, y un milagroso rescate pronto lo atestiguaría.

Silas y Pablo continuaron siguiendo la dirección de Dios en los viajes que realizaron juntos. Al final, Silas se convirtió en el líder de la iglesia en Corinto. Ambos hombres siguieron la dirección de Dios, y los dos se convirtieron en mártires a causa de la fe.

Día 320

Encamíname en tu verdad, ¡enséñame! Tú eres mi Dios y Salvador; ¡en ti pongo mi esperanza todo el día!

Salmo 25:5

¡Si tan solo la voluntad de Dios para nuestras vidas nos llegara a través de un sueño! Si sus planes se expusieran con claridad ante nosotros como un letrero espectacular en plena calle. Mejor aún, ¡que tuviéramos una voz diciéndonos de manera exacta lo que tenemos que hacer! No importa qué tan bueno eso nos pareciera, esos métodos directos descartarían por completo el elemento de la fe. Dios quiere que confiemos en Él igual que en un mapa cuando definimos la dirección de nuestras vidas. Pablo y Silas no sabían con exactitud lo que les sucedería en Filipos. Solo sabían que Dios les había dicho que fueran. Usted pudiera no saber a dónde lo está conduciendo Dios, pero ¿está dispuesto a seguirlo de todos modos? Usted no irá a no ser que confíe del todo en Él.

sanidad extrema

"Señor, cualquier cosa pudiera suceder aquí esta noche", oró el pastor Wally. "Pero por favor, no permitas que me quiten la vida".

Mientras continuaba la paliza, el pastor Wally continuaba orando por sus torturadores sauditas. En medio de sus oraciones, recordó los versículos que dicen que nuestro cuerpo es el templo del Espíritu Santo.

Día 321

"Gracias por permitirme ser Tu templo", oró Wally. "Dios, creo que tú no quieres un templo arruinado y maltratado por el enemigo. Tú quieres un templo glorificado y lleno de Tu esplendor, clamo a ti por una total restauración de mi cuerpo, Señor. Sin importar lo que estos torturadores hagan, oro para que seas glorificado y mucho más cuando sane por completo. Las personas no verán ni una huella de lo que estos torturadores le hicieron a mi cuerpo".

La espalda y las piernas del pastor Wally fueron golpeadas con un bastón, y sus manos y pies estaban amoratados, casi inservibles. Al final, cuando se sintieron demasiado cansados para seguir torturando a este cristiano, lo llevaron de nuevo a su celda.

Porque nosotros somos templo del Dios viviente.

2 Corintios 6:16

Wally oró por horas y luego cayó en un sueño irregular durante el cual sintió la presencia de Dios y su toque de sanidad. Cuando despertó, sus manos y pies estaban sanos. No sentía el dolor de las palizas. Wally estaba maravillado, pues Dios lo había sanado.

¿Acaso el pastor Wally fue demasiado lejos cuando oró con fe por su sanidad? ¿Sacó ventaja de las Escrituras con su atrevida petición? La evidencia parece sugerir que Wally no hizo alguna de esas cosas. De hecho, el pastor Wally solo le tomó la palabra a Dios. Muchos cristianos se beneficiarían al hacer más de esto mismo. Sin embargo, no podemos tomarle la palabra a Dios si no la conocemos. El pastor Wally tuvo la capacidad de recordar versículos alentadores en un momento de necesidad porque dedicó tiempo a leer y estudiar las Escrituras. Muchos cristianos fieles han sido golpeados, y aunque algunos sanan al instante y otros no, Dios usa el testimonio de todos. ¿Puede usted recordar la Palabra de Dios cuando es necesario? ¿Conoce usted realmente las Escrituras o solo sabe lo que la gente dice de las Escrituras? Dígale a Dios que está dispuesto a tomarle la palabra.

"Yo medito aquí en las palabras de Jesús: 'para que todo el que cree en él [...] tenga vida eterna' (Juan 3:16).

Día 322

Yo estoy entre criminales. Es una equivocación decir que los hombres pueden ser como animales. Los animales no tienen pecado. Pero los hombres a mi alrededor, en la cárcel, alcanzan profundidades de oscuridad diabólica inalcanzable para los animales.

Sería más fácil vivir en un establo, que entre estos criminales. Cada una de sus palabras es asquerosa, cada gesto es repugnante. 'Su garganta es un sepulcro abierto [...]. Llena está su boca de maldiciones y de amargura' (Romanos 3:13,14).

Pero en este contexto brilla el extraordinario amor de Dios. Pues es cierto que cualquiera que crea (aun sean hombres como estos), puede tener vida eterna. Dios me envió a la cárcel para traerles estas Buenas Nuevas".

UNA CARTA DE UN CRISTIANO RUSO ENCARCELADO

vacaciones extremas

IRÁN: LA ESPOSA DE UN PASTOR

"Ahora estamos de vacaciones, amor", le dijo el pastor iraní a su esposa. "Por favor, no hagas algo que dé lugar a que la policía nos interrogue. No arruinemos este tiempo para estar juntos".

La esposa del pastor era un testimonio viviente de Jesucristo. Había distribuido miles de Biblias a los musulmanes en Irán y más de cinco mil copias de la película de JESÚS.

En la ciudad a la orilla del mar donde estaban vacacionando, fueron a un centro comercial. Se separaron para buscar las diferentes cosas que querían, y cuando el pastor regresó, encontró a su esposa hablando sobre Jesucristo a un gran grupo de personas en la tienda.

Mirando alrededor en busca de la policía secreta, escoltó rápidamente a su esposa, la sacó de la tienda y se metieron en su auto. "Amor, estamos de vacaciones, pensé que no íbamos a hacer eso aquí", le dijo mientras ponía en marcha el carro para salir del centro comercial.

Ella lo miró a los ojos. "Hay muchas personas en esa tienda que no conocen a Jesús", dijo ella con seriedad. "Si mueren y van al infierno, tú serás el responsable".

El pastor, reflexionando, hizo girar el auto en dirección opuesta y regresó al centro comercial. La esposa entró de nuevo con rapidez, distribuyendo copias de las Escrituras y de la película de JESÚS.

Una señora se le acercó diciendo: "Oh, muchísimas gracias", con lágrimas en los ojos. "Hace cinco años que oro por una Biblia y ahora el Señor ha respondido a mi oración".

Día 323

Predica la Palabra; persiste en hacerlo, sea o no sea oportuno.

2 Timoteo 4:2

Las vacaciones crean grandes recuerdos: caminatas por la playa, ir de compras a la ciudad, leer junto a la chimenea. A pesar de lo mucho que necesitemos un descanso de la rutina diaria, en realidad nunca tenemos el derecho de tomar un descanso de nuestro testimonio. Es más, nuestro testimonio debería ser parte de nuestra personalidad, de modo que no logremos separar uno del otro. El apóstol Pablo nunca fue a ningún lugar en plan de "turista". Para las personas como la esposa del pastor de esta historia, no es algo que se apague y se encienda como un interruptor de luz. Su testimonio audaz muestra claramente que es parte de su vida, y le sale naturalmente en todo tiempo, sea oportuno o no. Lo que no es natural es una fe segmentada. Se ve falsa. En lugar de eso, permita que su fe crezca con libertad en su experiencia diaria.

respuesta extrema

ÁFRICA DEL NORTE: UN CREYENTE NUEVO

Día 324

A ti clamo, oh Dios, porque tú me respondes.

Salmo 17:6

—¿Por qué continúas con estas reuniones? —le preguntó el agente de la policía secreta al cristiano—. ¿Creías que tus vecinos no te denunciarán a nosotros?

El joven era un cristiano nuevo, pero ya había guiado a otras veinte personas a Cristo. Ellos estuvieron orando para que Dios les proporcionara un lugar para reunirse y adorar juntos.

Por tres semanas, los cristianos en África del Norte se estuvieron reuniendo en un departamento, era una reunión ilegal que podía llevarlos a su arresto. Su alabanza y cantos alertaron a los vecinos, quienes los denunciaron con la policía secreta. Al joven cristiano lo habían llevado ya tres veces para interrogarlo.

—¿Hablas en contra del islam? —preguntó el agente durante el tercer interrogatorio.

—No —contestó el cristiano—. No tenemos relación con el islam. Nosotros adoramos a Jesús.

—¿Hablas en contra de nuestros líderes?

—No señor. Nosotros oramos por nuestros líderes, como Jesús nos dijo que hiciéramos.

—¿Por qué no buscas otro lugar para reunirte? Así tus vecinos dejarán de denunciarte.

—¿Cómo vamos a hacerlo, señor? No tenemos el permiso apropiado.

El agente abrió su escritorio y sacó un formulario. Escribió en él por varios minutos y le dio el formulario al cristiano. Les estaba otorgando a esos cristianos el derecho de reunirse en el edificio de una iglesia que ya no se estaba utilizando. ¡Un bello edificio y el permiso del gobierno para reunirse allí! Era una respuesta a sus oraciones.

No existe una oración sin contestar. Dios siempre responde cada una de nuestras oraciones. Sin embargo, es posible que no responda de la manera en que le pedimos que lo haga. Algunas veces la respuesta es: "Esperen", y debemos esperar Su tiempo oportuno para avanzar. Algunas veces la respuesta para nosotros es: "Maduren", es porque nuestra petición dio justamente en el blanco, pero tenemos que madurar un poco a fin de continuar. Algunas veces nos desilusionamos al escuchar que su respuesta es: "No", y es porque nuestra petición no está de acuerdo con Su voluntad o no es el momento oportuno. Y otras veces, la respuesta es: "Adelante", nuestra petición dio en el blanco; estamos preparados espiritualmente y el momento es oportuno. ¿Cuál es la respuesta de Dios a su oración ahora mismo?

valor extremo

IRÁN: EL PASTOR ROUBAK

Día 325

Ya pasaba la medianoche y el prisionero estaba cansado. Se encontraba en medio de veintiocho días incomunicado en la cárcel iraní orando que Dios lo ayudara a soportarlo. Cuando tocaron en la puerta de su celda, se sentía cansado e irritado.

—Pastor —dijo el guardia—. Quiero hablar con usted acerca de Jesús.

—Váyase —gruñó el pastor—. Yo no quiero hablar con usted.

—Pero usted tiene que hablar conmigo —dijo el guardia—. Usted es pastor.

El joven guardia iraní tenía muchas preguntas. Quería saber la diferencia entre el cristianismo y el islam, entre las gravosas exigencias de Alá y el llamado amoroso de un Padre celestial.

Los dos hombres hablaron durante cuatro horas y el pastor le explicó la fe cristiana, la salvación del pecado a través de la muerte de Jesús en la cruz y cómo podía aceptar a Cristo en su vida.

A las cuatro y media de la mañana siguiente, los dos hombres oraron juntos. Con lágrimas corriendo por sus mejillas, el guardia aceptó a Cristo. Con lágrimas en sus propios ojos, el pastor le dio la bienvenida al Reino de Dios.

A medida que el guardia entraba a una nueva vida, el pastor sintió un cambio en su propio corazón. "Por primera vez", dijo más tarde, "toda la amargura había desaparecido". Solo sentía amor por sus captores y los musulmanes en su patria. Su ministerio aumentó muchísimo después de ese momento.

Así, humildemente, debe corregir a los adversarios, con la esperanza de que Dios les conceda el arrepentimiento para conocer la verdad.

2 Timoteo 2:25

Los muebles que se pasan de una generación a otra tienen en sentimiento lo que no tienen en belleza. Esa silla especial que perteneció a sus abuelos lleva consigo recuerdos especiales que lo deslumbran para no poder ver sus manchas y las otras señales de uso y deterioro. Un armario de cedro rayado y arañado que alguna vez fue propiedad de un familiar especial, es un tesoro de incalculable valor. De la misma manera, Dios nos puede dar un amor especial por los desafortunados. Nos puede ayudar a ver el valor en los indignos. Su amor logra opacar las fallas de otra persona, al igual que lo hace con sus propios pecados. Pruébelo y vea. Pídale a Dios que le ayude a amar a los desafortunados viéndolos a través de Sus ojos.

misionero extremo

Una a una las flechas se clavaron en su carne, y una a una Stanley Albert Dale las sacó, rompiendo sobre su rodilla el astil de caña de cada una. La sangre fluía desde sus múltiples heridas hasta la orilla del río. Los guerreros yalis gritaban temerosos de que el hombre blanco, o "duong", fuera inmortal.

Día 326

Y puso en la mente humana el sentido del tiempo.
Eclesiastés 3:11

Ya los yalis habían tratado de matar a Dale en otra aldea. Sentían temor por su mensaje, pues sus seguidores habían quemado sus ídolos tradicionales y los lugares de adoración de espíritus. También le habían disparado a Dale, pero el "duong" se había ido caminando y había sanado por completo.

Dale llegó a las montañas de Irian Jaya (Indonesia hoy en día) en los años de 1960 para predicar el amor de Dios. Ahora, enfrentándose a cientos de estruendosos guerreros yalis, se quitaba las flechas de su cuerpo con la misma rapidez que penetraban en su piel.

A esos yalis ya se les había advertido que el Espíritu dentro de él era muy poderoso. Al final, cayeron Dale y el otro misionero. Más de sesenta flechas rotas se amontonaban a los pies de Dale. Los guerreros entonces desmembraron su cuerpo por temor a que resucitara de nuevo.

Los yalis pensaron que ese sería el final del mensaje del Evangelio en su valle, pero no fue así. Otros cristianos llegaron y muchos de los guerreros que dispararon sus flechas contra el cuerpo de Dale se convirtieron en creyentes. El "duong" que no moría ahora celebra a Jesús junto a sus propios asesinos conversos.

Aunque los yalis pensaron que el cuerpo terrenal de Dale era inmortal, en realidad, su alma era la que no moriría. Los misioneros que siguieron después de la muerte de Dale ayudaron a los yalis a comprender la eternidad y les hablaron de Dios. Piense por un momento sobre las actividades, personas y cosas que tomaron la mayor parte de su tiempo durante la semana pasada. Sin duda, el sentido práctico de la vida nos lleva a lidiar con asuntos que no son eternos en lo absoluto: pañales sucios, teléfonos sonando, lavandería y prácticas de fútbol. Sin embargo, la historia de Dale nos recuerda que debemos priorizar las cosas que importan para la eternidad. ¿Qué parte de su vida cotidiana tiene un significado eterno? Si no le dedica tiempo a esto, ¿quién lo hará?

poema extremo

RUSIA: ALEXANDER ZATSEPA

Cuando Alexander Zatsepa, un soldado ruso en el ejército comunista, murió en batalla, en su ropa se encontró este poema:

Escúchame, oh Dios; nunca, en toda mi vida te había hablado.

Pero justamente ahora quiero enviarte mis saludos.

Tú sabes que desde la niñez siempre me han dicho que no existes.

Yo, como un tonto, les creí.

Día 327

Nunca contemplé tu creación. Y, sin embargo, esta noche, mirando hacia arriba desde mi trinchera, me maravillé de las brillantes estrellas sobre mí y de repente supe la crueldad de la mentira.

¿Extenderás tu mano hacia mí, mi Dios, me pregunto?

Pero yo te diré y tú comprenderás.

¿No es extraño que la luz venga sobre mí y yo te vea en medio de esta noche infernal? [...]

Aunque no he sido tu amigo antes,

Aun así, ¿me dejarás entrar ahora, cuando yo vaya?

¡Pues, estoy llorando! Oh Dios, mi Señor, tú ves lo que me ocurre.

Esta noche mis ojos se abren.

Adiós, mi Dios. Yo me voy y es probable que no vuelva.

Es extraño, ¿no es así? Pero ya no le temo a la muerte.

> Él tiene paciencia con ustedes, porque no quiere que nadie perezca sino que todos se arrepientan.
>
> **2 Pedro 3:9**

Los mártires nos enseñan acerca de la fidelidad de Dios, de Su paz, Su amor y protección. Sin embargo, las historias de los mártires no solo son acerca de los mismos mártires, sino también de sus enemigos. Los que se convirtieron del comunismo al cristianismo cuentan el otro lado de la historia. Revelan la paciencia de Dios, Su gracia, Su disponibilidad de perdonar aun al peor de los pecadores que pide su perdón. El poema de Alexander da voz al ruego de cualquier pecador arrepentido cuyos "ojos se abren" a la verdad. Su historia nos recuerda que servimos a un Dios amoroso que anhela que nos demos cuenta de quién es Jesús y que vayamos a Él para salvación. Este es el poderoso mensaje de los mártires. ¿Es el suyo?

peligro extremo

AFGANISTÁN: ERICK Y EVA BARENDSEN

Las personas recorrían muchos kilómetros de distancia para buscar la ayuda y medicina de Eva Barendsen y su esposo Erick. Su humilde hogar en Kabul, Afganistán, se convirtió en un lugar de esperanza para miles de afganos, musulmanes y cristianos por igual. Ellos respondían a cualquiera que preguntaba el por qué de sus servicios en ese lugar diciendo que servían a Jesucristo. Sin embargo, su misión se convirtió en el blanco de la oposición.

Día 328

Hemos llegado a tener parte con Cristo, con tal que retengamos firme hasta el fin la confianza que tuvimos al principio.

Hebreos 3:14

Erick y Eva tomaron un pequeño descanso en 1980, pero regresaron rápidamente al país que se había convertido en su hogar, ahora destruido por la guerra. "¿Cómo van a regresar?", les preguntaron algunos, "¿No les preocupa? ¿No será peligroso?".

Erick y Eva no veían el peligro, veían oportunidades. No veían asesinos potenciales, veían cristianos potenciales. "Yo solo sé de un gran peligro", dijo Eva. "El único peligro es no estar dentro de la voluntad de Dios".

Regresaron a Afganistán, junto con sus hijos de cinco y tres años de edad. Poco tiempo después de su regreso, fueron atacados en su hogar, el cual también servía como lugar de reunión para sus conversos cristianos. Los mataron con navajas, dejando a sus hijos huérfanos. Sin embargo, tuvieron paz hasta en esos últimos momentos.

Unos días antes de los asesinatos, la madre de Eva tuvo una visión de Erick y Eva en el cielo, con ángeles que les ponían coronas de oro sobre sus cabezas. La visión le dio fortaleza, aun en su aflicción cuando se enteró de que habían sido asesinados.

En un país musulmán, ser un cristiano activo es una de las propuestas más peligrosas posibles. Sin embargo, Erick y Eva pusieron un nuevo significado al concepto de peligro. Mientras que sus amigos decían que no debían permitirse estar en Kabul, Erick y Eva sentían que no podían darse el lujo de estar en otro lugar. Lo veían como su llamado. Lo veían como la voluntad de Dios. Se dice que si damos un paso fuera de la provisión de Dios, nos arriesgamos a perder la protección de Dios. Si el único peligro es estar fuera de la voluntad de Dios, entonces ese es el único peligro que no podemos permitirnos. ¿Qué tan a menudo se pone en mayor peligro al evadir a Dios, diciendo que es para poder sobrevivir? La obediencia extrema pone al peligro en una perspectiva diferente.

Día 329

"Donde no hay cruz, no hay corona. Esta lección no se aprende en los libros y, por lo general, los hombres no prueban su dulzura. Esta vida abundante no existe en un ambiente de comodidad. Si las especias no son refinadas para convertirse en aceite, la fragancia del perfume no puede fluir; y si las uvas no se trituran en el lagar, no se convertirán en vino".

DE UN CRISTIANO CHINO

posesión extrema

CHINA: LA SEÑORA LU YING

—¡Llévense sus muebles y registren la casa para buscar Biblias! —dijo el comandante. Los ojos de la señora Lu Ying se llenaron de lágrimas mientras veía a cuatro guardias comunistas registrar su casa de arriba abajo.

Día 330

Las palabras del Señor son puras.

Salmo 12:6

—¡La encontré! —gritó el guardia. Y en el momento que el guardia sostenía la Biblia para dársela a su jefe, la señora Lu Ying se llenó de valor y se la arrebató.

—Este libro contiene todo lo que necesito saber acerca de mi amado Señor y Salvador Jesucristo, y no quiero desprenderme de él —dijo con pasión mientras sostenía la Biblia junto a su pecho.

—¡Llévenla afuera! —gritó el comandante—. Veremos por cuánto tiempo quiere aferrarse a su libro de Jesús.

Los cuatro guardias comunistas sacaron a la señora Ying a la calle, se burlaron de ella, la escupieron y la golpearon hasta que ya no podía mantenerse de pie.

—¿Todavía crees en tu libro de mitos? —se rieron los guardias.

A través de sus labios hinchados y ensangrentados, sosteniendo aun su Biblia, Lu Ying repitió su declaración de fe.

Los guardias agarraron una barra de acero y destrozaron los huesos de sus manos, haciendo que sus lisiadas manos dejaran de sostener su posesión. La Biblia cayó en la calle y fue confiscada.

Casi veinte años después, un mensajero de una misión le entregó a la señora Ying una Biblia. Sus ojos se llenaron de lágrimas, la sostuvo con sus deformadas manos y susurró: "Esta vez no la dejo ir".

Muchas personas se aferran por completo a una verdad a medias. Así sean ateos o agnósticos, budistas o hindúes; toda la dedicación que logren reunir no transforma sus falsas creencias en hechos. Su sinceridad no sustituye la falta de sustancia. En contraste, los cristianos tienen la certeza inmutable de la Palabra de Dios para respaldar sus convicciones, y ellos saben que la Palabra de Dios es verdad. No podemos permitirnos manejar la Biblia descuidadamente, aunque otros vengan en nuestra contra con todo su poder. ¿Es usted tan tenaz en aferrarse a la Palabra de Dios al igual que lo hace con otras posesiones valiosas de su vida, como el dinero o su reputación? Despréndase de todo lo demás, pero aférrese a la Palabra de Dios a toda costa.

recuperación extrema

CHINA: MIZHONG MIAO

Las condiciones en los campos de trabajo forzado chinos eran crueles. Con las raciones de comida reducidas a casi nada y las temperaturas invernales congelantes, se desató una epidemia en el campamento. Cuando comenzó el invierno, había mil trescientos prisioneros; y cuando llegó la primavera, solo doscientos cincuenta lograron sobrevivir.

Día 331

A Mizhong Miao lo enviaron a este campamento por predicar el Evangelio y por no querer negar su fe. Su sentencia de cinco años fue triplicada cuando rehusó dejar de predicarles a sus compañeros de prisión.

Durante ese duro invierno, los guardias pensaron que Mizhong Miao estaba muerto. La vida parecía haber dejado su cuerpo casi congelado, pero el espíritu de Miao estaba vivo y él estaba orando. Cuando lo dejaron solo en la morgue, tuvo un visitante: un ángel vestido de blanco y con un rostro resplandeciente. El ángel se acercó y sopló sobre Miao. Mientras el ángel soplaba, él sintió que la enfermedad salía de su cuerpo y un calor entraba en él. De inmediato se arrodilló e hizo una oración de acción de gracias.

Estos se acercaron a Felipe [...] y le pidieron: "queremos ver a Jesús".

Juan 12:21

Salió de la morgue y se dirigió con el médico de la prisión. El médico lo miró horrorizado, pensó que estaba viendo un fantasma.

"No tenga miedo. Yo soy Mizhong Miao", dijo el cristiano. "Dios me restauró la salud. Él me envió para mostrarle el camino a Dios".

"Su Dios es real", dijo el médico, inclinándose con reverencia. Y esa noche aceptó a Cristo como Salvador.

Ver es creer. Nosotros podemos hablar de Dios, y podemos aprender de Jesús. Pero necesitamos experimentarlo por fe a fin de confesar al igual que el médico: "Dios es real". Las probabilidades de que un médico en un campo chino de trabajo forzado se entregara a Cristo eran casi nulas. Sin embargo, cuando se enfrentó a un milagro viviente, decidió creer en el Dios de Mizhong Miao. Algunas veces, quizá sintamos que nuestros familiares tienen las mismas probabilidades. Debemos orar por ellos para que experimenten a Dios. Es posible que lo encuentren a través de la creación, tal vez lo vean obrar a través de una relación amorosa. Mientras que los milagros como el de Mizhong Miao son escasos y apartados unos de otros, ore para que sus familiares perdidos tengan un encuentro con el Señor viviente y amoroso que cambie sus vidas.

"acuerdo" extremo

El predicador apenas comenzaba el primer punto de su sermón, cuando los guardias de la cárcel irrumpieron en la habitación, agarrándolo y empujando a todo el mundo al suelo.

"Tú sabes que esta predicación está prohibida", gruñó uno de ellos. "Ahora te enfrentarás al castigo. Los fornidos guardias lo arrastraron fuera de la celda y por el pasillo. Los otros prisioneros sabían que los guardias comunistas de Europa Oriental llevaban a su amigo al "cuarto de los golpes". Escucharon cómo la puerta de esa terrible habitación se cerraba de golpe, y también los gritos y llantos ahogados mientras los guardias golpeaban con crueldad a su amigo.

Día 332

Al cabo de casi una hora, los guardias abrieron la puerta de la celda y metieron al hombre que había estado predicando. Los demás prisioneros vieron que sus ropas estaban ahora ensangrentadas y su rostro mostraba las marcas de la paliza.

Él miró a sus compañeros de celda a su alrededor como si estuviera tomando asistencia. "Ahora, mis hermanos", dijo él. "¿Dónde me quedé cuando nos interrumpieron con tanta brusquedad?". Y el sermón continuó. Los cristianos en la cárcel sabían el precio que pagarían por predicar un sermón, sin embargo, muchos lo hacían. Algunos, sin haber recibido preparación teológica ni tener experiencia en el ministerio, predicaban en la cárcel con pasión y elocuencia.

Has perseverado y sufrido por mi nombre, sin desanimarte.

Apocalipsis 2:3

"Era un acuerdo", escribió un prisionero más tarde. "Nosotros predicábamos y ellos nos golpeaban. Nosotros éramos felices predicando y ellos eran felices pegándonos, así que todo el mundo estaba feliz".

En un mundo en el que un contrato ya no nos vincula para siempre, una familia se puede disolver y los divorcios superan en número a los matrimonios, los cristianos deben instituir de nuevo el significado del compromiso, a toda costa. ¿Cuál es el valor de una promesa si no significa nada? Sin embargo, las consecuencias de nuestro compromiso con Cristo no son baratas. Quizá hasta nos cuesten perder una oportunidad de ser muy exitosos según las normas del mundo, tal vez nos cueste perder amigos y popularidad; podría costarnos nuestra familia, nuestra seguridad, y para algunos, incluso la vida. El compromiso debe tener un precio. Los prisioneros comprendían esto a la perfección. Pero la recompensa de Cristo también es parte de ese acuerdo. ¿Está cumpliendo usted su parte del acuerdo?

llamado extremo

RUMANIA: EL CAPITÁN RECK

Durante varios días, los guardias comunistas golpearían al pastor encarcelado, después lo ayudarían a recuperar fuerzas ofreciéndole buena comida, para luego golpearlo de nuevo. Lo debían matar a golpes de manera sistemática, pero no una muerte rápida. Querían que sufriera.

Día 333

El capitán Reck dijo un día mientras golpeaba al pastor: "Yo soy Dios. Yo tengo el poder de la vida y la muerte sobre ti. Aquel que está en el cielo no puede decidir mantenerte vivo. Todo depende de mí. Si yo deseo que vivas, vives; y si deseo tu muerte, mueres. ¡Yo soy Dios!".

El pastor respondió tranquilamente: "No se imagina qué cosa tan profunda ha dicho. Usted no fue creado para ser un torturador, un hombre que mata. Fue creado para ser como Dios, teniendo la vida de Dios en su corazón. Muchos hombres que fueron perseguidores como usted, se dieron cuenta, al igual que el apóstol Pablo, que es vergonzoso para un hombre cometer atrocidades. Los hombres pueden hacer muchas cosas mejores. Créame, capitán Reck, su verdadero llamado es ser como Dios, no ser Dios. Usted puede tener el carácter de Dios, no el de un torturador".

Reck fingió no escuchar las palabras del cristiano y continuó golpeando al pastor por su fe. Aun así, no lograba dejar de pensar en su llamado. Tiempo después, de rodillas, Reck entregó su vida a Cristo.

Al que puede hacer muchísimo más que todo lo que podamos imaginarnos o pedir, por el poder que obra eficazmente en nosotros.

Efesios 3:20

Cada oruga es en realidad una mariposa si se desarrolla como es debido; si no, es posible que siga viviendo, pero como algo para lo que no fue destinada a ser. De igual manera, nuestro verdadero llamado como seres humanos es tener una relación personal con Jesucristo y desarrollar el carácter de Cristo en nosotros. Sin Cristo, quizá alcancemos muchos logros a nuestro nombre. Es probable que nos convirtamos en muchas cosas admirables: un empresario exitoso, una madre amorosa, un padre dedicado. No obstante, si dejamos pasar nuestro verdadero llamado, nunca nos convertiremos en la persona para la que fuimos en un principio creadas para ser. Una oruga es interesante; pero una mariposa la sobrepasa grandemente en belleza y habilidad. ¿Ha tenido una vida de éxito mundano, pero ha dejado pasar su verdadero llamado?

presencia extrema

"¡No hace falta que nos defendamos ante Su Majestad! Si somos arrojados al horno de fuego, el Dios al que servimos puede librarnos del horno y de las manos de Su Majestad. Pero aun si nuestro Dios no lo hace así, queremos que usted sepa que no honraremos a sus dioses ni adoraremos la estatua de oro que edificó" (Daniel 3:16-18).

Día 334

¡No hay otro dios que pueda salvar de esta manera!

Daniel 3:29

La furia del rey aumentó contra los tres jóvenes. Se habían negado a inclinarse ante el ídolo que él mandó hacer para su nación, un crimen castigado con la muerte en el horno de fuego. "¡Aviven el fuego!", ordenó. "¡Yo lo quiero siete veces más caliente que lo acostumbrado!". Hizo que los hombres más fuertes de su ejército se acercaran y ataran las manos de los tres jóvenes. El horno rugía, y sus paredes resplandecían al rojo vivo como si se fueran a derretir. "¡Arrójenlos!", ordenó el rey.

El calor era tan fuerte, que mientras lo hacían, los soldados que los lanzaron al horno se quemaron. Los prisioneros se perdieron de vista en un instante, mientras las llamas brillaban demasiado para lograr ver dentro del horno.

Entonces, mientras observaban, Nabucodonosor de repente saltó asombrado. "¡Miren!", dijo. "Allí en el horno veo a cuatro hombres caminando por el fuego, sin ataduras y sin daño alguno, ¡y el cuarto tiene la apariencia de ser hijo de un dios!" (Daniel 3:25).

De repente, Nabucodonosor conoció sus limitaciones ante la presencia del único Dios verdadero.

Cuando hablamos de la lucha entre el bien y el mal, no nos referimos a una pelea entre iguales. El enemigo es poderoso, pero Dios es más poderoso; Satanás es fuerte, pero Dios es más fuerte. Satanás necesita enviar sus demonios a través del mundo para cumplir sus órdenes de maldad, en cambio, Dios por sí solo es omnipresente, totalmente presente en todos los lugares a cada momento. Aun así, las limitaciones del enemigo no son siempre tan obvias cuando estamos bajo la presión de la oposición. En esos momentos, el enemigo parece espeluznante, intimidante, consumidor, y nos olvidamos temporalmente del poder ilimitado de Dios. ¿Tiene usted sus ojos en el termostato cuando se encuentra en el horno del enemigo? ¿O se enfoca en la presencia de Dios y encuentra la fortaleza para soportar el calor?

aplauso extremo

Thomas Hauker, un joven caballero, brillante, bien favorecido y apuesto, no negaría su relación personal con Cristo. Por eso, fue sentenciado a morir en la hoguera.

Días antes de su ejecución, los amigos de Thomas fueron a visitarlo a su celda de la prisión inglesa. Uno de ellos dijo: "He oído que Dios le da una gracia especial a los que mueren en el fuego que les permite soportar las llamas. Espero por tu propio bien, que yo sea capaz de soportar esta crueldad hacia ti, ¿y podrías darnos alguna señal de estar soportándolo? Si no nos das señal, no creo que logre aguantar presenciar lo que te sucederá ese día".

Día 335

Thomas pensó por un momento y le dijo: "Si la intensidad del dolor es tolerable, antes de morir levantaré mis manos al cielo como indicación". El día de la ejecución, la multitud estaba alborotada por la promesa de Thomas. Mientras lo ataban al poste, habló con tranquilidad y gran cortesía a los hombres que pusieron la leña. Luego cerró los ojos y el fuego se encendió.

Así que no nos fijamos en lo visible, sino en lo invisible.

2 Corintios 4:18

Thomas continuó predicando a los que le rodeaban, pero pronto, por el rugido de las llamas, no pudo hacerlo. Todos estaban seguros de que había muerto. De repente, sus manos se alzaron sobre su cabeza a su Dios y, con alabanza y acción de gracias, aplaudió tres veces. Un grito se elevó de entre la multitud, luego Thomas se desplomó en el fuego y entregó su espíritu.

"Ya no lo soporto". Cuántas veces nos encontramos expresando nuestra frustración durante una pequeña prueba: un niño llorando, una puerta atascada, realizar un proyecto tarde en la noche porque se acerca la fecha de su entrega. Sin embargo, la historia de los mártires atormenta nuestros pensamientos triviales cuando sentimos la tentación de darnos por vencidos bajo presión. A menudo exageramos nuestros problemas y subestimamos nuestra capacidad de soportarlos. A decir verdad, Dios nos promete que no nos dará más de lo que podamos soportar. Es evidencia suficiente haber visto a Thomas, con sus manos elevadas en adoración, señalando su triunfo sobre las llamas. Cuando sienta que no puede soportar mucho más una situación específica, recuerde a Thomas, y recuerde la fidelidad de Dios. Él sabe con exactitud lo que usted puede soportar y lo que no puede.

Día 336

"Oh Dios, acepta todos mis sufrimientos, mi cansancio, mis humillaciones, mis lágrimas, mi nostalgia, el estar yo hambrienta, mi sufrimiento por el frío, toda la amargura acumulada en mi alma. Amado Señor, ten también misericordia de aquellos que nos persiguen y nos torturan día y noche. A ellos, concédeles también la gracia divina de conocer la dulzura y la felicidad de tu amor".

DE UNA CRISTIANA QUE CUMPLÍA UNA CONDENA EN EL CAMPAMENTO
DE TRABAJO FORZADO DE VORKUTA, EN SIBERIA

reformador extremo

ALEMANIA: MARTÍN LUTERO

El 31 de octubre de 1517, Martín Lutero clavó noventa y cinco declaraciones de la fe bíblica en la puerta de una iglesia en Wittenberg, Alemania. Luego pasó el resto de sus días a tan solo un paso de ser ejecutado. A pesar de este peligro, Lutero nunca evitó alguna oportunidad para argumentar la validez de la doctrina de las Escrituras contra la doctrina de las obras, la cual, se había apoderado de la iglesia en aquel tiempo.

Día 337

Predica la Palabra
[...] corrige, reprende
y anima con mucha
paciencia, sin dejar de
enseñar.

2 Timoteo 4:2

A pesar de que le habían advertido varias veces que no asistiera a la reunión en Worms, dijo: "puesto que he sido requerido, he decidido ir en el nombre de nuestro Señor Jesucristo; aun cuando sé que allí hay tantos diablos que se me oponen, como tejas en los tejados de las casas de Worms".

Cuando le ordenaron que revocara sus doctrinas, Lutero contestó: "Mi conciencia está comprometida y cautivada por esas Escrituras y la Palabra de Dios, así que no me retractaré de lo que dije antes, yo no considero que sea piadoso ni legal ir en contra de mi conciencia. Yo me mantendré firme en este fundamento. No tengo nada más que decir. ¡Dios tenga misericordia de mí!".

Él escapó de quienes querían matarlo, y mientras estaba escondido, tradujo las Escrituras al alemán. Aunque estaba en constante peligro, vivió hasta los sesenta y tres años de edad y murió por causas naturales.

Las personas son muy rápidas para emitir sus críticas a la iglesia por una cosa u otra. Como si estuvieran escribiendo una crítica sobre una obra musical en Broadway, los miembros de la iglesia están demasiado dispuestos a calificar un servicio de adoración como si fuera una obra de teatro: la música estaba demasiado alta, el culto fue muy corto, el lugar estaba helado, las bancas eran incómodas. Sin embargo, Lutero no era un crítico, aunque no apoyó a la iglesia establecida, la reprendió. Una reprensión es diferente a una crítica, pues la reprensión llama a una iglesia que se ha separado de las Escrituras a que regrese a la Palabra de Dios. Por el contrario, una crítica es un simple llamado a una opinión o preferencia humana. ¿Está usted ministrando cuidadosamente al cuerpo de Cristo como Lutero, o solo critica a la iglesia de Dios?

portador extremo

"La vida del hombre es una muerte continua, a no ser que Cristo viva en él".

Ignacio era un discípulo del apóstol Juan y había amonestado públicamente al emperador Marco Ulpio Trajano por adorar a los ídolos. Sin embargo, Trajano juró tomar venganza públicamente sobre Ignacio en respuesta a su vergonzosa reprensión.

Día 338

A Ignacio lo arrestaron y fue llevado a Roma. Cuando lo llevaban al foso de los leones, él le dijo a otro creyente: "Mi amado Jesús, mi Salvador, está tan profundamente grabado en mi corazón, que estoy seguro de que si abrieran mi corazón y lo cortaran en pedazos, el nombre de Jesús se encontraría en cada uno de ellos".

Cuando la multitud se reunió para presenciar su muerte, Ignacio se dirigió con audacia a la animada multitud diciendo: "Soy el trigo de Dios, los dientes de las fieras me van a moler para que sea hallado como pan puro por Cristo, quien es para mí el Pan de Vida".

En cuanto pronunció esas palabras, dos leones hambrientos lo devoraron.

Porque yo llevo tu nombre, SEÑOR, Dios Todopoderoso.

Jeremías 15:16

Ignacio vivió de acuerdo con su sobrenombre: Teóforo, que significa "portador de Dios". Llevó el nombre de Dios y su Salvador en sus labios hasta el último momento. A menudo decía: "El Cristo crucificado es mi único y completo amor". Y hasta el final encontró consuelo en esta sencilla verdad: "Como el mundo odia a los cristianos, así Dios los ama".

En algunos países, la tradición del matrimonio dice que una esposa debe llevar el apellido de su esposo como símbolo de su unión; ya no son dos personas, sino una. Cuando una pareja envejece junta, comienzan a compartir más que el mismo apellido. Comparten los mismos amigos e intereses, comienzan a terminar las oraciones uno del otro, y algunos, extrañamente, comienzan a parecerse físicamente el uno al otro... así de profunda es su intimidad. De igual forma, los que llevan el nombre de "cristiano" o "pequeño Cristo", desarrollan la misma intimidad: se vuelven uno con el Salvador. ¿Está portando bien el Nombre de Cristo? ¿Compartir el Nombre de Jesús, como Ignacio, lo inspira a vivir también de Sus sufrimientos, Su ministerio y Su vida?

otra pregunta extrema

ESTADOS UNIDOS: GUIONISTAS PARA NIÑOS

"No podemos hacer esa pregunta. ¡No sabemos la respuesta!".

Los guionistas trabajaban en un vídeo para niños llamado "Stephen's Test of Faith" (La prueba de fe de Esteban), en donde un niño viaja a través del tiempo para aprender la historia de la persecución. Se encontraban trabajando en una escena en la que los cristianos eran arrojados a los leones hambrientos después de haber sido acusados de incendiar Roma.

Día 339

"No podemos hacer que Stephen pregunte: 'Si Dios protegió a Daniel en el foso de los leones, ¿por qué no protegió a los cristianos en el Coliseo?', dijeron los guionistas.

¿Por qué protegería Dios a uno de sus hijos y permitiría que miles de otros perecieran? El guionista principal pensó y respondió: "La respuesta no es el problema; el problema es la pregunta. No debemos preguntar: '¿Por qué?', sino que debemos preguntar: '¿Estamos dispuestos?'. Daniel estaba dispuesto a morir ante los leones hambrientos, también los creyentes en los tiempos de Nerón. El hecho de que uno escapó de los leones y los otros no escaparon, no cambia la condición de sus corazones. Es nuestra obediencia a Dios la que crea el testimonio, no el hecho de haber sufrido por Él".

Y la paz de Dios, que sobrepasa todo entendimiento, cuidará sus corazones y sus pensamientos en Cristo Jesús.

Filipenses 4:7

Cuando Nabucodonosor iba a arrojar a Sadrac, Mesac y Abed-nego en el horno, ellos dijeron: "El Dios al que servimos puede librarnos del horno [...] pero aun si nuestro Dios no lo hace así, sepa usted que no honraremos a sus dioses ni adoraremos a su estatua" (Daniel 3:17-18).

Muchas personas hoy en día se preguntan el por qué. Hemos entrado a una nueva era de preguntas sin respuesta acerca de tragedias inexplicables. El mundo clama por respuestas a sus preguntas, pero todos sabemos que ninguna respuesta bastaría para sanar el dolor. Aun si supiéramos el por qué ocurrió la tragedia en cada situación específica para cada persona, haría muy poco para aliviar el dolor de nuestros corazones. En lugar de eso, necesitamos la fe de los compañeros de Daniel que dijeron que, aun si Dios decidía no actuar de la manera en que le habían pedido en oración que hiciera, permanecerían confiados en que Él iba a disponer todas las cosas para su bien. En lugar de preguntar por qué, rogando por entendimiento, debemos orar por paz que lo sobrepase.

herencia extrema

"¡Niños, agáchense!", gritó Anne Hutchinson cuando escuchó que la flecha pegaba con fuerza a su puerta. Después escucharon los terribles gritos de los nativos norteamericanos que rodeaban su casa. Más flechas parecían venir de todas partes, y ella escuchaba pisadas cerca de la ventana. "¡Te veré hoy, Señor!", dijo Anne.

Día 340

Cada generación celebrará tus obras y proclamará tus proezas.

Salmo 145:4

Anne Hutchinson era una mujer valerosa. A los veintitrés años de edad, ya había sido encarcelada tres veces por hablar sobre sus creencias puritanas. Los puritanos querían escuchar de la Biblia en sus cultos de la iglesia porque pocos cristianos en Inglaterra tenían una Biblia en idioma inglés.

Anne y su esposo, William, habían llegado a los Estados Unidos en 1634 buscando libertad religiosa, pero aun en Estados Unidos encontraron persecución por tener reuniones de adoración en su hogar. Las personas que apoyaban su ministerio habían sido arrestadas e incluso perdieron su derecho al voto.

A los cuarenta y seis años de edad y embarazada de su decimoctavo hijo, a Anne la condenaron y encarcelaron durante cuatro meses. Después de que la expulsaron de la colonia, su familia y sus amigos establecieron un nuevo poblado y una iglesia en Rhode Island.

Con su espíritu de pionera, Anne Hutchinson ayudó a hacer que la idea de libertad de adoración se convirtiera en un ideal estadounidense. Ella y cinco de sus hijos murieron a manos de sus atacantes indígenas. Ella se encontró con su Salvador con valor y fe, del mismo modo que vivió su vida.

La libertad nunca es gratis, siempre lleva un precio. Jesucristo fue el primero en pagar el precio máximo por la libertad religiosa, dándonos acceso a Dios a través de su muerte en la cruz. Él era el único que podía pagar el precio para liberarnos del pecado. Su muerte y resurrección establecieron verdadera libertad, y desde entonces muchos creyentes se han sacrificado por mantener el derecho de todo el mundo a experimentar libertad en Cristo. Los creyentes como Anne, han hecho que el sueño de la libertad religiosa sea una realidad en Estados Unidos. Nuestra herencia de sacrificio es muy valiosa. ¿Qué precio está usted dispuesto a pagar para que la siguiente generación experimente la libertad religiosa que usted disfruta? Pídale a Dios que le muestre cómo heredarla a la siguiente generación.

contrabandistas extremos

"Busca la cruz", escuchó decir el joven coreano llamado Kik a un aldeano.

Se corrió la voz a los que escapaban de Corea del Norte hacia China, que debían buscar un edificio con una cruz. Kik encontró uno finalmente, y con él, comida y ropa. También encontró una nueva relación con Jesucristo.

Día 341

Los miembros de la iglesia convirtieron a Kik en un discípulo de Cristo en tres meses. Pero Kik sabía que debía regresar a Corea del Norte con la finalidad de hablarles a otros de Jesús.

Kik y otro joven creyente llevaban cinco Biblias y comida para su viaje de regreso a Corea del Norte. Sin embargo, los guardias de la frontera los capturaron en cuanto cruzaron el río.

Los guardias descubrieron las Biblias que llevaba el amigo de Kik y lo mataron a golpes con un barrote. Luego se volvieron contra Kik, pero él logró escapar. Varios meses después, empezó a hablarles a otros de Cristo y comenzó una iglesia clandestina en Corea del Norte.

Poco tiempo después, Kik se dio cuenta de que necesitaba más Biblias para el número de creyentes que crecía con rapidez. Recordó cómo su amigo había dado su vida para llevar la Palabra de Dios de regreso a su patria. Cuando Kik decidió regresar a China para buscar más Biblias, los creyentes se preocuparon mucho por su seguridad.

Kik recordó el consejo que le dieron algún tiempo atrás. Así que les respondió: "Solo busquen la cruz".

> Como les he dicho a menudo, y ahora lo repito hasta con lágrimas, muchos se comportan como enemigos de la cruz de Cristo.
>
> **Filipenses 3:18**

La cruz es controversial. Muchas personas hablarán de religión, pero la cruz los hace sentirse molestos e incluso los ofende. A Kik le dijeron que buscara la cruz para obtener seguridad. Sin embargo, Kik no se dio cuenta que sus enemigos buscaban la misma señal y con buena razón. Ellos sabían que los cristianos se congregan bajo el símbolo de la cruz. Como se oponían al cristianismo, la cruz se convirtió en su enemiga. Nuestro enemigo espiritual ve la cruz con indignación, temor y odio fervientes. ¿Está usted recurriendo a la cruz con la misma intensidad expresada en gozo, esperanza y gratitud? Su enemigo está enfocado directamente en la cruz, como cuando un oponente planea un ataque. ¿Está usted igual de enfocado en proteger, servir y amar la cruz?

unidad extrema

"Cuando vi los aviones estrellarse contra las torres gemelas del World Trade Center el 11 de septiembre, me vinieron a la mente recuerdos dolorosos", dijo Nus Reimas, secretario general de la Asociación Evangélica de Indonesia.

Día 342

¡Cuán bueno y cuán agradable es que los hermanos convivan en armonía!

Salmo 133:1

"Hace más de un año, cientos de musulmanes bien armados, que decían estar vinculados con Osama bin Laden, atacaron nuestras islas Molucas. Su misión era eliminar a todos los cristianos". Se estima que más de seis mil personas murieron, además de eso, a quinientos mil residentes los echaron de sus hogares por medio de disparos e incendios incesantes. "Los musulmanes asesinaron a treinta y ocho parientes míos", dijo Reimas pensativamente.

En una entrevista publicada en la edición del 22 de octubre de 2001 del *Christianity Today* (El Cristianismo hoy), Reimas expresó lo difícil que le resultaba aplicar 1 Tesalonicenses 5:18: "Den gracias a Dios en toda situación, porque esta es la voluntad de Dios para ustedes en Cristo Jesús". El dolor era inmenso y parecía que la recuperación nunca llegaría, sin embargo, por la gracia de Dios, Reimas ha resuelto que él vivirá lo que enseña la Palabra de Dios.

"Solo así pude ponerme de pie y enfrentar la situación. Nadie espera que sucedan cosas como estas, pero ocurren". Reimas ahora organiza reuniones entre muchos líderes cristianos de diferentes denominaciones. Al igual que muchas personas de todos los estilos de vida en los Estados Unidos se han unido para apoyar y orar, muchos líderes cristianos se reúnen para orar y tener comunión en Indonesia. Reimas sonríe mientras reflexiona: "Esto nunca antes había ocurrido".

Nunca habíamos pasado por algo así, se ha desplomado el sentido de la decencia humana: las Torres Gemelas destruidas, el ántrax, la bandera estadounidense tendida sobre los daños hechos en el Pentágono… Creímos que el dolor y las cicatrices del 11 de Septiembre servirían como recuerdos permanentes del pasado y nos motivarían a tener un mejor futuro. Pero el "camino estrecho" es difícil de seguir. La "puerta amplia" y el "camino ancho" son caminos más fáciles de recorrer y nos tientan a regresar a lo que ya conocemos. Después de que todo se ha dicho y hecho, sabemos una cosa: un determinado momento no marca el camino ni establece el rumbo. Solamente empezando desde donde estamos y manteniendo nuestros ojos en Cristo, es que podemos seguir por el "camino angosto que nos conduce a la vida" (Mateo 7:14).

Día 343

"La locura, las inquietudes acerca de mi familia, la tensión constante, todo me destruye. No obstante, si me hacen enloquecer o si permanezco cuerdo, acepto todo lo que Dios envía, como un niño que acepta todo de la mano de su padre. La cobardía no es razonable. En el manicomio, a menudo he pensado que la voluntad de Dios mantiene intacta la libertad del hombre".

DEL HERMANO SHIMANOV,
ENCERRADO EN UN HOSPITAL PSIQUIÁTRICO RUSO DEBIDO A SU FE.

"pérdida" extrema

CHECOSLOVAQUIA: EL HERMANO ZAVARSKY

Al final, la frustración ya era demasiada. "¡Dedico todo mi tiempo haciendo trabajos forzados!", se quejaba el prisionero checo, el hermano Zavarsky. "Durante diez horas al día tejo cestas que los comunistas venden por buen dinero. ¿Por qué estudié tanto para ser pastor? Esos miserables que se encuentran ahora al servicio del comunismo tienen altas posiciones en la iglesia, predican, aconsejan, alimentan a la congregación; y yo sufro".

Día 344

"¿Por qué te quejas?", dijo otro cristiano en la cárcel. "Dios no necesita de tus sermones ni de tu teología, los títeres del comunismo hacen este trabajo fuera de prisión. Sin embargo, ellos no pueden experimentar los sufrimientos del Salvador. Esta es la promesa principal que uno debiera hacer cuando nos hacemos oficialmente ministros. ¿Acaso nunca predicaste acerca de soportar sufrimientos por Cristo? Agradece a Dios que te ha dado la oportunidad de alcanzar el elemento más valioso de cualquier sermón".

Reprendido, Zavarsky no se quejó más por estar en la cárcel ni por los largos días de trabajos forzados. Después de salir de la cárcel, Zavarsky no pudo continuar su trabajo como pastor porque su encarcelamiento lo dejó muy enfermo. Aun así, las personas que lo visitaban en su cama no encontraban a un hombre derrotado ni frustrado. Ellos veían a un hombre cuyo rostro resplandecía de amor por el Salvador. Él confesó que su vida no se había perdido ni le había sido robada. La había entregado voluntariamente a fin de ayudar a Jesús a cargar Su cruz.

Es más, todo lo considero pérdida por razón del incomparable valor de conocer a Cristo Jesús, mi Señor. Por él lo he perdido todo.

Filipenses 3:8

¿A qué se debe que algunas personas voluntariamente sufren pérdidas económicas en un acuerdo comercial con el propósito de dar con generosidad? ¿A qué se debe que algunas personas dejan su patria cristiana para vivir en un país extranjero no cristiano? ¿A qué se debe que alguien muere en lugar de rendirse a la tentación? Es por un compromiso extremo hacia Cristo. Ellos ven una oportunidad de "ganancia espiritual" en cada "pérdida personal". Ellos están dispuestos a aceptar una pérdida personal arruinando su economía, sus planes, su comodidad y conveniencias a fin de hacer avanzar el Reino de Dios. ¿Cómo expresa usted su devoción extrema? ¿Piensan otros que usted está loco por que ven el nivel de su compromiso? "Perderlo todo" por Jesús significa una ganancia celestial.

revolucionarios extremos

PERÚ: MARÍA ELENA MOYANO

Lo que los hizo enojar de verdad, lo suficiente como para asesinarla, era que esta mujer cristiana había sido antes una terrorista como ellos.

María Elena Moyano había gritado con ellos a favor de la revolución en Perú. Intercedía para alimentar a los campesinos usando el poder de un rifle. Fue entonces que conoció a Jesucristo y encontró una clase de revolución diferente: una revolución de amor en su corazón.

Se convirtió en alcaldesa asistente del barrio pobre más grande de Lima. Organizó esfuerzos de gran alcance para ayudar a los más pobres de los pobres, alimentando a los hambrientos, cuidando a los enfermos y atendiendo a los huérfanos.

"Los guerrilleros nos llaman los 'bomberos de la revolución cristianos'",dijo ella, "pues dicen que nosotros extinguimos los fuegos que ellos prenden. Ellos quieren que la población carezca de comida, esperando que así el pueblo se levante en armas. Sin embargo, no debemos temer al terror. Debemos oponernos a la injusticia y al salvajismo a fin de ayudar a los necesitados".

María sabía que sufriría, pero también sabía que necesitaba compartir las penas de Cristo antes de disfrutar de Su gloria. Los terroristas maoístas atacaron con violenta ira, haciendo explotar el edificio donde se almacenaba la comida para los pobres. "Algunas veces tengo miedo", dijo María, "pero insisto que nunca debemos recurrir a la violencia. Es difícil derrotar al terrorismo, pero no es imposible".

Enojados por la eficacia del trabajo de María e incapaces de detenerla, los guerrilleros la mataron el 1 de febrero de 1992.

Día 345

Por eso los fariseos comentaban entre sí: "Como pueden ver, así no vamos a lograr nada. ¡Miren cómo lo sigue todo el mundo!".

Juan 12:19

Los fariseos no eran en sí expertos en tácticas. Igual que los terroristas en Lima, su estrategia para desalentar a las personas de seguir a Cristo les trajo resultados inesperados. Tanto los fariseos como los terroristas trabajaron duro por la lealtad del pueblo. Los fariseos trataron de privar de alimento a las almas de las personas, mientras que los terroristas trataron de privar de alimento a los estómagos de las personas. Sin embargo, las personas en Jerusalén y las personas en Perú siguieron las enseñanzas revolucionarias de Jesús por igual. Mientras más fuerte trabaja la oposición contra Jesús, más resulta en el avance de Su causa. La oposición quizá trabaje en su contra y en contra de sus esfuerzos, pero nunca lo derrotará cuando trabaje para el Reino de Dios. Es más, la oposición tal vez, sin darse cuenta, trabaje a su favor.

prueba extrema

Andando de un lado a otro por el pequeño salón de la iglesia, el capitán ruso indicó con la cabeza hacia la cruz en la pared. — Usted sabe que eso es una mentira —dijo él—, es solo un truco que ustedes los ministros utilizan para engañar a los pobres y hacer más fácil que los ricos den dinero a la iglesia. Vamos, estamos solos, admita que realmente nunca ha creído que Jesucristo es el Hijo de Dios.

Día 346

El pastor "Jorge" miró a la cruz y luego sonrió. —Desde luego que lo creo. Es cierto.

—¡Yo no permitiré que se burle de mí! —gritó el capitán, sacando el revólver de su funda a su costado y lo sostuvo cerca del cuerpo del ministro—. A menos que usted admita que todo eso es una mentira, le dispararé.

—No puedo admitir eso, pues sería una mentira —dijo "Jorge"—. Nuestro Señor es realmente el verdadero Hijo de Dios. Dispararme no cambiará eso.

El capitán arrojó el revólver al piso. El pastor se sorprendió cuando el soldado lo agarró por los brazos con lágrimas en sus ojos.

—¡Es cierto! —gritó el capitán—. Es cierto. Yo también lo creo. No podía asegurar que los hombres morirían por esta creencia hasta que lo averiguara por mí mismo. ¡Oh, gracias! Usted ha fortalecido mi fe. Ahora yo también puedo morir por Cristo. Usted me mostró cómo hacerlo.

Aceptamos el testimonio humano, pero el testimonio de Dios vale mucho más, precisamente porque es el testimonio de Dios, que él ha dado acerca de su Hijo.

1 Juan 5:9

Los mártires se encuentran en cualquier religión; nosotros decimos que estamos dispuestos a morir por nuestra fe, y ellos dicen que están dispuestos a morir por la suya. ¿Cómo prueba su fe un mártir cristiano más que un extremista musulmán? No lo hacemos. El que los musulmanes estén dispuestos a morir por su fe no prueba la veracidad de su religión, al igual que nuestra buena voluntad no prueba el cristianismo. Solo Dios prueba que Él es el verdadero Dios. Nosotros declaramos la verdad. Pero Dios es la verdad. El testimonio que Dios da sobre Su Hijo es mucho más poderoso que el que usted puede dar de sí mismo. Otros pueden mostrarle cómo morir por Jesús, pero solo Dios puede darle la completa seguridad de que vale la pena hacerlo.

gratitud extrema

PAISES BAJOS: HANS

Hans se distinguía como un dedicado estudiante de la Biblia en Antuerpia, una ciudad en los Países Bajos. Incluso pasaba los domingos instruyendo a nuevos creyentes. Sin embargo, Hans y su madre eran considerados como una amenaza. Ellos eran anabaptistas y sus creencias hacían que fueran vistos como herejes ante los ojos de los líderes religiosos.

Día 347

¡Pero gracias a Dios, que nos da la victoria por medio de nuestro Señor Jesucristo!

1 Corintios 15:57

En 1577, el alguacil y sus oficiales arrestaron a Hans y a muchos otros, pero su madre logró escapar. Los líderes religiosos torturaron a Hans, tratando de forzarlo a retractarse de sus creencias anabaptistas; pero él no se dio por vencido a pesar de la cruel tortura.

Durante su encarcelamiento en un frío, húmedo y solitario calabozo en el castillo de Antuerpia, escribió cartas de aliento a su familia y a sus amigos. Hans escribió la siguiente carta:

"Mi muy amada madre, me alegra decirte que estoy bien según la carne. No obstante, en el espíritu, le doy gracias al Señor que me fortalece por medio de Su Espíritu Santo, para que mi mente sea inmutable. Porque solo de Él esperamos la fortaleza para resistir a estos crueles lobos, de modo que no tengan poder sobre nuestras almas".

Poco tiempo después, Hans fue llevado delante del tribunal donde proclamó su fe con denuedo. Entonces fue sentenciado a morir en la hoguera. Su carta testificó de su firme gratitud a Cristo por proteger y salvar su alma.

"Dios es grande, Dios es bueno, démosle gracias por nuestros... ¿sufrimientos?" Esa no es la oración infantil de bendición que estamos acostumbrados a escuchar. La frase en sí es disonante a nuestros oídos, pero nos recuerda cuán disonante es el principio a nuestros corazones. Preferiríamos mucho más darle gracias a Dios por nuestra comida que por nuestras pruebas. Del mismo modo, Hans expresó su gratitud por haber sufrido en una extraña carta de agradecimiento. Sin embargo, esa es la oración sincera de un mártir cuyos sufrimientos lo hicieron el hombre que siempre deseó ser. ¿Está usted exactamente donde quiere estar por Cristo? ¿Está dispuesto a darle gracias a Dios por permitir lo que sea necesario, incluso sufrimientos intensos, para llevarlo a esa victoria?

llamado extremo

"Me pregunto si habrá algún muchacho aquí que... lleve el Evangelio a los caníbales", decía la carta, lanzando un reto a la iglesia de James Chalmers. James determinó ser ese muchacho.

En 1866, Chalmers y su joven esposa viajaron por barco hacia los Mares del Sur y naufragaron en Rarotonga, donde se establecieron. Once años más tarde, salieron hacia Papúa-Nueva Guinea y fueron afectuosamente recibidos en una aldea de caníbales llamada Suau.

Día 348

Chalmers comenzó a viajar a lo largo de la costa. En una de sus paradas, los nativos lo rodearon y le exigieron hachas y cuchillos. De lo contrario, los matarían a él y a su esposa. Chalmers se mantuvo firme y los nativos respetaron su determinación. Incluso le pidieron disculpas al siguiente día y pronto se hicieron amigos.

En 1879, su esposa murió. James estaba devastado y le dijo a un amigo: "Permíteme sepultar mi dolor trabajando para Cristo".

Chalmers regresó a Inglaterra dos veces a fin de descansar, solo para convencerse aun más de su llamado. "No puedo descansar cuando existen cerca de nosotros tantos miles de salvajes que no tienen conocimiento de Dios".

El 7 de abril de 1901, Chalmers, Oliver Tompkins y un grupo de ayudantes viajaron a la isla de Goaribari. A la mañana siguiente él y Tompkins desembarcaron y los llevaron a un gran edificio. Una vez dentro, los nativos mataron a los hombres y los cocinaron ese mismo día.

Así que les pido que no se desanimen a causa de lo que sufro por ustedes, ya que estos sufrimientos míos son para ustedes un honor.

Efesios 3:13

¡Qué deprimente! Es comprensible que cuando leemos historias de mártires como la de James Chalmers, nuestra reacción natural sea de empatía, y a la vez pena, y aun vergüenza. ¡Qué desperdicio! Sin embargo, debemos examinar sus historias con más cuidado. Chalmers dio su única vida terrenal para declarar vida eterna a muchos otros. Chalmers no consideró que su martirio fuera un tonto error. ¿Por qué deberíamos desalentarnos? Cuando nuestros sufrimientos terrenales llevan la gloria y el honor celestial un paso más cerca de los perdidos, nada es en vano. El sufrimiento se convierte en una parte incomprensible del plan de Dios —para usted y para otros. ¿Está dispuesto a soportar el dolor terrenal con el fin de llevar la oportunidad del cielo a otros?

resistencia extrema

El hombre tomó a la mujer indonesia y le gritó al rostro: "¡Diga: *Alá akbar!* (Alá es grande) ¡Solo dígalo!". Sin embargo, la joven Sutarsi Selong no quiso ceder y deshonrar a su Dios verdadero.

Día 349

Con furia, él metió a la fuerza la pistola en la boca de Sutarsi. Sus ojos se agrandaron, pero aún así no se rindió. Batallando con su pistola, el hombre apretó el gatillo. La bala pasó a través de la mejilla izquierda de Sutarsi. Ella se tambaleó y luego recobró el equilibrio. Pero el enojado activista no estaba satisfecho y sacó su bayoneta, cortándole el rostro.

Sutarsi Selong es una de muchas cristianas en las Islas de las Especias de Indonesia que fueron atacadas por un grupo de fanáticos musulmanes llamados los *laskar yihad*, o guerreros santos. Selong y sus compañeros creyentes sabían que los guerreros santos que se visten con túnicas blancas y se confunden entre la gente pronto los atacarían. Se reunieron en la Iglesia Nita, la cual está rodeada por un muro de más de dos metros de altura, y varios se turnaron para vigilar.

Firme está, oh Dios, mi corazón; firme está mi corazón.

Salmo 57:7

Cuando llegaron los guerrilleros islámicos, los cristianos trataron de rendirse pacíficamente. No obstante, su bandera blanca fue derribada con una espada y en pocos minutos explotó la violencia. Esta escena se ha vuelto cada vez más común en las islas de Indonesia a medida que las fanáticas facciones islámicas incitan a la violencia, queman iglesias y matan a los creyentes.

Gracias a Dios, muchos cristianos en Indonesia, como Sutarsi Selong, se niegan a rendirse. Resisten las demandas que les hacen los guerreros yihad de abrazar el islam y negar a Cristo.

¿No sucumbiremos ni tan solo un poco? ¿Ni un poquito? ¿Qué daño hace? El enemigo puede burlarse de nosotros así como los musulmanes fanáticos lo hicieron con Sutarsi. No obstante, ella no quiso rendirse en lo más mínimo. Asimismo, no podemos darnos el lujo de un compromiso al estilo de una cafetería: cediendo un poco por aquí y por allá cuando la tentación es insoportable. No podemos escoger cuándo es bueno rendirnos al enemigo y cuándo no. Debemos permanecer firmes. Mantenerse firmes no significa que usted tiene menos probabilidades de rendirse ante el enemigo. No significa que usted se esforzará más duro. Sino que Dios le dará un corazón firme para que usted no se rinda. Así de simple. Pídale a Dios hoy un corazón firme.

"*Yo no vine aquí para sentarme en silencio con mis manos descansando en mi regazo. Yo vine para hablar acerca de Cristo*".

GALINA VILCHINSKAYA, UNA PRISIONERA DE VEINTITRÉS AÑOS DE EDAD A PRINCIPIO DE LOS AÑOS '80. LA ARRESTARON POR ENSEÑAR A LOS NIÑOS EN UN CAMPAMENTO DE VERANO CRISTIANO.

recompensa extrema

Día 351

En el norte de Nigeria, los musulmanes instituyeron la ley sharía: el más estricto de los códigos legales islámicos. Los cristianos conforman la mayoría de la población de Nigeria, así que los líderes islámicos insisten que la ley solo se aplica a asuntos internos de los musulmanes. Sin embargo, los cristianos lo saben mejor que nadie. Cientos de sus iglesias han sido destruidas y si las reconstruyen, las queman de nuevo. Muchos cristianos están siendo martirizados.

En la ciudad de Kaduna, al norte de Nigeria, un líder de la iglesia afirma que los extremistas musulmanes han ofrecido una recompensa por la vida de todos los líderes cristianos, prometiendo cien mil nairas (como mil dólares) por cada uno que maten. De la misma manera, también hubo una recompensa por la vida de Cristo, Él fue traicionado por tan solo treinta monedas de plata.

Con la continua amenaza, algunos creyentes están considerando defenderse. Sin embargo, un líder cristiano desafió hace poco a los creyentes en Kaduna: "En medio de esto necesitamos recordar la enseñanza de nuestro Señor acerca de cambiar el mal en bien y sufrir con paciencia enfrentando lo que está ocurriendo. Y debido a que Nigeria se proclama como una democracia, hay una responsabilidad para los cristianos de asegurar que todos sean tratados con justicia e igualdad".

Cristo nos entregó un desafío similar hace casi dos mil años: "Ama al Señor tu Dios [...]. Este es el primero y el más importante de los mandamientos. El segundo es similar a este: 'Ama a tu prójimo como a ti mismo'" (Mateo 22:37-39).

Amen a sus enemigos, hagan bien a quienes los odian, bendigan a quienes los maldicen, oren por quienes los maltratan.

Lucas 6:27,28

Cumplir el mandamiento de Cristo de amar a nuestro prójimo como a nosotros mismos es bastante difícil. Es aun más difícil seguir el mandamiento de Cristo de amar a nuestro prójimo cuando éste está en nuestra contra. Todos sabemos lo que se siente. Es posible que usted tenga un compañero de trabajo que está empeñado en sabotear su trabajo, quizá tiene un maestro que lo hostiga sin una razón aparente, o tal vez tenga la bendición de un supuesto amigo que parece extrañamente complacido cuando las cosas van mal en su vida. Jesús sabe qué se siente cuando se tiene a otros celebrando sus sufrimientos. ¿Cómo se puede amar a los que pagarían por verlo sufrir? Algunos quizá se complazcan en verlo avergonzado. Sin embargo, en este aspecto, su obediencia a Dios no tiene precio.

siervos extremos

ARABIA SAUDITA: ESKINDER MENGHIS

Era medianoche cuando los oficiales irrumpieron en su hogar y despertaron con brusquedad a Eskinder Menghis, a su esposa y a sus tres hijos. Salieron para encontrar agentes del Ministerio del Interior de Arabia Saudita registrando su casa de arriba abajo.

Día 352

"¿Qué están haciendo? ¡No tienen derecho a destruir nuestro hogar de esta manera!".

"¡Y usted no tiene derecho a practicar su religión en la tierra de Mahoma! Antes de que vinieran se les advirtió que abandonaran su religión". El oficial empujó a Eskinder por la puerta mientras los otros recogían las Biblias, himnarios, álbumes de fotografías, casetes y cualquier otra cosa que pudiera utilizarse como evidencia.

A Eskinder lo llevaron a la estación de policía para interrogarlo, dejando atrás a su esposa y a sus hijos aterrorizados. Eskinder y su familia son cristianos etíopes. Son unos de los muchos extranjeros que constituyen la tercera parte de la población de Arabia Saudita, trabajando en el país rico en petróleo. Muchos de estos extranjeros son cristianos que se enfrentan a un aprieto terrible cuando se refiere a testificar de su fe.

Muchos cristianos nunca tienen la intención de practicar su fe cuando van a trabajar a un país musulmán. Aun así, una vez que están bajo la oscura nube del islam, comienzan a mirar hacia el cielo y a buscar comunión con otros creyentes a su alrededor. Muchos incluso comienzan a testificarles a sus jefes musulmanes. En Arabia Saudita, convertir a un musulmán al cristianismo implica la pena de muerte para ambos.

Porque somos hechura de Dios, creados en Cristo Jesús para buenas obras, las cuales Dios dispuso de antemano a fin de que las pongamos en práctica.

Efesios 2:10

Donde los misioneros (con estudios y entrenamiento en misiones) no pueden entrar, los siervos cristianos dedicados a Dios las veinticuatro horas del día entran en la escena. Ellos llevan un poderoso e inigualable testimonio a uno de los países más restringidos del mundo. Son cristianos comprometidos, encubiertos hábilmente como simples ingenieros en los campos de petróleo de Arabia Saudita. Su misión es clara, aunque sus métodos son secretos. Su testimonio es fuerte, pero secreto. Su objetivo es presentar el Evangelio siendo un siervo: un compañero de trabajo solidario y diligente, y un generoso vecino en su hogar. Nuestra misión es apoyarlos a través de la oración. Todos somos siervos haciendo nuestra parte, a fin de llevar al mundo a la fe en Cristo. Aquellos misioneros como Eskinder en Arabia Saudita están haciendo su trabajo. ¿Está usted haciendo el suyo?

testigo extrema

"¡Mátenla! ¡Larga vida a Diocleciano!", los gritos retumbaban en los oídos de Zoe mientras estaba de pie en medio del Coliseo ante la furiosa multitud.

Zoe pensó en la razón por la que estaba allí y sonrió. Recordó el día en que visitó a su esposo en la cárcel donde trabajaba, cuidando a los cristianos encarcelados por negarse a ofrecer sacrificios a los dioses romanos. Zoe creció escuchando que los cristianos estaban equivocados y seguían una superstición mortal. Que habían incendiado Roma durante el reinado del emperador Nerón y que habían obtenido el castigo que merecían: fueron clavados a cruces y arrojados a los leones.

Día 353

Sin embargo, ese día en la cárcel Zoe observó a una familia cristiana orando juntos: "Amado Señor, permite que nuestra muerte glorifique tu nombre. Nosotros perdonamos a quienes nos encarcelaron". Zoe salió desconcertada de la cárcel. ¿Por qué tenían tanta paz esos cristianos, sabiendo que pronto se enfrentarían a los leones?

Zoe comenzó a reunirse en secreto con esta familia y a preguntarles acerca de su fe. Al poco tiempo, ella entregó su corazón a Jesús.

La noticia de la nueva fe de Zoe se difundió con rapidez y se enviaron guardias a su casa para darle la oportunidad de rechazar su fe y ofrecer sacrificios al dios Marte. Ella se negó a hacerlo. Los guardias la encadenaron y la llevaron a la misma cárcel donde su esposo estaba de guardia.

Cuando Zoe continuó sin negar su fe, fue ahorcada, quemada y arrojada a un río.

> Les anunciamos lo que hemos visto y oído, para que también ustedes tengan comunión con nosotros.
>
> **1 Juan 1:3**

¿Quién es el testigo extremo en esta historia? ¿Es la familia que oró antes de que fueran arrojados a los leones? ¿O fue Zoe, quien no rechazó su nueva fe ante los guardias? La respuesta es afirmativa a ambas preguntas. La familia, en su camino a salir de este mundo, llevó a otra persona al cielo. La familia cristiana y Zoe se convirtieron en testigos extremos por Cristo y dejaron una huella imborrable en las páginas de la historia. Sin ellos, Zoe habría quedado en el olvido siendo la esposa pagana de un guardia pagano de la cárcel. La historia no habría prestado atención a esa familia entre las miles de familias que fueron asesinadas. Sin embargo, vale la pena recordar a una persona ordinaria con una fe extraordinaria. ¿La vida que usted lleva, lo colocaría en las páginas de la historia como un testigo extremo por Jesucristo?

prisionera extrema

—Lo está diciendo mal —instruyó el irritado guardia a la anciana creyente china—. Usted debe decir "La cárcel es buena", no "Jesús es bueno".

—Pero la cárcel no es buena —dijo Ling sonriendo—. Ese es el punto. ¿Se supone que yo mienta?

—¡Entonces haga cincuenta flexiones de brazos! —ordenó frustrado el guardia comunista—. Igual que ayer.

Al Ling, de setenta años de edad, hizo sus flexiones de brazos y regresó a su campamento. El esposo de Ling había sido arrestado por difundir el Evangelio y ya había fallecido. Ahora ella estaba en la cárcel por hablarles a sus compatriotas chinos sobre el amor de Cristo.

"¡La comida es buena, la cárcel es buena!", gritaban por obligación los prisioneros siguiendo las instrucciones después de un día duro de trabajo en el campo.

—¡Jesús es mejor! —resaltó una fuerte voz entre la multitud.

—Al Ling, ¿quiere más flexiones hoy? —preguntó el guardia.

—Yo quiero que usted sepa cuánto lo ama Jesús —respondió ella sonriendo.

Ella estaba entusiasmada por la oportunidad de decirles a los guardias comunistas y a los demás prisioneros qué tan bueno era Jesús, incluso si ello significaba hacer sus flexiones de brazos diariamente.

Día 354

Pero tengan en cuenta que no hay por qué preparar una defensa de antemano, pues yo mismo les daré tal elocuencia y sabiduría para responder, que ningún adversario podrá resistirles ni contradecirles.

Lucas 21:14,15

Al Ling no era una teóloga, ni una gran oradora. Sin embargo, con sus inocentes, firmes, e inclusive cómicas respuestas, logró desconcertar a los enemigos comunistas. Nosotros podemos jugar mentalmente, preguntándonos qué diríamos o qué haríamos si estuviéramos en la misma situación. Póngase en su lugar. Jesús nos recuerda que no debemos preocuparnos por lo que diremos cuando se nos pida que defendamos la fe. No se nos pide que demos un discurso preparado con antelación. Se nos pide que confiemos de Él para tener palabras de sabiduría en el instante en que más las necesitemos. Cuando llegue ese momento, Dios le dará las palabras que deba decir para ser un testigo eficiente por Su causa.

sufrimiento extremo – primera parte:

SUDÁN: KAMERINO

Por fin la abuela permitió que su hambriento nieto de diez años de edad fuera a buscar comida. Conocía los peligros que había fuera de la aldea e insistió que regresara a casa antes de anochecer.

Kamerino y sus amigos llevaban caminando varios kilómetros recogiendo frutos silvestres cuando de repente escucharon a los soldados que les gritaban. Asustados, los niños corrieron a un campo con hierba alta y se agacharon. Los soldados le prendieron fuego al campo y esperaron a que los niños salieran corriendo.

Día 355

Los cristianos en Sudán han sido desplazados dentro de su propio país por sus creencias religiosas. Muchos han huido de los crueles ataques islámicos llevando únicamente la ropa que tenían puesta.

Las llamas rápidamente alcanzaron a los niños, y ellos no tuvieron otra opción que correr para salvar sus vidas. Solo tres de los niños salieron del campo, Kamerino se quedó.

Cuando se apagó el fuego, después de haber capturado a los otros tres niños, los soldados caminaron hasta donde yacía Kamerino. El dolor abrasador hacía que su cuerpo se encorvara en posición fetal. El cuerpo quemado del niño no se movía y lo dieron por muerto, otra baja cristiana. O así pensaron ellos.

Dedíquense a la oración.

Colosenses 4:2

Por algún milagro, Kamerino salió arrastrándose de aquel campo y otros aldeanos lo descubrieron y lo llevaron de regreso a la casa de su abuela. Grandes partes de su cuerpo estaban extremadamente quemadas. No había nada que hacer por Kamerino, más que orar por sus sufrimientos.

Los cristianos en Sudán ponen el poder de la oración en otro punto de vista. Sus sufrimientos y peligros diarios han reducido su dependencia en sí mismos y aumentado su dependencia en Dios. La oración es todo lo que les queda a muchas familias en Sudán. Es una propuesta atemorizante y un lugar maravilloso en donde estar. No es probable que digamos que Dios es todo lo que necesitamos, a no ser que Él sea todo lo que tengamos. De otra manera, confiaríamos enseguida en nuestras propias habilidades. La oración, lo que más debemos hacer, es lo que menos solemos hacer. Dios lo está llamando a la oración extrema en estos tiempos extremos. ¿Qué tan a menudo confía en la oración como si no hubiera otra cosa que hacer excepto orar?

sufrimiento extremo - segunda parte:

SUDÁN: KAMERINO

Un equipo misionero estadounidense viajaba a través de Sudán distribuyendo comida, frazadas y Biblias, así como exhibiendo la película de JESÚS. Todo marchaba según lo planeado hasta que su camión se atascó en un río y perdieron un día de trabajo.

Los misioneros encomendaron los acontecimientos a Dios y le pidieron que guiara su camino. Sabiendo que tendrían que acortar su viaje para alcanzar su fecha límite, decidieron visitar la aldea más cercana. Poco tiempo después de llegar, varias mujeres se acercaron corriendo a los visitantes extranjeros. En un inglés deficiente les gritaban: "¡Vengan pronto... nuestro niño... necesitan ayudar... vengan rápido!".

El equipo siguió a las mujeres hasta un edificio pequeño y oscuro. En el piso encontraron a un niño pequeño que yacía sin moverse y envuelto en una frazada harapienta. Cuando quitaron la frazada, descubrieron las severas quemaduras que cubrían el cuerpo de Kamerino.

De inmediato y con cuidado, llevaron a Kamerino a su camión y condujeron hacia el hospital ubicado a ochenta kilómetros de distancia. Allí, el niño recibió rápidamente el tratamiento que tanto necesitaba. Actualmente los ojos de Kamerino se llenan de lágrimas cuando recuerda cómo fue rescatado por la oración y la providencia. Él conoce el amor de Cristo y su poder de sanar y, por primera vez en muchos meses, sonríe.

Los misioneros también dan gracias a Dios porque después de estar rodeados de tanta muerte y sufrimiento en Sudán, les permitió salvar la vida de un valiente niño de diez años de edad.

Día 356

Él les enjugará toda lágrima de los ojos. Ya no habrá muerte, ni llanto, ni lamento ni dolor, porque las primeras cosas han dejado de existir.

Apocalipsis 21:4

Kamerino trae un nuevo significado a la frase: "continuará". Su vida parecía estar destinada a un sufrimiento interminable, viviendo su vida envuelto en una frazada hecha harapos. Sin embargo, la segunda parte demostró ser un final feliz y un recordatorio de la gracia de Dios. No obstante, su historia no termina aquí. La tercera parte aún no se ha escrito. Un día, Kamerino experimentará la sanidad suprema: un hogar celestial donde no hay sufrimiento ni dolor. La vida en la tierra se pondrá peor en vez de mejorar. Pero Dios entrará a la peor situación que se pudiera imaginar y exigirá el final de todo sufrimiento. Entonces todos nos iremos a nuestro hogar celestial. Si usted está atravesando por un dolor inconcebible en estos momentos, recuerde a dónde será conducido en última instancia.

Día 357

"La religión es únicamente hacer la voluntad de Dios y no la nuestra. El cielo o el infierno dependen solo de esto".

SUSANNA WESLEY, MADRE DE JOHN Y CHARLES WESLEY

pastor extremo - primera parte:

COREA DEL NORTE: EL PASTOR IM

—Ustedes podrán destruir mi cuerpo, mas no mi alma —respondió el valiente pastor coreano al ejército comunista invasor de Corea del Norte—. Yo no pondré propaganda marxista dentro de mis sermones. Yo sé que ustedes han sacado de sus hogares a otros pastores durante la noche y los han torturado al no obedecer sus órdenes, pero no me importa lo que hagan con mi cuerpo.

Día 358

El enojo del agente aumentaba a medida que hablaba el pastor Im. Entonces dijo disgustado:

—Si no se preocupa por usted mismo, entonces, piense en su familia. Ellos también morirán.

El pastor Im titubeó. Esperaba que le hicieran daño a él, pero no había considerado a su familia. Él conocía la decisión que debía tomar y respondió con calma al agente comunista:

—Preferiría que mi esposa y mis hijos murieran por sus rifles, sabiendo que ellos y yo nos mantuvimos fieles, que traicionar a mi Señor y así evitar que mueran.

—¡Llévenselo! —ordenó el agente.

Al pastor Im lo encerraron en una celda oscura de la cárcel durante dos años donde no le permitieron afeitarse ni cambiarse de ropa. Mantuvo su valor recitando un versículo de la Biblia que era valioso para él. Cada día, desde su pequeña celda aislada, otros presos podían escuchar al pastor Im recitar en una voz amorosa y calmada Juan 13:7, donde Jesús prometió: "Ahora no entiendes lo que estoy haciendo, pero lo entenderás más tarde".

> "Ahora no entiendes lo que estoy haciendo", le respondió Jesús: "pero lo entenderás más tarde".
>
> **Juan 13:7**

"Más tarde". En una sociedad moderna de café instantáneo, dinero inmediato y comodidad instantánea, el término "más tarde" resulta casi obsoleto. Queremos tener lo que necesitamos ahora, no más tarde. Los titulares deportivos, de noticias, espectáculos y del clima, los medios de comunicación, nos dan noticias de último minuto en todas las esferas de la vida. Sin embargo, el Dios que reina y gobierna sin restricciones de tiempo, sigue operando con el principio de "más tarde". ¿Estamos dispuestos a confiar en Él ahora y postergar la comprensión de los eventos hasta "más tarde", incluso de manera indefinida? Si usted está pasando a través de una prueba ahora mismo, su posesión más valiosa es la confianza en Dios, aun si no logra comprender lo que Él está haciendo. Pídale a Dios que le dé una mayor habilidad para confiar en Él, de modo que sobrepase su deseo de comprender.

pastor extremo - segunda parte:

COREA DEL NORTE: EL PASTOR IM

"Pero yo no soy comunista. Debe creerme", suplicó el pastor Im cuando las Naciones Unidas tomaron de nuevo el territorio ocupado en septiembre de 1950. Los soldados comunistas de Corea del Norte habían mantenido a Im encerrado en una celda aislada de la cárcel durante dos años por predicar a otros de Cristo y por negarse a cambiar sus sermones introduciéndoles propaganda a favor del marxismo.

Día 359

Tus proyectos son grandiosos y magníficas tus obras.

Jeremías 32:19

Cuando llegaron las tropas de las Naciones Unidas, sintió la seguridad de que nuevamente sería un hombre libre. Pero ellos lo tomaron por comunista y lo arrojaron en otra celda junto con los comunistas capturados.

Siendo un hombre compasivo y aceptando esa situación como la voluntad de Dios, el pastor Im testificó a los prisioneros comunistas. Muchos se convirtieron a Cristo.

"Continuamos escuchando acerca del predicador de este campo de prisioneros", dijo un misionero estadounidense a su amigo que visitaba Corea como capellán.

"Ya que conoce tan bien a los prisioneros, ¿sería posible que nos ayudara a organizar un culto de evangelización?", preguntó el capellán. Dios contestó sus oraciones.

Los misioneros estadounidenses lograron obtener el permiso para tener acceso al pastor Im. Y el "predicador de la prisión" ayudó fielmente predicando en los campos de prisioneros a través de Corea del Norte. Miles de comunistas aceptaron a Cristo. En un año, doce mil prisioneros se levantaban cada mañana para tener reuniones de oración al amanecer.

El pastor Im nunca volvió a ver a su familia, pero miles se convirtieron en sus hermanos en Cristo en los campos de prisioneros.

"¿Por qué?". Esta es la pregunta en la mente de todo el mundo cuando vemos la violencia y el sufrimiento injusto. Sin embargo, no siempre podemos saber los propósitos de Dios. Solo sabemos que son buenos y que, en conclusión, son para nuestro bien. Somos como las piezas de un rompecabezas esparcidas sobre una mesa. Forzamos nuestra vista de un lado a otro y vemos que las piezas a nuestro alrededor no parecen encajar, nos sentimos frustrados y atemorizados. Sin embargo, Dios es el Maestro del rompecabezas, el único que ve la imagen completa. Él puede ver todas las piezas que componen nuestra vida al mismo tiempo y sabe cómo encajan unas con otras para su fin superior. ¿Mirará con confianza a los ojos del Maestro y estará conforme en dondequiera que Él lo ponga?

historia de Navidad extrema

"¿Alguna vez han olido el heno fresco?"

Aristar, el chico campesino, comenzó así su historia y continuó: "Es como si alguien atrapara la esencia de la primavera y la empaquetara antes que perdiera su olor a nuevo. María y José deben haberla olido cuando llegaron al establo después de su largo viaje".

Los demás prisioneros escuchaban atentamente mientras Aristar hablaba con naturalidad de la Navidad. "Las orejas del caballo debieron haberse girado hacia el llanto del Salvador en cuanto nació. Ellos oyen muy bien, como deberíamos ser nosotros cuando habla Jesús".

Día 360

Afuera de la cárcel rumana de Tirgul-Ocna, la nieve tenía una profundidad de dos metros en esa helada noche de la víspera de Navidad. Los prisioneros llevaban puesta poca ropa, tenían poca comida y apenas una frazada cada uno. Todos extrañaban a sus familias y se acercaron a escuchar la historia de Aristar sobre el nacimiento de Cristo como consuelo.

Él continuó. "La luz de la estrella debió haber sido más brillante que la luna. Es posible que brillara a través de la puerta del establo e hiciera que el gallo cantara, anunciando el nacimiento de Cristo". Los prisioneros escuchaban y lloraban. Después de la historia, alguien comenzó a cantar, aumentando poco a poco su resonar en el aire claro y nítido. Todos en la prisión se detuvieron a escuchar el bello sonido.

Hoy les ha nacido en la ciudad de David un Salvador, que es Cristo el Señor.

Lucas 2:11

Aun en una cruel cárcel, la historia del regalo de Cristo animó los corazones de muchos. Debido a que Cristo es su fundamento, nadie puede dejar fuera la esencia de la Navidad.

Desde luego, la Navidad es una celebración anual. Sin embargo, la Navidad es mucho más que eso; ocurre en los corazones de todas las personas que se detienen para celebrar el milagro de la llegada de Cristo al mundo, no importa cuál sea la época del año. El espíritu de calidez de la Navidad brilla en nuestras más oscuras circunstancias y nos recuerda nuestra esperanza en Cristo. Sin importar si vemos nieve en la tierra o no, luces de colores, o un árbol decorado, podemos celebrar la Navidad. No importa la situación por la que usted esté atravesando, Cristo nació para ayudarlo en su tiempo de necesidad. Su misericordia está presente durante todo el año. ¿Cuándo fue la última vez que usted sintió la esperanza de Cristo viva en su alma? Tome tiempo hoy para celebrar el nacimiento de Cristo en el mundo y en su corazón.

transformación extrema

EUROPA ORIENTAL: UNA PRISIONERA CRISTIANA

La prisionera fue llevada ante la comandante adjunta, una mujer dura, enojada, de rostro enrojecido y con hombros anchos. —Así que otra vez les has estado hablando a los prisioneros acerca de Dios. ¡Yo estoy aquí para decirte que eso tiene que terminar! Su rostro reflejaba la ira de las cárceles comunistas de Europa Oriental

Día 361

Con respecto a la vida que antes llevaban, se les enseñó que debían quitarse el ropaje de la vieja naturaleza... y ponerse el ropaje de la nueva naturaleza, creada a imagen de Dios, en verdadera justicia y santidad.

Efesios 4:22,24

La prisionera permaneció de pie de manera tranquila, pero decidida. Le hizo saber a la comandante que nada la detendría de hablar sobre su Salvador.

La comandante alzó su puño para pegarle a la prisionera, pero se detuvo de repente.

—¡¿Por qué sonríes?! —exigió bruscamente.

—Sonrío por lo que veo en sus ojos.

—¿Y qué es lo que ves?

—A mí misma. Yo también era muy impulsiva, me enojaba y acostumbraba atacar a los demás, hasta que aprendí lo que en verdad significa amar. Desde entonces ya no cierro mis puños. Si mira a mis ojos —continuó—, se verá a sí misma de la manera en que solo Dios la pudiera transformar, justo como lo hizo conmigo.

La prisionera podía ver cómo su antigua persona pudiera haber defendido sus derechos, regresando insulto por insulto. Sin embargo, a causa de su nueva vida en Cristo, solo mostraba amabilidad y se ganó el derecho de continuar su testimonio.

Las manos de la comandante cayeron a sus lados. Parecía estar aturdida por completo y dijo con calma: —¡Váyase!

La prisionera continuó testificando de Cristo a través de la cárcel, sin más interferencia de la comandante.

Los intentos de la comandante de irritar a la prisionera eran como discutir con una persona muerta. Era como si estuviera tratando de provocar a un cadáver. Al final, la comandante vio a la prisionera por lo que en realidad era: una nueva criatura en Cristo. Había desaparecido la antigua persona que antes hubiera respondido al odio con más odio. En su lugar, la prisionera permitió que la comandante únicamente viera calma y amabilidad como la de Cristo. De igual forma, nosotros debemos vernos en una nueva luz. Ya no nos vemos obligados a responder a nuestro enemigo con la hostilidad del mundo. Hemos muerto a la antigua manera de vivir. Cuando el enemigo le golpea, empuja o provoca a actuar de manera indebida, aprenda de la prisionera de esta historia: hágase el muerto.

cruce extremo de un río

TAILANDIA: EL HERMANO HO

El hermano Ho estaba enfermo y tenía fiebre cuando él y su amigo entraron a las heladas aguas del río Mekong. Eran estudiantes de la Biblia en Laos antes de que los soldados comunistas invadieran su escuela.

Apenas lograron escapar con vida en camino a Tailandia. No se despidieron de sus familias, que no eran cristianas, debido a que los podían entregar a la policía. Así que oraron en silencio y entraron al frío y fangoso río con su valioso cargamento atado a sus espaldas: Biblias envueltas en plástico. Ellos abandonaron sus otras posesiones terrenales.

Ho pensó: *"Señor, si morimos, al menos sabrán que somos cristianos y quizás lean una de estas Biblias".*

Como a la mitad del río, el amigo de Ho movió desesperadamente la bolsa de plástico debajo de su pecho para flotar sobre ella. El ruido del repentino chapoteo alertó a los guardias de una torre cercana y enfocaron una luz sobre el río. La luz brilló sobre uno de los bultos de plástico y el guardia lo ignoró como si lo hubiera provocado un simple pez.

Aliviados, Ho y su amigo llegaron silenciosamente a la orilla del río que pertenecía a Tailandia. Le dieron gracias a Dios porque sus Biblias contenían las Palabras de vida eterna y porque también les habían salvado la vida esa noche. Después de llegar a un lugar seguro, se dedicaron a ministrar en los muchos campamentos de refugiados de Tailandia.

Día 362

Mira, Señor, cuánto amo tus preceptos; conforme a tu gran amor, dame vida.

Salmo 119:159

Los misioneros en esta historia estaban confiando en algo más que solo papel y cubiertas de piel para salvarlos, ellos confiaron en Dios. Aun así, su travesía de cruzar el río a medianoche nos da una clara imagen del papel que debe representar la Biblia en nuestras vidas: debemos confiar en la Palabra de Dios como si nuestras propias vidas dependieran de ello. No es probable que nos encontremos en una situación donde esta verdad se convierta en una realidad literal. Sin embargo, la ilustración es válida. Debemos aferrarnos a las promesas de las Escrituras a fin de preservar nuestras vidas. Cuando estamos en problemas, no podemos nadar suficientemente lejos por nuestras propias fuerzas para salir de la dificultad, debemos aferrarnos a la Palabra de Dios o nos hundiremos por completo.

tentación extrema

RUMANIA: SABINA WURMBRAND

Durante todos los años de su matrimonio, Sabina Wurmbrand nunca dudó del amor que sentía por su esposo. Pero habían pasado muchos años desde la última vez que escuchó noticias de él en prisión. Incluso se rumoraba que había muerto. Pero ella sentía que Dios le decía que resistiera y creyera. ¿Estarían juntos de nuevo algún día?

Día 363

Sabina aún era joven y, con un hijo adolescente que criar, a menudo sintió la tentación de tener amor y compañía. Así que cuando un amable y apuesto cristiano llamado Paul comenzó a visitarla para ayudar a su hijo con sus estudios, era natural que se sintiera atraída. Algunas veces la tomaba de la mano mientras caminaban juntos o la miraba largamente a sus ojos.

Al final, Sabina tomó la más difícil decisión. Sabía que si iba a continuar creyendo que se reuniría de nuevo con su esposo, entonces debía evitar todas las tentaciones y enfocarse en la promesa de Dios para ella. Así que le pidió a Paul que no volviera a visitarla. Él comprendió y accedió con amabilidad.

Poco tiempo después, Dios recompensó su fidelidad. Una mañana, mientras estaba en la iglesia limpiando pisos, recibió una tarjeta postal. Estaba firmada por "Vasile Georgescu", pero la escritura de su esposo era inconfundible.

Sus ojos se llenaron de lágrimas mientras leía: "El tiempo y la distancia apagan un amor pequeño, pero hacen que un gran amor se haga más fuerte".

> Todo lo disculpa, todo lo cree, todo lo espera, todo lo soporta. El amor jamás se extingue.
>
> **1 Corintios 13:7,8**

Las historias de la iglesia perseguida son acerca de personas reales con emociones reales. Los protagonistas de estas pequeñas historias no son perfectos muñecos de papel. La Voz de los Mártires es la voz inconfundible de la realidad y la verdad. Sabina maniobró a través de las tentaciones que vinieron como resultado de la persecución de su esposo. A él lo estaban probando, sí, pero la fe de Sabina estaba siendo igualmente examinada. La persecución nos toca en diversos niveles. Pero como hemos visto, los que se dejan atrapar en su fuerte apretón terminan siendo extrañamente más fuertes. Así cómo los Wurmbrand, su capacidad de amar aumentará a través de la persecución, solo si usted le permite alcanzar su verdadero propósito.

Día 364

"Si tiene visión, nada lo atemorizará. Con Su visión, Dios le da poder. No debe temer".

PASTOR IRANÍ

adolescente extremo

PAKISTÁN: TARA

Tara estaba cursando el séptimo grado en Pakistán cuando se inscribió secretamente en un curso de la Biblia por correspondencia para aprender más acerca de Dios. Su familia, que era estrictamente musulmana, nunca contestaba sus preguntas acerca de Jesús y ella estaba determinada a descubrir la verdad por sí misma.

Día 365

Pero cuando sus padres la encontraron en su habitación leyendo libros cristianos, se enfurecieron. En noviembre de 1992 la golpearon tanto, que ella estuvo inconsciente en su habitación por casi una semana. Ella cree que un ángel la despertó y la ayudó a llegar a un hospital.

Tara continuó creciendo en la fe y en 1995 fue bautizada en secreto. Entonces sus padres hicieron planes para que se casara con un musulmán. Cuando Tara no accedió, la golpearon de nuevo. También hicieron que se quedara de pie durante varios días sin dormir. Durante este tiempo, Tara tuvo tres visiones en las que escuchaba una voz que le decía: *"Yo estoy contigo. Yo soy tu Padre"*.

Y todo el que por mi causa haya dejado casas, hermanos, hermanas, padre, madre, hijos o terrenos, recibirá cien veces más y heredará la vida eterna.

Mateo 19:29

Después de más golpizas, ella cayó en coma. Despertó después de tres días y se encontró en un charco de sangre. Y de nuevo escuchó la misma voz alentadora que le decía: *"Yo soy tu Padre, yo te protegeré"*.

Tara logró escapar y hoy en día vive en una casa segura en otro país donde sirve al Señor todos los días con la promesa de la protección de Dios.

¿Es el cristianismo una mala inversión? Quienes viven en los países restringidos saben todo lo que pueden perder a causa de su fe en Cristo. Ellos saben cómo pueden perder a sus familias en muchas maneras diferentes. Una familia musulmana puede rechazar completamente, por infiel, al miembro de la familia que ahora cree en Jesucristo, lo destierran. Una familia cristiana no la pasa mejor, aunque bajo condiciones diferentes. Los extremistas exterminan a familias enteras a causa de su fe. Las pérdidas son horrendas. Sin embargo, tenemos la promesa de Cristo. Cualquier cosa que pudiéramos perder por su causa se recuperará cien veces en nuestra vida eterna en el cielo. No se trata de una apuesta, es un riesgo calculado basado en la infalible Palabra de Dios. Usted decide, confía en ella o no.

Índice de versículos

Romanos 13:1 (254)
Romanos 14:4 (299)
Romanos 14:12 (229)
Romanos 15:19 (31)
Romanos 16:20 (300)

1 Corintios 1:18 (226)
1 Corintios 2:1 (227)
1 Corintios 3:6,7 (261)
1 Corintios 7:23 (160)
1 Corintios 9:22 (191)
1 Corintios 11:1 (79)
1 Corintios 13:7,8 (363)
1 Corintios 13:13 (89)
1 Corintios 15:42 (65)
1 Corintios 15:55 (45)
1 Corintios 15:57 (347)

2 Corintios 1:21 (246)
2 Corintios 3:3 (171)
2 Corintios 3:4 (86)
2 Corintios 4:7 (213)
2 Corintios 4:10,11 (214)
2 Corintios 4:17 (180)
2 Corintios 4:18 (335)
2 Corintios 5:13 (199)
2 Corintios 5:17 (58)
2 Corintios 6:4,10 (243)
2 Corintios 6:16 (321)
2 Corintios 7:4 (150)
2 Corintios 7:9 (104)
2 Corintios 7:10 (318)
2 Corintios 11:14,15 (255)
2 Corintios 12:9 (54, 148)

Gálatas 2:20 (236)
Gálatas 6:14 (114)

Efesios 1:18 (52)
Efesios 2:10 (352)
Efesios 3:1 (256)
Efesios 3:13 (348)
Efesios 3:20 (333)

Efesios 4:22,24 (361)
Efesios 4:22–24 (194)
Efesios 4:32 (121)
Efesios 5:1 (306)
Efesios 6:7 (130)
Efesios 6:11 (169)
Efesios 6:12 (129)
Efesios 6:16 (122)
Efesios 6:17 (317)
Efesios 6:18 (279)
Efesios 6:19,20 (1)

Filipenses 1:3 (34, 132)
Filipenses 1:6 (29, 211)
Filipenses 1:12 (60)
Filipenses 1:21 (27)
Filipenses 2:1,2 (90)
Filipenses 2:5 (67)
Filipenses 2:13 (33)
Filipenses 2:15 (125)
Filipenses 2:17 (103)
Filipenses 3:7 (96)
Filipenses 3:8 (344)
Filipenses 3:10 (61)
Filipenses 3:18 (57, 341)
Filipenses 4:7 (174, 339)
Filipenses 4:11 (178, 190)
Filipenses 4:19 (298)

Colosenses 1:6 (145)
Colosenses 1:11 (270)
Colosenses 1:11,12 (262)
Colosenses 1:23 (197)
Colosenses 1:29 (23)
Colosenses 2:2 (2)
Colosenses 3:2 (115)
Colosenses 3:12 (146)
Colosenses 3:13 (73, 106)
Colosenses 3:17 (117)
Colosenses 4:2 (355)
Colosenses 4:5 (123, 215)

1 Tesalonicenses 1:3 (151, 297)

1 Tesalonicenses 1:5 (39)
1 Tesalonicenses 2:8 (37)
1 Tesalonicenses 3:2 (157)
1 Tesalonicenses 5:17 (26)

2 Tesalonicenses 1:3 (192)

1 Timoteo 1:15 (312)
1 Timoteo 4:12 (32)
1 Timoteo 4:15 (163)
1 Timoteo 6:12 (251)

2 Timoteo 1:5 (50)
2 Timoteo 2:3 (271)
2 Timoteo 2:8,9 (258)
2 Timoteo 2:13 (152)
2 Timoteo 2:15 (95)
2 Timoteo 2:25 (325)
2 Timoteo 3:10 (8)
2 Timoteo 3:12 (138)
2 Timoteo 3:14 (216)
2 Timoteo 3:16,17 (220)
2 Timoteo 4:2 (43, 323, 337)
2 Timoteo 4:11 (120)

Tito 2:7,8 (76)

Filemón 6 (12)

Hebreos 2:9 (107)
Hebreos 3:14 (328)
Hebreos 4:2 (223)
Hebreos 10:23 (134)
Hebreos 11:1 (20)
Hebreos 12:1 (68)
Hebreos 12:2 (166)
Hebreos 12:29 (109)
Hebreos 13:2 (141)
Hebreos 13:3 (205)
Hebreos 13:13,14 (13)

Santiagos 1:2 (184)
Santiago 1:4 (233)
Santiago 1:5 (55)
Santiago 2:18 (187)
Santiago 4:2 (118)
Santiago 5:16 (47)

1 Pedro 1:7 (212)
1 Pedro 1:23 (242)
1 Pedro 3:3,4 (272)
1 Pedro 3:15 (6, 158)
1 Pedro 3:21 (111)
1 Pedro 4:1 (296)
1 Pedro 4:12 (3)
1 Pedro 4:13 (170)
1 Pedro 4:16 (17, 309)
1 Pedro 4:19 (110)
1 Pedro 5:10 (172, 305)

2 Pedro 3:9 (327)
2 Pedro 3:18 (292)

1 Juan 1:3 (353)
1 Juan 2:6 (62)
1 Juan 4:20 (101)
1 Juan 5:9 (346)
1 Juan 5:12 (80)

Apocalipsis 1:9 (253, 314)
Apocalipsis 2:3 (332)
Apocalipsis 3:5 (288)
Apocalipsis 6:10 (278)
Apocalipsis 7:9 (72)
Apocalipsis 12:11 (247)
Apocalipsis 21:4 (356)

Acerca de La Voz de la Mártires

La Voz de los Mártires (VOM por sus siglas en inglés) es una organización misionera cristiana interdenominacional y sin fines de lucro dedicada tanto a servir a nuestra familia cristiana perseguida alrededor del mundo a través de asistencia práctica y espiritual, como a guiar a otros miembros del cuerpo de Cristo a establecer vínculos y relaciones con ellos. La Voz de los Mártires fue fundada en 1967 por el pastor Richard Wurmbrand y su esposa, Sabina, quienes fueron encarcelados en la Rumania Comunista debido a su fe en Cristo. En 1965, Richard y Sabina fueron rescatados de Rumania y establecieron una red global de misiones dedicada a asistir a los cristianos perseguidos.

Sea inspirado por la fe valiente de nuestros hermanos y hermanas en Cristo que sufren persecución, y conozca las diferentes formas de servirlos visitando el sitio web: vom.com.

Para conocer más acerca del trabajo de VOM, por favor contáctenos:

Estados Unidos	vom.org
Australia	vom.com.au
Bélgica	hvk-aem.be
Canadá	vomcanada.com
República Checa	hlas-mucedniku.cz
Finlandia	marttyyrienaani.fi
Alemania	verfolgte-christen.org
Países Bajos	sdok.org
Nueva Zelanda	vom.org.nz
Sudáfrica	persecutionsa.org
Corea del Sur	vomkorea.kr
Reino Unido	releaseinternational.org
Polonia	gpch.pl
Portugal	vozdosmartires.com
Brasil	maisnomundo.org
Singapur	gosheninternational.org

www.ingramcontent.com/pod-product-compliance
Lightning Source LLC
Chambersburg PA
CBHW032051090426
42744CB00005B/173